Kohlhammer

Omar Ibrahim

Philosophical Care

Entwurf einer praxistheoretischen
Grundlegung

W. Kohlhammer

1. Auflage 2025

Alle Rechte vorbehalten
© W. Kohlhammer GmbH, Stuttgart
Gesamtherstellung:
W. Kohlhammer GmbH, Heßbrühlstr. 69, 70565 Stuttgart
produktsicherheit@kohlhammer.de

Print:
ISBN 978-3-17-046282-3

E-Book-Formate:
PDF: ISBN 978-3-17-046283-0
epub: ISBN 978-3-17-046284-7

Dieses Werk einschließlich aller seiner Teile ist urheberrechtlich geschützt. Jede Verwendung außerhalb der engen Grenzen des Urheberrechts ist ohne Zustimmung des Verlags unzulässig und strafbar. Das gilt insbesondere für Vervielfältigungen, Übersetzungen, Mikroverfilmungen und für die Einspeicherung und Verarbeitung in elektronischen Systemen.

Für den Inhalt abgedruckter oder verlinkter Websites ist ausschließlich der jeweilige Betreiber verantwortlich. Die W. Kohlhammer GmbH hat keinen Einfluss auf die verknüpften Seiten und übernimmt hierfür keinerlei Haftung.

Inhalt

Danksagung 7

Geleitwort 9

1. Einleitung 11
1.1. Erfassung des Untersuchungsgegenstandes und erste forschungsthematische Eingrenzung 15
1.2. Von der Theoriebildung zur Praxistheorie 18
1.3. Methodik der Arbeit 26
1.4. Formale Haltepunkte zur Theoriebildung 32
1.5. Forschungsdesiderat und Fragestellung 35
1.6. Übersicht der Arbeit 43

2. Begriffliche Grundlagen 47
2.1. Zur Bestimmung des Philosophiebegriffs 49
2.2. Philosophische Schlüsselkompetenzen 58
2.3. Die Sorge um den Menschen als Seele 80
2.4. Care als Antwort auf die Sorgeproblematik 97
2.5. Die Klientel 102

3. Transzendentalkritische Problemstellungen von Philosophical Care 107
3.1. Die Begegnung 112
3.2. Die Beziehung 126
3.3. Der Austausch 139
3.4. Über die Methodik 154
3.5. Die Inhalte 169
3.6. Die Ziele 183

4. Differenztheoretische Standortbestimmung 203
4.1. Philosophical Care und Seelsorge 210
4.2. Philosophical Care und Philosophische Praxis 226
4.3. Kriterien der Klientel 237

5.	Schlussbemerkungen	251
5.1.	Beantwortung der Leitfrage	253
5.2.	Zum (neuen) Selbstverständnis der Philosophie	259
5.3.	Abschlussgedanken	267

Literaturverzeichnis **269**

Danksagung

Grosser und tiefempfundener Dank gebührt Isabelle Noth, welche nicht nur die Chance zur Verfolgung dieses Projektes zugrunde gelegt und ermöglicht hat, sondern stets und durch die gesamte Forschungszeit hindurch mit Rat und Tat stützend und fördernd zur Seite gestanden ist.

Weiter sind die hilfreichen Kommentare und Supervisionen von Luca Di Blasi und Claus Beisbart zu erwähnen. Sie haben wesentlich zur Qualität dieser Arbeit beigetragen. Auch ihnen ist herzlich für ihr Engagement zu danken.

Für den akademischen und stets freundlichen Austausch ist Elmar Anhalt, Alexander Fischer, Magdalene Frettlöh, Ute Gahlings, Michael Hampe, Ralf Jox, Franziskus Knoll, Jirko Krauss, Evelyn Krimmer, Caroline Krüger, Karma Lobsang, Cyrill Mamin, Frank Mathwig, Nikolett Moricz, Mathias Mütel, Karin Mykytjuk, Kevin Reuter, Martin Roth, Marcello Ruta, Patrick Schuchter, Andreas Wagner, Thomas Wild und Mathias Wirth zu danken. Ebenfalls haben die Teilnehmenden an unterschiedlichen wissenschaftlichen Veranstaltungen und die Studierenden in den Seminaren spannende Meinungen und Gedanken erarbeitet und zur Reflexion angeregt.

Im privaten Bereich haben folgende Personen mit ihrem Interesse, ihrem Einsatz und ihren Anregungen wesentliche Aspekte zur Entwicklung der Idee von Philosophical Care beigetragen. Ihre Fragen, Ideen, Kritik und Bemerkungen werden wertgeschätzt: Patricia Banzer, Fabian Baumgartner, Fabian Dali, Fion Emmenegger, Franz Engels, Büsra Firat, Elischa Geissbühler, Robin Gerstgrasser, David Herrmann, Giacomo Ladelfa, Lisa Polosek, Stefanie Rieger, David Schmezer, Christine Schmocker, Noemi Somalvico, Matthias Stöckli, Laura Studer und Jonas Wittwer. Das Lektorat von Thomas Gerber, Sarah-Maria Hebeisen und Jan Wälti haben den Endprozess der Schaffungsphase deutlich erleichtert. Herzlichen Dank dafür.

Ohne meine Familie und ihre Unterstützung wäre dieses Projekt ebenfalls nicht möglich gewesen. Margret, Mohammed, Khadija, Tina, Moritz, Naila und Numa haben die Zeit während dem Projekt unermesslich bereichert. Einen Dank hierfür lässt sich kaum in Worte fassen, sondern nur gut behütet im Innern aufbewahren.

Die Arbeit ist im Gedenken meinem Vater Jamal gewidmet, der sie leider nicht mehr lesen konnte.

Geleitwort

Omar Ibrahim begibt sich mit diesem Entwurf auf die Spur einer neuen, bewussteren Herangehensweise zu Philosophieren und etabliert sich als Wegbereiter der neuen philosophischen Ausrichtung Philosophical Care, die sich elegant mit Seelsorge und Care verknüpft – ohne sich darin aufzulösen.

Die Wahl des Terminus Philosophical Care gegenüber Philosophischer Praxis begründet er wie folgt: Philosophische Praxis orientiere sich weitgehend (was die Struktur der Begegnung betrifft) an der Psychotherapie. Philosophical Care orientiere sich hingegen eher an der Seelsorge (aber ohne theologisches Selbstverständnis), die Begegnungen niederschwelliger, flexibler und vielfältiger strukturieren kann. Das trifft einen starken inhaltlichen Punkt. Die „Praxis" in „Philosophische Praxis" wird allzu oft in Analogie zur Organisationsform der psychotherapeutischen Praxis gedacht. Ibrahims terminologische Abkehr reagiert auf diese Engführung. Das ist wohltuend und klug. Auf der anderen Seite muss mit Blick auf die empirische Realität von Philosophischer Praxis auch gesagt werden, dass einige Philosophische Praktiker*innen diese Flexibilisierung von Begegnungsformen ohnehin schon längst vollzogen haben. Begleitende Formen des philosophischen Gesprächs in allen möglichen Ausprägungen sind ja Realität und keineswegs festgelegt auf ein quasi-therapeutisches oder beraterisches Setting. Die Problematik besteht eher auf der Ebene der theoretischen Verständigung im Diskurs. Am Ende des Tages wird es eine Geschmacksfrage sein, unter welchem Begriff wir die vielen Formen des philosophischen Gesprächs in Begleitung und Beratung subsumieren.

Ibrahim fundiert seine Praxistheorie über einen transzendentalen Ansatz. Das verleiht dem Unterfangen eine bemerkenswerte Begründungsstärke im Gegensatz zu gegebenenfalls ähnlichen Bemühungen, die z. B. Philosophische Praxis anhand von Beispielen und dann in Abhebung von anderen Gesprächspraktiken zu begründen versuchen. Dazu orientiert er sich an selbst gewählten „Haltepunkten", die mehrere Professionen und Fachbereiche umschließen und die theoretische Fundierung strukturieren. Nicht nur beweist er damit einen feinsinnigen Blick auf geschichtliche Entwicklungen mehrerer Disziplinen, er hebt auch die professionell begleitete Tätigkeit des Philosophierens, wie sie als Philosophische Praxis gerade weltweit mehr Bekanntheit erlangt, auf ein höheres Niveau – ohne dabei jedoch das Philosophieren in den Elfenbeinturm zu verbannen. Philosophie sei dabei als Set von bestimmten Schlüsselkompetenzen definierbar, die axiologisch philosophischen Praktiken zugrunde liegen und sich so eben aus der philosophischen Tätigkeit begründen lassen. Diese Schlüsselkompetenzen seien Einsicht, Urteilen und radikales Bedenken. Es erweise sich, dass diese philosophischen Schlüsselkompetenzen auch in der Begleitung und in der Entwicklung der Praxistheorie selbst Anwendung finden.

Er zielt mit seinem Konzept von Philosophical Care auf einen in der akademischen Philosophie wie auch in der Philosophischen Praxis noch unterrepräsentierten Anwendungsbereich ab: das Philosophieren in der Care, als Care. Er argumentiert damit für eine Handlungswirksamkeit der Philosophie und gegen die Reduzierung des Philosophierens als Philosophische Praxis. Zugleich zeigt er große Umsicht im Umgang mit Themen aus den Care-Professionen, so dass professionelle Care-Tätige nicht den Eindruck gewinnen, Philosophical Care würde ihre Kompetenzen unterwandern. Dabei plädiert er auch stark für ein Prinzip der Augenhöhe mit den Klientel von Philosophical Care. So wird Philosophical Care ein Weg zur Bildung als Person, die den Menschen als Menschen anspricht und wertschätzt: Philosophical Care dürfte hier mit linearen Erwartungen brechen und mutet uns einen dialektischen, aber im Grunde doch einfach verständlichen Gedankengang zu. Philosophical Care ist weder Mittel (zu etwas anderem: Gesundheit, Wohlbefinden, Problemlösen) noch reiner Selbstzweck (l'art pour l'art, reine Mussetätigkeit), sondern werde am besten so gedacht, dass wir die Ermöglichung als Ziel verstehen: die Ermöglichung zu tieferem Problembewusstsein, zu selbsttätiger Bildung oder zu gemeinsamen Werden in der Lebensführung. Diese bei Omar Ibrahim transzendental und philosophisch-theoretisch entwickelte Perspektive hat ein bestätigend empirisches Korrelat in unseren Forschungsergebnissen. Gäste von philosophischen Einzelgesprächen benennen solche Qualitäten, die den genuinen Wert eines Raums für freie Erkundung von Lebensthemen beschreiben.

Das Buch hat einen hohen Anspruch – möge ihm viel Zuspruch erfahren. Wir wünschen ihm aber auch viel (dialogisch-zivilisierten) Widerspruch, weil er für eine dringend benötigte Ebene der Reflexion im Feld von Philosophischer Praxis und Philosophical Care den Diskurs mit wunderbar herausfordernden Spielzügen eröffnet.

Abschließend lässt sich sagen, dass der Autor mit der Verknüpfung von Philosophie und sorgender Tätigkeit den Grundstein für eine große Zukunft von Philosophical Care legt. Wir begleiten ihn gern auf seinem Weg.

Patrick Schuchter und Stefanie V. Rieger, Wien und Graz im März 2025

1. Einleitung

In der vorliegenden Arbeit geht es darum, eine praxistheoretische Grundlegung für Philosophical Care als eine Form der sorgenden Tätigkeiten zu entwerfen. Hierfür wird im Kapitel (1) versucht, eine solche Herausforderung in einem ersten Schritt überhaupt erst richtig zu erfassen. Diese erfassende Orientierungsarbeit erweist sich dabei selbst als ein philosophisches Unterfangen (Achenbach, 2023: 131), welches im ersten Kapitel einführender und methodologischer Ausarbeitungen bedarf. Dabei sind zwei Fragerichtungen massgebend, welche die Leitfrage und das Forschungsdesiderat sowie den restlichen Aufbau der Arbeit strukturieren werden:

Versteht man *Philosophical Care* als eine unter vielen möglichen Richtungen der Philosophie stellt sich erstens die Frage, wieso ein solcher Zuschnitt gezogen werden soll. Was ist neu und innovativ an Philosophical Care, weshalb lässt sie sich nicht auf andere philosophische Richtungen reduzieren und wie soll ein solcher Zuschnitt überhaupt begründet werden können?

Zweitens lässt sich anschliessend fragen, wo der Vorrang im Hinblick auf die Entwicklung einer praxistheoretischen Grundlegung von Philosophical Care besteht, sowohl bezogen auf das Forschungsverständnis, die Anwendung in der Praxis als auch für das Verständnis der Philosophie generell. Weshalb bedarf es solch einer Anstrengung, eine Philosophical Care in Form einer Praxistheorie zu theoretisieren?

Kapitel (1) versucht diese beiden Fragen in einem ersten Ansatz zu strukturieren, ohne sie damit schon vollständig zu beantworten. Zuerst wird die Forschungsthematik, dem Vorhaben dieser Arbeit entsprechend, anhand der Professionalisierungsherausforderung von zwei verschiedenen philosophischen Tätigkeitsfeldern (Philosophische Seelsorge und Philosophische Praxis) in den Fokus gerückt. Anschliessend wird ein Vorverständnis von Philosophical Care präsentiert und entsprechende forschungsthematische Eingrenzungen vorgenommen. Aufbauend auf diesen einleitenden Überlegungen werden theoretische und praxistheoretische Überlegungen vorgenommen, um darzustellen, wie Philosophical Care durch eine Praxistheorie untersucht, verstanden und entwickelt werden soll (1.2). Dies wird ergänzt mit einigen methodologischen Überlegungen, welche die vorliegende Untersuchung strukturieren und leiten werden (1.3). Hierbei werden einige Grenzen gesetzt und Inhalte angenommen, welche expliziert werden sollen, um die unternommene Theoriebildung in den wissenschaftlichen Diskurs einbetten zu können und um das Verständnis zu erleichtern (1.4). Diese Gedanken münden schliesslich in der Erklärung des Forschungsdesiderates und der Fragestellung der vorliegenden Arbeit (1.5). Das Kapitel wird durch einen Überblick über die gesamte Strukturierung der Arbeit abgerundet und die wesentlichen Punkte des Kapitels werden nochmals zusammengefasst (1.6).

Der Zugang zur Thematik soll durch die Herausforderung zur Professionalisierung sorgender Tätigkeiten vorgenommen werden.[1] Was kann unter *Professionalisierungsherausforderung* verstanden werden? Professionalisierung bezieht sich sowohl auf axiologische Normen und Bewertungs- sowie Kontrollmöglichkeiten einer institutionalisierten Berufsgruppe als auch auf die einzelnen Praktizierenden. »Die Professionellen nutzen das abstrakte Wissen für den jeweiligen Einzelfall, sind aber an der Verallgemeinerbarkeit [und Vermittlung; O.I.] des Wissens interessiert« (Mieg, 2018: 16). Die Herausforderung dabei betrifft unterschiedliche Disziplinen, wobei hier jene Disziplinen berücksichtigt werden, die erstens akademisch verwissenschaftlicht sind oder werden können und zweitens sich auf die sorgende Tätigkeit gegenüber Menschen und ihre Mit- und Umwelt richten (Benner, 2015: 54, Lahav, 2017: 27). Darunter sollen hier die philosophische Seelsorge und die Philosophische Praxis fallen, ohne damit zu behaupten, dies wären die einzigen Disziplinen unter den sorgenden Tätigkeiten, welche jene besagten Kriterien erfüllen. Jene beiden Disziplinen helfen jedoch, Philosophical Care als den antizipierten Untersuchungsgegenstand praxistheoretisch genauer zu erfassen.

Zuerst muss die Professionalisierungsherausforderung noch genauer geklärt werden. Die Professionalisierungsherausforderung erstreckt sich auf zwei Dimensionen. Dabei geht es um die Überführung von Wissen, wobei unter *Wissen* in Anlehnung an Foucault hier verschiedene Erkenntnisverfahren und -wirkungen in bestimmten Situationen verstanden werden sollen (Foucault, 1992: 32): Erstens muss das Verhältnis zwischen Theorie und Praxis geklärt werden. Die Professionalisierung bezieht sich dabei nicht nur auf die Erfassung und Lösung von Problemsituationen innerhalb der Praxis, sondern versucht, diese in der Praxis dadurch theoretisch zu fundieren, so dass sie über ein Alltagsverständnis der Praxis hinausgeht. Dabei geht es nicht nur oder nicht primär um den Wahrheitsgehalt jener propositionalen Aussagen, sondern um die performative Form der daraus erklärbaren interaktiven Praxis (Bohnsack, 2020: 9). Wie in Kapitel (1.2) noch genauer gezeigt wird, hängen Theorie und Praxis unweigerlich miteinander zusammen (Weniger, 1964: 16f). Es kommt jedoch bei der Professionalisierungsherausforderung darauf an, wie erfolgreich diese Wissensüberführung von beiden Richtungen her stattfinden kann.

In der zweiten Dimension geht es bei der Professionalisierungsherausforderung nicht nur um die Überführung von Wissen im Hinblick auf Theorie und Praxis, sondern auch um die Übertragung des Wissens von akademischen Institutionen oder der Wissenschaft[2] in die Gesellschaft und umgekehrt (Gahlings, 2023: 59). Während die

---

1   Erstens wird die Professionalisierungsherausforderung hier nur auf einige ausgewählte Disziplinen beschränkt und dementsprechend vereinfacht dargestellt. Es ist nicht möglich, hier auf jede einzelne Professionalisierungsherausforderung von jeder einzelnen Disziplin spezifisch einzugehen. Zweitens ist die Professionalisierungsherausforderung nicht mit der Fundierungsherausforderung von den einzelnen Wissenschaften und Disziplinen gleichzusetzen, welche sich primär über die epistemologische Basis definiert (vgl. Mittelstrass, 1974: 25, Nowotny et al., 2014: 70).

2   Da Wissenschaft und akademische Institutionen nicht vollständig gleichzusetzen sind, werden hier beide Begriffe verwendet, da dies auch im Sinne der vorliegenden Arbeit ist, bei-

Überführung von Wissen zwischen Theorie und Praxis sich meistens an Problemstellungen orientiert, die epistemologischer oder ethischer Art sind, werden die Transgressionen zwischen Wissenschaft/akademischen Institutionen und Gesellschaft von konkreten politischen und gesellschaftskontextuellen Prozessen im Sinne von Problemstellungen getragen (Bohnsack, 2020: 10).

Im Hinblick auf die Professionalisierungsherausforderung lässt sich folglich die Frage stellen, in welcher Berufstätigkeit Philosophinnen und Philosophen arbeiten können und welcher Sinn besagte Arbeit hat, insofern sie sich als sorgende Tätigkeit versteht. Viele philosophische Bemühungen haben sich seit längerer Zeit in den akademischen Bereich verlagert und verselbständigt (Ibrahim, 2023).[3] Oft wird der wissenschaftliche Jargon der Philosophie zudem von der Gesellschaft als elitär, sperrig und weltfremd erlebt, welcher nur noch selten mit lebensweltlichen Problemen in Berührung kommt (vgl. Adorno, 2015). Dies ist keine notwendige Entwicklung und es bedeutet auch nicht, dass Vorträge und Publikationen nicht doch auch Auswirkungen auf Einzelmenschen oder Gruppierungen haben könnten. Eine philosophische Lebensferne ist jedoch für die Professionalisierungsherausforderung von sorgenden Tätigkeiten in und mit der Philosophie nicht zuträglich. Philosophinnen und Philosophen können dieser Entwicklung daher entgegenhalten (Helmig, 2014: 4, Horkheimer, 1974: 274).

Ein möglicher und mutiger Versuch, diesem Vorhaben einer philosophischen Tätigkeit der Sorge zu entsprechen, findet sich bei Wilhelm Schmid, welcher in der Schweiz als philosophischer Seelsorger für einige Jahre in einem Krankenhaus gearbeitet hat. Sein philosophischer Erfahrungsbericht (2016) geht hauptsächlich auf seine persönlichen Erlebnisse ein und kann daher nicht zu einer praxistheoretischen Grundlage für eine philosophische Seelsorge verallgemeinert und verwendet werden.

Es finden sich in seinen anderen Werken (bspw. 1998, 2014, 2017) zwar theoretische Ansatzpunkte zur *Lebenskunst*, diese werden jedoch nur ungenügend auf die Überführung von Wissen im oben genannten Sinne zwischen Theorie/Praxis und Wissenschaft/Gesellschaft abgestimmt. Es ist sogar anzunehmen, dass er diese fehlende Überführung absichtlich unterlassen hat (Fellmann, 2009: 140). Die Überführung des Wissens wäre schliesslich jeder einzelnen Person überlassen. Folglich würde es eine Gesamtschau und Umdeutung seiner theoretischen Werke und seines Erfahrungsberichts bedürfen, um der oben beschriebenen Professionalisierungsherausforderung gemäss entsprechen zu können. Wie eine Praxistheorie der philosophischen Seelsorge nach Schmid aussehen würde, bleibt also unter- oder gar unbestimmt.

---

de Bereiche miteinander zu vereinen, ohne sie ineinander aufzuheben. Ebenfalls soll hier Philosophie nicht vorschnell von der Wissenschaft abgegrenzt werden, sondern kann im Hinblick auf das Relat der Professionalisierungsherausforderung ebenfalls als Wissenschaft bezeichnet werden (Mittelstrass, 2007: 22, Nowotny et al., 2014: 84).

3   Ausführlicher hierzu vgl. Kapitel (2). Selbstverständlich können Philosophinnen und Philosophen heute auch in Ethikkommissionen, NGOs und anderen Institutionen arbeiten. Es soll hier jedoch der Fokus auf eine andere Richtung gelegt werden.

Gerd Achenbach befasst sich weitaus stärker mit der Professionalisierungsherausforderung in seiner Entwicklung der Philosophischen Praxis, welche er gegen Ende des 20. Jahrhunderts ins Leben gerufen hat.[4] Mit der Gründung und Weiterentwicklung der Philosophischen Praxis als Form der philosophischen Beratung (Achenbach, 2010: 15, Brandt, 2017: 72) wird versucht, Menschen durch Philosophie in diversen Situationen durch personale Kommunikation in unterschiedlichen Formen zu unterstützen. »Die philosophische Lebensberatung in der Praxis des Philosophen etabliert sich als Alternative zu den Psychotherapien« (Achenbach, 2023: 15).

Neben Achenbach haben sich auch andere Philosophinnen und Philosophen schon kurz danach dieser Bemühung angeschlossen. Achenbach und andere Philosophische Praktikerinnen und Praktiker orientieren sich in der sorgenden Tätigkeit im Hinblick auf die Professionalisierungsherausforderung hauptsächlich an Konzepten der Psychotherapie (Achenbach, 2010: 290ff, Brandt, 2017: 168ff) und nicht an der Seelsorge, u.a. in Bezug auf das Setting der Care-Tätigkeit, Sitzungsdauer etc. Dies ist eine Engführung, die nirgends ausreichend begründet wird. Auch wenn sich die Philosophische Praxis immer wieder vehement von der Psychotherapie differenzieren will (bspw. Achenbach, 2023: 95), sind die offensichtlichen Parallelen nicht zu vernachlässigen. Eine Engführung an der Psychotherapie erweist sich jedoch als unbegründet, worauf im nächsten Abschnitt und in Kapitel (4) noch genauer eingegangen wird.

Somit unterscheidet sich Achenbachs Ansatz deutlich von jener philosophischen Seelsorge von Schmid, da sich Schmid bei seiner Tätigkeit eher an der religiös-spirituellen Seelsorge orientiert.

Zusammenfassend lässt sich feststellen, dass bisher noch keine ausdifferenzierte Praxistheorie der sorgenden Tätigkeit existiert, welche philosophisch begründet wird und sich nicht primär an psychologischen und psychotherapeutischen Konzepten orientiert (vgl. Ibrahim, 2023). Somit findet man die Antwort für die zu Beginn aufgeworfene Frage, wieso ein Zuschnitt auf Philosophical Care in der vorliegenden Arbeit gezogen wird. Philosophical Care soll jenen Nischenplatz einnehmen, was im nächsten Abschnitt noch deutlicher zutage treten soll. Sie bildet damit einen möglichen Zweig unter verschiedenen philosophischen Bemühungen.

Bevor nun Philosophical Care als Untersuchungsgegenstand erfasst und entwickelt werden soll, was nun genau neu an Philosophical Care ist, bedarf es einer Klärung eines möglichen Einwandes: Wird durch solch ein Unterfangen nicht die wissenschaftliche Freiheit philosophischer Bemühungen eingeschränkt, mit der sie sich bisher behaupten konnte, sobald sie sich an solche lebensweltlichen Probleme richtet?

Darauf kann mit der Frage erwidert werden, was genau unter *Freiheit* verstanden werden soll? Ist es eine Freiheit von dogmatischer Expertise, dann verliert sie diese

---

4 Auch Philosophische Praktiker und Praktikerinnen wie Brandt, Lahav, Krauss etc. kritisieren jedoch die bisher ungenügende Theoretisierung ihrer Tätigkeit und sehen darin ein fortdauerndes Problem zur möglichen Professionalisierung der Philosophischen Praxis (Schmolke, 2011: 45ff). In dieser Ambivalenz von genügender und ungenügender Theoretisierung kann jedoch gerade für das Philosophieverständnis auch ein Vorteil liegen (vgl. Kapitel 2).

Freiheit nicht (Hampe, 2014: 375 und Kapitel 3). Die Meinung einer Freiheit philosophischer Bemühungen von jeglicher gesellschaftlichen Orientierung ist jedoch sowohl historisch als auch konzeptionell fehlgeleitet (Rieger-Ladich, 2020: 73). Philosophisches Wissen hat im oben verstandenen Sinne nach Foucault keinen Selbstzweck und kann nicht nach der Devise *l'art pour l'art* verstanden werden (Scheler, 2019: 117). In diesem Sinne sollte philosophisches Wissen gesellschaftstauglich oder für Einzelpersonen existenziell wertvoll sein: Es muss bei Bedarf stets neu ausformuliert werden, indem es in einen gesellschaftskontextuellen und/oder existenziellen Prozess durch Reflexion immer wieder aufs Neue verortet wird (Hofmann in Staude, 2010: 196). Damit ist nicht gemeint, dass willkürliche Ansprüche an philosophische Bemühungen gestellt werden können, sondern dass sich gesellschaftskontextuelle Prozesse (bspw. in der Form von Problemstellungen) und philosophische Bemühungen in einem kritisch reflexiven Dialog gegenübertreten (Horkheimer, 1974: 273).

1.1. Erfassung des Untersuchungsgegenstandes und erste forschungsthematische Eingrenzung

An Mittelstrass anschliessend wird hier die Ansicht vertreten, dass der Untersuchungsgegenstand oder das Forschungsobjekt nicht die Disziplin bestimmt (Mittelstrass, 2003: 8f). Sorgende Tätigkeit für Menschen ist als Proprium nicht allein der Psychotherapie oder anderen Disziplinen je einzeln vorbehalten (Staub-Bernasconi, 2018: 200). Vielmehr ist ein interdisziplinäres Verhältnis zu entdecken, bei welchem auch die Philosophie das Ihrige dazu beitragen kann. Erst durch den ausführlichen Dialog unterschiedlicher Disziplinen kann das Forschungsobjekt, hier die sorgende Tätigkeit gegenüber Menschen, aus verschiedenen Perspektiven erweitert und bearbeitet werden (Zima, 2017: 259). Als Ziel schwebt also die gemeinsame, interdisziplinäre Bearbeitung der sorgenden Tätigkeit für Menschen vor, wobei Philosophical Care in diesem ersten Schritt ihre Position ausarbeiten muss. Damit ist nun auch die zweite Frage der Einleitung in ihrer Deutlichkeit entfaltet, wieso Philosophical Care untersucht werden soll. Ihr Vorverständnis soll in einem ersten Schritt genauer erfasst werden.

Um die Erfassung des Untersuchungsgegenstandes voranzubringen, lohnt es sich, die einzelnen Begriffe des Titels der vorliegenden Arbeit separat zu analysieren. Dadurch können jene relevanten Abgrenzungen gezogen werden, welche für die Untersuchung von Philosophical Care und die Strukturierung der gesamten Arbeit bestimmend sind. Die Differenzierungen helfen dabei in zweierlei Hinsicht: Zum einen wird ein gewisses Vorverständnis generiert, welches für die Untersuchung tragend sein wird. Mehr und mehr werden im Verlauf der Arbeit dem Vorverständnis Elemente hinzugefügt, um sich am Schluss rückbesinnend nochmals dieselben Fragen stellen zu können. Das bedeutet, es wird die These vorgebracht, dass die Ausarbeitung einer Praxistheorie zum Verständnis von Philosophical Care notwendig ist. Zum anderen hilft die Erfassung des Vorverständnisses auch, Philosophical Care von ähnlichen, verwandten Strömungen und Disziplinen begrifflich und schwerpunktmässig abzugrenzen. Zur Wiederholung lautet der Titel samt Untertitel: *Philosophical Care, Entwurf einer praxistheoretischen Grundlegung*.

Wie lässt sich das Vorverständnis von *Philosophical Care*[5] konturieren? Sobald das Vorverständnis weiter ausgearbeitet ist, kann ein neuer Vergleich zu den benachbarten und verwandten Strömungen und Disziplinen durchgeführt werden (vgl. Kapitel 4). Es lautet entsprechend wie folgt:

> Philosophical Care begleitet Menschen in ihren unterschiedlichen Lebenssituationen durch personale Kommunikation und begründet sich selbst aus der Philosophie heraus. Philosophical Care kann durch eine Praxistheorie ausgearbeitet und verstanden werden.

Eine Praxistheorie zu Philosophical Care existiert in diesem Sinne noch nicht. Entsprechend findet sich auch keine ausdrückliche Literatur zu diesem Thema. So ist es auch nicht möglich, sich exegetisch auf einzelne, bestimmte Werke zu fokussieren und diese für den wissenschaftlichen Diskurs wieder aktuell zu machen. Die Spuren für eine Praxistheorie zu Philosophical Care liegen sprichwörtlich vielmehr verstreut in den vielen Winkeln und Gassen der gesamten Philosophiegeschichte.[6]

Philosophical Care ist dem hier erarbeiteten Vorverständnis zufolge eine Form der sorgenden Tätigkeit und nicht als eine theoretische Strömung zu betrachten. Sie unterscheidet sich in diesem Sinne bspw. von der Care Ethik[7] und ebenso von der theoretischen Betrachtung der Philosophie der Lebenskunst (Fellmann, 2009, Krämer, 2018 Schmid, 1998), welche die sorgende Tätigkeit begriffsanalytisch oder ethisch untersucht.

Wie im folgenden Unterkapitel (1.2) noch genauer ausgeführt wird, kann Philosophical Care jedoch durch eine Praxistheorie verstanden werden. In diesem Sinne ist die Praxistheorie zu Philosophical Care, welche hier entworfen wird, eher mit der didaktischen Philosophie und der Philosophischen Praxis verwandt. In der didakti-

---

5 Es wurde hier absichtlich der englische Begriff verwendet, da sich eine deutsche Bestimmung der hier verstandenen Konzeption als unvorteilhaft herausstellt (vgl. Conradi, 2001). Der deutsche Begriff *Sorge* suggeriert eine Form des affektiven Betroffenseins, wenn man sich bspw. um die eigenen Finanzen oder um die Erfolgsaussichten einer Promotionsarbeit sorgt. Man kann sich aber auch im handelnden Sinne um etwas sorgen, so wie man sich bspw. um Kinder oder um die Umwelt sorgen kann. Der englische Begriff *Care* scheint daher passender zu sein, da der Aspekt der Sorge hier auf die aktiven Aspekte hinweist und weitere Elemente miteinschliesst. Ebenfalls wurde der Begriff *Philosophische Seelsorge* verworfen, da der Begriff die Existenz einer Seele voraussetzt. Hierzu mehr in Kapitel (2).

6 Es liegt auch nicht im Ansinnen dieser Arbeit, die praktischen Erfahrungen von Wilhelm Schmid und seine theoretischen Werke zusammenzuführen. Auch wenn sein Werk für die vorliegende Arbeit eine nicht zu bestreitende Relevanz besitzt, muss bestrebt werden, auch andere Positionen einzubringen, die über Schmid und seine Forschung und Erfahrungen hinausgehen.

7 Vgl. Conradi, 2001, Gilligan, 2003, Pelluchon, 2019, Schuchter, 2016, Wendel, 2003. Eine Verbindung von theoretischer Care Ethik zur Care-Praxis findet sich bspw. bei Held, 2006.

schen Philosophie wird die Frage behandelt, welche Inhalte und Kompetenzen durch philosophische Bemühungen vermittelt werden können und welche Rolle die Philosophie in der Erziehung einnimmt (vgl. Meyer, 2016, Stavemann, 2015). Dabei kann eine philosophisch praktische Rolle ausgeübt werden, wie dies beispielsweise in der sokratischen Gesprächsführung vorkommt.

Ähnlich wie die didaktische Philosophie verfügt die schon erwähnte Philosophische Praxis über eine Praxistheorie. Auch sie orientiert sich an den Lehren und Ideen des Sokrates und anderer antiken Griechen, aber bezieht sich bspw. auch auf modernere Denker und Denkerinnen, welche sich die Philosophischen Praktikerinnen und Praktiker oft selbst aussuchen. Die philosophische Beratung nimmt dabei, wie schon erwähnt wurde, eine alternative oder ergänzende Position gegenüber der Psychotherapie ein. Menschen können die Philosophische Praxis beanspruchen, wenn sie Unterstützung benötigen, um ihr eigenes Leben zu verstehen und zugleich verstanden werden wollen (Krauss, 2022: 14, Lindseth, 2014: 23). Hierbei geht die Philosophische Praxis personenzentriert vor und folgt keiner spezifischen einzelnen Methode, orientiert sich jedoch hauptsächlich an philosophischen und psychotherapeutischen Prinzipien (Achenbach, 2010: 17).

Obwohl Philosophical Care Elemente aus allen drei Richtungen (Care Ethik, didaktische Philosophie und Philosophische Praxis) aufnimmt, kann sie nicht auf eine einzelne oder auf die Summe dieser drei reduziert werden. Der Grund dafür liegt in dem im Vorverständnis verwendeten Begriff *begleiten*. Wie in Kapitel (3) noch ausführlich gezeigt wird, kann die Begleitung nicht auf die Beratung oder auf die Didaktik reduziert werden. Ausschlaggebend hierfür ist das Motto: *Care ist mehr.*[8] Denn die Begleitung orientiert sich unter anderem primär an der Beziehungsgestaltung, welche achtsam, inbegriffen und bildsam (vgl. Kapitel 2) gebildet wird und umfasst andere und weitere Aspekte als die Beratung und die Didaktik.

Daher, so hier die These, ist Philosophical Care wiederum weitaus näher an der philosophischen und der religiös-spirituellen Seelsorge angesiedelt. Auch die Seelsorge wird als Form der Begleitung verstanden werden (Emlein, 2017: 26), die sich nicht auf die oben genannten Aspekte (Ethik, Didaktik, Beratung) reduzieren lässt. Anders als die philosophische Seelsorge verfügt die religiös-spirituelle Seelsorge über ihre jeweilige ausgewiesene Praxistheorie (Poimenik/Seelsorgelehre). Wie dieses Näheverhältnis zwischen Philosophical Care und Seelsorge sowie deren Praxistheorien genauer zu bestimmen ist, wird sich im Verlauf der Arbeit noch deutlicher abzeichnen.

Es ist hier jedoch wichtig, schon einmal zwei mögliche Abgrenzungskriterien zwischen Philosophical Care, Philosophischer Praxis und Seelsorge aufzuweisen: Erstens ist Philosophical Care im Gegensatz zur Seelsorge nicht religiös-spirituell motiviert. Seelsorge ist grundlegend in der Theologie verankert, auch wenn die Seelsorgelehre

---

8 Dass Care Arbeit stets supererogative Aspekte beinhaltet, die über den Arbeitsauftrag hinausgehen, wird nicht nur im religiösen Kontext der Seelsorge begründet, sondern findet auch in anderen Care-Tätigkeiten und entsprechend auch in der Philosophical Care ihre Berechtigung (vgl. Schuchter, 2016: 70). Dies gilt es kritisch zu reflektieren.

auf andere Disziplinen wie die Psychologie, die Soziologie und die Erziehungswissenschaft referiert. Wie in Kapitel (3) noch weiter ausgeführt wird, geht es bei Philosophical Care nicht um den Ausschluss religiöser Inhalte oder Umgangsformen, sondern um eine zumindest vorübergehende Einklammerung religiöser Interessen und Motive, sowie deren künftige und mögliche Anschlussfähigkeit (Frankl, 2020b: 294).[9] Philosophical Care ist aber auch keine humanistische, anthropologisch begründete Seelsorge.

Zweitens orientiert sich Philosophical Care nicht an der Psychotherapie, wie dies die Philosophische Praxis tut, sondern versucht, sich durchgängig philosophisch selbst zu begründen.[10] So kommt die Philosophische Praxis meistens in klar institutionalisierten, privaten oder halbprivaten Praxen zu ihrer Ausübung. Seelsorge findet im Gegensatz auch ausserhalb solcher Institutionen statt (bspw. in der Alltagsseelsorge, Schulseelsorge, Gefängnisseelsorge, Spital- & Krankenhausseelsorge, Telefonseelsorge, Internetseelsorge etc.). Dies wird durch das eigene Auftragsverständnis begründet. In dieser Hinsicht entspricht Philosophical Care der religiös-spirituellen Seelsorge, die sich ebenfalls selbst theologisch begründen und rechtfertigen lässt. Diese Selbstbegründung von Philosophical Care soll das Ziel der vorliegenden Arbeit sein (1.5).

Wendet man sich nun dem Untertitel zu: *Entwurf einer praxistheoretischen Grundlegung* bedarf es weiterer Klärungen. Da die Praxistheorie für Philosophical Care im Rahmen des Vorverständnisses so noch nicht existiert, ist die vorliegende Arbeit in ihrem Entwurfscharakter aufzufassen. Das bedeutet, es werden Aussagen und Behauptungen aufgestellt, die sich erst in der wissenschaftlichen Diskussion behaupten werden müssen und weder einen Anspruch auf Allgemeingültigkeit noch auf Vollständigkeit erheben können und dürfen (Zima, 2017: 208f). Vielmehr wird die vorliegende Untersuchung als ein möglicher Entwurf deklariert. Was unter praxistheoretischer Grundlegung verstanden werden soll, wird in den nächsten drei Unterkapiteln noch genauer ausgeführt. Es geht um das Verhältnis von Praxis, Theorie und dem Nachdenken über die Praxis als Praxistheorie (1.2) sowie um die möglichen methodischen Formen einer Grundlegung (1.3) und deren theoretischen Haltepunkte (1.4).

1.2. Von der Theoriebildung zur Praxistheorie

Um eine Praxistheorie zu entwerfen, ist es nötig, genauer zu verstehen, was mit *Theorie* und mit *Praxistheorie* gemeint ist. Verstehen ist stets kontextbedingt, sei dies nun historisch, kulturell oder soziopolitisch, und daher in einer bestimmten Weise auch

---

9   Selbstverständlich kann und wird dies auch teilweise in der Seelsorge angestrebt (vgl. bspw. Faber & Van der Schoot, 1971: 77). Mehr dazu in Kapitel (4).
10 Es gibt natürlich einige Bestrebungen, auch Elemente der Philosophie aufzunehmen. Darunter sind besonders humanistische Ansätze und ganz besonders jene Werke von Depner 2020, Engemann 2007, Frankl 2020a, 2020b, Fromm 2012a, 2012b, 2016, Poltrum 2016 und Yalom 2010 hervorzuheben.

kontingent (Bieri, 2017: 15, Noth, 2010: 268). »Nichts, buchstäblich nichts ist mit absoluter Notwendigkeit so, wie es gerade ist, woraus sich ableiten lässt, dass alles auch anders sein könnte« (Nassehi, 2021: 36). Das bedeutet, dass es keiner notwendigen oder allgemeingültigen Vorgabe zuzurechnen ist, dass der Begriff *Philosophical Care* oder die Form der Theoriebildung so entwickelt wird, wie dies in der vorliegenden Arbeit geschieht (Safranski, 2015: 165). Er ist aber auch nicht willkürlich, sondern kontingent. Auch der Theoriebegriff selbst weist unterschiedliche Konzepte und Verstehensformen auf, wenn man auf die Wissenschaftsgeschichte zurückblickt (Schmolke, 2011: 61). Jene Arten etwas zu verstehen, sind selbst wiederum durch den Lauf der Zeit revidier- und veränderbar.

Wo beginnt man also mit dem Verstehensprozess? Und wie kann das geschichtliche, kontextuelle Kontingente je schon im Verstehensprozess mitgedacht werden? Was man versteht, erfasst man meistens in Metaphern also in Welt- und Selbstbildern, die einzelne Aspekte beleuchten und andere hingegen verdecken (Blumenberg, 2019: 25, Lakoff & Johnson, 2018: 18). Dies gilt auch für Theorien und Praxistheorien. Man versteht dabei etwas (x) als etwas anderes (y) (Heidegger, 2006: 149). Heterogene Aspekte können so durch ein *Wie* oder durch ein *Als* miteinander in Beziehung gebracht werden. Sie bringen etwas von einem Ort zum anderen hinüber (gr. *metaphorein*). Diese Metaphern sind meistens jene, welche man durch die Sozialisierung in die eigene Gesellschaft und durch den Soziolekt im wissenschaftlichen Feld erlernt hat.

All diese Punkte müssen für eine praxistheoretische Grundlegung in Betracht gezogen werden. Dabei sollte nun bei der Theoriebildung der eigene Verstehenshorizont erklärt werden und zusätzlich sollte die Theoriebildung sowohl zeitgemäss als auch wandelbar sein (Danner, 2006: 65).[11] So kann auf die Kontingenz des Verstehenskontexts eingegangen werden.

Zusätzlich kann die Theoriebildung auch als wesentlicher Baustein für die Professionalisierung betrachtet werden (Bohnsack, 2020, Oevermann, 2010). Wie könnte dementsprechend eine Praxistheorie von Philosophical Care aussehen? Welche Punkte müssen dabei zusätzlich beachtet werden? Um diese Fragen zu beantworten und Philosophical Care durch eine Praxistheorie verstehen zu können, bedarf es dementsprechend vorbereitende Erläuterungen des Verständnishorizontes bezüglich der Frage, was unter einer *Praxistheorie* verstanden werden kann und wie diese in der vor-

---

11   Jedoch trägt die Theoriebildung, auch wenn damit Schwierigkeiten und Herausforderungen einhergehen, wesentlich zur Professionalisierung einer Tätigkeit bei (Schmolke, 2011: 20). Dagegen lassen sich aber auch Kritikpunkte anführen (vgl. Achenbach, 2010). Die blinde Anwendung von Theorien kann niemals die feingliederige und komplexe Praxis einer Care Situation abdecken und kann dadurch das Singuläre und Einmalige durch das Allgemeine verzerren, wenn nicht sogar zerstören. Zudem sollte beachtet werden, dass die Theoriebildung nur dann mehr oder minder erfolgreich durchgeführt werden kann, wenn sie von alltagspraktischen Überlegungen absieht und abstrahiert (Schwingel, 2018: 54). Diese müssen entsprechend, so bspw. nach Bourdieu, in die Theoriebildung jedoch wieder einfliessen, damit der Zugang zur praxeologischen Praxis nicht verloren geht.

liegenden Arbeit entwickelt werden soll. Dabei werden mögliche Themen der Theoriebildung aufgegriffen, welche zum Schluss auf die Praxistheorie bezogen werden.[12]

Theoriestruktur und Theoriefunktion

Theorie (gr. *theoria*) bedeutet ursprünglich so viel wie *Betrachtung* eines Untersuchungsgegenstandes. Die Betrachtung beinhaltet jedoch stets eine bestimmte, zugehörige perspektivische Festlegung (Bennent-Vahle, 2022: 21). Die Festlegung kommt unter anderem vom bereits erwähnten Verstehenshorizont. So führt Schmolke aus: »Theorien schärfen die Wahrnehmung für ein bestimmtes Phänomen. Durch eine theoretische Fokussierung werden uns bestimmte Phänomene, bestimmte Aspekte an Phänomenen bzw. Zusammenhänge zwischen Phänomenen überhaupt erst bewusst« (Schmolke, 2011: 20). In der Theorie wird der Untersuchungsgegenstand nicht einfach direkt abgebildet, sondern wird selbst im Prozess der Theoriebildung mitgeformt, respektive rekonstruiert und ist damit gewissen vorgängigen Entscheidungen des perspektivischen Verstehenshorizonts ausgesetzt. Denn das Untersuchungsobjekt erhält durch die Betrachtung/Festlegung eine neue Deutungs- und Bedeutungsebene.

Diese neu erschlossene Bedeutungsebene findet sich in der Theorie beispielsweise als Satzsystem (Mittelstrass, 1974: 31), als Modell (Anhalt, 2012: 164ff), in Form von Denkfiguren (Barthes, 2019: 16), als semiotisch möglichst dichte Beschreibung (Geertz, 2015: 35), als wissenschaftlicher Diskurs (Zima, 2017: 20) oder als empirisch getestete Hypothesen (Nassehi, 2021: 21) wieder. Unabhängig davon, wie oder welche Elemente für die Bedeutungsebene erschlossen werden, ermöglicht die Theoriebildung eine Ordnung und Systematisierung. Hierbei kann man von einer *Theoriestruktur* sprechen, die jedoch den oben genannten dynamischen Prozessen unterworfen ist.

Der Theorieprozess ist daher ein wissenschaftssoziologischer und wissenschaftsphilosophischer Aspekt, welcher sich auf die Dynamik der Theoriebildung bezieht, der hier nicht weiterverfolgt werden muss (bspw. Kuhn, 2020). So verstanden sind diese Theoriestrukturen stets interessensbedingt, worauf gleich noch bei der Theoriefunktion eingegangen wird. Eine *Theorie* zusammengefasst kann als eine unter möglichen Perspektiven auf den Untersuchungsgegenstand verstanden werden, wobei sich die Struktur der Theorie im vorliegenden Verstehenshorizont in zwei Dimensionen jeweils ausarbeiten lässt.

---

12   Erschwert wird die ganze Angelegenheit noch durch den Umstand, dass den Selbst- und Weltverständnissen der Klientel auch einen theorieähnlichen Charakter zugesprochen werden kann (Schmolke, 2011: 19). Das Theorieverständnis muss sich demzufolge auf unterschiedlichen Ebenen und Metaebenen gleichzeitig anwenden lassen. Auf die Bildung von Selbst- und Weltbildern der Klientel wird in der vorliegenden Untersuchung aus Platzgründen nur marginal eingegangen.

Die erste mögliche Unterscheidung auf die Theoriestruktur hin, die hier getroffen werden kann, besteht zwischen der autopoietischen und der differentiellen Theoriebildung (Zima, 2017: 121).

Eine autopoietische Theoriebildung versucht, die Theorie aus dem Untersuchungsgegenstand selbst abzuleiten. Sie ist insofern selbstgebend. Sie bildet ein System, das in sich selbstreferentiell arbeitet. Es werden bspw. axiomatische Begriffe definiert und analysiert wie bspw. in der Geometrie, um anschliessend Schlussfolgerungen daraus zu ziehen.

Die differentielle Theoriebildung zeichnet sich hingegen dadurch aus, dass das Forschungsobjekt, sei dies nun ein Gegenstand, ein Phänomen oder eine Methode usw. im Unterschied zu einem ähnlichen Gegenstand, Phänomen oder einer anderen Methode (unter Einbezug eines relationalen Dritten) verglichen wird. Dabei kann die Differenz aber auch erst als funktionale Setzung verstanden werden, die vom Theoretiker oder der Theoretikerin festgelegt wird (Rucker & Anhalt, 2017: 82f). Konzepte werden nach dieser Ansicht nach durch den Bezug auf ähnliche oder gegenteilige Konzepte verstanden (Blumenberg, 2019: 10). Dabei werden die Relata jener Vergleiche explizit aufgeführt und anschliessend zumindest von einer Perspektive her untersucht.

Keine Perspektive vermag es, alle unterschiedlichen Aspekte zu beleuchten (Rucker & Anhalt, 2017: 84, Seel, 2009: 10). So ist es beispielsweise möglich, Philosophical Care in gewissen Hinsichten mit der Philosophischen Praxis und der religiös-spirituellen Seelsorge zu vergleichen (Kapitel 4). Autopoietische und differentielle Theoriebildung schliessen sich gegenseitig nicht notwendig aus, da viele Formen der theoretischen Orientierung aus einer Mischform beider Ansätze aufgebaut sind (Stegmaier, 2008: 12f). Auch die vorliegende Arbeit wird aus beiden Formen bestehen.

Die zweite Dimension der Theoriebildung erstreckt sich im Unterschied zwischen der transzendentalkritischen Analyse (im Sinne von Kant[13]) und der Bottom-Up Reflexion, wobei Letztere beispielsweise auf empirischen oder phänomenologischen Befunden und Beobachtungen fusst.

Die Idee der transzendentalkritischen Analyse besteht hingegen darin, dass die Anfänge einer solchen Theorie in Setzungen von Prämissen oder in diversen Problemfeldern und nicht in unmittelbaren Erfahrungen bestehen (Böhme, 1994: 323). Diese können entsprechend nicht empirisch begründet werden. Damit ist nicht gemeint, dass die Problemfelder oder Satzentwürfe keinen Bezug zur Lebenswelt aufweisen – es lassen sich deren Elemente finden (Mittelstrass, 1974: 75) –, aber die transzendentalkritische Analyse geht davon aus, dass diese in einem ersten Schritt expliziert und strukturiert werden müssen. »Das heisst also, dass das Gegebene in der Anschauung bereits so organisiert wird, dass es nachher durch bestimmte Begriffe auch denkbar ist« (Böhme, 1994: 321) und in der Lebenswelt oder in der Praxis reflektiert werden kann.

---

13 Hierbei ist die Methode von Kant bei seiner Grundlegung zu verstehen (Kant, 2017). Ausführlicher zur Methode vgl. Kapitel (1.3) und Schönwälder-Kuntze, 2020.

Eine Bottom-Up Reflexion geht hingegen direkt von Praxisbeispielen aus und versucht, allgemeine Elemente herauszukristallisieren und in Form einer Theoriestruktur zu ordnen. Wie im folgenden Unterkapitel (1.3) gezeigt werden soll, ist die vorliegende Arbeit transzendentalkritisch angelegt.
Wozu dient eine Theorie in einer dieser Strukturen? Was hilft es, sich an diesen Gedanken bei der Theoriebildung zu orientieren?

In der vorliegenden Arbeit wird davon ausgegangen, dass die Theorie eine funktionale Antwort auf gesellschaftliche Problemstellungen darstellt (Böhm, 2011: 45). Die Theorie wird also stets auf ein Interesse hin oder aus einer Ideologie herausgebildet. Damit wird nicht zwangsläufig behauptet, dass die Theorie die Lösung zu der Problemstellung liefert. Es ist ebenso möglich, dass die Theorie durch die Formung der neuen Deutungsebene neue Reflexionsebenen und dementsprechend zusätzliche Problemfelder freilegt. In pragmatischer Sicht kann sie bspw. dazu dienen, den Darstellenden dabei zu helfen, einen schwer erfassbaren Sachverhalt angemessen darzustellen (Anhalt, 2012: 169). Entsprechend kann Theorie Orientierung bieten, für jene die sich mit ihr und der damit einhergehenden Praxis beschäftigen. Die zu entwickelnde Theorie muss daher erstens zweckdienlich sein und zweitens müssen sich ihre Sprache und ihre Methodik auf diesen Zweck hin orientieren (Mittelstrass, 1974: 129). Die Entwicklung einer Praxistheorie von Philosophical Care versucht also, auf eine gesellschaftliche Problemstellung zu antworten (Kapitel 1.5). Anschliessend sollen nun einige Bemerkungen zum Theorieobjekt und zum dazugehörigen Diskurs erläutert werden.

Theorieobjekt und Theoriediskurs

Philosophical Care in ihrer praxistheoretischen Grundlegung der vorliegenden Arbeit ist sowohl das Forschungsobjekt als auch das Forschungsfeld zugleich. Das Theorieobjekt geht aus den Operationen hervor, welche von der Theorie als Instrumente bereitgestellt werden. Anhalt fasst diesen Punkt treffend zusammen: »Ein theoretischer Gegenstand ist in diesem Sinne *eine Funktion theoretischer* Operationen« (Anhalt, 2012: 291). Jene Operationen können bspw. Argumente und Systematisierungen sein, die der Theoriebildung förderlich sind. »Theoretische Argumente sind solche, die sich zumuten, die Gegenstandskonstitution selbst kontingent zu setzen, also etwa das Verhältnis von Begriff und Gegenstand oder die Frage nach den erkenntnisleitenden Unterscheidungen oder auch nach der Art des jeweiligen Gegenstandes reflexiv behandeln und zugleich zum Gegenstand expliziter Entscheidungen zu machen« (Nassehi, 2021: 22f). Philosophical Care wird folglich als Phänomen praxistheoretisch untersucht. Dabei werden bisher noch nichtexistierende Forschungsdimensionen aufgespannt, auf welchen das Forschungsobjekt untersucht und in Problem- und Aufgabenfelder gegliedert werden kann, was im Sinne der transzendentalkritischen Analyse vollzogen wird. Im Forschungsobjekt bei der Theoriebildung wird klar, dass Philosophical Care weder schlicht in der Realität aufgefunden wird, noch rein als Konstruktion begriffen werden kann, sondern immer beide Aspekte miteinander verbindet. Dass also Philosophical Care in gewisser Weise schon praktiziert wird, versteht sich damit von selbst. Jedoch wird durch die Theoriebildung das Forschungsobjekt in seiner Auffassung verändert.

Hierbei müssen drei Punkte beachtet werden: Erstens ist es wichtig, die Skalierung des Theorieobjektes richtig einzustellen. Es darf weder zu gross noch zu klein sein. Sobald Elemente darunterfallen, die nicht zu Philosophical Care gehören, wird das Theorieobjekt verkannt, und sobald Elemente wegfallen, die sich als tragend für die Theoriebildung erweisen, kann eine praxistheoretische Grundlegung nicht mehr erfolgreich durchgeführt werden. Diese Skalierung geschieht in einem hermeneutischen Prozess (Zima, 2017: 14), in welchem die besagte Perspektivität (Kapitel 1.3) stets neu kalibriert wird.

Zweitens bedarf es für diesen hermeneutischen Prozess ein gewisses Vorverständnis (Stegmaier, 2008, Weniger, 1964: 21), welches weiter oben schon angeführt wurde. Das Vorverständnis geht stets mit einer Engführung einher und ist daher auch als Forschungsperspektive im Hinblick auf das Theorieobjekt zu betrachten. »Eine solche Theorie lässt sich von dem Satz leiten, dass Systeme nur sehen, was sie sehen können, aber nicht sehen, was sie nicht sehen können« (Nassehi, 2021: 26). Jene Engführung hilft jedoch dabei, sich bei der Theoriebildung zurechtzufinden und mit einer möglichen Blick- und Forschungsrichtung arbeiten zu können.

Drittens zeigt sich, dass das Vorverständnis einen konstruktivistischen Teil dazu beiträgt, wie das Theorieobjekt verstanden wird (Nassehi, 2021: 24). *Konstruktion* des Theorieobjekts soll hier nicht als Gegensatz zur *Erkenntnis* des Theorieobjekts verstanden werden, sondern als eine gegenseitige Bedingung, welche die Aneignung einer neuen Deutungsebene überhaupt erst erschliessen lässt. Vielmehr kann die Konstruktion als die bewusste Engführung, aufbauend auf dem Vorverständnis, verstanden werden. Hierbei soll die Konstruktion auch nicht als willkürlich aufgefasst werden, sondern als einer bestimmten Form folgend der angestrebten Reflexion, also der Funktion der Theorie (bspw. Reliabilität, Klarheit, Diskursfähigkeit etc.).

Die hier angestrebte Reflexion verweist darauf, dass die Theoriebildung stets in einen Diskurs eingegliedert ist. Insofern ist die Reflexion als Diskurs im Sinne von Foucault (2014) zu betrachten, da die Theoriebildung, wie schon erwähnt, in ihrer Funktion auf gesellschaftliche Problemstellungen antwortet und daher versprachlicht sowie interessengeleitet ist (Seel, 2009: 5). Aus der Ursache, dass der Diskurs interessengeleitet ist, folgt nicht, dass bei der Theoriebildung durch die Reflexion nicht eigene, neue Werte vertreten werden können (Nowotny et al., 2014: 80).

Jene Werte, wie bspw. die Diskursfähigkeit, müssen sich im wissenschaftlichen Feld gegenüber Kritik behaupten. Dabei werden die Gütekriterien der Haltepunkte relevant (vgl. Kapitel 1.4).

Die Diskursfähigkeit erstreckt sich wiederum über zwei Dimensionen: Zum einen geht es darum, dass die Theoriebildung erschütterbar sein kann und auch erschüttert werden soll (Zima, 2017: 97). *Erschütterbar* ist nicht mit *falsifizierbar* gleichzusetzen, da sich die Falsifikation als Kontrollinstanz nicht überall anwenden lässt und hauptsächlich auf Satzmengen rekurriert, währenddem sich die Erschütterbarkeit auf Erkenntnisprozesse oder -instrumente bezieht. Es kann also bspw. Kritik an der Perspektive oder an der Methode hervorgebracht werden, dadurch diese jedoch nicht zwangsläufig widerlegen. Die Theorie oder das Theorieobjekt können zusätzlich in ihrer Funktion erschütterbar sein, was stets eine Ermessenssache im wissenschaftlichen Feld darstellt.[14]

Zum anderen muss die Theoriebildung offen sein für die Alterität, offen sein für andere Diskurse und Blickwinkel (Zima, 2017: 259). Der Theoriediskurs sollte also so gestaltet werden, dass er mit anderen Theorien in Dialog treten kann und sich auch bis zu einem gewissen Grad in andere theoretische Soziolekte übersetzen lässt. Philosophical Care und andere Theorien treten so in das Spiel des Gründe-Geben-und-nach-Gründen-Verlangens (Brandom, 2016: 107) ein. Zusätzlich muss die Diskursfähigkeit im Verständnis der Professionalisierungsherausforderung auch auf die Wissensüberführung von Wissenschaft und der Gesellschaft reagieren können (vgl. Kapitel 1.5).

Bisher wurde gezeigt, wie hier Theoriebildung verstanden wird und was sie grob gesagt leisten sollte. Eine Theorie ist eine interessengeleitete Struktur von Sätzen, Figuren oder eines Diskurses, welche auf eine gesellschaftliche Problemstellung zu antworten versucht. Dabei muss das Theorieobjekt und der dazugehörige wissenschaftliche Diskurs in einem fortlaufenden Spiel des Gründe-Gebens-und-nach-Gründen-Verlangens eingespeist werden, um sich in seiner Aufgabenstellung behaupten zu können. Dies ist jedoch noch nicht alles, das für die vorliegende Untersuchung betrachtet werden muss. Wissensformen von Theorien müssen unterschieden werden in rein theoretisches Wissen und Praxiswissen, die selbst nicht kategorial voneinander getrennt sind, sondern andere Schwerpunkte setzen. Diese Unterscheidung aber muss für die Theoriebildung noch weiter ausdifferenziert werden, da die Praxistheorie eine mögliche Brücke zwischen diesen beiden schlägt (Thiersch, 2014: 197). Es lohnt sich, nun einige Bemerkungen über das Konzept der Praxistheorie und deren Anwendung anzustellen, bevor auf die Methodik der vorliegenden Arbeit eingegangen wird.

Praxistheorie und Praxisanwendung

Was ist eine Praxistheorie? Die *Praxistheorie* kann als Nachdenken über die Praxis verstanden werden. In der Praxistheorie wird die Praxis zum Theorieobjekt. Dabei zeichnet sich die Praxis in vielen Fällen bei diversen Tätigkeiten durch ein Handelnkönnen und ein Sich-auf-etwas-Verstehen aus. Am Ort der konkreten Praxis müssen komplexe und folgenreiche Einsichten gewonnen und Urteile gefällt werden (Roser, 2017: 35). Hierbei kann davon ausgegangen werden, dass die Praxis von diversen Wirklichkeitsschichten[15] dieses Könnens und Verstehens durchzogen ist, welche theoretisch betrachtet werden können (Benner, 2015: 46). Diese können systematisiert und reflektiert werden. Slunecko schreibt hierzu: »Üblicherweise definiert sich

---

14 Ob die Praxistheorie einer Philosophical Care falsifizierbar ist, kann hier nicht endgültig beantwortet werden. Man könnte darauf hinweisen, dass Inkonsistenzen gefunden werden, dass diese jedoch wiederum nur erschüttern und nicht falsifizieren können (Priest, 2006).

15 Diese sind selbst wiederum von impliziten oder expliziten Vorverständnissen geprägt. Vgl. hierzu Gadamer, 2010 und Weniger, 1964. So kommt Weniger auch zum Schluss, dass es nichts Praktischeres als eine gute Theorie gibt (Weniger, 1964: 8).

eine Wissenschaft durch den Anspruch auf einen bestimmten Realitätsbereich, den sie wissenschaftlich durchdringen will, und durch die Wahl der Methoden, derer sie sich dazu bedient« (Slunecko, 2017: 19). Die mögliche Funktion einer Praxistheorie ist dementsprechend die Antworten auf Problemstellungen in der Praxis zu liefern (Gadamer, 2018: 14).

Um zu erörtern wie diese Funktion umgesetzt werden kann, vergleicht man bspw. die Unterteilung von Psychologie und Psychotherapie. Beide untersuchen denselben Forschungsgegenstand (die menschliche Psyche), unterscheiden sich jedoch darin, dass die Psychologie sich mit der Erkenntnis von menschlichem Erleben und Verhalten befasst, während dem sich die Psychotherapie primär mit der verändernden Praxis der Behandlung und den damit einhergehenden Tätigkeiten auseinandersetzt (Lacan, 2017: 32).

Die Psychologie als wissenschaftliche Disziplin und Untersuchung der menschlichen Psyche strebt eine epistemische Systematik an, die anschliessend zu einer oder mehreren Theorien geformt werden (Jaspers, 1923: 323, Marinoff, 2000: 23). Dabei liegt das Verständnis verschiedener Kausalzusammenhänge im Vordergrund. So werden regelmässig auftretende Phänomene zu erklären versucht. Aus diesen Kausalzusammenhängen und dem theoretischen Überbau können anschliessend heuristische Schlüsse gezogen werden (Jaspers, 1923: 319, Rogers, 2021: 31). Die Theorie ist daher ein perspektivisches Hilfsmittel, entweder definiert durch Axiome (bspw. ein Menschenbild) oder durch Methoden der Datenerhebung zum Verstehen von Phänomenen im Rahmen von allgemeinen Kausalzusammenhängen (Brandt, 2017: 41).

Die Psychotherapie richtet sich hingegen nicht auf die Erkenntnis systematischer Kausalzusammenhänge, sondern auf die Praxis der Behandlung von Störungen der menschlichen Psyche, wobei die Behandlung auf verschiedene Ziele wie Gesundheit, Glück, Selbstverwirklichung und/oder gesellschaftliche Integration abzielen kann (Jaspers, 1958: 34). Damit werden nicht nur Therapieziele angesprochen, sondern es können auch selbstbildende, emanzipative Aspekte gefördert werden. Ein solch theoretisches »Wissen verändert in diesem Fall die Bedingungen des Alltagsbewusstseins und des lebensweltlichen Umgangs mit sich selbst und anderen« (Slunecko, 2017: 15).

Bei der Psychotherapie geht es dabei je um das Handelnkönnen im Umgang mit Störungen der menschlichen Psyche und nicht nur um deren Erkenntnis. Man orientiert sich so verstanden an Problemfeldern und Aufgaben, die jenen Tätigkeiten der Behandlung entsprechen. Die Kriterien einer erfolgreichen Psychotherapie richten sich also nach der Güte in der praktischen Umsetzung, wobei die Angemessenheit der Erkenntnis systematischer Kausalzusammenhänge wohl eine Auswirkung auf die Güte der praktischen Auswirkung hat. Das bedeutet, je besser oder adäquater die Erkenntnisse der Psychologie und anderen Bezugsdisziplinen wie die Medizin und die Neurowissenschaften sind, umso besser kann eine Behandlung durch die Psychotherapie stattfinden.[16] Die Praxis der Psychotherapie – hier ganz besonders die ko-

---

16 In der Wissenschaftstheorie wird hier unterschieden, welche Kriterien dafür ausschlaggebend sind. Oft werden korrespondenztheoretische oder pragmatische Wahrheitskriterien angeführt (Lauth & Sareiter, 2005: 184f).

gnitive Verhaltenstherapie – bedarf daher der Erkenntnis der Psychologie, Medizin und Neurowissenschaft und bildet zugleich im besten Fall den Interessenshorizont der psychologischen Forschung (Gadamer, 2018: 201). Man findet also unterschiedliche Funktionen von Theorien, welche jedoch eng miteinander zusammenhängen können. Dies gilt auch für die akademische Philosophie und die Praxistheorie von Philosophical Care (Schmid, 2016: 372).

Es scheint nämlich angebracht zu sein, zu behaupten, dass sich die Praxistheorie von Philosophical Care ähnlich, jedoch nicht kongruent, zur akademischen Philosophie, wie sich die Psychotherapie zur klinischen Psychologie verhält. Die Praxistheorie von Philosophical Care nimmt direkten Bezug auf die Leistungen der akademischen Philosophie, um sie anschliessend auf die Problemstellungen der Praxis zu übersetzen sowie zu reflektieren. Zusammenfassend lässt sich die Teilung so aufgliedern, dass es den Individualakt (Weniger, 1964: 10) von Philosophical Care gibt (wie die Therapiesitzung), die Praxistheorie von Philosophical Care (wie die Psychotherapie) und die akademische Philosophie als Bezugsdisziplin (wie die klinische Psychologie). Dabei wird nicht von einem Instruktionalismus ausgegangen, bei welchem ein starres Regelwerk von oben herab die einzelnen Betrachtungen und Handlungsweisen festlegt, wie in Kapitel (2) noch ausführlicher dargestellt wird.

Damit drängt sich aber unweigerlich die Frage auf, welche philosophischen Bemühungen überhaupt eine praktische Rolle einnehmen können (Habermas, 2004: 347). Eine mögliche Antwort darauf, kann die sorgende Tätigkeit sein (Hampe, 2014: 240), welche durch eine transzendentalkritische Analyse freigelegt werden kann. Was unter einer *transzendentalkritischen Analyse* verstanden werden kann und welcher Methodik die vorliegende Arbeit folgt, soll nun erörtert werden.

1.3. Methodik der Arbeit

Einer Methodik zu folgen bedeutet, dass ein geregeltes Verfahren angewendet wird, um an ein mehr oder minder antizipiertes Ziel zu gelangen (Schönwälder-Kuntze, 2020: 9, Pickel & Sammet, 2014: 29). Welches Ziel wird aber in der vorliegenden Arbeit verfolgt? Im Hinblick auf das bisher grob bearbeitete Vorverständnis lässt sich eine Leitfrage entwickeln, welche die gesamte Arbeit strukturieren wird. Sie wird in Kapitel (1.5) nochmals explizit und ausführlicher aufgegriffen und lautet wie folgt:

> Welche theoretischen Haltepunkte für Philosophical Care können herauskristallisiert werden, um damit den Anspruch der Entwicklung und zugleich der Begründung einer eigenständigen Praxistheorie gerecht zu werden?

Wie schon erwähnt wurde, ist Philosophical Care sowohl Forschungsobjekt als auch Forschungsfeld zugleich. Auf ihm lässt sich eine Praxistheorie entwickeln und so die Leitfrage beantworten. Hierbei wird eine explorative-analytische Methode gewählt, welche versucht, einzelne Elemente aufzudecken und in einen systematischen Zusammenhang zu bringen. Das bedeutet, dass verschiedene Theorien und Problemstellungen betrachtet und diese in einen Zusammenhang gestellt werden, um damit das Forschungsfeld einzugrenzen gegenüber Aspekten, die es höchstens tangieren oder gar nicht betreffen. Dies geschieht wiederum nicht willkürlich, sondern aus dem Verständnis des Philosophie- und Carebegriffs (vgl. Kapitel 2) heraus (Aspekt der Selbstbegründung). Als explorativ ist sie zu verstehen, weil durch die Arbeit hindurch keine themenspezifische Argumentation entwickelt wird, die sich bspw. an Fällen orientiert, oder welche Prämissen Punkt für Punkt abhandelt, sondern weil einzelne Konzepte auf dem Hintergrund von Problemstellungen auf den Entwurfscharakter der Praxistheorie von Philosophical Care hin betrachtet werden. In diesem Sinne kann eine praxistheoretische Grundlegung dieses Forschungsfeldes auch unter anderen Wegen angegangen werden.

Für die praxistheoretische Grundlegung bedarf es entsprechend weitere methodologische Engführungen und Entscheidungen, welche diese explorative-analytische Methode unterstützend ergänzen, denn sie alleine kann selbst nicht ausreichend richtungsweisend sein (Schönwälder-Kuntze, 2020: 10). Dabei soll auf die transzendentalkritische Analyse sowie auf die Problemorientierung verwiesen werden. Zum Schluss wird nochmals die Orientierung im Forschungsfeld aus systemischer Sicht im Hinblick auf das Theorieobjekt aufgegriffen.

Transzendentalkritische Analyse

Transzendental ist von *transzendent* im Sinne Kants zu unterscheiden. Die transzendentalkritische Analyse geht von den allgemeinen Eigenschaften aus und nicht vom transzendent Weltjenseitigen, demjenigen, welches der menschlichen Erkenntnis nicht zugänglich ist. Dabei bilden jene allgemeinen Eigenschaften die Voraussetzung oder die Möglichkeitsbedingungen für ein Phänomen wie Philosophical Care (Niquet, 1991: 23, Schönwälder-Kuntze, 2020: 22). Mit *Kritik* (gr. *kritein*) wird hier eine Unterscheidungsleistung angesprochen. Es geht darum, jene allgemeinen Eigenschaften von andern zu unterscheiden und diese voneinander für die Analyse abzugrenzen. Die transzendentalkritische Analyse deckt folglich jene notwendigen und evtl. gemeinsam hinreichenden Bedingungen auf, die für eine Reidentifikation des Forschungsobjekts gebraucht werden. Zusammenschau (gr. *synopsis*) des gesamten Phänomens und Zergliederung (gr. *dihairesis*) der einzelnen Möglichkeitsbedingungen sind die dazugehörigen Werkzeuge (Ludwig, 2021: 43, Zehnpfennig, 2017: 166). Das bedeutet, es wird untersucht, was Philosophical Care an Bedingungen erfüllen muss, um überhaupt als solche gelten zu können, wodurch zugleich das Forschungsfeld in seinen Eckpunkten aufgespannt wird.

Diese Methode fördert das antizipierte Unterfangen, dass die explorative Methode nicht willkürlich durchgeführt wird, da sie von Prinzipien ausgeht, welche die zugrundeliegenden Möglichkeitsbedingungen des Forschungsgegenstandes darstellen. Rückblickend auf die Fragestellung sind die Möglichkeitsbedingungen von den Haltepunkten (vgl. Kapitel 1.4) her definiert. Haltepunkte sind die selbst gesetzten Engführungen und Zuschnitte, welche das Forschungsobjekt umreissen und konturieren.

Haltepunkte und Möglichkeitsbedingungen beeinflussen sich so in einer hermeneutischen Forschungsweise gegenseitig, indem ständig wieder die Perspektivität jener Anstösse gewechselt wird. Solche Perspektiven können niemals den gesamten Sachverhalt in den Fokus rücken, sondern sind durch ihre Standortgebundenheit auf eine je bestimmte Weise positioniert und fokussiert (Seel, 2009: 81). Sie können insofern als gleichursprünglich verstanden werden und differenzieren sich nur anhand der Frage, von wo aus gestartet wird.

Nun verhält es sich so, dass im folgenden Unterkapitel methodische Haltepunkte für die Arbeit angeführt werden, sowie später andere Haltepunkte, welche Philosophical Care in ihrer Selbstbegründung aufweisen soll. Es ist wichtig, hier beide voneinander zu unterscheiden. Die transzendentalkritische Analyse steht jedoch in Verbindung zu beiden Sets an Haltepunkten.

Eine transzendentalkritische Analyse in diesem Sinne kann a priori durchgeführt werden. Die Erkenntnisquelle ist hier das Denkvermögen. Es handelt sich also um die methodische Anwendung, um Ideen, Begriffe und Diskurse zu entwickeln, Zusammenhänge zu postulieren und zu analysieren sowie Faktisches und Kontrafaktisches vorzustellen (Staub-Bernasconi, 2018: 145, Zehnpfennig, 2017: 201).

Um es klar zu stellen, wird hier *a priori* so verstanden, dass sie nicht von Erfahrungen diverser Einzelfälle in der Praxis ausgeht. Vielmehr werden im Sinne Kants die allgemeinen Bedingungen von Philosophical Care, die in den alltäglichen sorgenden Tätigkeiten schon vorkommen, herausgefiltert und systematisch expliziert. Anders als Kant, Hegel, Husserl und andere wird in der Analyse jedoch nicht von apodiktischen Axiomen ausgegangen, sondern von Problemstellungen. So kann Philosophical Care durch ein bestimmtes Set an Problemstellungen definiert werden, welches Philosophical Care überhaupt erst in ihrem Vollzug ermöglicht. Diese Problemstellungen bieten ebenso Haltepunkte als Möglichkeitsbedingungen an, sind jedoch in ihrer inferentiellen Rolle nicht dogmatisch, sondern als Entwürfe aufzufassen. Dementsprechend ist die vorliegende Arbeit in ihrer Methodik auch problemorientiert.

Problemorientierung

Es existieren unterschiedliche Formen von Problemen, die sich auf einem Kontinuum aufspannen, zwischen völlig neuartigen Problemen und schon institutionalisierten Problemen (Stimmer, 2020: 27). Viele Probleme befinden sich irgendwo zwischen diesen beiden Eckpunkten. Institutionalisierte Probleme können abgearbeitet werden, wobei es wenig Reflexion für das eigene methodische Handeln bedarf. Der Entwurf einer Praxistheorie liegt jedoch weitaus näher bei einem neuartigen Problem, was bedeutet, dass unterschiedliche Ebenen neu entworfen, Forschungsfelder, Methoden etc. aufgespannt und erörtert werden müssen, womit auch eine eigenständige Prozessüberprüfung erforderlich ist.

Die Theoriefunktion bei einer problemorientierten Methodik besteht nun nicht primär darin, Antworten auf bestimmte Fragen zu liefern, sondern das Problembewusstsein zu schärfen. Anders als die lösungsorientierte Forschung zielt sie nicht darauf ab, Probleme zu beseitigen, sondern diese angemessen zu verstehen, was unweiger-

1.3. Methodik der Arbeit

lich Teil der philosophischen Tätigkeit sein kann (Achenbach, 2023: 132). In ähnlicher Weise formuliert es auch Rucker: »So können Lösungen für Probleme erst entwickelt werden, wenn Problemstellungen formuliert und begründet worden sind« (Rucker, 2014: 33).

Darin kann auch ein Erkenntniswert liegen, so hier die Annahme. Sie unterstützt demzufolge den analytischen Teil der oben erwähnten Methodik. Ziel einer problemorientierten Arbeit ist es also, die Komplexität in ihrer Reichweite aufzuzeigen und zu bewahren. Unter *komplex* werden hier zwei sich ergänzende Aspekte zusammengefasst. Zum einen können bei einem komplexen Sachverhalt oder einer komplexen Situation keine allgemeinen Regeln angegeben werden, welche die Struktur ganzheitlich wiedergeben (Adorno, 1997: 325, Rucker & Anhalt, 2017: 25). Die Situation oder der Sachverhalt sind zu unvorhersehbar oder nicht völlig erklärbar in ihren Zusammenhängen der einzelnen Elemente und Strukturen, sowie in ihrer verändernden Dynamik.

Zum anderen sind komplexe Sachverhalte oder Situationen immer nur aus einer Perspektive zu betrachten und nie vollständig oder objektiv fassbar (Lyotard, 2019: 102, Rucker & Anhalt, 2017: 28). Man kennt dementsprechend oft nur eine Seite. Andere Bezüge oder Fokussierungen werden dadurch ausgeblendet. Dabei kann auch zwischen der Situation (der jeweiligen Perspektive) und dem Sachverhalt (dem jeweiligen Forschungsgegenstand) im Hinblick auf die Komplexität unterschieden werden (Mittelstrass, 2003: 21). Es kann also nicht nur das Problembewusstsein von Philosophical Care als Forschungsgegenstand bearbeitet werden, sondern auch die praxistheoretische Perspektive auf Philosophical Care, welche versucht, letztere in ein wissenschaftliches Forschungsfeld einzugliedern.

Die Verarbeitung dieser Komplexität kann durch das funktionale System der Philosophie auf das Problembewusstsein hin erfolgen. Darunter werden in der vorliegenden Arbeit drei Dinge verstanden: Als erstes wird der Frage nachgegangen, welche Problemfelder sich zuordnen lassen, um die Komplexität im Forschungsfeld zu erfassen. Dabei geht es um die Eigentümlichkeit von Philosophical Care und zwar wird diese, wie schon erwähnt, aufgrund von Problemstellungen und nicht durch Axiome, Ziele oder Werte bestimmt.[17] Wie sich in den folgenden Kapiteln zeigen wird, wird stets von Problemstellungen und nicht von einer Menge von Axiomen ausgegangen.

Zweitens kann nun erfragt werden, wie solche Problemstellungen von Philosophical Care überhaupt auftreten oder erscheinen können. Dies wird ebenfalls durch die transzendentalkritische Analyse und die theoriebildenden Haltepunkte, welche als notwendige inhaltliche und methodische Setzungen verstanden werden können (vgl. Kapitel 1.4), offenbar.

Drittens wird bei den Antworten auf diese Fragen nicht Halt gemacht, sondern es werden neue Problemfelder eröffnet, die über die vorliegende Arbeit hinausreichen. Dies führt zu einem Zirkel der Problemgenerierung (Anhalt, 2012: 81). Anstatt

---

17 Der Komplexität der Situation wird hier Rechenschaft geleistet, indem im vorliegenden Kapitel die methodischen und wissenschaftstheoretischen Haltepunkte expliziert werden (vgl. 1.4).

also abschliessende Antworten auf die ersten zwei Fragen zu liefern, werden weitere, angrenzende Fragen aufgeworfen, die mit den bisher gestellten Fragen zusammenhängen und so das Problembewusstsein erweitern sollen (Nowotny et al., 2014: 61, Schmolke, 2011: 20). Das Kriterium um zu entscheiden, als wie erfolgreich sich die vorliegende Untersuchung erweist, zeigt sich darin, ob und wie dieses Problembewusstsein durch die Arbeit befördert werden konnte. Es soll damit ein Niveau von Problembewusstsein erreicht werden, hinter das künftige Forschungen nicht zurückfallen sollen. Die vorliegende Arbeit strukturiert sich so verstanden anhand verschiedener Probleme, deren Antworten sie nicht zu liefern, sondern deren Komplexität als Problembewusstsein[18] systemintern zu steigern versucht.

Orientierung im Bedeutungsraum

Wenn man sich an Problemstellungen orientiert, kann man sich metaphorisch gedacht in einem Problemraum orientieren. Der Raum erstreckt sich dabei in diverse Dimensionen, auf welchem Flächen und Felder aufgespannt, sowie Punkte und Kreuzungen gesetzt werden können. Jene Ortsmerkmale werden von den jeweiligen Problemstellungen bestimmt. Sie geben dem Forschungsobjekt Struktur.

Orientieren wird hier als praktisches Wissen und dementsprechend als Können verstanden (Stegmaier, 2008: 22). Damit ist nicht gemeint, dass die Forschung im Vorab determiniert wäre (Nowotny et al., 2014: 51), aber dass durch die Orientierungsfähigkeit eine gewisse Richtung eingeschlagen wird, die bedeutungsvoll ist und zugleich auch begründet werden soll. Mit der Orientierungsleistung wird schliesslich ein System in diesem Forschungsfeld etabliert, welches das Forschungsobjekt repräsentiert. Dabei wird ein System als ein intelligibles, differenzierbares, transformatives und mehr oder minder strukturiertes Geschehen verstanden (Luhmann, 2024: 56). Systeme sind anders formuliert als Relationen zwischen Elementen (Strukturen und Prozessen). Zentral für das Verständnis von Systemen ist die Differenz zu ihrer Umwelt. »Das System ist eine Form von zwei Seiten« (Luhmann, 2024: 74). Das bedeutet, dass die Umwelt jene Aspekte umfasst, welche nicht Teil der notwendigen und gemeinsam hinreichenden Möglichkeitsbedingungen darstellen. Dies gilt bei der Analyse von Philosophical Care als Forschungsobjekt auch.

Durch den Blick auf den Problemraum als Forschungsfeld wird demzufolge ein neuer Sinn- und Bedeutungsraum als System aufgespannt. Was heisst das? Bedeutung und Sinn sind ein möglicher Verarbeitungsmodus von menschlichem Bewusstsein, Sprache und sozialen Systemen wie Gesellschaften oder Theorien (Nassehi, 2021: 27). Dabei verweisen Sinn und Bedeutung, wie im kontingenten Verstehensprozess gezeigt wurde, immer auf andere Aspekte (als-Struktur). Um den Sinn- oder den Bedeutungs-

---

18 Selbstverständlich wird dem Problembewusstsein Grenzen gesetzt. Zum einen dadurch, dass die Rahmenbedingungen der vorliegenden Arbeit im Bereich des Vernünftigen eingehalten werden sollen und zum anderen, weil die vielen verschiedenen Positionen, welche analysiert werden, entsprechend oberflächlicher untersucht werden müssen, um ein Mass an Übersichtlichkeit zu wahren.

raum aufzuspannen, in welchem man sich orientieren kann, bedarf es Haltepunkte, welche im nächsten Unterkapitel definiert und in den folgenden Kapiteln expliziert werden sollen.

Es wird sich also zeigen, dass das System von Philosophical Care Sinnattraktoren aufweist, die trotz aller problemorientierter Komplexität immer wieder als Haltepunkte auftauchen (vgl. Kriz in Slunecko, 2017: 270, Luhmann, 2009: 247f). Diese finden sich in den Philosophischen Schlüsselkompetenzen (vgl. Kapitel 2.3) wieder. Anhand dieser drei Schlüsselkompetenzen, die das Orientierungsfeld strukturieren, werden die systeminterne Relevanz zur Selbstbegründung als auch die Abgrenzungsmöglichkeiten gegenüber anderen Tätigkeiten und Ansätzen möglich. Zusätzlich wird die Systemrationalität, also deren Konsistenz durch besagte Selbstreferenz aus der Eigenbegründung offenbar. Die Haltepunkte als Sinnattraktoren helfen dabei, Halt zu finden und eine Forschungsrichtung zu verfolgen. Sie bilden wesentliche Punkte und ermöglichen Grenzziehungen für die Raumkoordinaten. Eine Orientierung als Können wird durch diese Richtungsgebung ermöglicht und gleichzeitig auch konstituiert.

Orientiert man sich in einem Problemraum, ist ein System nicht als geschlossen und ebenfalls nicht als technisch zu verstehen. Vielmehr ist es offen und daher für unterschiedliche Sinnbezüge und heterogene Beschreibungsvarianten zugänglich. Es steht damit aber auch im Austausch mit der Umwelt. Luhmann hält entsprechend fest, »dass das offene System selbst auf Beziehungen zwischen System und Umwelt beruht und dass diese Beziehungen nicht statisch, sondern zugleich dynamisch sind«, womit komplexitätstheoretische Überlegungen und problemorientierte Ansätze ermöglicht werden, was ein rein technisches Verstehen ausschliesst (Luhmann, 2024: 64). Zudem darf das System Philosophical Care hier nicht als statisch aufgefasst werden. »Vielmehr ist die Dynamik von der Geschichte des Systems und seinem augenblicklichen Zustand abhängig« (Kriz in Slunecko, 2017: 271).

Zusätzlich wird durch den neuen Bedeutungsraum ein neuer Soziolekt für diesen neu aufgespannten Raum entwickelt (Fricker, 2023: 147, Geertz, 2015: 291). Das bedeutet, dass Begriffe verwendet und in Zusammenhang gebracht werden müssen, die sowohl in der Praxis als auch in der Theorie vorkommen (bspw. *epoché*/Unvoreingenommenheit). Um die Problemstellungen, die nun systematisiert und strukturiert werden, in einen Diskurs einzugliedern, bedarf es also Termini sowie Denk- und Argumentationsweisen, die für dieses Vorhaben angemessen sind. Sie müssen nicht zwangsläufig neu sein, jedoch dürfen sie nicht blind traditionelle Methoden oder Techniken imitieren (Gadamer, 2018: 173). Somit werden in der vorliegenden Arbeit Elemente aufgegriffen, die schon existieren, werden aber neu zusammengefügt und teilweise auch mit neuen Bedeutungen ausgestattet. Dies alles dient dazu, der Fragestellung der Arbeit entgegenzukommen.

1.4. Formale Haltepunkte zur Theoriebildung

Für die praxistheoretische Grundlegung und die Orientierung im Problemraum bedarf es Haltepunkte (Anhalt, 2012: 107, Noth, 2010: 301). Dies ist bei jeder festlegenden, philosophischen Bemühung der Fall. Dies gilt aber nicht nur für philosophische Bemühungen, sondern für die Theoriebildung im Allgemeinen. Hierzu nochmals Rucker: »Durch die Bearbeitung von Problemen werden Beschreibungen in Relation zu bestimmten Problemstellungen sowie nach Massgabe spezifischer Instrumentarien und damit im Horizont spezifischer theoretischer Voraussetzungen angefertigt« (Rucker, 2014: 33).

Haltepunkte unterscheiden sich dabei von Vorurteilen im Sinne von Gadamer, da Letztere Urteile implizit prägen (Gadamer, 2010: 283), während die Haltepunkte die Theoriebildung systematisch strukturieren (Poltrum, 2016: 66). Ähnlich wie die Vorurteile ist es für die Haltepunkte jedoch wichtig, dass sie für den wissenschaftlichen Diskurs expliziert werden (Brandom, 2002: 105, Hofmann in Staude, 2010: 190). Dadurch kann der wissenschaftliche Diskurs jene Haltepunkte in einem laufenden Prozess evaluieren und entsprechend annehmen, abändern oder verwerfen (Rorty, 2012: 21). Die Evaluation und Bewertung jener entwickelten Haltepunkte finden dabei sowohl in der Philosophie als auch in der Auseinandersetzung mit anderen Disziplinen und der Gesellschaft statt (vgl. Kapitel 1.5). Zuerst soll der Fokus den Haltepunkten allgemein zugewendet werden, um anschliessend die theoriebildenden Haltepunkte der vorliegenden Arbeit aufzulisten.

Zur Bedeutung der Haltepunkte

Was ist hier unter *Haltepunkte* zu verstehen? Haltepunkte bilden die Vorbedingung, um überhaupt eine Theoriebildung vorantreiben zu können. Wie schon erwähnt wurde, werden sie a priori getroffen und entsprechend im Vorab expliziert, um sie in den wissenschaftlichen Diskurs erstens einzugliedern und anschliessend evaluieren zu können (Mittelstrass, 1974: 75, Stegmaier, 2008: 15). Jede Beschreibung einer Perspektive oder eines Sachverhalts beruht auf Voraussetzungen, die selbst nicht problematisiert werden können, damit Anderes, also ein Drittes, thematisiert und problematisiert werden kann (Bennent-Vahle, 2022: 29).

Haltepunkte weisen also auf zwei funktionale Aspekte gleichzeitig hin: Zum einen geht es darum, mittels der Haltepunkte eine gewisse Orientierung (*sich festhalten*) bei der praxistheoretischen Grundlegung bereitstellen zu können. Man wählt eine oder mehrere Methoden aus, man entscheidet sich für bestimmte philosophische Ansichten, man bezieht sich auf einen ausgewählten Bestand an Literatur und Forschung etc.

Zum anderen wird bei diesen Haltepunkten auch förmlich eine Grenze gezogen (*Halt gemacht*), hinter welche im Rahmen der Arbeit nicht weiter zurückgegangen werden kann (Rapp, 1994: 15f, Rucker & Anhalt, 2017: 113). So wird nicht versucht, zu begründen, weshalb nun diese Methode, oder jene philosophische Haltung allgemein rechtfertigbar ist oder nicht, sondern sie wird für die Untersuchung vorausgesetzt und zieht dort eine Grenze. Mit solchen Haltepunkten wird ein gewisser Standpunkt gewählt, um Philosophical Care zu betrachten und zu versuchen, sie theoretisch zu untermauern. Dieser Standpunkt definiert sich genau durch jene Haltepunkte, welche die Position des Standpunkts im Problem-, respektive im Orientierungsraum be-

1.4. Formale Haltepunkte zur Theoriebildung

stimmt und den Verstehenshorizont aufspannt. Dass dabei einige unterschiedliche Aspekte ausgeblendet werden, gehört zum Halt-Machen, also zur Limitierungsfunktion notwendigerweise dazu (Krauss, 2022: 12).

Die Aussagen und Behauptungen der Haltepunkte sind keineswegs als dogmatisch zu betrachten. Eine philosophische Bemühung die sich als dogmatisch verstehen würde, verlöre dadurch unmittelbar ihren philosophischen Status (Hampe, 2014: 11). Die Festlegungen sind viel eher als provisorisch zu verstehen, welche die Funktion erfüllen, unterschiedliche Denkweisen und Perspektiven aufzuzeigen. Ein solcher Standpunkt schliesst also die mögliche Existenz anderer Standpunkte nicht aus, es wird jedoch versucht, ihn anhand von Gütekriterien gegenüber anderen zu behaupten. Solche Gütekriterien sind als analytische Spezifikationen zu bestimmen, die entweder klassifikatorisch oder qualitativ sein können (Cavell, 2016: 51). Beide hängen jedoch zusammen, müssen aber aus analytischer Sicht für die Verständlichkeit unterschieden werden. Sie unterscheiden sich von den noch zu behandelnden intra-, inter- und transdisziplinären Kriterien der Forschungsdringlichkeit (vgl. Kapitel 1.5).

Klassifikatorische Kriterien geben an, ob etwas einen bestimmten Status besitzt (Foot, 2014: 75). Beispielsweise kann man Kriterien angeben, wann etwas als Fahrzeug betrachtet werden kann. Ein Auto zählt zweifellos zu den Fahrzeugen, ein Stein hingegen nicht. Diese Klassifikation muss nicht notwendigerweise kategorial aufgefasst werden, als eine Entweder-oder-Entscheidung, sondern kann auch graduell differenziert werden. Ist ein Rollstuhl bspw. ein Fahrzeug? Klassifikatorische Kriterien entscheiden, wie akkurat die Aspekte der Haltepunkte bei der Untersuchung von Philosophical Care aufgegriffen werden und sie dadurch auszeichnen. Es handelt sich um die notwendigen und gemeinsam hinreichenden Möglichkeitsbedingungen. Die komparative Handlung der Auslese wird hier durch die transzendentalkritische Analyse verfolgt, bei welcher erhoben wird, welche Aspekte für Philosophical Care im Hinblick auf die Problemstellungen aufgenommen werden sollten. Wie akkurat die transzendentalkritische Analyse sein wird, bestimmt dabei die Wahl der Haltepunkte und umgekehrt.[19]

Qualitative Gütekriterien geben hingegen an, ob etwas gewisse Standards oder Anforderungen erfüllt (Foot, 2014: 123). Ein gutes Messer muss bspw. nicht nur als ein Messer deklariert werden können, es muss seine Funktion auch durch die Schärfe und Handhabung qualitativ exemplifizieren. Ähnliches kann nun auch für Philosophical Care gelten. »Die Bezugnahme auf das Ethos einer Praxis gehört also zur Beschreibung ihrer Erfüllungsbedingungen« (Jaeggi, 2020: 176). Die ersuchten Haltepunkte müssen daher auch funktionale, qualitative Erwartungen erfüllen.

Drei dieser Kriterien können hier, unabhängig vom Ziel der problemorientierten Methodik (vgl. Kapitel 1.3), angeführt werden: Erstens können die Haltepunkte in ihrer gemeinsamen Konsistenz ermessen werden (Stegmaier, 2008: 7f). Dabei müs-

---

19 Unter *bestimmen* wird hier kein kausaler Vorgang verstanden, sondern als ein *gleichursprüngliches* Verhältnis im Sinne von Heidegger, 2006. Durch die Haltepunkte werden die Möglichkeitsbedingungen der transzendentalkritischen Analyse antizipiert, wobei die transzendentalkritische Analyse diese in ihrer Rückkopplung wiederum begründet.

sen Widersprüche zwischen Haltepunkten in Theorie und Praxis nicht notwendigerweise als schlechtes Zeichen betrachtet werden, doch muss untersucht werden, wie produktiv auf der Ebene der Praxistheorie mit diesen Widersprüchen umgegangen werden kann.

Zweitens können für eine solche praxistheoretische Grundlegung der Einbezug und die Vorurteile des Verfassers überprüft werden (Nowotny et al., 2014: 149f). Damit ist wiederum nicht gemeint, dass das Vorhandensein von Vorurteilen sich zwangsläufig negativ auf die praxistheoretische Grundlegung auswirken muss, sondern ob die eigene Perspektivität expliziert und ausreichend reflektiert wird. Indem die Reflexionsebene durch den Einbezug des oder der Forschenden erweitert wird, können auch die Haltepunkte auf die Ausgangslage der Forschung bezogen werden (vgl. Kapitel 4). Die Forschung ist insofern nicht neutral, respektive unabhängig, sondern von einer je eigenen Perspektive durchtränkt und dieser gilt es bewusst zu werden.

Drittens kann man im Sinne von Habermas (2018) überprüfen, wie anschlussfähig die Haltepunkte gegenüber anderen Disziplinen, Strömungen und gesellschaftlichen Problemstellungen sind. Darauf wird in Kapitel (1.5) noch weiter eingegangen. Im Hinblick auf all diese Aspekte lohnt es sich nun, die wichtigsten methodischen Haltepunkte darzustellen, welche die vorliegende Arbeit strukturieren.

Theoriebildende Haltepunkte der vorliegenden Forschung

Die hier angeführten Haltepunkte folgen keiner lexikalischen Reihenfolge und suggerieren dementsprechend auch keine irgendwie implizierte Hierarchie. Sie folgen schlicht dem Aufbau des Kapitels (1) und verweisen nur auf die theoriebildenden Haltepunkte. Damit werden die Haltepunkte, welche im Hinblick auf die Fragestellung aufgedeckt werden sollen, nicht dazugerechnet. Folgende theoriebildende Haltepunkte können hier zusammengefasst dargestellt werden:

- Die Sorge um den Menschen, seine Mit- und Umwelt ist eines unter verschiedenen Elementen der philosophischen Bemühungen (bspw. Schuchter, 2016: 74). Es ist entsprechend möglich, Philosophical Care philosophisch zu untersuchen.
- Wenn Philosophical Care sich selbst philosophisch begründen kann, muss und darf sie nicht als eine Strömung der Seelsorge oder Psychotherapie etc. verstanden werden. Demzufolge kann eine Praxistheorie Philosophical Care beleuchten und folglich eine praxistheoretische Grundlegung entworfen werden.
- Eine transzendentalkritische Analyse eignet sich für ein solches Unterfangen, da sie von den allgemeinen Möglichkeitsbedingungen von Philosophical Care ausgeht und nicht durch Fallbeispiele begründet werden muss.
- Die Orientierung bei der praxistheoretischen Grundlegung findet in einem Problemraum statt. Es geht dabei nicht darum, Antworten auf Probleme zu liefern, sondern zu versuchen, die Fragen erst einmal richtig zu stellen und damit das Problembewusstsein zu schärfen. Eine problemorientierte Forschung kann der Gefahr entgehen, dogmatisch zu werden.

- Für die praxistheoretische Grundlegung sind Haltepunkte nötig. Sie bilden Engführungen, die sowohl Halt bieten als auch eine Grenze zur Untersuchung ziehen. Die Haltepunkte können auf ihre Gütekriterien im Spiel des Gründe-Gebens-und-nach-Gründe-Verlangens (bspw. Habermas, 2004: 147f) evaluiert werden. Dabei lassen sich klassifikatorische von qualitativen Kriterien als Gründe unterscheiden.
- Die theoretischen Haltepunkte der transzendentalkritischen Analyse spannen das Forschungsfeld und damit die Praxistheorie von Philosophical Care auf und können daher die Leitfrage der vorliegenden Arbeit in einer Entwurfsfassung beantworten.
- Es können für das Forschungsdesiderat intra-, inter- und transdisziplinäre Gründe angeführt werden, welche die Durchführung einer solchen Forschung befürworten können. Diese Gründe beziehen sich sowohl auf die Forschung als auch auf die gesellschaftlichen Problemstellungen.

1.5. Forschungsdesiderat und Fragestellung

Die vorliegende Untersuchung verfolgt ein atypisches Forschungsdesiderat. Es geht nicht darum, eine spezifische Problemstellung innerhalb eines schon bestehenden wissenschaftlichen Diskurses zu bearbeiten, sondern darum, das Forschungsfeld von Philosophical Care in diesem ersten Schritt systematisch zu umgrenzen. Indem die praxistheoretische Grundlegung erarbeitet wird, kann sowohl deren Ausgestaltung weitergeführt werden und ebenfalls lässt sich die Praxis rechtfertigen oder zumindest verbessern (Schmolke, 2011. 343). Die zu entwickelnden theoretischen Haltepunkte spannen folglich die Dimensionen des Forschungsfeldes von Philosophical Care auf, welche sich an dem Vorverständnis von Philosophical Care orientieren. Die Leitfrage, welche die gesamte Arbeit strukturieren wird, lässt sich dementsprechend wie folgt formulieren:

> Welche theoretischen Haltepunkte für Philosophical Care können herauskristallisiert werden, um damit dem Anspruch der Entwicklung und zugleich der Begründung einer eigenständigen Praxistheorie gerecht zu werden?

Die Entwicklung, die Systematisierung und die Betrachtung der unterschiedlichen Haltepunkte bildet die Problemstellung der vorliegenden Untersuchung, welche in den folgenden, einzelnen Kapiteln bearbeitet wird. Es wird angestrebt, die bisher vakante Stelle einer fehlenden Praxistheorie von Philosophical Care aufzufüllen, indem durch die transzendentalkritische Analyse Haltepunkte theoretisch deduziert und damit die Praxis zugleich konkretisiert wird (Frankl, 2020b: 45). Im Sinne der transzendentalkritischen Analyse kann man dementsprechend auch von einer philosophischen Selbstbegründung aufgrund der eigenen Selbstreferentialität ausgehen.

Die Entwicklung der Praxistheorie von Philosophical Care ist daher sowohl theoretisch grundlegend als auch praxisstabilisierend aufzufassen (Schmolke, 2011: 344).

Damit ist gemeint, dass die theoretischen Haltepunkte aufzeigen, woran sich die Praxistheorie orientieren kann und wo deren Grenzen gezogen werden (vgl. Kapitel 1.4). Da es um eine Aufspannung des Untersuchungsfeldes geht, muss hier erwähnt werden, dass die theoretischen Haltepunkte jedoch keinen Anspruch auf eine vollständige Ausschöpfung erheben. Dass die einzelnen theoretischen Haltepunkte in weiteren Forschungsbeiträgen und Diskussionen noch weiter untersucht und ausdifferenziert werden können, steht daher im Sinne dieser Arbeit. Der Umfang dieser Arbeit beeinflusst zudem die Tiefe, welcher der Aufspannung des Forschungsfeldes weichen muss. Was hier unternommen wird, ist einen ersten Abriss einer Karte zu zeichnen, welche sowohl in ihren Details als auch an den Rändern und Grenzen zu anderen Forschungsfeldern und Disziplinen weitererforscht werden kann.

Das Forschungsdesiderat erklärt zudem auch die eklektisch anmutende Lektüreauswahl dieser Arbeit. Es kann für einige problematisch wirken, wenn bspw. Derrida und Russell gemeinsam in einem Kapitel vorkommen, ohne ihre unterschiedlichen Thesen und Theorien gegeneinander abzuwägen, sondern dass versucht wird, eine konstruktive Synthese aus deren Lehren zu ziehen. Ebenso mag es einige befremden, dass grosse Zeitsprünge gemacht werden, wenn bspw. von Aristoteles zu Habermas übergeleitet wird. Dasselbe gilt auch dafür, dass bei einigen Aussagen und Festlegungen auch die Stimmen aus der Psychotherapie, der Seelsorge und anderen Disziplinen vorgebracht werden.

Dafür können zwei Gründe angegeben werden: Erstens geht es bei der Herauskristallisierung der theoretischen Haltepunkte darum, eine Auswahl zu treffen. Wenn nun einzelne Philosophinnen und Philosophen relevante Ideen für diese theoretischen Haltepunkte beitragen können, auch wenn sie sich durch einen philosophischen Stil, unterschiedliche metaphysische Vorannahmen oder eine gewisse Denkschule auszeichnen, dann sollen sie auch angeführt werden. Das Ziel für die Untersuchung ist nicht, einzelne Positionen gegenüber anderen abzuwägen im Hinblick auf eine thematische Problemstellung, welche Philosophical Care höchstens tangieren würde. Vielmehr geht es darum, einzelne Positionen auszuwählen, welche für Philosophical Care überhaupt in Frage kommen können.[20] Es wäre engstirnig und weitaus ertragsärmer, sich auf eine einzelne Schule, Denktradition oder auf eine einzelne philosophiegeschichtliche Epoche oder Region zu beschränken, wobei vermieden werden sollte, den geistesgeschichtlichen Entwicklungshintergrund jener Positionen und Begriffe dabei zu vernachlässigen.

Es ist zweitens von Vorteil, wenn das Forschungsfeld in seiner Aufspannung offen und wandelbar gestaltet wird, dass es sich also keinen festen Kanon zulegt, auf welche sich weitere Forschungen zwangsläufig beziehen müssen. Auch wenn einzelne Figuren in der Philosophiegeschichte weitaus mehr als andere beitragen können für Philosophical Care, sollte dies kein Grund dafür bilden, andere voreilig auszuschliessen. Zudem kann und wird der Austausch mit anderen Disziplinen und Beiträgen aus

---

20 Es muss jedoch beachtet werden, dass einige Philosophien kontraproduktiv sind, die aufgrund allzu pessimistischer, suizidaler und gewaltverherrlichender Positionen zwangsläufig aus solch einem Kontext verbannt werden müssen (Poltrum, 2016: 44).

anderen Fächern dazu verhelfen, eigene blinde Flecken innerhalb der Philosophie aufdecken zu können (Poltrum, 2016: 30).

Dies ist auch der Grund, weshalb sich die vorliegende Arbeit nicht allein auf das Werk von Schmid bezieht, oder sich mit einer Kritik an der Philosophischen Praxis zufriedengibt. Beide Ansprüche würden nicht genügen, ein theoretisches Forschungsfeld aufzuspannen, welches den bisher erwähnten Ansprüchen genügen würde. Gelingt es, jene thematische Auslese von Philosophical Care in ihrer Eigentümlichkeit sorgfältig durchzuführen und in einen systematischen Rahmen (das Forschungsfeld) einzubringen, ist das selbstgesteckte Ziel erreicht. Wenn in der vorliegenden Arbeit eine der Fragen richtungsweisend ist, welche Aufgabe philosophische Bemühungen für Menschen übernehmen können, ist es wichtig, sich hier nicht künstlich und unbegründet auf einzelne Positionen einzuschränken. Dies führt auch unmittelbar zur Frage, wieso eine solche Praxistheorie überhaupt entworfen werden soll. Daher verlangt das Forschungsdesiderat auch eine Begründung.

Dringlichkeit der Forschung: Sorgeproblematik

Im Versuch aufzuzeigen, worin eine Dringlichkeit einer Forschung bestehen könnte, lassen sich intra-, inter- und transdisziplinäre Punkte anführen (Mittelstrass, 2003: 9). Diese Punkte hängen zwar alle miteinander zusammen, lassen sich jedoch in ihrer Eigentümlichkeit einzeln betrachten. Intra-, inter- und transdisziplinäre Punkte helfen eine Orientierung für die Forschung zu gewinnen und zeigen auf, wo man sich befindet, in welche Richtung die Forschung ausgearbeitet werden soll und was der Sinn dahinter sein kann. Auch wenn allgemein einer Forschung blinde Flecke anhaften oder zusätzliche Herausforderungen in Kauf genommen werden müssen, so lässt sich durch diese Dreiteilung in intra-, inter- und transdisziplinäre Punkte eine Anschlussfähigkeit für Kritik und weitere Forschungen auf gleichzeitig mehreren Ebenen der Diskurse gewährleisten (Böhme, 1994: 376).

Eine intradisziplinäre Forschungsdringlichkeit in der Philosophie kann darin bestehen, versuchen zu verhindern, dass eine Schwelle von Problembewusstsein unterschritten wird. Das bedeutet, dass die schon erlangte Komplexität von Situation und Sachverhalt (vgl. Kapitel 1.3) nicht künstlich durch eine grobe Vereinfachung oder aus Nachsicht durch Vergessen in einem wissenschaftlichen Diskurs vermindert wird. Die Frage was eine mögliche Aufgabe von philosophischen Bemühungen sein könnte, ist selbst eine Frage, die innerhalb der Philosophie beantwortet werden kann und soll. Hier ist also eine forschungsrelevante Schwelle zu finden, die nicht unterschritten werden sollte. So ist dem Umstand Rechnung zu tragen, dass diese Frage nicht in Vergessenheit gerät und dass sich philosophische Bemühungen durch dieses Vergessen nicht verselbständigen, ohne die zugehörigen Sinnfragen ihrer Forschungen zu untersuchen. Die vorliegende Arbeit versucht in den folgenden Kapiteln, dieses Problembewusstsein aufrecht zu erhalten und durch ihren Beitrag am Selbstverständnis von philosophischen Bemühungen zu arbeiten.

Bei der interdisziplinären Forschungsdringlichkeit wird das Augenmerk darauf ausgerichtet, ob und wie sich die Forschung in ein Verhältnis zu anderen Disziplinen setzen kann. Wie schon erwähnt wurde, geht es nicht darum, die Seelsorge, Philosophische Praxis oder ähnliche Bemühungen in irgendeiner Weise zu ersetzen, sondern darum, diese durch Philosophical Care zu ergänzen. Für dieses Vorhaben kann aus zwei Richtungen argumentiert werden. Zum einen kann davon ausgegangen werden, dass es philosophische Probleme gibt, an welchen Menschen in unterschiedlichen Lebenssituationen leiden können oder Widerständigkeiten erfahren (Marinoff, 2000: 31). Was ein philosophisches Problem auszeichnet, ist der Umstand, dass es von anderen Disziplinen oder Wissenschaften oft nur ungenügend oder gar nicht bearbeitet werden kann. Das Problem gerät damit in den Bereich der philosophischen Auseinandersetzungen, wird jedoch anthropologisch begründet.

Ganz besonders in der Moderne sind neue Bedürfnisse und dementsprechend auch neue Probleme und Widerständigkeiten entstanden, welche bei sorgenden Tätigkeiten in Betracht gezogen werden müssen (Stimmer, 2020: 133). Genau hier kann Philosophical Care möglicherweise einspringen und/oder andere Disziplinen unterstützen. Da dieser Punkt anthropologisch und nicht primär philosophisch begründet ist, kann er vorläufig fallengelassen werden.

Zum anderen kann Philosophical Care einen Nischenplatz einnehmen und einen neuen Zugang zur sorgenden Tätigkeit bieten. Hierfür sind axiologische Setzungen nötig, welche erklären und zugleich begründen, wie Philosophie als Form von Zuwendung verstanden werden kann (vgl. Kapitel 2). Sie vermag es bestenfalls, unterschiedliche Massstäbe und Wertvorstellungen zu reflektieren und abzuwägen (Habermas, 2004: 113). Ebenfalls kann sie eine andere Haltung und andere Methoden entwickeln, die so für sich noch nicht existierten oder in anderen Disziplinen bisher zu wenig ausdifferenziert wurden. Durch dies wird ein neuer Diskursraum eröffnet, welcher Bestehendes in ein neues Licht tauchen kann, sowie bisher wenig beachtete Punkte stärker zu beleuchten vermag. Beide Vorhaben werden in der vorliegenden Arbeit in Kapitel (4) angegangen, wobei die beiden Aspekte sich teilweise überlappen, sich jedoch genauer differenzieren lassen.

Wissenschaftliche Bemühungen, Professionalisierung von Tätigkeiten und gesellschaftliche Problemstellungen hängen eng miteinander zusammen (Mieg, 2018: 51). Transdisziplinäre Forschungsdringlichkeit bemisst sich demzufolge an der praktischen Orientierung als Zweck der Forschung und damit am Bezug zur Lebenswelt (Hampe, 2014: 190f). Das bedeutet, dass die Kriterien der transdisziplinären Forschungsdringlichkeit von der Gesellschaft an die Untersuchung herangetragen werden. Für wen müssen die Kriterien jedoch erfüllt werden (Foot, 2014: 52)?

Es kann davon ausgegangen werden, dass zu einem gewichtigen Teil die Klientel[21] darüber bestimmen, ob und in welche Richtung Philosophical Care erforscht werden soll (vgl. Kapitel 4 und Nowotny et al., 2014: 177). Dabei stellt sich die Frage, wer genau die festlegende Klientel sind, welche die Entscheidung treffen, ob die Kriterien

---

21 Klientel wird hier und im weiteren Verlauf absichtlich ins Plural gesetzt, auch wenn die grammatikalische Verwendung etwas befremdlich wirkt. Es geht jedoch darum, hervorzuheben, in welcher Form und Rolle jene Menschen erscheinen, die Philosophical Care in Anspruch nehmen können.

angemessen sind und ob sie erfüllt werden. Cavell geht davon aus, dass man hier nie vollständig übereinkommen kann (Cavell, 2016: 99) und dass deshalb Gründe hervorgebracht und verlangt werden müssen, um die Bestimmung und Auswertung der Kriterien zu rechtfertigen. Selbstverständlich können auch Forschende selbst als ein in Zukunft mögliches Mitglied der Klientel angesehen werden und durch dies ihre Forschung mitgestalten. Dennoch ist hier Vorsicht geboten, dass dabei die gesellschaftlichen Rollen von Forschenden und Privatperson (Klientel) nicht verwechselt werden. Zusätzlich muss bedacht werden, dass die Klientel oft ausschlaggebend dafür sind, welche Form von sorgender Tätigkeit überhaupt in Anspruch genommen werden soll (Wild, 2021: 29). Dies hängt oft damit zusammen, welche Hintergründe und Erwartungen sich bei ihnen finden lassen. Dieser Umstand kann hier als *Sorgeproblematik* aufgefasst werden (vgl. Kapitel 2). Hierzu sind einige Erläuterungen nötig:

Sowohl Säkularisierungs- als auch Globalisierungstendenzen führen dazu, dass sorgende Tätigkeiten den unterschiedlichen und divergierenden Ansprüchen der Klientel gerecht werden müssen. Säkularisierungs- und Globalisierungstendenzen sind mögliche Beispiele dafür, wie gesellschaftskontextuelle Problemstellungen an die Theoriebildung herangetragen werden können und mögliche Kriterien aufstellen.[22] Wenn Philosophical Care es vermag, hier mit anderen Angeboten erfolgreich mitzuwirken, kann dies auch als transdisziplinäre Forschungsdringlichkeit verrechnet werden. Es lohnt sich daher, kurz auf die Phänomene der Säkularisierung und der Globalisierung einzugehen.

Anlehnend an Taylor soll hier unter dem Phänomen *Säkularisierung* ein Dreifaches verstanden werden: Erstens fällt unter das Verständnis von *Säkularisierung* oft die zunehmende, jedoch nicht vollständig linear und global verlaufende Trennung von Staat und Kirche (Taylor, 2018: 532). Es gilt zu relativieren: »Die soziale Bedeutung von Religion ist von sozialen, ökonomischen und politischen Rahmenbedingungen abhängig« (Pickel & Sammet, 2014: 20). Kirchliche und religiöse Angelegenheiten rücken tendenziell immer mehr in die Privatsphäre des einzelnen Menschen und verlieren ihr Gewicht in öffentlichen und ganz besonders staatlichen und überstaatlichen Institutionen.

Zweitens wird mit der Säkularisierung oft auch der Niedergang des religiösen Glaubens verbunden (Taylor, 2018: 486, Zaborowski in Knoll et al., 2022: 62). Trotz dem Fortbestehen von religiösen Gemeinschaften ist zumindest in Europa ein fortwährender Austritt von Kirchenmitgliedern festzustellen (Beck, 2008: 37, Perrig-Chiello & Margelisch in Noth et al., 2017: 73). Dabei werden neue Referenzrahmen etabliert, wie Wissen und Orientierung für das menschliche Leben gewonnen werden können. Dies geschieht u.a. durch wissenschaftliche Erklärungsmodelle, die jedoch nicht alles

---

22 Dies erfasst hier nur die Sinndimension des Sozialen, also wie sich Menschen in der Gesellschaft zurechtfinden können und nicht die Sachdimension der Gesellschaft selbst, welche sich auf die Ordnung und das Zusammenleben der Mitglieder bezieht (Nassehi, 2021. 14f). Natürlich könnte auch von jener Seite her die Untersuchung durchgeführt werden. Dies würde jedoch die Ausgangslage so verändern, dass die Untersuchung in eine Care Ethik oder in die politische Philosophie abdriften würde.

ergreifen, respektive begreifen können, womit eine Überführung von Wissen nicht immer gelingt, oder gar möglich ist (Pickel & Sammet, 2014: 20). So will auch Noth festgehalten wissen: »Menschen bedürfen eine Zuwendung, die sich an den individuellen Situationen und Bedürfnissen orientiert. In den meisten Fällen stehen dabei Kirchenbildung und kirchliche Gemeinschaft nicht im Vordergrund« (Noth, 2023: 13).

Dass diese Entwicklung für viele Menschen als Überforderung betrachtet werden kann, zeigt sich beispielsweise am Unbehagen, welches durch das Verschwinden von Ritualen und gemeinschaftlichen Aktivitäten entsteht (Han, 2019: 33).

Drittens wird unter Säkularisierung auch eine Form des Erlebens verstanden, die mit der religiösen Optionenvervielfältigung zu tun hat (Zaborowski in Knoll et al., 2022: 63). Darunter ist zu verstehen, dass der soziale Rahmen, das bedeutet die Gesellschaft, welche ausschlaggebend für die eigene Religion war, nun weitaus mehr Alternativen anbietet. Es hat sich ein gewisser Glaubenspluralismus entwickelt, in welchem sich jede Person selbst dafür entscheiden kann, wie und zu welcher Religion sie sich verhalten will, insofern sie das auch möchte.

Hierbei kann man auch von *Spiritualität* sprechen. Die Begriffsbestimmung der *Spiritualität* erweist sich ebenso als eine knifflige Angelegenheit wie die Konzepte *Religion* und *Glauben*. Eine mögliche, aber einfache Definition von *Spiritualität* kann so lauten: »Das Leben des Geistes« (Comte-Sponville, 2009: 160). Nun ist nicht jede Geistestätigkeit spirituell. Sondern das Leben des Geistes ist Spiritualität. Damit werden genau jene Gefühle und Einstellungen zur Transzendenz, zum Unverfügbaren und Unbedingten angesprochen. Es bezieht sich ebenso auf Verbundenheit, Immanenz, Vergänglichkeit, Schweigen und Allheit.

So wird auch verständlich, wie die Begriffe miteinander in Beziehung treten können: *Religion* und der *Glauben* sind eine mögliche Form der *Spiritualität*. Sie verhalten sich zu ihr wie Teile zum Ganzen, wie die Art zur Gattung (Comte-Sponville, 2009: 161). Aus der Religiosität folgt daher immer auch eine Spiritualität bis zu einem gewissen Grad. Nicht jede Spiritualität ist aber religiös. »Man ist nicht schon deshalb religiös, weil man davon überzeugt ist, dass es mehr zwischen Himmel und Erde gibt als das, was man um sich herum mit seinen fünf Sinnen wahrzunehmen imstande ist; vielmehr muss diese Überzeugung in ein ganzes System von Überzeugungen oder Metaphern oder Geschichten eingebettet sein« (Crane, 2021: 17f). So weist Comte-Sponville darauf hin: »Von einer Spiritualität ohne Gott zu sprechen ist daher keineswegs ein Widerspruch« (Comte-Sponville, 2009: 165). *Spiritualität* beinhaltet nach diesem Verständnis ein Lebensgefühl, welches den Menschen hilft, sich zu orientieren in Bezug auf Sinnfragen und das Welt- sowie Selbstverständnis. Weiter wird Spiritualität als ein individueller Bezug zur eigenen Lebensführung im Hinblick auf metaphysische und transzendente Themen verstanden.

Menschen treten also nicht einfach nur aus unterschiedlichen Kirchen und Religionen aus, sondern entwickeln neue Formen der Spiritualität. Religion verschwindet nicht einfach (Beck, 2008: 26). Wer religiös ist, kann als spirituell verstanden werden, aber nicht jeder spirituelle Mensch bindet sich religiös an eine offizielle Institution wie bspw. an eine Kirche (Marinoff, 2020: 300, Roser, 2017: 429). Das spirituelle Verständnis wird so immer wie individueller und pluralistischer, wobei sich ständig neue Formen entwickeln können (Povinelli, 2007: 113). Wild relativiert hier scharfsinnig:

»Die religiös-spirituelle Gesinnung muss nicht zwingend dem Individualismus und Subjektivismus verhaftet bleiben. Sie kann sich auch in die bestehenden Institutionen und in die traditionellen Gefässe zu integrieren versuchen« (Wild, 2023: 18). Dabei entwickeln sich unterschiedliche, plurale Formen und Möglichkeiten von Kombinationen. Pluralismus kann sogar in einigen Bewegungen selbst zum spirituellen Wert emporgehoben werden (Lambek in Jackson & Piette, 2017: 60f).

Im Hinblick auf diese Entwicklung stellen sich zwei Fragen: Erstens, ob diverse Institutionen und Care-Angebote dementsprechend säkularisiert werden sollen, um mit diesem Pluralismus zurechtkommen zu können (Wenz in Noth et al., 2017: 125).

Und zweitens, wer bei der zunehmenden Anfrage nach spiritueller und nicht mehr stets religiösen Sorgetätigkeit überhaupt noch eine Rolle der Expertise einnehmen kann (Noth & Schweizer in Noth et al., 2017: 226). Philosophical Care kann im Hinblick auf diese aufgeworfenen Fragen eine mögliche zusätzliche Rolle übernehmen, um diese gemeinsam mit anderen sorgenden und therapeutischen Tätigkeiten wie Seelsorge, Philosophische Praxis, Psychotherapie etc. zu beantworten.

Dasselbe gilt auch für die Globalisierungstendenzen, sofern man unter *Globalisierung* die zunehmende Vernetzung von unterschiedlichen Strömungen versteht (Appadurai, 2010: 4, Kerner, 2021: 132). Darunter fällt nicht nur die Mobilität von Menschen, die heute durch technologische Fortschritte erhöht wurde, sondern auch die Mobilität von Daten, Geld, Sprachen sowie kulturellen und religiösen Vorstellungen.[23] Innerhalb dieser Vernetzungen vermischen sich die diversen Ströme und es entstehen neue, hybride Formen (Bhabha, 2011: 66, Wimmer, 2003: 119).

Wo Wissen zu finden ist, welche Informationen nützlich sind, welche Orientierungen für die eigene Lebensführung von Vorteil sein können wird immer weniger durchsichtig und einsehbar. Dies führt zu unterschiedlichen Folgen. Einerseits werden jene Strömungen offen und flexibler für Veränderungen (Han, 2019: 39) und andererseits werden dadurch manchmal konservative und/oder intolerante Gegenbewegungen provoziert (Bauman, 2017: 22). Diese Gegenbewegungen (bspw. Fundamentalismus) sind jedoch nur im Verhältnis zur globalisierenden Entwicklung zu verstehen und befinden sich in der Entwicklung selbst (Derrida & Vattimo, 2017: 74).

Die Dissidenz unterschiedlicher Positionen kann dabei sowohl förderlich als auch höchst problematisch sein. Jedoch muss irgendwie gelernt werden, damit sinnvoll, friedlich und konstruktiv umzugehen (Guanzini, 2019: 31, Lartey, 2013: 127).

Wer im Angesicht dieser verschiedenen Lebensführungen und -möglichkeiten nun jedoch welche Form aussuchen soll, bleibt dabei ungewiss. Der Mensch in der globalisierten und säkularisierten Welt, da er nun keinem göttlichen Plan mehr zu folgen hat, muss sich selbst entwickeln und gestalten (Luhmann, 2017: 126). Jener Sachverhalt wird durch die zunehmende Digitalisierung und den Entwürfen eines digitalen Selbst noch weiter potenziert (Bennent-Vahle, 2022: 130f).

---

23 Nicht nur Ressourcen, sondern auch Probleme wie wirtschaftliche Ungerechtigkeiten, klimatische Krisen etc. erstrecken sich über den Globus und sind – wenn auch in unterschiedlicher Manier – überall festzustellen.

Die Selbstverwirklichung steht dabei unter dem Banner der Authentizität, das bedeutet, dass der Mensch zu sich selbst finden muss, zum eigenen Sinngeber werden muss, welcher gegen das *Absurde* (Camus, 2013) aufbegehrt. Hierbei tritt er in ein marktähnliches Feld ein, auf welchem er sich behaupten muss gegenüber sich selbst und den anderen (Hampe, 2014: 131). Der authentische Mensch sucht sich auf diesem Feld seine eigenen Lebensmöglichkeiten und -pläne aus, die er ergreifen will und soll sich in dieser Wahl die Alternativen aneignen (Illouz, 2019: 180, Luhmann, 2017: 208). Und diese Entscheidungen müssen als Hintergrundfolie für immer wieder neu auftauchender Möglichkeiten reflektiert und gegebenenfalls transformiert werden (Bauman, 2022: 78).

Dass dies zu Ermüdungserscheinungen und sonstigen Problemen kommen kann, scheint wenig verwunderlich. Ebenfalls ungewiss bleibt dabei, aus welcher Warte aus auf diese Überforderung reagiert werden soll. Es lässt sich kein allgemeingültiger, neutraler Referenzrahmen für eine geglückte Lebensführung angeben. Es gäbe jedoch ernste Probleme mit den Ansprüchen eines globalisierten Verständnisses, würde man es so auffassen, dass es verlangt, die Identität der Menschen so zu erfassen, als müssten sie von einer Gemeinschaft, Religion o. ä., unter Ablehnung aller sonstigen intersektionalen Zugehörigkeiten, bestimmt sein (Sen, 2015: 168f). Folglich braucht es hierfür Fingerspitzengefühl und Umsicht.

Dies führt dementsprechend in der sorgenden Tätigkeit zu neuen und unterschiedlichen Herausforderungen (Gahlings, 2023: 34). Zugleich sind es ebenso Möglichkeiten. Auch hier kann Philosophical Care unterstützend mitwirken, wenn es darum geht, jene Problemstellungen anzugehen. Der Pluralismus, der durch die Globalisierung zustande kommt, kann von Philosophical Care positiv begrüsst werden (Rorty, 2000: 22, Triki, 2011: 108), indem sie im Austausch mit der Philosophie und anderen Disziplinen diese Herausforderungen angeht. Philosophical Care bildet eine neue und alternative Perspektive auf diese Problemstellung. So wird auch die Anpassungsfähigkeit der Philosophie wahrgenommen: »Die Heimatlosigkeit der Philosophie ist eher ihre Stärke denn ihre Schwäche. Hierin liegt auch ihre grossartige Unparteilichkeit begründet« (Mall & Peikert, 2019: 21).

Es wird ein interkulturelles Verständnis gefördert mit der Sensibilität für Differenzen, dem Bejahen von Überschneidungen und dem Ertragen von Inkommensurablen. Und vielleicht lässt sich anhand der Praxistheorie von Philosophical Care zeigen, dass die Befassung mit Werten und Lebensentwürfen nicht die einzige Herausforderung darstellt, sondern sich andere Probleme dazugesellen, die es anzugehen gilt. Auch hier kann Philosophical Care also eine unterstützende sowie ergänzende Stellung neben anderen sorgenden Tätigkeiten einnehmen.

Auf wen bezieht sich nun also Philosophical Care? Diese Frage wird ausführlich in Kapitel (2) und (4) bearbeitet. Es kann jedoch im Voraus schon vermerkt werden, dass Philosophical Care frischen Wind in die sozialen Rollen von sorgenden Tätigkeiten bringen kann und dadurch auch auf Stigmatisierungen im Sinne Goffmans (2020) als auch auf Übertragungen im psychoanalytischen Sinne (vgl. Freud, 2014, Peters, 2016) anders zu reagieren vermag.[24] Dies und weitere Aspekte werden in Kapitel (5) als abschliessende Gedanken behandelt und etablieren damit Philosophical Care als neue (oder vergessene) Form der Care-Tätigkeit.

Neuheit ist an sich jedoch noch kein Wert, sondern es muss gezeigt werden, warum dieses Neue überhaupt entworfen werden soll. Es lassen sich, wie hier dargestellt wurde, intra-, inter- und transdisziplinäre Gründe anführen, welche die anstehende Untersuchung befürworten können, auch wenn keiner dieser Gründe als zwingend erachtet werden muss. Dies sollte jedoch auch nicht das Ziel sein, da durch die angestrebte Anschlussfähigkeit genau jene Gründe intra-, inter- und transdisziplinär bewertet werden sollen. Es wird nun eine Übersicht der Arbeit vorgestellt, in welcher gezeigt wird, wie die bisher entwickelten Aufgabenstellungen bearbeitet werden sollen.

1.6. Übersicht der Arbeit

Ziel der vorliegenden Arbeit ist es, die Leitfrage (vgl. Kapitel 1.5) zu beantworten. Anhand des Vorverständnisses von Philosophical Care werden durch die Linse der Fragestellung konzentrische Kreise gezogen, um die einzelnen Haltepunkte herauszukristallisieren und so das Forschungsfeld bzw. die Praxistheorie zu entwickeln. Die einzelnen Kreise, welche den jeweiligen Kapiteln entsprechen, fügen neue Perspektiven hinzu und helfen so mit, dem Vorverständnis neue Aspekte zu addieren und genauer auszudifferenzieren. Zum Schluss sollte, wie schon erwähnt wurde, durch die Entwicklung und Systematisierung der Haltepunkte eine Grundlegung der Praxistheorie einer Philosophical Care ermöglicht sein. Der Aufbau der Arbeit sieht wie folgt aus:

- *Kapitel (1)* führt zur Thematik hin, in welcher die grundlegenden Überlegungen dargestellt und die nötigen Vorbereitungen getroffen werden, um den Rest der Arbeit zu strukturieren. Zuerst wird das Vorverständnis von Philosophical Care entwickelt und thematisch in einem vorgängigen Schritt erfasst und eingegrenzt. Daraufhin werden Gedanken erarbeitet, wie eine Theoriebildung eine Praxistheorie hervorbringen kann, sowie jene methodischen und theoretischen Haltepunkte aufgezeigt, die für das Vorhaben der Arbeit nötig sind. Anschliessend wird die Fragestellung formuliert und die Gründe für die Erforschung jener Fragestellung aufgezeigt.

---

24 Dies liegt daran, dass in jeder Begegnung die Teilnehmenden unweigerlich die soziale Wahrnehmung des Gegenübers mit ins Spiel bringen (Fricker, 2023: 66). Man denke hierbei bspw. an die schwerwiegenden Probleme, die sich die katholische Kirche in den vergangenen Jahrzehnten eingehandelt hat (Heil in Knoll et al., 2022: 92f). Zugleich muss aber auch mitbedacht werden, dass eine bezahlte philosophische Care-Tätigkeit Einfluss auf die Wahrnehmung der teilnehmenden Parteien ausübt. Wie dies in der Praxisrealität aussieht, kann hier nicht vollständig in einer Praxistheorie abgebildet werden, sondern bedarf empirischer Untersuchungen.

- *Kapitel (2)* untersucht die begrifflichen Grundlagen, welche den Rest der Arbeit in einen bestimmten Verständnishorizont einflechten wird. Dabei werden die Begriffe *Philosophie*, *Klientel*, *Care* und *Sorge* im Sinne von Seelsorge in ihren Bedeutungen betrachtet. Es geht dabei darum, die Begriffe so zu analysieren, dass sie für die Arbeit fruchtbar gemacht werden können und zugleich wird auch ein historischer Blick auf die Begriffe geworfen. Anhand dieser explizit-gemachten Begriffsklärungen können anschliessend auch alle weiteren Aspekte analysiert werden. Dass bei den folgenden Kapiteln Wiederholungen auftreten, also entwickelte Konzepte direkt in den anderen Kapiteln auftauchen, ist daher absichtlich herbeigeführt.
- *Kapitel (3)* geht auf unterschiedliche Problemstellungen ein, mit welchen sich eine Philosophical Care transzendentalkritisch auseinandersetzen muss. Jene Problemstellungen bilden die grundlegenden Bedingungsmöglichkeiten einer Philosophical Care. Diese Problemstellungen formen dabei zugleich auch das philosophische Untersuchungsfeld, auf welcher sich die Praxistheorie einer Philosophical Care aufspannen lässt. Folgende Problemstellungen werden dabei identifiziert: Die *Beziehung*, die *Begegnung*, der *Austausch*, die *Inhalte* des Austausches, die *Methoden* und die *Ziele* von Philosophical Care. Die Kapitel (2) und (3) bilden die intradisziplinären und klassifikatorischen Möglichkeitsbedingungen einer Praxistheorieentwicklung innerhalb der Philosophie selbst, indem anhand von Begriffen und Phänomenen Haltepunkte herauskristallisiert werden.
- *Kapitel (4)* führt eine differenztheoretische Standortbestimmung durch. Nachdem Philosophical Care nun gewisse Konturen erhalten hat, die sie aus der Philosophie selbst heraus begründen kann und dem Vorverständnis zusätzliche Haltepunkte bietet, können nun genauere Unterschiede zu anderen Disziplinen gezogen werden. Es wird von der autopoietischen zur differentiellen Theoriebildung gewechselt. Der Vergleich der anderen Disziplinen bezieht sich auf die religiös-spirituelle Seelsorge und die Philosophische Praxis. Am Schluss wird nochmals die Frage besprochen, welche Anforderungen der Klientel an Philosophical Care gestellt werden können und worauf sie reagieren muss. Hier zeigen sich sowohl die vakanten thematischen und methodischen Plätze, welche Philosophical Care einnehmen kann, sowie das Potenzial, die anderen sorgenden Tätigkeiten unterstützend zu ergänzen. Kapitel (4) entspricht daher den qualitativen, inter- und transdisziplinären Anforderungen einer Theoriebildung.
- *Kapitel (5)* bildet den Abschluss der Arbeit. Es wird nochmals auf die Fragestellung eingegangen im Rückblick auf die entwickelten Haltepunkte. So soll entsprechend gezeigt werden, dass die Theoriebildung einer Praxistheorie von Philosophical Care anhand jener bearbeiteten Inhalte und freigelegten Haltepunkten möglich ist. Dabei wird auch das zu Beginn besprochene Selbstverständnis von philosophischen Bemühungen nochmals als Thematik aufgegriffen. Die Untersuchung wird durch einige abschliessende Gedanken abgerundet.

Um zu zeigen, dass die Reihenfolge solcher konzentrischen Kreise einer gewissen Überlegung folgt, soll diese hier kurz ausdrücklich erklärt werden:

Zuerst (Kapitel 1) wird versucht, die Thematik anhand der Professionalisierungsherausforderung vorzustellen, indem nachgewiesen wurde, dass eine Praxistheorie von Philosophical Care, welche sich aus der Philosophie selbst heraus begründet, so noch nicht existiert. Es ist daher nötig, aufzuzeigen, was grob unter *Philosophical Care* verstanden werden kann und sollte, womit sich ein Vorverständnis als erster Haltepunkt für die vorliegende Arbeit abzeichnet. Anschliessend werden Überlegungen dazu angestellt, was eine Praxistheorie auszeichnet und wie sie sich entwerfen lässt, insofern Philosophical Care durch eine Praxistheorie verstanden werden soll. Dabei bedarf es zusätzlich auch einiger methodischer Überlegungen sowie der Explizierung der theoretischen Haltepunkte. Alle diese Überlegungen münden anschliessend in der Leitfrage, deren Beantwortung das Ziel der vorliegenden Arbeit darstellt. Zum Schluss des ersten Kapitels werden Gründe hervorgebracht, welche ein solches Vorhaben legitimieren können.

Nach den begrifflichen Grundlagen (Kapitel 2), der Klärung was *Philosophie, Klientel, Care* und *Seelsorge* bedeuten kann, ist es möglich, darauf ein theoretisches Feld zu etablieren, welches sich mit verschiedenen Problemstellungen auseinandersetzt (Kapitel 3). Problemstellungen bedürfen keiner abschliessenden Antwort und sind daher in ihrer inferentiellen Rolle bei der Theoriebildung gegenüber Axiomen zu unterscheiden. Zudem vermögen es Problemstellungen, das Problembewusstsein der Forschungsarbeit aufrecht zu erhalten.

Sind diese Problemstellungen als Haltepunkte und entsprechende Dimensionen für Philosophical Care erfasst, kann nun eine genauere Standortbestimmung gegenüber benachbarten Disziplinen vollzogen werden (Kapitel 4). Dies geht mit dem vertieften Verstehen einher, welches aus dem weiterentwickelten Vorverständnis durch die transzendentalkritische Analyse erarbeitet wurde. Dabei zeigen sich sowohl Unterschiede als auch Gemeinsamkeiten. Die Gemeinsamkeiten sind jedoch nicht im direkten Bezug einer Abhängigkeit zu verstehen, sondern werden aus den entwickelten Haltepunkten und Problemstellungen der Philosophie selbst begründet. Insofern kann eher von einer Ähnlichkeit gesprochen werden.

In diesem grösseren Bild zeigt sich auch, wie die verschiedenen Disziplinen sich ergänzen und miteinander arbeiten können. Man könnte hier die Untersuchung schon beenden, da die praxistheoretische Grundlegung nun durchgeführt wurde. Es fehlt jedoch noch Fleisch am Knochen, da aus den Problemstellungen noch nicht genügend sichtbar wird, wie eine Philosophical Care in der Praxis tatsächlich aussieht und aussehen könnte. Ansonsten besteht die Gefahr, dass die praxistheoretische Grundlegung nur einer Idee entspricht, aber selbst keinen Zugang zur Praxis (im Sinne der Professionalisierungsherausforderung) finden kann. Hierfür sind und werden weitere Forschungen nötig. Der Abschluss der Arbeit versucht, all die gezogenen Linien in ein Gefäss zusammenzuführen und prüft, wie erfolgreich der Entwurf der praxistheoretischen Grundlegung gelungen ist und regt bestenfalls zur weiteren Reflexion an (Kapitel 5).

Zusammenfassung des Kapitels

Im vorliegenden Kapitel wurde eine Leerstelle aufgezeigt, welche durch die Professionalisierungsherausforderung von sorgenden Tätigkeiten sichtbar wurde. Dabei geht es bei der Professionalisierungsherausforderung um die Überführung von Wissen zwischen Theorie und Praxis wie auch zwischen der wissenschaftlichen Tätigkeit und der Gesellschaft. Philosophische Bemühungen, welche in sorgender Tätigkeit Menschen in unterschiedlichen Lebenssituationen beraten und/oder begleiten, werden oft an der Psychotherapie theoretisch ausgerichtet und werden kaum bis gar nicht von anderen Disziplinen beachtet. Philosophical Care soll besagten Nischenplatz ausfüllen. Dabei wird Philosophical Care im Vorverständnis so aufgefasst:

> Philosophical Care begleitet Menschen in ihren unterschiedlichen Lebenssituationen durch personale Kommunikation und begründet sich selbst aus der Philosophie heraus. Philosophical Care kann durch eine Praxistheorie ausgearbeitet und verstanden werden.

In der Arbeit wird der Versuch unternommen, eine solche Praxistheorie in ihren theoretischen Grundlagen zu entwerfen. Folgende Leitfrage strukturiert dabei die Untersuchung:

> Welche theoretischen Haltepunkte für Philosophical Care können herauskristallisiert werden, um damit dem Anspruch der Entwicklung und zugleich der Begründung einer eigenständigen Praxistheorie gerecht zu werden?

Es wurden dazu Überlegungen zur Theoriebildung angestellt, dass eine Theorie als Antwort auf gesellschaftliche Problemstellungen verstanden werden kann, eine Theorie sich entsprechend in einem Orientierungs-, respektive Problemraum erstreckt und die Praxistheorie sich als ein Nachdenken über die Praxis versteht. Für die Theoriebildung wurden methodische Festlegungen ausgesucht, etwa wird eine transzendentalkritische und problemorientierte Analyse bei der vorliegenden Arbeit im Fokus liegen. Ebenfalls wurden diverse weitere Haltepunkte getroffen und anschliessend explizit aufgeführt. Zur Forschungsdringlichkeit konnten intra-, inter- und transdisziplinäre Bedingungen hervorgebracht werden, welche neben den klassifikatorischen und qualitativen Kriterien für die Theoriebildung und demzufolge für die Beantwortung der Leitfrage entsprechende Orientierungen bilden. Massgebend ist hierbei besonders die Sorgeproblematik, welche durch die komplexen Ansprüche von Klientel zustande kommen. Diese beiden Formen der Kriterien sollen in den folgenden Kapiteln untersucht und bearbeitet werden.

2. Begriffliche Grundlagen

Für die Theoriebildung von Philosophical Care bedarf es zuallererst einen neu entwickelten Soziolekt, worin Begriffe mit bestimmten Bedeutungen aufgeladen werden (vgl. Kapitel 1). Begriffe erweisen sich bei näherer Betrachtung oft als ambivalent und können nicht genau definiert werden oder weisen mehrere Verstehensmöglichkeiten auf (Stölzel, 2012: 16). Ebenfalls können sie in unterschiedlichen Zeitepochen sowie in diversen Disziplinen und Fächer anders verwendet werden, wodurch eine unübersichtliche Menge an Interpretationsweisen vorliegen kann.

Für ein anzustrebendes Problembewusstsein dürfen diese Aspekte in der vorliegenden Untersuchung nicht vernachlässigt werden. Was also unter einem bestimmten Begriff verstanden wurde und wird, muss für die vorgenommene Untersuchung expliziert werden (Gadamer, 2010: 273). Es werden durch das Explizieren Gründe hervorgebracht, warum ein Begriff so verstanden werden kann, auch wenn andere Verständnisarten existieren. Diese Gründe dienen dazu, die weitere kritische Auseinandersetzung in Zusammenhang mit den entwickelten Begriffen zu fördern (Fischer, 2017: 34, Steinfath in Meyer, 2016: 106). Dabei macht es meistens keinen wesentlichen Unterschied, ob der Begriff von einer langen Tradition her übernommen wird oder stipulativ in einer neuen Bedeutung funktional gesetzt wird. Solange die Gründe auf ihre Berechtigung hin überprüft werden können, ist die Verwendung des Begriffes als legitim zu betrachten, bis ausreichend viele oder triftige Gründe hervorgebracht werden, um dieses Verständnis wieder fallen zu lassen.

Die transzendentalkritischen Problemfelder können daher erst erarbeitet und untersucht werden, sobald die begrifflichen Grundlagen dazu gelegt wurden und ein Einverständnis darüber herrscht, was unter welchem Begriff in der vorliegenden Arbeit verstanden werden kann. Dabei erweist sich die begriffliche Grundlegung also selbst schon als Problemfeld. Was bedeutet *Philosophie*? Und was bedeutet *Care* oder *Sorge*? Wie hängen diese Begriffe miteinander zusammen? Sobald diese Fragen geklärt sind, lohnt es sich, weitere Kriterien für Philosophical Care aus der Philosophie heraus zu entwickeln. Im vorliegenden Kapitel werden dementsprechend die Begriffe *Philosophie* (2.1 und 2.2) und deren Zusammenhang mit *Seelsorge* (2.3), *Care* (2.4) sowie *Klientel* (2.5) untersucht. Sie bilden die Grundlage für alle weiteren Kapitel.

Eine begriffliche Grundlegung kann in der vorliegenden Untersuchung als eine funktionale Setzung verstanden werden. Das bedeutet, dass die Begriffe ein Sinnsystem bilden, das auf die Probleme und Ansprüche der Untersuchung reagiert (Luhmann, 1987: 92). Damit werden die Begriffe in der Auseinandersetzung mit sich selbst und anderen Begriffen inhaltlich sowie inferentiell festgelegt und im Hinblick auf den bestehenden Diskurs teils auch verändert (vgl. Kapitel 1).

Die Festlegung und die dazugehörige Reaktion auf die Probleme und Ansprüche erfolgt in drei Dimensionen und zwar, woher die Begriffe kommen, wie sie verwendet werden sollen und was der Sinn hinter der neuen Festlegung sein soll. Es werden dabei Verständnisse der Begriffe ausgearbeitet, welche jene wesentlichen Punkte von Philosophical Care (im Hinblick auf das Vorverständnis) in den Fokus dieser drei Dimensionen rücken. Es wird entsprechend nach zentralen Begriffen gesucht, welche auf die aufgeworfenen Problemstellungen (Professionalisierungsherausforderung und Sorgeproblematik) bestmöglich reagieren können. Demzufolge wird sich zeigen, dass die begrifflichen Festlegungen genau jene Elemente in sich enthalten, welche für Philosophical Care fruchtbar gemacht werden können. Dabei können sich analytische und genealogische Begriffsbestimmungen gegenseitig ergänzen.

Nun wird jedoch nicht von axiomatischen Grundlegungen ausgegangen (vgl. Kapitel 1), sondern es wird versucht, die Begriffsentwicklung anhand von Problemstellungen zu entfalten. Die Problemstellung auf welche die Begriffseinführung antworten soll, dreht sich folglich um die Frage, wie das Vorverständnis von Philosophical Care begrifflich untermauert werden kann. Folgende Problemstellungen können dabei identifiziert werden: Wie kann der Begriff *Philosophie* verstanden werden, damit er in der sorgenden Tätigkeit verwendet werden kann (2.1)? Es geht darum, dass verschiedene Zugänge zum Philosophiebegriff möglich sind, dass jedoch nicht alle gleichermassen sinnvoll für die Bestimmung von Philosophical Care verwendet werden können. Wie sich zeigen wird, kann Philosophie durch Abgrenzung zu alternativen Verständnissen als diverse, gleichursprüngliche Kompetenzen aufgefasst werden.[1]

Anschliessend daran lässt sich fragen, wie genau diese Kompetenzen aufgefasst werden sollen, unter anderem im Hinblick auf die Entwicklung einer Praxistheorie (2.2). Dies soll ermöglicht werden, indem aufgezeigt wird, dass die philosophischen Kompetenzen nicht nur für die sorgende Tätigkeit, sondern auch für die philosophische Entwicklung einer Praxistheorie wesentlich sind. Die verschiedenen philosophischen Kompetenzen finden also sowohl in Philosophical Care als auch in der philosophischen Theoriebildung ihre Anwendung. Sie sind in diesem Sinne also in beiden philosophischen Tätigkeiten zu finden. Dadurch wird ersichtlich, dass die aufgedeckten philosophischen Kompetenzen gleich direkt im vorliegenden Kapitel angewendet werden.[2] So wird folglich ein erster transzendentalkritischer Anspruch auf Selbstbegründung durch Formalanzeige erhoben.

Anschliessend lässt sich fragen, wie die sorgende Tätigkeit bisher verstanden wurde und wird (2.3). Dabei wird der Begriff der *Seelsorge* als möglicher genealogischer Anknüpfungspunkt verwendet. Es werden einzelne historische Entwicklungen und die dazugehörigen Theoriefelder der Seelsorge in knapper Form angesprochen. Sie helfen zum Überblick und für weitere Anknüpfungspunkte.

---

1 Eine ähnliche Dreiteilung des Philosophieverständnisses nimmt auch Böhme, 1994 vor, wo er Philosophie in Bezug auf Weltweisheit, Lebensform und Wissenschaft unterscheidet.
2 Erst durch die Selbstreferentialität der Theoriebildung können nämlich die Massstäbe so gesetzt werden, dass sie sich der Kritik öffnen können und zugleich dem tu-quoque Argument entgehen (Schmolke, 2011. 67f).

Da jedoch von *Philosophical Care* und nicht von philosophischer *Sorge* ausgegangen wird, lohnt es sich weiter zu fragen, wie der Begriff *Care* im Hinblick auf die bisher entwickelten Überlegungen aufgefasst werden kann (2.4). Anhand dieses Begriffes lässt sich folglich auch zeigen, wie die philosophischen Kompetenzen mit der sorgenden Tätigkeit zusammengedacht werden können. Ebenso lässt sich die Frage stellen, wer genau Träger oder Trägerin dieser philosophischen Kompetenzen sein soll. Es muss zusätzlich geklärt werden, wer oder was unter den Begriff *Klientel* fällt, welche die Adressatinnen und Adressaten von Care bilden (2.5). Anhand dieser neuorientierten Begriffsbildung wird aufgezeigt, wie die darauffolgenden transzendentalkritischen Problemstellungen bearbeitet werden können.

2.1. Zur Bestimmung des Philosophiebegriffs

Philosophie übersetzt bedeutet etwa so viel wie: Die Liebe zur Weisheit oder das Streben nach Erkenntnis (Erler, 2006: 62, Jaspers, 2019: 13). Dabei ist eine Übersetzung nicht mit einer Definition gleichzusetzen.

Was soll es genau bedeuten, wenn man nach Erkenntnis oder nach Weisheit strebt? Und wie hängt dies mit der sorgenden Tätigkeit überhaupt zusammen? Eine Definition könnte dies möglicherweise klären, sobald klarer wird, was unter dem Begriff *Philosophie* verstanden werden soll, wobei ein solches Unterfangen selbst schon als philosophisches Vorhaben gedeutet werden kann (Mittelstrass, 2007: 22). Was *Philosophie* ist, muss sie selbst beantworten. Auf diese Fragen hin können zwei Rückfragen als Antwort gestellt werden, nämlich ob es überhaupt eine einzelne Definition der *Philosophie* gibt und geben sollte sowie ob eine Definition für das antizipierte Unterfangen auch nötig ist (Horkheimer, 1974: 270)?

Es soll zuerst die Frage beleuchtet werden, ob es eine einzelne Definition des Philosophiebegriffes gibt. Eine Definition erfasst nicht nur das Wesentliche eines Begriffes, sondern vermag es auch, den Begriff in verständlichere Elemente aufzuteilen. Demzufolge muss eine Definition all jenes abdecken, was der zu definierende Begriff beinhaltet (Figal, 2006: 65). Eine Definition bildet so verstanden eine Antwort auf die Frage »Was ist x?«, wobei die Variabel durch den zu definierenden Begriff ausgetauscht werden kann. Solche Fragen findet man schon in den sokratischen Gesprächen, in welchem das Wesentliche eines Begriffs erfasst werden soll (Stavemann, 2015: 99). Vielleicht erweist sich die Frage, was *Philosophie* selbst überhaupt sei, als eine der relevanten Konstanten der philosophischen Bemühungen. Es scheint nämlich nicht einfach zu sein, *Philosophie* vollständig zu definieren. Dies führt zum ersten Haltepunkt:

> In der vorliegenden Arbeit soll davon ausgegangen werden, dass es keine einzelne einheitliche Definition des Philosophiebegriffes gibt (Achenbach, 2010: 214, Rorty, 2000: 9).

Damit wird behauptet, dass der Philosophiebegriff selbst komplex ist und sich damit durch eine notwendige Perspektivität und eine dynamische Entwicklung in seiner Bedeutungsgeschichte ausweist. Ein einheitliches, universelles und zeitübergreifendes Verständnis ist zwar einfacher und praktischer zu handhaben, verdrängt aber andere und wichtige Aspekte, wie *Philosophie* aufgefasst werden kann (Ahmed, 2018: 145).

Wenn der Philosophiebegriff einheitlich und über die Zeit hinweg anhand einer Definition vollständig erfasst werden könnte, würde er weder der geistesgeschichtlichen Dynamik noch den möglichen perspektivischen Zuschnitten gerecht werden. Ebenfalls wäre es nicht möglich, interkulturelle Unterschiede zu bewahren und diese für den anschlussfähigen Diskurs globalisierter Philosophie aufzubereiten (Mall & Peikert, 2019: 28).

Vielmehr wird davon ausgegangen, dass die bisher erstellten Definitionen des Philosophiebegriffes unzählige Ansätze darstellen, welche der Untersuchung helfen können, die passende Verständnisart zu finden. Die Verständnisart für den Philosophiebegriff wird hier folglich neu zugeschnitten. Verschiedene Verständnisarten des Philosophiebegriffs orientieren sich an unterschiedlichen, theoretischen Haltepunkten (Stegmaier, 2008: 28f). Dementsprechend werden jene Denkfiguren und Konzepte ausgesucht, welche für die Orientierung zur Entwicklung einer Praxistheorie von Philosophical Care nützlich sein können. Zugleich werden problematische oder unnötige Zuschnitte verworfen. Dadurch wird nicht nur die Perspektive expliziert und Gründe dafür hervorgebracht, sondern es wird durch die Neudefinition auch auf die Dynamik des Philosophiebegriffes hingewiesen. Am Ende wird sich zeigen, dass sich der Philosophiebegriff so verstehen lässt, dass er die Praxistheorie von Philosophical Care unterstützend begründen kann.

Damit gelangt man auch schon zur zweiten Frage, ob eine Definition nötig ist. Die *Philosophie* als Begriff zu bestimmen, kann banal sein (Hadot, 1995: 108). Es kann insofern banal werden, wenn die Definition genau das herausschält, was in den Erwartungen antizipiert wurde (Cavell, 2016: 59, Held, 1980: 536). Sie ist jedoch nicht banal, insofern durch die Definition funktional auf die orientierungsspendende Problemstellung reagiert wird. Welche Elemente sind also in einem Philosophiebegriffsverständnis im Hinblick auf die Problemstellung hervorzuheben, um sie mit der sorgenden Tätigkeit in Verbindung bringen zu können?

Eine Antwort auf diese Frage zu finden erweist sich als stipulatives Unterfangen, was soviel bedeutet, als dass die zu findenden Aspekte im Philosophiebegriff funktional gesetzt werden müssen (Rorty, 2000: 10). Wie schon zu Beginn des Kapitels erwähnt wurde, werden dadurch Gründe hervorgebracht, das Verständnis auf diese vorgeschlagene Weise aufzufassen. Um die zweite Frage zu beantworten ist die Entwicklung einer Definition nötig, um alle weiteren Schritte der Arbeit verstehen zu können, welche auf dem hier entwickelten Verständnis des Begriffes fussen.

Es bleibt unvermeidbar, dass bei einer Definition einzelne Aspekte beleuchtet, während andere zugleich verdeckt werden (Gadamer, 2010: 304). Dies ist Teil der funktionalen Setzung und Teil der Grenzziehung der Haltepunkte (vgl. Kapitel 1). Mit diesem Bewusstsein wird dem Umstand Rechnung getragen, dass der Begriff in der

Komplexität gewahrt und dementsprechend das Problembewusstsein nicht unterschritten wird, da er stets perspektivisch und nie in seiner Ganzheit aufgefasst wird. *Philosophie* wird demzufolge in der vorliegenden Arbeit nur in einer möglichen unter vielen anderen Formen ausgelegt und zwar funktional stipulativ auf ihre Problemstellungen (Professionalisierungsherausforderung und Sorgeproblematik). Damit wird den anderen Definitionsansätzen ihre Gültigkeit nicht abgesprochen. Durch die Explizierung der Annahmen und Haltepunkte wird die Situation dargestellt, wie es zu dieser Perspektive gekommen ist, ohne den Anspruch zu erheben, dass nicht auch andere Positionen ihre Gründe sowie Perspektiven und deren Gültigkeit einfordern können. Entsprechend werden traditionelle Verständnisformen von *Philosophie* kurz erörtert, um zu zeigen, weshalb sie für die formulierte Problemstellung, den Philosophiebegriff im Hinblick auf die sorgende Tätigkeit zu definieren, nicht ausreichen. Es werden sowohl formale als auch praktische Bestimmungsversuche des Philosophiebegriffes betrachtet. Es wird sich zeigen, dass ein eigener funktionaler Zuschnitt weitaus besser auf die erwähnten Problemstellungen antworten kann.

Formale Bestimmungsversuche

Bestimmungen des Philosophiebegriffes sind aufgrund der vorigen Überlegungen stets als Versuche aufzufassen. Damit werden gleich drei Aspekte impliziert: Erstens verdeutlicht der Begriff *Versuch* nochmals die Begrenztheit und Perspektivität einer Bestimmung, dass dementsprechend die Philosophie nie in ihrer Ganzheit, sofern sie überhaupt existiert, erfasst werden kann und daher neben unterschiedlichen Versuchen bestehen bleibt. Ein solcher Versuch ist keine unbestreitbare Tatsache, welche bspw. in einer Definition von notwendigen und gemeinsam hinreichenden Bedingungen markiert werden kann.

Zweitens ist hier ein Versuch so zu verstehen, dass in einer solchen Bemühung unterschiedliche Probleme und Ungenügsamkeiten offenbar werden. Versuche suggerieren die Möglichkeit oder die Realität eines Ungenügens. Sie können für die Bestimmung von Philosophical Care inhaltlich keine zufriedenstellende Antwort auf die herangetragenen Problemstellungen liefern.

Drittens ist mit dem Versuchscharakter gemeint, dass die Bearbeitung zwar systematisch erfolgt, jedoch keine vollständige Analyse beinhaltet. Bei Versuchen werden, so wie hier verstanden, nur grobe Ansätze verfolgt.

Es lassen sich vorerst zwei mögliche Arten finden, wie die *Philosophie* als Begriff bestimmt werden kann. Die Philosophie kann einerseits als Lehre, respektive als Theorie verstanden werden oder als eine Form der Lebensführung, respektive als Praxis (Gahlings, 2023: 16, Ortega y Gasset, 1962: 111). Die formalen Bestimmungsversuche beleuchten im vorliegenden Unterkapitel demzufolge die Philosophie als Lehre, respektive als Theoriesystem. Folgende Unterteilung wird hier für die formalen Bestimmungsversuche vorgenommen: Philosophie verstanden durch ihren Kanon, Philosophie verstanden durch bestimmte Themen, Philosophie verstanden durch eine ausgewiesene Methodik und die Philosophie als anthropologische Prämisse, wobei der letzte Bestimmungsversuch zwischen die formalen und die praktischen Versuche fällt.

- *Kanon*: Eine Möglichkeit, die Philosophie als Lehre oder als Theoriesystem zu bestimmen, besteht im Versuch, sich auf eine Ansammlung von Texten zu beziehen (Böhme, 1994: 215f). Die Legitimation wird dabei stets von einer Gemeinschaft anhand spezifischer Kriterien festgelegt und von anderen Texten sowie Autoren und Autorinnen unterschieden (Cavell, 2016: 66). Die Philosophie als kanonisiertes Theoriesystem muss hierbei oft gegenüber naturwissenschaftlichen, geisteswissenschaftlichen und künstlerischen Texten abgegrenzt werden (Rorty, 2012: 473). Man kann sich zuerst fragen, ob solch ein Kanon der Philosophie überhaupt existiert, der eine fortlaufende Geschichte erzählt, wie dies bspw. bei der Wissenschaftsgeschichte der Physik oder der Medizin der Fall ist (Böhme, 1994: 147, Foucault, 2020: 18). Dies liegt daran, dass die Philosophie stets im Selbstbezug zu ihrer eigenen Geschichte steht und so von der Kritik und der Interpretation ihrer je eigenen Geschichte lebt. Ebenfalls ist nicht genau klar, welche Werke als Philosophie gelten sollen und welche nicht. Zusätzlich kann der kanonische Bestimmungsversuch nicht zufriedenstellend auf die Problemstellung der philosophischen Rolle innerhalb der sorgenden Tätigkeit reagieren. Welche Rolle sollte ein Kanon in der sorgenden Tätigkeit haben? Ist die Vermittlung von teils schwer zugänglichen, thematisch sperrigen Texten sinnvoll für die sorgende Tätigkeit? Und kann die sorgende Tätigkeit sich überhaupt durch die Vermittlung von Texten bestimmen lassen oder läuft sie damit in Gefahr, affirmativ zu werden (Kapitel 3)?
- *Themen*: Das Philosophieverständnis für Philosophical Care erschöpft sich nicht im Sammeln und Auslegen von Schriften, auch wenn die Texte mögliche Fundorte der Weisheit sind. Diese Weisheit kann deshalb als Weisheit gelten, weil sie hilft, Antworten auf gegenwärtige und grundlegende Fragen des Menschen zu liefern (Hampe, 2014: 62, Russell, 2020: 9). Was für Fragen könnten das sein? Es handelt sich um Fragen wie, was alles existiert, was der Mensch ist, was man wissen kann, wie die Sprache funktioniert, wie man einzeln und gemeinschaftlich handeln und das eigene Leben führen soll etc. (Schmid, 1998: 27). Diesem Unterfangen stellen sich zweierlei Probleme entgegen, auf die hier kurz eingegangen werden soll. Erstens lässt sich aus den Überlegungen zum kanonischen Bestimmungsversuch ableiten, dass es nicht nur keine klar zu definierende Wissenschaftsgeschichte der Philosophie gibt, sondern dass auch zu den unterschiedlichen Themen kein festzulegender Forschungsstand existiert (Achenbach, 2010: 179, Deleuze & Guattari, 2018: 66). Zusätzlich können sich Fragen und Problemstellungen auch deutlich verändern. Neue Zeiten und demzufolge neue menschliche und gesellschaftliche Ansprüche erzeugen hinzukommende Probleme und Themen, die im Leben jedes Menschen aber auch in der Gemeinschaft an Bedeutung gewinnen (Hampe, 2014: 60).
- *Methodik*: Versucht man philosophische Werke gegenüber anderen Texten abzugrenzen, kann man auf die Philosophie und ihre spezifischen Methoden verweisen. Worin könnte eine solche Methodik bestehen? Ein möglicher Versuch wäre beispielsweise darin zu finden, zu behaupten, Philosophie könne als ein methodi-

sches Argumentieren verstanden werden (Rosenberg, 2009: 27). Diese Ansicht erzeugt mehr Probleme als die bisher vorgestellten. Es sollen hier einige in Kurzform zusammengefasst werden. Erstens ist und bleibt unklar, welche Methoden genau philosophisch sind und welche nicht (Böhme, 1994: 18). Kann bspw. das Geschichtenerzählen auch als eine Form des Philosophierens angesehen werden (Erler, 2006: 47, Hampe, 2020: 25)? Wo ist da die Grenze zu ziehen? Weiter stellt sich die Frage, ob sich die Philosophie in der sorgenden Tätigkeit wirklich an der Methode und durch sie hindurch verstehen soll. Es besteht dabei die Gefahr, einem Instruktionalismus zu verfallen. Ein *Instruktionalismus* bezeichnet das starre Festhalten an Methoden oder Orientierungsprinzipien, welche keine Möglichkeit für Änderungen während des Prozesses zulassen. Dadurch kann nichts Neues oder Unerwartetes entstehen. *Philosophie* als Begriff für Philosophical Care ist also mehr als angewendete Vernunft, mehr als methodisches Argumentieren (Hadot, 1995: 284). Sie hat etwas damit zu tun, was sie aus dem Menschen macht, der philosophiert.

- *Anthropologie*: Im Hinblick auf den Bestimmungsversuch liesse sich der Philosophiebegriff als ein Sinnsystem definieren, womit gemeint ist, dass die Philosophie als ein System von Texten, Inhalten *sowie* Methoden betrachtet werden kann, welches auf Herausforderungen und Problemstellungen des Menschseins als anthropologische Antwort reagiert. Der anthropologische Ursprung eines solchen Sinnsystems kann bspw. im Zweifel, im Staunen, oder in der Erschütterung des Menschen rückverfolgt werden, wobei sich jene Reaktionen auf diverse Grenzsituationen und Widerständigkeiten der menschlichen Existenz beziehen können (Heidegger, 2010: 7, Whitehead, 2018: 347). Die Philosophie vermag aufgrund dieser Beschreibungsvariante aber keine Eigentümlichkeit gegenüber anderen Sinnsystemen, wie bspw. religiöse oder wissenschaftliche Systeme, überzeugend aufweisen.[3] Eine solche Eigentümlichkeit nachzuweisen würde darin bestehen, Haltepunkte in Methoden, Inhalte und Kanon zu setzen, was sich jedoch bereits als problematisch herausgestellt hat.

Für das angestrebte Philosophieverständnis zur theoretischen Grundlegung einer Praxistheorie von Philosophical Care reichen diese Bestimmungsversuche aufgrund unterschiedlicher Mängel nicht aus. Die Philosophie, wenn sie grundlegend für eine praktische Tätigkeit sein soll, bedarf schliesslich mehr als nur eines Theoriesystems (Achenbach, 2010: 270). Weder ist die Vermittlung von Theorien, Inhalten oder einem Kanon dem Anspruch der Sorgeproblematik Genüge getan. Dies würde viele Klientel überfordern, dem Sorgeverständnis widersprechen oder einem Instruktionalismus anheimfallen, wodurch sich auch schon eine gewisse Ordnung der transzendentalkritischen Problemstellungen für Philosophical Care erblicken lässt (vgl. Kapitel 3). Die Inhalte und die Methoden sind für die Care-Tätigkeit nicht die zugrundeliegenden Aspekte. Noch können anthropologische Prämissen zur Selbstbegründung der philo-

---

3   Man könnte die Ansicht vertreten, dass die Philosophie genau diese Unterbestimmtheit als Eigentümlichkeit aufweisen kann, jedoch scheint dies für die Problemstellung der sorgenden Tätigkeit nicht zufriedenstellend zu sein.

sophischen Tätigkeit beitragen, wodurch auch jene Alternative wegfällt. Hier lässt sich offenbar ein Haltepunkt für die Theoriebildung identifizieren:

> Die formalen Bestimmungen des Philosophiebegriffs als funktionale Setzungen reichen nicht aus, auf die Problemstellung der theoretischen Grundlegung einer Praxistheorie von Philosophical Care in zufriedenstellender Weise zu reagieren, können jedoch für die praktischen Bestimmungsversuche von Bedeutung sein.

Praktische Bestimmungsversuche

Die Philosophie kann wie erwähnt wurde auch als Tätigkeit verstanden werden. Kritische Positionen gehen davon aus, dass Philosophie weitaus mehr ist als nur theoretisches Wissen. So schreibt bspw. Schuchter: »Ein Text ist nicht das Ziel der Philosophie, sondern nur eine Hilfe, um das Denken anzustacheln und zu vertiefen, das in Gespräch, Erfahrung und Lebensgemeinschaft seine Erfüllung findet« (Schuchter, 2016: 113). Wittgenstein behauptet in ähnlicher Weise, die Philosophie sei eine Tätigkeit (TLP, 4.112) und zwar eine, welche dem Menschen Halt und Orientierung bieten kann.

Indem man die Philosophie als Tätigkeit versteht, lässt sich jene in ihren theoretischen Dimensionen auch leichter in die Praxis überführen (Schmid, 1998: 430). Die Philosophie hilft nämlich, auf ein Problem aufmerksam zu werden und dies angemessen zu thematisieren, wobei das Thematisieren als Redepraxis einen besonderen Stellenwert einnimmt (Brandt, 2017: 85, Leeten, 2019: 18). Diese Probleme bestehen oft darin, so Wittgenstein, dass man sich nicht ausreichend mit etwas auskennt (PU, § 123). Dabei können für jene Probleme, mit denen man sich nicht auskennt, von den kleinen, einzelnen Alltäglichkeiten bis zur Lebensführung im Ganzen dazugerechnet werden.

Philosophie ist daher sowohl Denkweg als auch Lebensweg zugleich. Den Philosophiebegriff durch die Tätigkeit zu bestimmen, antwortet auf die Fragen, wie, wo und wann philosophiert wird. Für die praktischen Bestimmungsversuche können folgende drei Ansätze unternommen werden, sie zu bestimmen: Philosophie im Sinne von Sprachspielen, Philosophie als Geisteshaltung sowie Philosophie als Lebensführung.

- *Sprachspiele*: Es existieren unterschiedliche Sprachspiele in der zwischenmenschlichen Kommunikation und einige davon können als philosophisch angesehen werden (Hampe, 2014: 73). Sprachspiele sind Mengen von Sprechakten, im Sinne von Austin (2014), die gesellschaftlichen Regeln und entsprechenden Erwartungsrahmen folgen, wobei jene Regeln nicht notwendigerweise explizit oder im Bewusstsein der Teilnehmenden sein müssen. Die Regeln sind dabei sowohl vorgängig als auch performativ wirkmächtig. Philosophische Tätigkeit könnte also eines oder mehrere solcher Sprachspiele umfassen, deren Liste jedoch nie vollständig wiedergegeben werden kann. Dies reicht für die Care-Tätigkeit jedoch nicht aus. Der Grund hierfür liegt in einem ähnlichen Kritikpunkt, welcher bei der Methodik angebracht wurde. Sobald es ein klar definiertes Set an Sprachspielen gäbe, welches für Philosophical Care bestimmbar wäre, würde Philosophical Care instruktionalistisch werden. Sie würde auf die Gefahr hinauslaufen, lösungsorientierte, rein technische Behandlungsweisen anstelle von Begleitung zu fördern, welche dem Vorverständnis von Philosophical Care widersprechen (vgl. Kapitel 1). Philosophische Sprachspiele bieten zwar Akzente, welche für die kommenden Überlegungen relevant sein werden, sie genügen jedoch nicht, um die Philosophie im Hinblick auf die Problemstellung der sorgenden Tätigkeit vollständig zu erfassen.

- *Geisteshaltung*: Es mag zuerst befremdlich erscheinen, eine Geisteshaltung als Tätigkeit aufzufassen. Jedoch wird sich zeigen, wie die philosophische Geisteshaltung hier verstanden werden soll. Eine Geisteshaltung kann als eine Einstellung oder als ein Habitus begriffen werden, die oder der dem Menschen hilft, auf Situationen, Personen und Gedanken angemessen zu reagieren. Dabei umfasst die Einstellung oder der Habitus sowohl Denken, Fühlen und Handeln zugleich. Eine philosophische Geisteshaltung geht über das Ziel einer Sollens-Ethik hinaus, indem der Mensch nicht nur anhand einzelner Normen für seine Handlungen betrachtet wird (Achenbach, 2023: 153, Krämer, 2018: 10). Die Aufgabe einer Transformation (Verhaltens-, Denk-, Wert- oder Gefühlsmuster) muss durch die philosophische Geisteshaltung moduliert werden (Lahav, 2017: 9). Dabei spielen die Vorannahmen und Prämissen der jeweiligen philosophischen Ausrichtung einer Geisteshaltung eine tragende Rolle, wie dieses Ziel definiert und erreicht werden soll (bspw. *ataraxia*, *Samadhi* etc.). Eine philosophische Geisteshaltung kann daher für die Entwicklung einer Praxistheorie von Philosophical Care nicht massgebend sein, da die Konzeption einer bestimmten Geisteshaltung affirmativen Charakter aufweist. Das bedeutet, man versucht den Menschen auf ein vorbestimmtes Ziel hin zu leiten. Dies lässt sich nicht mit der Care-Tätigkeit und der Sorgeproblematik vereinbaren.
- *Lebensführung*: Eine philosophische Lebensführung ist lernbar (Mall & Peikert, 2019: 103). Dies liegt daran, dass die Lebensführung unter anderem hermeneutisch verstehbar ist und diese Fähigkeit der hermeneutischen Reflexion durch verschiedene Übungen erlernt werden kann. Dabei muss kein vorgefertigtes Ziel, wie das Leben eines Menschen geführt werden soll, als Prämisse angenommen werden, womit der affirmative Charakter der philosophischen Geisteshaltung wegfallen kann. Die Lebensführung wird von jedem einzelnen Menschen selbst bestimmt und die philosophische Tätigkeit kann ermöglichen, diese Kompetenz der Autonomie zu fördern und somit die Möglichkeitsbedingung einer selbstbestimmten und reflektierten Lebensführung zu gewährleisten (Jaspers, 2020: 85). Auch wenn viele philosophische Übungen zur Lebensführung im Sinne von Philosophical Care aufzufassen sind, können sie nicht massgebend für die funktionale Setzung des Philosophiebegriffes sein, denn sie sind wiederum in ihrer Ausführung instruktionalistisch (Fellmann, 2009: 206). Auch wenn nur die Möglichkeitsbedingungen des selbstbestimmten und besonnenen Lebens gefördert werden, sind diese Übungen dennoch als ein möglicher Zwang anzusehen, welcher einige Klientel überfordern könnte, womit Philosophical Care dem eigenen Vorverständnis entgegenarbeitet. Es kann nicht im Sinne einer Begleitung stehen, Übungen zu oktroyieren.

Keiner dieser drei Beschreibungsversuche kann für die Sorgeproblematik und die Professionalisierungsherausforderung als ausreichend bezeichnet werden. Sie bieten zwar Ansätze, wie mit Menschen und ihrer Mit- und Umwelt umgegangen werden kann, dürfen jedoch nicht instruktionalistisch oder autoritär verstanden und durchgeführt werden. Es kann und darf nicht sein, Menschen eine bestimmte philosophische Tätigkeit oder Geisteshaltung affirmativ aufzuzwingen, um Care-Tätigkeit zu leisten. In einem solchen Fall werden die Ziele mit der Care-Tätigkeit allenfalls gleichgesetzt, was für eine Theoriebildung und für eine gelungene Care-Tätigkeit problematisch wäre (vgl. Kapitel 3). Im Gegensatz zu den formalen Bestimmungsversuchen sind hier nicht Gegenargumente vorzuweisen, welche das Vorbeigehen an der Antwort auf die Sorgeproblematik markieren, sondern weisen auf ein Ungenügen in Bezug auf die eigene Gelingensmöglichkeit hin.

Dies fasst den nächsten theoretischen Haltepunkt zusammen:

> Die praktischen Bestimmungsversuche bieten fruchtbare Ansatzpunkte für ein Philosophieverständnis, an welchen sich Philosophical Care orientieren kann. Sie dürfen jedoch weder affirmativ noch instruktionalistisch sein, womit die Kultivierung von Kompetenzen letztlich massgebend wird.

Entsprechend leiten die praktischen Bestimmungsversuche in die philosophischen Schlüsselkompetenzen über (vgl. 2.2), wodurch die Philosophie in der vorliegenden Arbeit verstanden werden soll. In den Schlüsselkompetenzen wird sich derjenige axiologische Zuschnitt finden, welcher sich für die Problemstellung von Philosophical Care am besten eignet. Vorerst soll noch ein kurzer Exkurs vorgenommen werden, um das Verständnis von *Philosophie* zu erweitern.

Exkurs: Kunst und Körperlichkeit in der Philosophie

Ist *Philosophie* nur als geistige Tätigkeit aufzufassen? Ist vielleicht dies ihre notwendige und einzige hinreichende Bedingung? Es lohnt sich, ganz besonders im Hinblick auf die Entwicklung einer Praxistheorie von Philosophical Care, die Frage zu stellen, ob Philosophie auch noch mehr beinhaltet. Es soll hier die funktionale Setzung vertreten werden, dass Philosophie auch körperliche und künstlerische Aspekte beinhalten kann (Deleuze & Guattari, 2018: 82). Vor allem geht es für Philosophical Care darum, den Körper wieder vermehrt als eigenen Leib erfahren zu können (Gahlings, 2023: 45). Philosophie ist nicht nur, so die gängige Meinung, intellektuelle, praxisirrelevante Tätigkeit (Schuchter, 2016: 78), sondern ist tief und fest mit der emotionalen, leiblichen, verletzlichen Seite des Menschen verbunden. Für diese Setzung können sowohl historische als auch pragmatische Gründe angegeben werden.

Erstens wurde in der Vergangenheit und ebenfalls in anderen, aussereuropäischen Kulturen bspw. Musik, Ernährung und Sport etc. nicht von der philosophischen Lebensweise getrennt, so wie dies heute geschieht (Gahlings, 2023: 29). Wer ein philosophisches Leben führen wollte, orientierte sich auch an Kunst und körperlichen

Exerzitien. Diese Übungen und Aktivitäten waren jedoch stets auf die Philosophie als letztgültiges Ziel der Lebensform ausgerichtet: »Auch die körperliche Erziehung soll primär seelisch wirken, nämlich den natürlichen Mut stärken, so wie die musische Erziehung die Liebe zum Geistigen hervorbringen soll« (Zehnpfennig, 2017: 101). Philosophie und Kunst, sei diese nun materiell oder nicht, hängen entsprechend eng miteinander zusammen. So gab es in philosophischen Schulen im antiken Griechenland auch stets Musikzimmer. Viele dieser Techniken und Aktivitäten helfen dabei, das Denken überhaupt erst wirksam werden zu lassen und es in Handlungen und Transformationen zu überführen.[4]

Erkenntnisse – und seien sie noch so kognitivistisch aufgefasst – sind stets auch leiblich wahrnehmbar (Stölzel, 2014: 13). Und ebenfalls können Gedanken und Gefühle in körperliche und künstlerische Aktivitäten sublimiert werden (Pelluchon, 2019: 208). Dasselbe gilt für die Körperlichkeit, da jede Form der Praxis (auch das Denken) physische Aktivitäten voraussetzt (Leeten, 2019: 215). Ähnliches findet man für viele Schulen des Yoga, wo *Jnanaprapti* und *Phalaprapti* zusammenfallen oder in diesem Sinne hierarchisch geordnet werden (Gunturu, 2020: 12, Mall & Peikert, 2019: 204). Und was wäre bspw. Dogens Philosophie ohne das stille Sitzen (Dogen, 2013: 108)? Was wäre Rumis Philosophie ohne das belebende Tanzen (Rumi, 2015: 74f)? Und kann man bspw. das Wandern bei Figuren wie Nietzsche und Heidegger vollständig von ihrer Philosophie trennen? Bewegung schafft neue Gedanken und Laufen verändert wortwörtlich die Perspektive (Schmid, 2022: 238f). Dies führt direkt zum nächsten Punkt.

Zweitens bedarf es bei sorgenden Tätigkeiten allgemein auch Aspekte der Körperlichkeit (Conradi, 2001: 58, Feulner in Knoll et al., 2022: 25). Dies liegt am Umstand, dass viele psychische oder seelische Probleme mit physischen Problemen oder Leiden zusammenhängen und daher die sorgende Tätigkeit an beiden Bereichen angegangen werden sollte (Nauer, 2014: 211, Stumm in Slunecko, 2017: 52). Entsprechend können unterschiedliche körperliche Aktivitäten wie Yoga, Meditation, Theater, Wandern aber auch Zeichnen und Malen etc. zur Begleitung der Menschen den ihrigen Teil beitragen (Van der Kolk, 2021: 248).

Nicht nur Bewegung, sondern auch bewusste und kontrollierte Berührung kann Teil der sorgenden Tätigkeit sein. Und ebenso ist nicht nur das anregende Denken Teil der Philosophie, sondern auch das meditative, kontemplative Zur-Ruhe-Kommen und den damit einhergehenden Bewusstseinsveränderungen (Stumm in Slunecko, 2017: 67f).

Wenn nun die Philosophie sich nicht im Voraus von körperlichen Übungen konzeptuell abgrenzt, können in Philosophical Care solche Elemente aufgenommen werden. Das gilt ebenso für die Kunst. Insofern die Philosophie nicht zwanghaft versucht, sich von künstlerischen und spezifischen körperlichen Aktivitäten abzugrenzen, kann sie

---

4 Geertz will hier zur Wirkmächtigkeit der Kunst für Menschen festgehalten wissen: »In dieser Weise also, indem sie die Erfahrungen in ein spezifisches Licht taucht und ihnen Farbe verleiht, spielt die Kunst als Kunst ihre Rolle im sozialen Leben, und nicht so sehr durch irgendwelche materiellen Auswirkungen« (Geertz, 2015: 257).

ihr Anwendungsgebiet deutlich vergrössern (Jaspers, 2020: 94). So können Elemente wie Rhythmus und Synchronizität aus künstlerischen und religiös-spirituellen Bereichen angewendet werden, welche Menschen auf andere Weise ansprechen als rein geistige Tätigkeiten (Van der Kolk, 2021: 256). Daher wird die Thematik der Praxis respektive des Tätigseins in der Philosophie nochmals neu aufgerollt. Wenn Praxis darin besteht, neue Sinnräume und Handlungsmöglichkeiten (in Gemeinschaft) zu eröffnen, so kann die Hinführung zu solchen Sinnräumen und Handlungsmöglichkeiten durchaus als Teil der Philosophie betrachtet werden (Krauss, 2022: 80).

Wie genau die Ausführung von körperlichen und künstlerischen Aktivitäten in Philosophical Care aussehen, wird hier nicht endgültig beantwortet, da es im vorliegenden Unterkapitel um die Frage geht, wie der Philosophiebegriff für Philosophical Care verstanden werden soll. Es liegt jedoch im Interesse, dass für die sorgende Tätigkeit mit Menschen diese Aspekte nicht voreilig aus dem Philosophieverständnis ausgeschlossen werden. Wie genau der Philosophiebegriff nun für die vorliegende Untersuchung aufgefasst wird, entfaltet sich im folgenden Unterkapitel und wird sich von den bisher vorgestellten Bestimmungsversuchen abgrenzen.

2.2.   Philosophische Schlüsselkompetenzen

Wie lässt sich der Philosophiebegriff folglich für die Praxistheorie von Philosophical Care verstehen? Die bisherigen Versuche waren alle ungenügend und entsprechend soll nun mit dem Bewusstsein jener Unzulänglichkeiten ein weiterer Versuch stattfinden. Die hier vertretene These besteht im folgenden Haltepunkt:

> Der Philosophiebegriff für Philosophical Care kann als ein Set von gleichursprünglichen philosophischen Schlüsselkompetenzen verstanden werden.

Dabei ist der Kompetenzbegriff nach Rohbeck ausschlaggebend für die vorliegende Untersuchung: »Unter Kompetenzen wird ein Bündel von Kenntnissen, Fertigkeiten und Fähigkeiten verstanden, die in einem bestimmten Anwendungsfeld handlungsfähig machen« (Rohbeck, 2004: 7).

Dies ist jedoch noch zu wenig spezifisch gefasst, weil eine solche Kompetenz auch instruktionalistisch begriffen werden kann. Mit der Fähigkeit geht zugleich stets auch ein Wollen einher, das versucht, diese Kompetenzen gewissenhaft anzuwenden (Schuchter, 2016: 217). Kompetenzen sind folglich einerseits Fähigkeiten, welche kultiviert werden können und andererseits sind es auch Zuständigkeiten, welche eine gewisse Verantwortung implizieren (Zaiser, 2018: 62f). Dadurch können Theorie und Praxis innerhalb der Praxistheorie gleichzeitig angesprochen werden. Sie bilden die axiologische Schnittstelle von Deskription und Normativität (klassifikatorische und qualitative Kriterien) der Praxistheorie. Denn die Kompetenzen vermögen es bestenfalls, die Fähigkeiten und Wissensstände allgemeiner Natur auf die je einzelnen, pra-

2.2. Philosophische Schlüsselkompetenzen

xisbezogenen Situationen anzuwenden und diese in einem verantwortungsbewussten und reflektierten Rahmen zu begründen (Deller & Brake, 2014: 67).

Im Hinblick auf die Kultivierung von Fähigkeiten kann der Philosophiebegriff neu bedacht werden, wie er in den vorangegangenen Bestimmungsversuchen noch nicht erfasst wurde (Brandt, 2017: 183). Kompetenzen verbinden die Theorie und Praxis auf eine besondere Weise. Sie gehen über den *Körper des Wissens* hinaus, welcher in vielen Bestimmungsversuchen des Philosophiebegriffes vorkommt und auf die bisher beschriebenen Probleme stösst (Nowotny et al., 2014: 242). Kompetenzen bilden die Form, in welcher die Praxis im Hinblick auf die Professionalisierungsherausforderung stattfinden kann. Daher sind die Kompetenzen sowohl aktiv als auch passiv (Wild, 2023: 25).

Dabei wird nicht behauptet, dass den Kompetenzen keinerlei theoretische Probleme zufallen, so bspw. die Problemstellung, wie die Kompetenzen erworben werden sowie welche Ordnungsmuster Kompetenzen hervorheben und andere zugleich vernachlässigen. Werden Kompetenzen für die Care-Tätigkeit erworben oder werden sie nicht viel eher geschärft (Langlet in Rohbeck, 2004: 188)? Sind sie überhaupt erreichbar, oder bilden sie nur idealtypisch formulierte Ziele, die es anzustreben gilt (Stimmer, 2020: 303)? Ebenfalls wird nicht davon ausgegangen, dass sich die philosophischen Kompetenzen direkt messen und vergleichen lassen (Zaiser, 2018: 66). Eine Operationalisierung von philosophischen Kompetenzen für Care-Tätigkeit steht dahingehend für empirische Untersuchungen noch aus.

Die Kultivierung oder Schärfung von Kompetenzen für die Care-Tätigkeit kann hier entsprechend als Ziel aufgefasst werden, welches für Philosophical Care angestrebt wird. Wie kann so ein Ziel formuliert werden? Durch die Kompetenz wird die Erfahrung und Erkenntnis transformativ, das bedeutet, dass sich die Brücke von Einsicht und Anwendung, folglich die Professionalisierung (vgl. Kapitel 1), überhaupt erst etablieren kann (Bieri, 2017: 24). Kurz, wer kompetent ist, weiss etwas und kann dieses Wissen auch anwenden, ebenso wie die ausgeführte Handlung eine gewisse Möglichkeit zur kritischen Reflexion impliziert. Bezüglich der Verantwortung können die Kompetenzen eine Erklärungs- und Auftragsfunktion einnehmen (Krauss, 2022: 211).

Was ist damit gemeint? *Verantworten* weist etymologisch darauf hin, auf etwas zu antworten, sich angehen zu lassen von etwas oder jemandem (Waldenfels, 2016). Dieses Antworten impliziert, dass diese Resonanz angeeignet wird und sich deren Auseinandersetzung nicht einfach der Willkür überlässt, sondern normativ geregelt wird. Seel beschreibt dies wie folgt: »Um wahrzunehmen, muss ich Dinge auf mich wirken lassen. Um zu begreifen, muss ich Begriffe übernehmen. Um zu urteilen, muss ich mich Urteilen unterwerfen. Um mich auf etwas zu richten, muss ich mich nach etwas richten« (Seel, 2009: 200). Man leistet also nicht nur eine Dienstleistung, sondern die sorgende Tätigkeit ist in diesem Sinne zweispurig bedeutsam und zwar auch für jene, welche Care-Tätigkeit ausüben (Noth, 2010: 264f). Schuchter fasst dies treffend zusammen: »Indem ein Ich [also ein Selbst; O.I.] sich auf die Möglichkeit oder Wirklichkeit des Leidens Anderer bezieht, sich einen *umfassenden Begriff* davon macht, kritisiert und erweitert es sein eigenen [sic!] Selbstverständnis, das seinerseits wiederum befähigt, sich auf Andere zu beziehen und Möglichkeiten des Glücks im Leiden aufzuzeigen« (Schuchter, 2016: 235).[5] Auch die sorgende Person verändert sich durch die Begegnung und bietet nicht nur ein Angebot von Praktiken an ein mehr oder minder anonymes Klientel an. Sie tut dies jedoch nicht für sich, sondern in und aus der Sorge um das Gegenüber.

Damit sollte auch klar werden, dass Philosophie nicht einfach als Kompetenz begriffen werden kann, welche zu geregelten Arbeitszeiten ausgeübt werden soll, sondern die gesamte Persönlichkeit oder Lebensführung beeinflusst (Böhme, 1994: 19). Der Mensch setzt daher nicht nur Fähigkeiten im Sinne von Kompetenzen ein, die ihm irgendwie äusserlich sind, er selbst wird zum massgebenden Instrument, das er mit in die Care-Tätigkeit einbringt. Erst in den Situationen des Antwortens wird Verantwortung übernommen und die Fähigkeiten erhalten erst dort ihren Glanz und ihre Bedeutung. Kompetenzen gehen also über einfache Fähigkeiten hinaus, die erlernt werden können und umfassen ein Ethos des Antwortens und der daraus resultierenden Verantwortung der Care (vgl. Kapitel 2.4).

Für die sorgende Tätigkeit werden nebst philosophischen Kompetenzen selbstverständlich auch andere Kompetenzen relevant.[6] Um Philosophical Care jedoch umgrenzen zu können, sollen die philosophischen Kompetenzen im vorliegenden Kapitel nicht nur erörtert werden, sondern es soll auch gezeigt werden, warum diese ausschlaggebend für die Selbstbegründung sind. Hierfür werden folgende zwei sich ergänzende Aspekte massgebend:

Ein Mangel an philosophischen Kompetenzen kann erstens als Erklärung dafür dienen, wieso Menschen auf Probleme stossen, wie es bspw. Wittgenstein erklärt hatte (vgl. Kapitel 2.1). Man kennt sich zu wenig aus mit einer Widerständigkeit oder einem Problem in der Lebensführung. Der Auftrag von Philosophical Care besteht nun darin, sich diesem Problem anzunehmen (Conradi, 2001: 224, Marinoff, 2020: 128). Sie geht dementsprechend meist vom Anderen als Gegenüber aus, um damit ein Problem oder eine Widerständigkeit zu erfassen und dieses in einer bestimmten Weise anzugehen und die entsprechenden Kompetenzen zu fördern (Russell, 2020: 140).

Zweitens wird, wie schon erwähnt wurde, durch die Verbindung von Verantwortung und ausschlaggebender Fähigkeit der axiologische Grundstein dafür gelegt, Philosophical Care als eine Form der Zuwendung zum Menschen zu beschreiben, in welcher Personen dem Vorverständnis entsprechend Menschen durch personale Kommunikation begleiten. Die Schlüsselkompetenzen sind Werte, die für die Tätigkeit wichtig oder bedeutsam sind und bilden die klassifikatorischen und qualitativen Kriterien. Ein Können in der Care-Tätigkeit impliziert hier ein bestimmtes Sollen (vgl. Kapitel 5).

---

5   Ausführlich und ideengeschichtlich massgebend zur professionalisierten Form der Hilfe und deren Problemstellungen hierzu, vgl. Schmidbauer, 1983.
6   Hierzu zählen unter anderem Charakteristika wie bspw. Neugier, überragende intellektuelle Fähigkeiten, Selbständigkeit, Interesse an Menschen, Humor, Empfänglichkeit, Toleranz, Herzlichkeit, Geduld, Fleiss, Mut, Kooperationsbereitschaft, organisatorisches und administratives Talent, Integrität, interkulturelle und intersektionales Bewusstsein, Interesse für Philosophie, Psychologie, Seelsorge etc. (Nauer, 2014: 318, Rogers, 2021: 378). Dass sich diese teilweise auch philosophisch begründen lassen, soll hier nicht bestritten werden.

2.2. Philosophische Schlüsselkompetenzen

Deshalb wird auch von *Schlüsselkompetenzen* und nicht bspw. *Kernkompetenzen* ausgegangen. Schlüsselkompetenzen dienen dazu, etwas zu ermöglichen, aufzuschliessen. Dabei wird sowohl das Denken als auch das Handeln entsprechend dem Problem für Philosophical Care wesentlich (vgl. Kapitel 3). Bevor nun besprochen wird, wer im Besitz der philosophischen Kompetenzen ist, wie der Aneignungsprozess stattfindet und wie dies im Prozess der Begleitung zu verstehen ist, soll genauer darauf eingegangen werden, was unter philosophischen Kompetenzen zu verstehen ist.

Philosophische Kompetenzen sind überall auffindbar. Sie beziehen sich, wie andere Kompetenzen auch, nicht zwangsläufig auf ausgebildetes Personal von Philosophical Care, irgendwelche Philosophinnen und Philosophen, oder in der Befolgung bestimmter spiritueller Übungen, sondern sie können in jedem Menschen und ihren zwischenmenschlichen Beziehungen auftreten (Emlein, 2017: 349, Hadot, 1995: 282). Man kann sich nun selbstverständlich fragen, wieso diese Kompetenzen nicht als religiöse oder psychotherapeutische Kompetenzen betrachtet werden können. Haben nicht auch bspw. religiös-spirituelle Personen unterschiedliche Kompetenzen als wesentlich religiös bezeichnet (vgl. bspw. Figal, 2006: 39, Horn, 2014: 144)? Es geht hier nicht darum, zu bestreiten, dass diese Kompetenzen auch religiös oder psychotherapeutisch sind, oder darum, diese allein Philosophical Care zuzusprechen. Sie bilden folglich notwendige Bedingungen, sind jedoch gemeinsam nicht hinreichend, um sich als rein philosophisch oder fachspezifisch verstehen zu lassen. Ebenfalls werden sie nicht als gemeinsam hinreichend für die Care-Tätigkeit angesehen, da die Care Tätigkeit, wie erwähnt, noch andere Kompetenzen erfordert.

Vielmehr ist der hier vorgebrachte Punkt, dass sie als philosophisch betrachtet werden können, da sie sich aus der Philosophie selbst herleiten lassen und damit der Selbstbegründung von Philosophical Care entgegenkommen. Das bedeutet nicht, dass diese Kompetenzen sich nicht auch religiös-spirituell oder psychotherapeutisch herleiten liessen. Wie schon erwähnt wurde, geht es hier nicht um ein Gegeneinander, sondern um eine Ergänzung durch die philosophische Perspektive innerhalb der sorgenden Tätigkeit. Dies entspricht dem nächsten Haltepunkt:

> Es wird sich zeigen, dass die hier vorgestellten philosophischen Kompetenzen sowohl in der Begleitung von Menschen als auch bei der Entwicklung einer Praxistheorie selbst angewendet werden.

Dabei ist es auch wichtig, dass diese philosophischen Kompetenzen nicht als Doktrinen verstanden werden (Hampe, 2014: 60). Lässt sich die eigene philosophische Theoriebildung und die eigene Position, aus der heraus die Praxistheorie entwickelt wird, nicht durch die Theorie selbst abbilden oder erklären, liegt eine unzureichende Erklärungskraft der Theorie vor. Die philosophischen Kompetenzen müssen daher selbst erschütterbar sein (vgl. Kapitel 1). Das bedeutet, es braucht für die philosophischen Kompetenzen eine Offenheit, sich selbst zu kritisieren und auch angreifbar für andere Positionen zu sein (Jaspers, 2020: 165).

Nun stellt sich die Frage, was diese philosophischen Kompetenzen tatsächlich sind. Hierzu existieren unterschiedliche Ansätze (Stölzel, 2012: 10). Ein erster Versuch dies zu bestimmen, findet sich in der Mesoteslehre des Aristoteles. Dort spricht er von einer Haltung, die entsprechend orientierungsbildende Funktion einnimmt. Eine philosophische Haltung bietet also *Halt* und hilft, sich auf bestimmte Ziele zu fokussieren und Wege zu ermitteln, diese zu erreichen. Die Philosophie könnte so bspw. als die Kompetenz zu den Worten und zur Weisheit verstanden werden (Bieri, 2017: 70). Es scheint jedoch unklar, wie dies mit dem Verantwortungscharakter der Zuständigkeit von Kompetenzen in Hinsicht auf Philosophical Care ausgelegt werden kann. Die Kompetenz zu den Worten bezieht sich weder notwendig auf das Gegenüber (Ortega y Gasset, 1962: 185), noch auf den Bezug zu sich selbst innerhalb dieser Beziehung (Conradi, 2001: 13).

Ebenfalls wird die Philosophie nach jener Auffassung primär als Technik der *Episteme* (vgl. Kapitel 3) im kognitiven, erkenntnistheoretischen Sinne verstanden und steht nicht in Verbindung zu den menschlichen Emotionen und Affekten. Die Betonung der emotionalen Aspekte jener Kompetenzen darf jedoch nicht vernachlässigt werden (Pelluchon, 2019: 139, Solomon, 2003: 19). Entsprechend wird keine Technik oder schlichte Haltung vorgeschlagen, wie eine Kompetenz zu den Worten hergestellt werden kann, sondern die philosophischen Kompetenzen weisen auf die zwischenmenschliche Begleitung hin, die sowohl denken, fühlen und handeln beinhaltet (Solomon, 2003: 76). Damit werden Episteme und Emotion notwendigerweise gemeinsam und sich ergänzend aufgefasst (Conradi, 2001: 107, Krauss, 2022: 220).

Unterschiedlichste Stränge finden in jener Verbindung zusammen und werden realisiert, differenziert und konkretisiert. Anstatt also von einer Kompetenz zu den Worten auszugehen, lohnt es sich, eher von einer *Bildung des Herzens* her zu denken (Bieri, 2017: 31, Nietzsche, 2014: § 293). Philosophische Schlüsselkompetenzen sind also eine Art der Zuwendung (Fähigkeit und Verantwortung) zu sich, zum Gegenüber, zum Denken, zum Handeln, zum Fühlen und zur Sprache. Entsprechend wird nicht von einer künstlichen Trennung von Kognition und Affekt ausgegangen, welche anschließend wieder vereinigt werden sollen, sondern der Schwerpunkt sollte in der Auffassung liegen, dass diese stets schon und nur miteinander gedacht werden können (Solomon, 2003: 66).

Folgende philosophische Kompetenzen werden nun nacheinander vorgestellt: *Einsicht*, *Urteilen* und *Radikales Bedenken*. Diese philosophischen Kompetenzen unterscheiden sich von denjenigen von Gahlings (2023) sowie Stölzel (2012) und Rucker (2018), sind jedoch konzeptionell von diesen Ideen her inspiriert.

Alle philosophischen Kompetenzen sind als gleichursprünglich zu betrachten, bedingen sich also gegenseitig und sind nicht voneinander ableitbar (Heidegger, 2006: 53). Viele andere ausgewiesene philosophische Kompetenzen (vgl. bspw. Meyer, 2016, Rohbeck, 2004, Stölzel, 2012) können auf diese drei philosophischen Kompetenzen reduziert werden. Sie sind daher zwar sehr basal und breit gefächert, aber es zeigt sich, dass sie dennoch einen wichtigen oder gar zentralen Status in unterschiedlichen philosophischen Bemühungen aufweisen. Anders als andere Beschäftigungen, sei es bspw. die Physik als wissenschaftliche Tätigkeit, ist die philosophische Bemühung auf

2.2. Philosophische Schlüsselkompetenzen

eine bestimme Form von Zuwendung zurückgeworfen, wodurch die hier vorgestellten philosophischen Kompetenzen zentrale Elemente jener Zuwendung aufführen.

Die Schlüsselkompetenzen ermöglichen zusammengefasst eine Form der Zuwendung (Fähigkeit und Verantwortung), welche so für andere Disziplinen nicht notwendig oder teils sogar unerwünscht ist. Sie erhalten, so die These, in philosophischen Bemühungen einen höheren Stellenwert als andere Kompetenzen, so wie sie in anderen Bemühungen weniger gewichtig sind oder eher nur unterstützend mitwirken.

Ebenfalls wird hier nochmals darauf hingewiesen, dass die hier präsentierten philosophischen Kompetenzen, also Einsicht, Urteilen und Radikales Bedenken, dennoch nicht als abgeschlossene Liste und nicht als unumstössliche Auffassungsmöglichkeiten zu verstehen sind.

In Kapitel (3) wird zusätzlich anhand der transzendentalkritischen Problemstellungen von Philosophical Care nochmals genauer auf die Schlüsselkompetenzen anhand der einzelnen Herausforderungen eingegangen. Die hier erst abrisshafte, allgemeine axiologische Darstellung wird entsprechend durch die anschliessenden Überlegungen ergänzt.[7]

2.2.1   Die Einsicht

Die philosophische Kompetenz der Einsicht wird zuerst in einem konzeptionellen Sinn umrissen. Anschliessend wird das Augenmerk verstärkt auf die emotiven Aspekte der Einsicht gelegt, wofür der Begriff der *Achtsamkeit* verwendet wird. Dadurch kann zusätzlich nochmals auf den Aufgabencharakter der Einsicht in Philosophical Care hingewiesen werden. Zum Schluss wird anhand des Entfremdungsbegriffes untersucht, wie ein Mangel an Einsicht aussehen könnte. Dies soll bei allen Schlüsselkompetenzen geschehen, denn durch ihren Mangel oder ihren Gegensatz kann das Verständnis durch diese Differenzsetzung klarer hervortreten (Stölzel, 2012: 101). Dadurch wird die Einsicht aus einer zusätzlichen Perspektive beleuchtet.

Die Voraussetzung um die Einsichtsfähigkeit überhaupt kultivieren oder fördern zu können besteht darin, dass die Prädikation am Anfang steht (Marinoff, 2020: 356). Folglich sind das Explizieren und das Versprachlichen die Möglichkeitsbedingung zur Einsicht. Wer Gefühle, Erfahrungen etc. nicht erfassen kann, kann sie auch nicht begreifen (Brandt, 2017: 92). Begreifen und Versprachlichung hängen so verstanden eng miteinander zusammen und können sich auch gegenseitig beeinflussen. Begreifen geht dabei über das reine Verstehen hinaus (Brandom, 2016: 10). Wer etwas begreift, kann damit auch umgehen und dasjenige anderweitig anwenden. Die Person hat dann nicht nur einen Sachverhalt verstanden, sondern kann mit dem Wissen darüber auch andere Zusammenhänge erkennen.

---

7   Auf Krämers Einwand zu antworten, der besagt, dass transzendentale Allgemeingültigkeit einer Analyse keine normative Wirkung haben kann (Krämer 2018: 35), lässt sich die ontologische Leerheit einer funktionalen, stipulativen Definition eines Systems wie hier von Philosophical Care aufbringen (vgl. Kapitel 5).

Das Erkennen einzelner Sachverhalte und der damit einhergehenden Zusammenhänge können durch dies Orientierung im Denken und Handeln stiften (Frede in Rohbeck, 2004: 65, Schönberger, 1998: 42). Dies geschieht entsprechend graduell. Folglich wird der Person bis zu einem gewissen Grad bewusst, woher das Begriffene kommt und welche Implikationen dies mit sich bringt. Bspw. kann der Einfluss der eigenen Sprache bei der Explizierung eine bedeutende Rolle spielen (Agamben, 2009: 36). Wie genau was erfasst und in Sprache übersetzt wird, hängt davon ab, so Wittgenstein, welche sprachlichen Mittel verfügbar sind (TLP: 5.6). Die Person, die begriffen hat, kann folglich auch verstehen, woher ihre Überzeugungen herkommen sowie jene der anderen besser einsehen und besprechen.

Dies alles mündet im Begründen. Einsicht gliedert sich demzufolge in das Begründen und Begreifen auf. Diese beiden Aspekte von Begreifen und Begründen finden sich in unterschiedlichen Strängen philosophischer Bemühungen. Einige Anknüpfungspunkte finden sich bspw. in der sokratischen Gesprächsführung (Figal, 2006, Leiter-Rummerstorfer, 2017, Stavemann, 2015) oder in der philosophischen Hermeneutik (Gadamer, 2010, Jung, 2012). Beide bemühen sich um Einsicht, die auf Begründen und Begreifen fusst, wobei die sokratische Gesprächsführung im direkten Dialog stattfindet, während die philosophische Hermeneutik andere Methoden anwendet und auch mit Texten und anderen Medien operiert. Begreifen und Begründen hängen in beiden philosophischen Anknüpfungspunkten eng miteinander zusammen und sollen nun konzeptionell ausführlicher besprochen werden.

Das Explizieren und Versprachlichen von Erfahrungen, Gefühlen, Einstellungen usw. besteht nicht nur im Auflösen von Missverständnissen und Äquivokationen. Es geht primär darum, Zusammenhänge zu erkennen und diese in eine erfassbare Konstellation zu bringen (Sommer in Hindrichs, 2017: 25). Denn die Sprache ist voller Unsicher- und Ungenauigkeiten und daher auf Vermutungen angewiesen (Pick, 2022: 60). Das bedeutet hier, dass die Sätze und Begriffe, welche aus der Versprachlichung und Explizierung resultieren, in ihrem inferentiellen Gehalt erfasst werden.

Der inferentielle Gehalt besteht in logischen und materialen Inferenzen, also in der Möglichkeit aus einzelnen Sätzen und Begriffen andere Sätze und Begriffe abzuleiten, die entweder logischen, narrativen, sprachpragmatischen, psychologischen oder anderen Regeln folgen. Dadurch spannt sich ein inferentielles Netz auf, auf welchem sich die Zusammenhänge nachzeichnen und verstehen lassen (Flynn, 2017: 156). Durch den Umstand, dass das Verstehen durch die Erfassung der Ableitungen zustande kommt, bedarf es einer holistischen Auffassung von Verstehen (Brandom, 2016: 28). Wer etwas versteht, muss damit zugleich auch andere Dinge verstehen. Verstehen kommt daher nie isoliert vor.

Hierzu müssen einige Aspekte klargestellt werden. Zuallererst wird in der vorliegenden Arbeit mit dem Begriff *Holismus* aufgefasst, dass nicht alles mit allem zugleich zusammenhängt, was von Kritikerinnen und Kritikern des Holismus oft bemängelt wird (Seel, 2002: 89, Rapp, 2016).

Vielmehr kann man von einem *Molekularismus* ausgehen, dass es also Konglomerate von Inferenzen gibt, welche weitaus öfter und in bedeutsamer Weise stärker zusammenhängen als andere und sich von anderen Teilen abgrenzen. Es geht also im Molekularismus darum, dass die Netze als Systeme sich von der Umwelt unterscheiden lassen. Damit werden jedoch keine klaren Grenzziehungen innerhalb der Moleküle impliziert, sondern die Teile bilden ebenso wie die Summe ein unbestimmbares Ganzes.

Diese sogenannten Moleküle sind im inferentiellen Netz zudem auch der Dynamik unterworfen (Brandom, 2016: 97). Das bedeutet, sie können sich durch unterschiedliche Einflüsse von aussen sowie von innen über die Zeit hinweg abändern. Entsprechend sind sie in einem offenen Prozess und können ihre Ordnung in unterschiedlichen Organisationsformen manifestieren. Woraus inferentielle Moleküle entstehen, wie sie bestehen bleiben und warum sie sich teilweise wieder auflösen, gehört zum nächsten Klärungspunkt.

Das inferentielle Netz ist stets komplex (Brandom, 2016: 116). Das bedeutet, dass das inferentielle Netz jeweils ein Gegenstand von unterschiedlichen Beschreibungsvarianten darstellt (Rucker & Anhalt, 2017: 39). Es existieren also stets unterschiedliche Zusammenhänge, welche durch die Einsicht einer Erfassung anhand möglicher Perspektiven erstrebt wird. Daraus folgt nicht, dass keine Übereinstimmungen von inferentiellen Netzen von unterschiedlichen Perspektiven festgestellt werden können, was gleich noch ausführlicher besprochen wird. Inferentielle Netze können von Grund auf nicht an einer individuellen Privatsprache orientiert sein, sie enthalten jedoch einzelne unterschiedliche Färbungen (Anhalt, 2012: 69, Candlish in Von Savigny, 2011: 112). Wie kann nun jedoch im Hinblick auf diese Punkte überhaupt *begriffen* werden?

Begreifen besteht im Erkennen dieses Strukturganzen eines Moleküls innerhalb des inferentiellen Netzes (Brandom, 2016: 70). Wie genau das Erfassen des Strukturganzen aussieht, steht stets im Kontext des laufenden Sprachspiels (vgl. Kapitel 2.1) und anderen Normen. Dass dabei auch Ambivalenzen auftreten können, gehört unausweichlich zum Erkennen (Bauman, 2017: 22, Wild, 2016: 193). Das Erkennen des Strukturganzen ermöglicht jedoch eine erste Orientierung, welche für alle weiteren Schritte grundlegend ist. Im Erkennen des Strukturganzen wird das Inferenzmolekül aus einer Perspektive und den damit einhergehenden Verbindungen betrachtet. So kann dadurch Allgemeinwissen und spezifisches Wissen hinterfragt werden (Rucker, 2018: 475). Es wird überprüft, woher das versprachlichte Wissen kommt und ob dieses auch begründet werden kann. Dabei wird nicht nur der Einfluss der eigenen Sprache untersucht, wie oben schon beschrieben wurde, sondern auch historisch-kulturelle Einflüsse, welche für die Organisationsform dieser inferentiellen Netze mitverantwortlich sind (Schopenhauer, 2008: 131).

Wie der Wissenszuwachs und das Veralten von Feststellungen miteinander korrelieren, kann hier nicht weiter untersucht werden. Indem aber all jene Zusammenhänge erfasst werden können, wird dadurch die Möglichkeit erschaffen, Gründe anzugeben, wieso ein inferentielles Netz so gestaltet und verwendet wird. Dies ermöglicht die Aneignung von Wissen und kann entsprechend als *Begreifen* bezeichnet werden (Scheler, 2019: 121). Begriffen wird also erst, sobald Gründe für die eigene Verwendung angegeben werden können. Erst so wird die Partizipationsfähigkeit ermöglicht, im Spiel des Gründe-Gebens-und-nach-Gründen-Verlangens teilzunehmen. Wer begreifen und begründen kann, vermag dies nicht nur bei sich, sondern kann sich so auch auf andere Menschen einlassen und versuchen, ihr inferentielles Netz zu einer

Thematik oder einem Sachverhalt verstehen zu wollen (Schmid, 2016: 87). Hierbei können die inferentiellen Netze miteinander verglichen und darüber verhandelt werden.

Menschen können so in einen Dialog eintreten und gegenseitig ihre Standpunkte erklären sowie gegenseitig besprechen und begründen. Damit klärt sich auch die Frage, welche Funktion die Einsicht in der sorgenden Tätigkeit einnimmt. Ist Einsicht funktional als Ziel in der sorgenden Tätigkeit zu setzen? Die Antwort lautet, dass sie nicht zwangsläufig das Ziel darstellt, sondern schon zu den Möglichkeitsbedingungen der sorgenden Tätigkeit gehört (Yalom, 2010: 393f). Erst durch die Einsichtsfähigkeit kann eine kommunikative Beziehung zu sich selbst und zu anderen Menschen ermöglicht werden, wodurch sie möglicherweise noch weiterwachsen und kultiviert werden kann.

Dasselbe was bisher zur Einsichtsfähigkeit in der Care-Tätigkeit angeführt wurde, gilt nun auch für die Theoriebildung. Es wird in der Theoriebildung versucht, Haltepunkte zu explizieren, diese in ihrem inferentiellen Netz und den entsprechenden Zusammenhängen zu begreifen, sowie mögliche Gründe dafür anzugeben. All dies wird in der vorliegenden Arbeit angestrebt. Einsicht erweist sich daher nicht nur in der sorgenden Tätigkeit als Möglichkeitsbedingung, sondern auch in der philosophischen Theoriebildung. Sie bildet damit eine philosophische Schlüsselkompetenz.

Es soll nun die Achtsamkeit als weiterer Aspekt zum Begründen und Begreifen hinzugefügt werden, um zu zeigen, dass sich die Einsicht bei der sorgenden Tätigkeit auf mehr als nur auf kognitive Aspekte bezieht (Sommer in Hindrichs, 2017: 36).

Achtsamkeit

Einsicht als philosophische Kompetenz innerhalb der sorgenden Tätigkeit erschöpft sich nicht allein im Begründen und Begreifen. Ebenso lässt sie sich nicht auf eine Technik reduzieren (Figal, 2006: 55), weshalb hier der Begriff *Achtsamkeit* eingeführt wird, um damit anzudeuten, dass die philosophische Kompetenz der Einsicht eine Form des Offen-Seins miteinschliesst. Unter dem Begriff *Achtsamkeit* lassen sich unterschiedlichste Konzepte verstehen (Holzinger, 2019: 38, Kabat-Zinn, 2020a: 11). Ganz besonders deshalb, weil der Begriff in den letzten Jahrzehnten Konjunktur erfahren hat.

Zuerst soll hier klargestellt werden, dass mit dem Achtsamkeitsbegriff keine notwendig religiöse Auffassung vertreten wird. Vielmehr kann die Achtsamkeit in der vorliegenden Untersuchung als Bewusstsein der Relationalität und die damit einhergehende Offenheit verstanden werden (Lahav, 2017: 205). Offen-Sein kann hier wiederum nicht auf eine Haltung reduziert werden, sondern wird als Form einer Bewegung und damit auch als Praxis aufgefasst. Das bedeutet, wer achtsam und offen ist, kann sich nicht nur über Situationen und Sachverhalte wundern (Brandt, 2017: 92), sondern trägt auch einen Enthusiasmus mit sich, auf sich selbst und andere eingehen zu können (Ziemer, 2015: 193). Einsicht kommt daher nicht zu einem Abschluss, sondern ist ein ständiges Bemühen und entsprechend auch eine Form der Verantwortung.

Was also bedeutet der Achtsamkeitsbegriff in der vorliegenden Arbeit? Begründen und Begreifen fussen, wie schon erwähnt wurde, auf der Artikulation von unterschiedlichen Erfahrungen, Gefühlen, Gedanken etc. Hierfür fehlt jedoch in der vorliegenden Beschreibung noch das Motiv. Es muss einen Beweggrund geben, weshalb dieser Versuch unternommen wird, Erfahrungen, Gedanken, Sachverhalte etc. zu erfassen, zu übersetzen und anschliessend zu verstehen. Dies wird durch die Achtsamkeit gewährleistet.

Achtsamkeit lässt sich weiter in die Begriffe *Achten* und *Achtung* aufgliedern. Achtsam-Sein, respektive Offen-Sein, bedeutet entsprechend dem ersten Punkt des Achtens, dass man aufmerksam beobachtet (Conradi, 2001: 222). »Die Aufmerksamkeit setzt voraus, dass man sein Bewusstsein und Wahrnehmungsfeld einschränkt, um eine enge Beziehung zu etwas oder jemandem herzustellen« (Pelluchon, 2019: 240).

Die Aufmerksamkeit erstreckt sich dabei auf alle drei Zeitdimensionen, räumliche Aspekte als auch Sinn- und Bedeutungszusammenhänge. Dabei entdeckt und begegnet man Gedanken, Erfahrungen, Personen etc., die möglicherweise im Alltag oft vernachlässigt werden oder durch Vorurteile beeinflusst sind (Kabat-Zinn, 2020b: 28). Auch Sublimes und Neues kann so aufgenommen und erfasst werden.

Für die philosophische Einsicht gilt es, dort genauer hinzuschauen und dafür innezuhalten. Die Welt, das Selbst, das Gegenüber etc. erscheinen durch die gesteigerte Wahrnehmung intensiver, weil man wach und aufmerksam die unterschiedlichen Facetten und Hintergründe wahrnimmt (Hadot, 1995: 256). Wer achtsam ist, ist im Moment, ist präsent, lässt sich nicht ablenken, nimmt wahr, bleibt interessiert und kann nötigenfalls auch loslassen. Ohne dies, bleibt die Erfassung und Verarbeitung von Wahrnehmungen, Gedanken etc. nur flüchtig und oberflächlich. Die Explizierung und Versprachlichung jener Inhalte werden in die Form unhinterfragter und allgemeingebräuchlicher Ausdrücke gegossen. Dem arbeitet die Achtsamkeit entgegen. Begründen und Begreifen sind also angetrieben vom Versuch, ausführlich verstehen zu wollen (Moreno, 2001: 37f, Pieper, 2014: 87). Mit der Achtsamkeit geht schliesslich auch eine Zärtlichkeit im Umgang einher.

Die Achtung ergänzt das Achten, indem sie angibt, wieso Verstanden werden soll. Achtung zeigt an, dass etwas bedeutungsvoll ist und daher der Sorge bedarf. Man kann die Achtung nicht nur als moralische Heuristik verstehen, welche Reaktionen der Güte, Rücksicht etc. hervorrufen kann und eben nicht nur auf Automatismen beruht, da sie auch rational nachvollzogen werden kann (Fischer, 2017: 193). So notiert Krauss: »Dies gilt vor allem für jene Verwendungsweise, in der der Blick für die Individualität, also die Unaustauschbarkeit der Gegenseite wesentlich ist. Dazu gehört ebenfalls eine mit dieser Einmaligkeit verbundene Bedürftigkeit, die sich aus den jeweiligen Lebensumständen und Problemen ergibt« (Krauss, 2022: 130). Würde man Menschen, Situationen oder unterschiedliche Werte und Prinzipien nicht achten, würde keine sorgende Tätigkeit stattfinden können (Conradi, 2001: 24).

Achtung kann dabei nicht mit *Liebe* gleichgesetzt werden, denn es ist auch möglich etwas zu achten, welches man selbst nicht wünscht oder akzeptiert. Wer achtet, kann daher ebenso Fremdes und Unerwünschtes aushalten und offen empfangen (Schmid in Slunecko, 2017: 193). Darunter fallen auch Schmerz und Leid. Achtung ist zudem nicht durch Anstrengung erlernbar, sondern kann durch das Achten im Erkennen des Bedeutungsvollen erworben werden. Beide Aspekte beeinflussen sich zusammengefasst gegenseitig.

Es lassen sich von hier aus weitere Überlegungen zur Achtsamkeit anstellen. Für die Darstellung der philosophischen Kompetenz bilden die bisherigen Punkte jedoch einen ersten Anfang. Achten und Achtung münden in der Achtsamkeit zusammen und unterstützen so das Begründen und Begreifen.[8] Ein Fehlen von Achtsamkeit zeigt sich in der Entfremdung. Diese soll nun kurz besprochen werden, um damit das konzeptionelle Verständnis der Einsicht als philosophische Kompetenz zu erweitern.

Entfremdung

Der Mangel an Einsicht kann ein Problem darstellen, welches in Philosophical Care thematisierbar werden kann. Jener Mangel an dieser philosophischen Kompetenz soll hier *Entfremdung* genannt werden.

Ähnlich wie bei der Achtsamkeit geht es hier nicht darum, die Entfremdung in jeder Hinsicht konzeptionell zu analysieren. Es soll jedoch aufgezeigt werden, aus welchen Perspektiven die Einsicht, in diesem Sinne hier als Mangel, betrachtet werden kann. Dabei wird mit dem Begriff *Entfremdung* kein Essenzialismus propagiert, also ein Kernselbst, welches sich von sich entfernt hat, sondern als eine negative Selbst- und Weltbeziehung verstanden (Jaeggi, 2019: 45). So wird häufig »der Fall sein, dass das selbstverständliche, gewohnte Denken als gewissermassen unlebendig und schematisch, jedenfalls als langweilig erfahren wird und man spürt, es lasse keine neuen, wirklichen Erfahrungen mehr zu, auf eine eigenartig schlimme Weise sei es fertig, abgeschlossen, unbeweglich, routiniert und darum unempfindlich« (Achenbach, 2023: 95f).

Diese Form negativer Selbst- und Weltbeziehungen nimmt unterschiedliche Färbungen an, die dadurch zustande kommen, dass zu wenig Einsicht vorhanden ist. Entfremdung geht bspw. damit einher, dass sich der Mensch fremd fühlt, mit seinen Gedanken, seinen Gefühlen, in seinen sozialen Rollen und seiner Lebensführung. Es fehlt an Einsicht, wieso jene zu einem passen könnten oder nicht. Die bewusste Teilhabe an jenen Aspekten der eigenen Lebensführung ist dadurch vermindert oder beschränkt (Steenblock in Rohbeck, 2004: 29).

Das Erkennen des Strukturganzen und das damit einhergehende Begründen und Begreifen ermöglichen, dass jene fremd gewordenen Aspekte angeeignet werden können (Bieri, 2006: 391). Dasselbe gilt auch für die Ohnmachtsgefühle, welche durch mangelnde Einsicht entstehen können. Solange eine bewusste Entscheidung für etwas ausbleibt, fällt es schwer, die Aufmerksamkeit und die Kontrolle darüber zu er-

---

8   Wie Achtsamkeit erlernt werden kann, ist eine Aufgabe, die auf unterschiedliche Lösungsvorschläge blicken kann. Diese können hier nicht weiter ausgeführt werden und würden den Inhalt des Kapitels verlassen.

halten. Einsicht und Achtsamkeit fördern hingegen die aufmerksame Präsenz und die Kontrolle und erleichtern damit die Willensbildung (Jaeggi, 2019: 80).

Schliesslich wird auch die Sinnlosigkeit in der Entfremdungserfahrung verstärkt. Ohne erfasste Zusammenhänge kann kein Sinn konstruiert oder erkannt werden. Sich in Resonanz befinden ist hingegen bedeutungsvoll. Und wer achtsam beobachtet und Zusammenhänge als bedeutungsvoll achtet, erzeugt Resonanz und ist mit sich und der Welt verwickelt (Schmid, 2015: 46). Dabei steht man nicht nur in jener Weise mit sich und der Welt in Verbindung, wie *man* es eben so tut, was oft ausschlaggebend für die eigene Welt- und Selbstbeziehung ist (Heidegger, 2006: 127). Was gemeinhin als gegeben gilt, wird auf den Prüfstein des je eigenen Begreifens gebracht. Vielmehr wird folglich versucht, bewusst und besonnen jene Verbindungen und Zusammenhänge zu erkennen und auf individuelle Weise einzugehen (Jaeggi, 2019: 71).

Entsprechend gilt es, um der Entfremdung zu entkommen, die philosophische Kompetenz der Einsicht zu fördern. Durch die Kultivierung der Einsicht, wird das Selbst- und Weltverhältnis vertieft und demzufolge gestärkt (Wesche, 2013: 22). Dabei steht die Einsicht in engem Zusammenhang mit der philosophischen Kompetenz des Urteilens. Diese soll nun näher betrachtet werden.

2.2.2 Das Urteilen

Unter dem Urteilsbegriff als philosophische Kompetenz wird hier nicht jegliches Urteilen verstanden. Ebenso sollte nicht davon ausgegangen werden, dass mit dem Urteilen eine Kategorisierung von Menschen und ihren Taten einhergeht, indem sie bspw. als gut oder schlecht bezeichnet werden. Entsprechend wird zuerst der Begriff *Urteilen* als philosophische Kompetenz konzeptionell umrissen, um zu verstehen, was hier unter dem Urteilsbegriff aufzufassen ist. Im Hinblick auf die Kultivierung der Urteilskompetenz als Verantwortung für Philosophical Care soll weiter der Begriff *Inbegriffenheit* eingeführt werden. Zum Schluss wird am Mangel, hier die Indifferenz, gezeigt, wie fehlende Urteilskompetenz zu Problemen führen kann.

Einsicht und Urteilen hängen eng miteinander zusammen. Es bedarf hier eines spezifischen Zuschnitts des Urteilsbegriffes, um ihn als philosophische Kompetenz auszeichnen zu können. Dabei wird ein Versuch unternommen, welcher nicht nur im Zusammenhang zur restlichen Untersuchung steht, sondern auch die philosophische Theoriebildung ebenso wie Philosophical Care mitbestimmt. Hierzu scheint die grundlegende Annahme sinnvoll, dass das Urteil und nicht ein singulärer Begriff das kleinste Element der Erfahrung ist (Brandom, 2016: 25).

Begriffe stehen folglich stets schon in Zusammenhängen. Solche Zusammenhänge sind daher ein nicht zu vernachlässigender Teil der Erfahrung und somit müssen sie für die Einsicht mitberücksichtigt werden. Etwas das erfahren wird, das also zur Einsicht führen kann, ist in eines oder mehrere Urteile verwickelt, das oder die jene Zusammenhänge identifiziert.

Um Missverständnisse zu vermeiden, kann der Urteilsbegriff auf drei verschiedene Arten verstanden werden und es ist hier angebracht, jene voneinander zu unterscheiden.

Werturteile, wie ästhetische oder moralische Aussagen sind jene, die geläufig unter dem Begriff der Urteile aufgefasst werden. Diese sind jedoch aufbauend auf den anderen beiden Verständnissen, was unter den Urteilsbegriff fallen kann, und werden hier nicht weiter betrachtet.

In der der zweiten Verständnisart sind Urteile Formen der Erfahrung. Urteile, sobald sie in diesem Sinne verstanden werden, beziehen sich entsprechend auf die Unterscheidungskraft (Hegel, 2019: 98ff, Žižek, 2015: 300). X kann als x identifiziert und entsprechend von y abgegrenzt werden. Um Möglichkeiten zur Einsicht wahrnehmen zu können, bedarf es folglich der Fähigkeit, Unterschiede zu fällen. Dabei darf auch das Prozesshafte des Urteilens nicht vernachlässigt werden. Die Unterscheidungskraft hilft, Aspekte voneinander abzutrennen und so die Exaktheit und Differenziertheit zu erhöhen (Frede in Rohbeck, 2004: 57, Schiffer in Staude, 2010: 42). Solche Unterscheidungen sind realiter vor jedem ausgesprochenen Werturteil schon vorhanden (Gadamer, 2010: 275). Die Kultivierung von Einsicht wird also von der Urteilsfähigkeit mitbestimmt, welche tätig Unterscheidungen und damit Entscheidungen trifft.[9]

Dabei bezieht sich die Unterscheidungskraft auf zwei unterschiedliche Ebenen. Zum einen geht es darum, Optionen wahrzunehmen und diese zu verarbeiten, bspw. bewerten zu können (Rucker, 2018: 469). Ein Abwägen ob etwas Teil der Einsicht werden soll, kann dabei geprüft und möglicherweise neu bedacht werden. Es werden Gründe gesucht und formuliert, wieso x einer anderen Option y vorzuziehen ist.

Zum anderen bezieht sich die Unterscheidungskraft auch auf die Wahrnehmung, ob ein Urteil (bspw. ein Werturteil) aus eigener Perspektive und eigener Entscheidung getroffen wurde oder ob es habituell von aussen oder anderen übernommen wird (Rucker & Anhalt, 2017: 88).

Beide Punkte verweisen auf die dritte Verständnisart des Urteils, nämlich auf die Praxis des Urteilens im Sinne von Festlegung und Anerkennen (Brandom, 2016: 159). Auf sie bezieht sich der Urteilsbegriff hier ausdrücklich. Festlegung und Anerkennen sollen nun im Rahmen der philosophischen Kompetenz betrachtet werden.

Eine Festlegung besteht darin, zu akzeptieren, dass bspw. die Aussage »x ist y« nicht nur einen Zug in einem Sprachspiel darstellt, sondern dass die Aussage inferentiell gegliedert ist (Brandom, 2016: 209). Das bedeutet, dass die Aussage als Prämisse oder als Konklusion für andere Aussagen angesehen wird. Bspw. schliesst die Aussage »Dieser Gegenstand hier ist weiss.« die Möglichkeit einer vernünftigen Aussage »Dieser Gegenstand hier ist bunt.« notwendigerweise aus.[10] Somit sind Aussagen in einem normativen Netz des jeweiligen Sprachspiels geordnet und können nur eine beschränkte Anzahl an Möglichkeiten für Folgerungen offenlassen. Die Auffassung solcher philosophischer Gesprächsführung findet sich bspw. schon in der Elenktik

---

9   Dabei darf die Einsicht nicht als passives Vorkommen verstanden werden. Sie unterstützt die Urteilsfähigkeit insofern sie mehr und bessere Informationen bereitstellt (Sintobin, 2023: 66).
10 Zur Systematik parakonsistenter Logiksysteme, welche solche Sätze trotzdem zulassen könnten, vgl. Priest, 2018.

2.2. Philosophische Schlüsselkompetenzen

der sokratischen Gesprächsführung (Erler, 2006: 104) und später auch in Kierkegaards Werken (2014, 2017), wo Leserinnen und Leser selbst über die jeweiligen Positionen urteilen müssen (Gräb-Schmidt in Deuser & Kleinert, 2017: 204).

Nach Brandom wird die Erkenntnis, dass das Sprechen nicht primär repräsentationalistisch, sondern inferentiell aufzufassen ist, also die Bedeutung der Normativität aller Aussagen zum ersten Mal bei Kant festgestellt (Brandom, 2022: 41ff). Sprache ziele, so seine These, primär auf Gründe und nicht auf Abbilder ab. Der Wechsel von Descartes Gewissheit von Aussagen ist dabei der normativen Regelbefolgung der Sprache nach Kant gewichen. Festlegung ist zusammengefasst die Möglichkeitsbedingung, am Diskurs teilzunehmen, indem man die Regelbefolgung des besagten Sprachspiels akzeptiert und Züge im jeweiligen Sprachspiel unternimmt. Es muss also für die Aussage und jene Inferenzen, die daraus erfolgen können, Verantwortung übernommen werden.[11] Dabei ist das Festlegen ein spekulatives Verfahren und entsprechend besteht im Diskurs die Möglichkeit, falsch zu liegen, oder etwas zu übersehen (Sommer in Hindrichs, 2017: 25). Dies führt nun zur Anerkennung.

Urteilen als Festlegung ist eine Form der Verkündung (Cavell, 2016: 89). Durch die Artikulation oder durch die ausgeführte Handlung wird die dazugehörige Implikation mitberechnet und entsprechend auch anerkannt. *Anerkennung* ist ein durchaus mehrdeutiger Begriff und enthält viele Bedeutungen (vgl. Ikäheimo, 2014, Ricoeur, 2022).

Aus dem Anerkennungsbegriff folgt hierfür dreierlei: Zum einen zeigt die Person an, dass das was sie behauptet, in einem gewissen Sinne auch für begründet oder zumindest für berechtigt erachtet (Lyotard, 2019: 73). Die Person legt sich auf die Aussage fest und stattet sie mit vorläufiger Gewissheit aus. Hier wird Anerkennung im Sinne einer Identifikation verstanden, in welchem Aussagen, Personen, Sachverhalte identifiziert werden.

Zum anderen wird durch die Aussprache und die Festlegung auch eine Stellung gegenüber der Öffentlichkeit bezogen. Das Urteil in der Aussprache wird nun Teil der Öffentlichkeit und kann dort wiederum bewertet und kritisiert werden (Martens in Meyer, 2016: 149). In diesem Wortsinn weist *Anerkennung* auf das Zugestehen und Akzeptieren hin, zumindest in dieser Richtung, dass die Kommunikation auf eine Art und Weise weitergehen wird (Nassehi, 2021: 193). Das Sprachspiel wird durch diese Aussage als möglicher Zug weitergeführt. Es wird eine evaluative, normative Einstellung eingenommen, die gegenüber der Öffentlichkeit behauptet werden muss.

Das Urteil entschlüpft durch die Veröffentlichung der eigenen persönlichen Kontrolle, ermöglicht jedoch zugleich die Teilnahme am öffentlichen Diskurs. Die Anerkennung gilt also nun nicht nur für die eigenen Aussagen, sondern immer auch für jene des Gegenübers.

Schliesslich bedeutet Anerkennung drittens, dass nicht nur die Äusserungen identifiziert und zugestanden werden, sondern dass dies auch für die Teilnehmenden des

---

11 Dies gilt sowohl für Aussagen als auch für Handlungen, die bspw. im Spiel des Gründe-Gebens-und-nach-Gründen-Verlangens besprochen werden (Steinfath in Meyer, 2016: 110).

Austausches gilt (Achenbach, 2023: 158).[12] *Anerkennung* impliziert, zu urteilen (unterscheidende Festlegung), wer am Diskurs teilnimmt sowie wie und ob die Aussage und die Teilnahme am Diskurs gerechtfertigt ist (Cavell, 2016: 131). Es geht also nicht nur um die Inhalte der Aussagen, sondern auch um den Status jener, welche diese vertreten. Dies ist keine Frage der Identifikation oder des Zugeständnisses mehr (epistemische Anerkennung), sondern eine Form der Anforderung oder Aufforderung, dem Gegenüber in entsprechender Weise zu begegnen (moralische Anerkennung). Wie die Begegnung im Diskurs genau aussieht, wird in Kapitel (3) noch genauer untersucht. Dabei spielt die Teilnahme eine wichtige Rolle, wofür der Begriff *Inbegriffenheit* im Anschluss vorgestellt werden soll. Durch ihn soll gezeigt werden, wie die Urteilskompetenz als Auftrag in Philosophical Care verstanden werden kann.

Zuvor soll noch darauf hingewiesen werden, dass die philosophische Urteilskompetenz, sprich das Unterscheiden, die Festlegung und Anerkennung auch in der Theoriebildung und der vorliegenden praxistheoretischen Grundlegung zur Anwendung kommen. Indem Unterscheidungen getroffen werden, kristallisieren sich Haltepunkte heraus, welche für weitere Inferenzen verwendet werden können. Ebenfalls wird anhand jener Festlegungen die Verantwortung übernommen und so im Diskurs der kritischen Prüfung dargeboten. Ähnlich wie die Einsicht wird folglich die Urteilskompetenz sowohl in der philosophischen Theoriebildung wie auch in Philosophical Care angewendet.

Inbegriffenheit

Philosophische Urteilskompetenz kann anhand des heideggerschen Begriffs der *Inbegriffenheit* (Heidegger, 2010: 13) für die Praxistheorie und Philosophical Care weiter konkretisiert werden. *Inbegriffen-Sein* bedeutet zum einen, dass man sich involviert sieht in der Begegnung mit anderen Menschen und in seinem Leben und zum anderen, dass dies in Form von personaler Kommunikation stattfindet (Faber & Van der Schoot, 1971: 24). Die Begegnung und der Austausch sind also wichtig und man ist als Person involviert. Man befindet sich aber nicht nur *inbegriffen* im Gespräch, sondern das Gespräch findet zum anderen auch *in Begriffen* statt. Der Austausch (vgl. Kapitel 3) besteht im Festlegen und Anerkennen der eigenen Aussagen.

Die Situation und die Erfahrung der kommunikativen Handlung wird mit der Inbegriffenheit thematisiert (Dietrich in Rohbeck, 2004: 86). Es zeigt sich so, wie die Urteilskompetenz zur Anwendung kommen sollte. Ohne den Term der *Inbegriffenheit* vollständig abzudecken, geht es darum, wichtige Akzente im Verständnis für die Urteilskompetenz zu beleuchten.

Die Inbegriffenheit kann und sollte über das distanzierte Urteilen hinausgehen und stets auch ins Handeln überleiten. Wenn ein Mensch involviert ist, trifft er Un-

---

12 Dieselbe Dreiteilung von Anerkennung nimmt auch Ricoeur vor. Er beschreibt die drei *Wege der Anerkennung* als Anerkennung der Identifikation, der Eigenanerkennung und jener der gegenseitigen Anerkennung (Ricoeur, 2022).

terscheidungen, legt sich fest und erkennt an, was einem wichtig ist und worüber, respektive worum es sich zu sorgen lohnt (Erler, 2006: 172). Er bringt hierfür unweigerlich den Mut zu diesem Schritt auf (Heller & Schuchter, 2018: 5). Mut, um die Dinge weiterzudenken, sie in die Öffentlichkeit zu übergeben. Diese Entscheidungen betreffen ihn in seiner Existenz sowie Selbstauffassung und erhalten durch dies ihr Gewicht.

Damit wird einerseits der Bezug zu sich selbst, als auch die Teilhabe am Diskurs gewährleistet. Der Mensch kann sich so die Fragen stellen und möglicherweise auch beantworten, was zu tun ist und wie dies bewertet werden kann. In dieser Hinsicht werden die Optionen und Alternativen artikuliert sowie sichtbar und unterscheidbar, wodurch ermöglicht wird, eine Stellung zu ihnen zu beziehen (Bieri, 2015: 70f, Frankfurt, 2021: 32). Man kann sich mit der Aussage oder dem Urteil identifizieren. Dies ist jedoch kein distanziertes Spiel mit Gedanken und Werten.

Das Involviertsein geht so verstanden mit einer gewissen Form der Verletzlichkeit einher und dem Mut, Stellung zu beziehen (Ahmed, 2018: 209). Nur so ist es möglich, überhaupt erst eine eigene Position finden zu können und sich dazu zu bekennen. Die philosophische Urteilskompetenz hilft, oder ermöglicht es, sich für einzelne Optionen zu entschliessen und diese als selbstgewählte anzuerkennen (Steinfath in Meyer, 2016: 110). Dabei geht es jedoch nicht nur um die eigene Position, sondern auch um die Positionen, die bei der Begegnung mit anderen Menschen hervorgebracht oder erfasst werden.

Man hört den anderen nicht nur unwillig zu, sondern ist mit dem Thema und dem Inhalt tatsächlich beschäftigt und lässt sich vom Gegenüber und der Thematik angehen. Die Urteilskompetenz geht über die je eigenen Festlegungen hinaus. Durch sie wird auch die Anteilnahme und der Bezug zum Gemeinsinn gefördert, indem jene anderen, weiteren Optionen anerkannt (jedoch nicht zwangsläufig akzeptiert) werden (Arendt, 1985: 89f, Bieri, 2015: 99).

Zusammengefasst lässt die Urteilskompetenz sich als Steuerfunktion erfahren, wie die Nähe und Distanz in einer Begegnung geordnet werden sollen, indem die eigene Position und jene der anderen identifiziert und zu einem gewissen Grad auch akzeptiert wird. Dies geschieht nur durch ein personales Involviertsein und den begrifflichen Austausch. Urteilen als mangelnde Kompetenz und ungenügende Inbegriffenheit kann sich in der Indifferenz zeigen.

Indifferenz

Wie kann nun die fehlende philosophische Urteilskompetenz zu einem Problem werden? Wird bspw. in Meditationspraktiken und skeptischen Philosophierichtungen nicht auch davon ausgegangen, dass das Zurückhalten von Urteilen erstrebenswert ist (Kabat-Zinn, 2020b: 74, Sommer, 2005: 19)? In der Tat wird der Enthaltungsbegriff *epoché* im Kapitel (3) aufgegriffen, er bezieht sich jedoch auf das erste, bewertende Urteilsverständnis, welches zu Beginn dieses Unterkapitels angeführt wurde. Es wird vermieden, Werturteile zu fällen. Dasselbe gilt auch für die meisten Meditationspraktiken.

Urteilen als philosophische Schlüsselkompetenz, so wie es im vorliegenden Unterkapitel verstanden wird, als Form des Unterscheidens sowie des Festlegens und Anerkennens kann jedoch in einer Begleitung von Menschen durch personale Kommunikation nicht vernachlässigt werden. Es stellt die Möglichkeitsbedingung dar, Aufträge, Bedürfnisse sowie Probleme identifizieren zu können, insofern Probleme vorhanden sind. Gelingt dies nicht, kann keine Care-Tätigkeit erfolgreich durchgeführt werden.

Ein solcher Mangel an Urteilskompetenz kann hier als *Indifferenz* bezeichnet werden. Ähnlich wie die Inbegriffenheit verweist die Indifferenz zugleich auf zwei Aspekte: Zum einen besteht die Indifferenz in der Unfähigkeit Unterschiede, sprich Differenzen ziehen zu können. Es fehlt an der Unterscheidungskraft, was wichtig ist und der damit einhergehenden Festlegung, mit welchen Punkten man sich identifizieren möchte (Fassin, 2017: 14, Jaeggi, 2019: 194). Es ist nicht klar, mit was man sich auseinandersetzen will, was zu einem selbst gehört etc. Dies löst im schlimmsten Fall Unklarheit und Orientierungslosigkeit aus. Dies erstreckt sich auch auf zeitlicher Ebene, wenn bspw. Entscheidungen übermässig hinausgezögert werden, oder schlimmstenfalls gar nicht zustande kommen.

Zum anderen geht die Indifferenz mit einer Gleichgültigkeit einher. Das bedeutet, dass die bisher bestehenden Bezüge interessenlos vertreten werden, dass sie durch dies unwirklich erscheinen und sich so eine grundlegende Langeweile breitmachen kann (Frankfurt, 2021: 61, Jaeggi, 2019: 188). Diese grundlegende Langeweile bezieht sich nicht auf äussere Umstände, sondern entpuppt sich als innere Abstumpfung oder Entfremdung zum eigenen Leben. Man versperrt sich nicht nur traurigen, beängstigenden und schmerzhaften Aspekten, sondern auch den glücklichen und hoffnungsvollen und sinnstiftenden Teilen. Die Indifferenz macht folglich das Leben bedeutungslos (Heidegger, 2010: 207). So ist auch keine Öffnung zum Gegenüber möglich. Man kann sich nicht von ihm angehen lassen. Indem die Urteilskompetenz gefördert wird, kann der Mensch sich wieder als mit sich selbst und der Welt verwickelt verstehen. Sein Leben gewinnt durch die Festlegung und Anerkennung eine Aktivität, um die er sich bemühen kann (Jaeggi, 2019: 229). Hierfür ist oft ein Perspektivenwechsel nötig, womit auf die dritte philosophische Kompetenz eingegangen werden soll.

2.2.3 Das Radikale Bedenken

Gleichursprünglich mit der Einsicht und dem Urteilen kann das *Radikale Bedenken* als dritte philosophische Kompetenz angesehen werden. Sie stellt, um es mit Arendt zu formulieren, ein *Denken ohne Geländer* dar (Arendt, 2023). In ihr wird die Philosophie weiter angetrieben und kommt nicht zu einem Halt und vermeintlichen Sicherheiten (Achenbach, 2023: 70). Diese dritte Schlüsselkompetenz soll hier in einem ersten Schritt konzeptionell umrissen werden. Anschliessend wird gezeigt, dass für Philosophical Care der Begriff der *Bildsamkeit* bedeutsam ist, um damit weitere Aspekte des Radikalen Bedenkens zu beleuchten. Zum Schluss zeigt sich, dass die Fantasielosigkeit als einen Mangel an Radikalem Bedenken angesehen werden kann und weshalb die Fantasielosigkeit folglich ein Problem innerhalb von Philosophical Care darstellt. Ein-

2.2. Philosophische Schlüsselkompetenzen

sicht, Urteilen und Radikales Bedenken schliessen sich so in einem Gesamtkonzept zusammen, wie der Philosophiebegriff für Philosophical Care verstanden werden kann.

Ein Bedenken das radikal sein soll, kann nicht als methodischer Kniff verstanden werden, oder als anstandsmässige Offenheit für Kritik. Dies würde den Zusatz des *Radikalen* nicht verdienen. *Radikales Bedenken* geht mit einer Kultivierung des Fragens einher, die über rein formales Zweifeln hinausgehen (Bittner in Meyer, 2016: 134). Dabei steht nicht das Problemlösen oder das endgültige Urteilen im Vordergrund, sondern der Versuch, die Situierung und den Sachverhalt möglichst exakt einzuschätzen und wenn nötig, neu zu überdenken. Der Wechsel der Perspektiven und die Möglichkeit, sich auf Kontingenz einzulassen, zeichnen das Radikale Bedenken aus. Die Orientierung liegt also vielmehr darin, das Problem bestmöglich erfassen zu können (Dietrich in Rohbeck, 2004: 68).

Radikales Bedenken ergänzt somit die Einsicht und das Urteilen, indem sie jene in eine Metakritik führen kann. Dabei schafft das Radikale Bedenken eine kreative Neuordnung, indem sie die heterogenen Beschreibungsvarianten als Möglichkeiten betrachtet und die Frage aufgeworfen werden kann, warum x so verstanden oder begriffen werden sollte (Jaspers, 2020: 86). Dies kann sich sowohl auf theoretische (epistemologische) als auch auf praktische (handlungsleitende) Einsichten und Urteile beziehen (Hofmann in Staude, 2010: 198, Sommer, 2005: 15). Und dies kann selbst nochmals kritisch hinterfragt und skeptisch betrachtet werden. Es kann also eine Skepsis des eigenen Zweifels, des eigenen Radikalen Bedenkens geben (Achenbach, 2023: 40). Damit steht der Transfer von Einsichten und Urteilen im Vordergrund. Die philosophische Kompetenz des Radikalen Bedenkens lässt sich konzeptionell in zwei Achsen aufteilen, welche sich gegenseitig ergänzen. Diese sollen hier *Perspektivität* und *Dynamik* (Rucker & Anhalt, 2017) genannt werden. Beide sollen kurz vorgestellt werden.

Perspektivität betrifft sowohl das Wissen darüber, wie die eigenen Einsichten in Zusammenhang zu ihrer Genealogie und ihren entsprechenden Hintergrundannahmen stehen, sowie über das nicht vollständige Erfassenkönnen des Untersuchungsgegenstandes oder Problemfeldes.

Zum einen geht es also darum, sich die Frage stellen zu können, woher man etwas weiss (Cavell, 2016: 120) und der Klarsicht darüber, was die impliziten Annahmen für eine Auswirkung auf die eigene Perspektive haben (Sommer, 2005: 13). Diese impliziten Annahmen müssen für diesen Prozess expliziert und entsprechend verbegrifflicht werden. Erst durch das Verbegrifflichen, was durch die Einsicht und das Urteilen ermöglicht wird, können die Annahmen neu bedacht werden (Brandom, 2016: 29). Hierfür werden Haltepunkte zu den markierenden Wegweisern (vgl. Kapitel 1). Dabei muss die Perspektivität nicht konsekutiv auf Einsicht und Urteilen folgen, sondern kann schon zu Beginn des Denkvorgangs vorhanden sein. Demzufolge können alle drei philosophischen Kompetenzen als gleichursprünglich betrachtet werden.

Zum anderen geht es bei der Perspektivität auch um das Wissen, dass jener Untersuchungsgegenstand oder jenes Problemfeld oft nie in seiner Ganzheit erfasst werden kann. Gewisse Untersuchungsgegenstände oder Problemfelder erweisen sich als komplex (vgl. Kapitel 1) und sollten entsprechend auch so behandelt werden. Auch wenn Urteile schon gefällt wurden und Einsichten gewonnen sind, dürfen diese Unternehmungen nicht von einer Sicherheit eines vermeintlichen Wissens darüber überspielt werden (Schmid, 1998: 200). Vielmehr wird in diesem Prozess des Erfassens oft nur eine Seite akzentuiert, die aufgrund der Hintergrundannahmen betrachtet werden kann. Diese kann sich sogar als verfälscht oder verfehlt entlarven.

Im Wissen um diese eigene Begrenztheit der Perspektive sollte durch das Radikale Bedenken schliesslich bewusstwerden, dass die Darstellung weder die Einzige noch die einzig richtige Darstellung des Untersuchungsgegenstandes oder Problemfeldes ist und auch andere Perspektiven dazu möglich sein können (Rorty, 2008: 220). Andere Perspektiven können so einen Anspruch auf Gültigkeit erheben, welche bspw. im Spiel des Gründe-Gebens-und-nach-Gründen-Verlangens ausgehandelt werden können.

Dies soll daher nicht Tür und Tor für einen willkürlichen Relativismus öffnen, in welchem alles Mögliche annehmbar ist. Vielmehr geht es darum, das eigene Denken flexibel zu halten und durch die Grenzen der eigenen Perspektiven die Achtsamkeit, die Inbegriffenheit und entsprechend auch das Verständnis gegenüber anderen Perspektiven zu fördern (Bieri, 2017: 35).

Dies führt nun auch zur Dynamik. Philosophisches Denken ist Bewegung und manchmal auch Widerstand (Achenbach, 2010: 181). Die Dynamik bezieht sich dabei sowohl auf die eigene Perspektive als auch auf die mögliche Veränderung des Untersuchungsgegenstandes oder des Problemfeldes. Dynamik verweist auf die Möglichkeit, dass etwas entsteht, bestehen bleibt und sich möglicherweise wieder auflösen kann. Folglich braucht es dafür die Bereitschaft, sich ebenfalls im Denken verändern zu lassen (Hadot, 1995: 91). Dem Festlegen und Anerkennen von Urteilen kann also nicht immer und nicht überall eine uneingeschränkte Gültigkeit zugesprochen werden. Vielmehr muss abgewogen werden, ob die eigenen Festlegungen im Hinblick auf andere Perspektiven oder auf die dynamische Veränderung des Untersuchungsgegenstandes beziehungsweise Problemfeldes nochmals neu bedacht und entsprechend erneut beurteilt werden müssen.[13]

Radikales Bedenken fordert daher auch die Fähigkeit, stets wieder neu beginnen zu können (Schmid, 2016: 43). Wie und wann eine Festlegung verworfen werden sollte, kann hier nicht im Voraus pauschal bestimmt werden. Es soll jedoch betont werden, dass diese keine endgültige Wirkkraft im Denken haben sollte. Wie in den nächsten Abschnitten dargestellt wird, spielt die Fantasie für das Radikale Bedenken eine zentrale Rolle. Um der Dynamik der eigenen Perspektive sowie des Untersuchungsgegenstandes und des Problemfeldes gerecht zu werden, kann das Radikale Bedenken dabei helfen, Elemente der Einsicht und des Urteilens neu und angemessen zusammenzusetzen (Adorno, 1997: 342, Graeber, 2012: 80f).

Zweifeln und Radikales Bedenken werden oft als negativ und unproduktiv konnotiert (Stölzel, 2012: 293). Insbesondere kann der ständig wiederkehrende oder fest-

---

13 Dies gilt selbstverständlich nicht für die Anerkennung des Gegenübers. Das Gegenüber sollte stets mit Achtung, Respekt und Wertschätzung empfangen werden. Vgl. hierzu ausführlicher Ikäheimo, 2014 und Kapitel (3)

steckende Zweifel zur *Verzweiflung* führen. In der Verzweiflung entfällt jedes Urteil und die Einsicht fehlt, wie man aus ihr entkommen könnte.[14] Das Radikale Bedenken sollte hier jedoch nicht als *Verzweiflung*, sondern als Kraftakt verstanden werden, der versucht, die eigenen Begrenztheiten und entsprechend auch die eigenen Möglichkeiten freizulegen (Schmid, 2016: 348). Folglich ist es eine Kompetenz, die nach Mass ausgeführt wird und keine zwanghafte Regel, methodische Anleitung oder emotive Blockade darstellt.

Ebenfalls geht es nicht einfach (immer) nur um schlichtes Problemlösen durch Kreativität, sondern das Radikale Bedenken kann sich auch auf die existenziale Ebene erstrecken, welche die gesamte Lebensführung umfasst (Lahav, 2017: 24). Das Bemühen um Radikales Bedenken findet sich in unterschiedlichen philosophischen Werken, wo versucht wird, alles nochmals neu zu denken (bspw. Husserl, 2012: 11). Anstatt sich der Scholastik zuzuwenden, wird versucht, die eigenen Erfahrungen und Gedanken sowie jene der anderen Philosophinnen und Philosophen radikal zu überdenken.

Das Radikale Bedenken wird, wie vielleicht schon offensichtlich wurde, auch als Element in der philosophischen Theoriebildung verwendet. Mit dem Verweis auf Haltepunkte und die Festlegung auf eine unter vielen möglichen Beschreibungsformen von Philosophical Care wird versucht, die Perspektivität der vorliegenden Arbeit zu erfassen. Ebenso wird die Dynamik durch den Verzicht auf einen Kanon und das problemorientierte, methodische Arbeiten der eigenen Perspektive und des Problemfeldes respektive des Untersuchungsgegenstandes in Rechnung gestellt. Indem die vorliegenden Thesen und Aussagen öffentlich zur Diskussion stehen, können sie entsprechend auch besprochen, begründet und kritisiert werden. So ist es möglich, sich ein Bild von sich und der Welt zu machen und möglichst zutreffend damit umzugehen (Schmid, 2022: 166). Für die Anwendung des Radikalen Bedenkens in Philosophical Care soll nun daher diese philosophische Kompetenz vom Begriff der *Bildsamkeit* her erneut betrachtet werden.

Bildsamkeit

Die *Bildsamkeit* ist nicht mit dem *Gebildetsein* gleichzusetzen. Ebenfalls kann sie nicht als passiver Zustand verstanden werden, die als anthropologische Prämisse dient. In der Bildsamkeit im Sinne von Philosophical Care kann das eigene, möglicherweise bisher implizite Wissen sowie das Nichtwissen in Bezug zu anderen Positionen und Alternativen artikuliert werden (Brandom, 2002: 325). Es wird expliziert und ermöglicht dadurch die Fähigkeit, in unterschiedlichen Diskursen und an diversen Tätigkeiten teilzunehmen. Man lebt in mehr Welten als nur in einer einzigen und in mehr Zeiten als nur im Heute (Achenbach, 2010: 106).

---

14 Über die Ätiologie, die Symptomatik und mögliche Auswege aus der Verzweiflung schreiben bspw. ausführlich Kierkegaard, 2017, Theunissen, 1993, sowie Wesche, 2013.

Entsprechend kann Bildsamkeit nicht als solipsistisches Unterfangen erfasst werden, sondern geschieht je schon im Umgang mit anderen Perspektiven sowie Selbst- und Weltverständnissen und dies aus eigener Selbsttätigkeit (Zehnpfennig, 2017: 79). Erst im Austausch kann sich jemand über die eigenen Ansichten, Wünsche, Vorstellungen etc. bewusstwerden. Radikales Bedenken zielt im Sinne von Philosophical Care also auf die Partizipationsfähigkeit ab (Rucker, 2018: 470). Wer an einem Diskurs teilnimmt, assimiliert sich nicht notwendigerweise. Einsicht, Urteilen und Radikales Bedenken bestärken die Person, die eigene Position im Diskurs zu äussern und diese im Austausch mit anderen Positionen zu entwickeln. Dass in diesem Austausch Dissens möglich und teilweise unvermeidbar ist, weist darauf hin, dass die Partizipation einem fortlaufenden Klärungsprozess entspricht (Brandom, 2016: 102).

Was ist also hier unter *Bildsamkeit* zu verstehen? Bildsam sein kann hier als Möglichkeit verstanden werden, sich ein *Bild* über das eigene Wissen, die eigenen Grenzen und das eigene Können zu machen, das sich in Bezug zu anderen Positionen setzen lässt. So formuliert es auch Rucker: »Bildung ist also jener Prozess, in dem ein Mensch in der Auseinandersetzung mit der Welt Regeln der Orientierung für sich selbst als massgeblich bestimmt und diesen Regeln in zukünftiger Tätigkeit an der Welt zu entsprechen versucht« (Rucker, 2014: 22). Während die Einsicht auf das Erkennen des Strukturganzen abzielt und das Urteilen auf das Festlegen, wird mit der Bildsamkeit versucht, dieses Unterfangen in Differenz zu anderen Positionen und Alternativen setzen zu können. Bildsamkeit ergänzt damit den Vorgang, sich seiner eigenen Position und dessen Verflechtungen und Verbindungen bewusst zu werden (Böhm, 2011: 140, Lindseth, 2014: 214). Das Lernen wird damit selbst thematisiert und überprüft und kann dadurch gefördert werden.

Das Bild wird dabei nicht nur als Bestandsaufnahme verstanden, sondern verhilft dazu, sich auf die Zukunft hin zu entwerfen (Heidegger, 2006: 146, Jung, 2012: 105). Der bildsame Mensch weiss also nicht nur von seinem Wissen und seinen Grenzen, sondern kann davon auch Gebrauch machen (Benner, 2015: 81, Schaber in Meyer, 2016: 140). Wer bildsam ist, ist daher veränder- und formbar und entsprechend in der Lage, sich bilden zu lassen und sich selbst bilden zu können. Wer bildsam ist, kann seine Position überdenken und wenn nötig neu strukturieren.

Es ist daher möglich, zwischen Detailkenntnissen und Ordnungsprinzipien in den eigenen Einsichten und Urteilen hin und her zu wechseln (Vattimo, 2018: 15f). Die Bildsamkeit bildet daher die Möglichkeitsbedingung zur Partizipation und wird von Einsicht und Urteilen mitbedingt. Diese Formbarkeit, die in der Bildsamkeit mitgedacht wird, ist hier konzeptuell leer gefasst und erhält absichtlich keine inhaltlichen Bestimmungen. Dies geschieht aus den folgenden drei Gründen: Erstens muss die *Bildsamkeit* und die damit einhergehende Formbarkeit in der Selbsttätigkeit bestehen, ansonsten kann nicht von einer Partizipation gesprochen werden (Zehnpfennig, 2017: 79f). Nur wer selbst den Aufwand betreibt, sich zu bilden und sich bilden zu lassen, vermag es auch, im Diskurs als eigenständige Position aufzutreten.

Zweitens beinhaltet die Selbsttätigkeit die Möglichkeit, Versuche durchzuführen, um so neue Einsichten und Urteile zu erlangen. Indem die eigene Position radikal neu bedacht wird, kann sie besser verstanden und den Umständen und Ansprüchen entsprechend erfasst werden (Brandom, 2002: 115). Dass hierbei Fehler auftreten können, bleibt stets eine Möglichkeit, was jedoch zum Prozess der Bildsamkeit gehört. Dies führt auch gleich zum nächsten Punkt.

Drittens bleibt die Bestimmung der Bildsamkeit leer, weil ein vorgegebenes Ziel der Bildsamkeit einen Abschluss des Bildungsprozesses suggerieren würde. Bildsamkeit hingegen kommt selbst nicht zum Abschluss (Benner, 2015: 81). Vielmehr kann sie als Verfeinerung weiterer Aspekte (von Einsicht) und Urteilen betrachtet werden (Achenbach, 2023: 111). Das Radikale Bedenken ist, wie schon erwähnt wurde, als eine grundlegende ermöglichende Kompetenz zu betrachten und nicht teleologisch in dem Sinne, dass sie den Menschen auf einen im Voraus festgelegten Bildungsstand erhebt (Achenbach, 2023: 112). Ein Mangel an der philosophischen Kompetenz des Radikalen Bedenkens und der damit einhergehenden Bildsamkeit besteht in der Fantasielosigkeit. Diese soll zum Abschluss kurz aufgegriffen werden.

Fantasielosigkeit

Der Mangel an Radikalem Bedenken soll hier *Fantasielosigkeit* genannt werden. Sie kann hier ex negativo zu den bisher gestellten Überlegungen des Radikalen Bedenkens definiert werden. Fantasieloses Denken ist starr und unbeweglich (Lindseth, 2014: 222). Die Vorstellung der eigenen Grenzen, die kreativen Assoziationen, die Möglichkeit, alles nochmals neu zu bedenken fällt in der Fantasielosigkeit weg. Ein Perspektivenwechsel zwischen unterschiedlichen Welt- und Selbstverständnissen von sich und anderen Menschen wird durch dies verhindert oder gar blockiert (Lahav, 2017: 12).

Durch Fantasie ist es möglich, Konzepte einzelner Inhalte oder Methoden auf andere zu übertragen. Diverse Blickpunkte, der Wechsel auf unterschiedliche Betrachtungsebenen und die Erfassung von bisher unbedachten Zusammenhängen ist ohne genügende Bildsamkeit kaum möglich. Es kann im Hinblick auf alternative Positionen ebenso nicht richtig artikuliert und bewertet werden (Benner, 2015: 79). Insofern das Radikale Bedenken und damit auch die Fantasie in Philosophical Care gefördert werden sollen, muss bedacht werden, dass Kreativität sowie die Genauigkeit von Einsicht und Urteilen sich die Waage halten sollen, ohne dass eine Seite (Stabilität/Kontingenz) durchgängig dominant wirksam ist (Bittner in Meyer, 2016: 137).

Wie dies in der Praxis aussehen soll, kann nicht im Voraus beantwortet werden. Es kann jedoch darauf hingewiesen werden, dass wohl eine Virtuosität (Höffe, 2014: 41), die sich zwischen Strenge und Fantasie hin und her bewegen kann, allen drei philosophischen Kompetenzen am ehesten gerecht wird. Der Philosophiebegriff als funktionale Setzung für die sorgende Tätigkeit ist daher nicht das sterile Anwenden einer Methode, sondern kann eher als eine Art des Kunstausübens verstanden werden und verlangt dementsprechend Virtuosität, wie bei einer musizierenden Person (Brandom, 2002: 90, Solomon, 2003: 69).[15]

---

15 Dies natürlich immer nur im Hinblick auf das Wohl und das Einverständnis der Klientel (vgl. Stimmer, 2020: 31).

Die drei gleichursprünglichen philosophischen Kompetenzen *Einsicht*, *Urteilen* und *Radikales Bedenken* bilden die Antwort auf die Frage, wie *Philosophie* in der vorliegenden Arbeit und in Philosophical Care verstanden werden soll. Indem alle drei Kompetenzen zugleich auch für die Theoriebildung angewendet wurden, zeigt sich ein erster Ansatzpunkt für die Selbstbegründungsmöglichkeit von Philosophical Care aus der Philosophie heraus. In einem ersten Ansatz wurde gezeigt, wie diese Kompetenzen innerhalb der Praxis zum Zuge kommen und zwar im erweiterten Sinne von Achtsamkeit, Inbegriffenheit und Bildsamkeit. Ebenfalls wurde in Kurzform darauf hingewiesen, worauf Philosophical Care eine Antwort bieten kann, da sie einem Mangel an solchen philosophischen Kompetenzen entgegenarbeitet. Dies stellt also ein Merkmal der philosophischen Sorge dar und es ist nun angebracht, sich folglich mit dem Sorgebegriff besonders im Hinblick auf die Konzeption der Seelsorge näher zu befassen.

2.3. Die Sorge um den Menschen als Seele

Die philosophischen Schlüsselkompetenzen fundieren in der Theoriebildung die axiologischen Prinzipien, mit welchen Philosophical Care auf die Professionalisierungsherausforderung und die Sorgeproblematik als gesteigertes Problembewusstsein reagieren kann (vgl. Kapitel 1). Die Sorgeproblematik bezieht sich auf die Sorge um den Menschen sowie seine Mit- und Umwelt. Bisher wurde die *sorgende Tätigkeit* schon mehrmals erwähnt. Folglich ist es sinnvoll, sich genauer mit dem Begriff der *Sorge* auseinanderzusetzen, um das Verständnis zu vertiefen sowie die Möglichkeit zu erarbeiten, Philosophical Care in ihrer Praxistheorie daran zu orientieren.

Wie schon beschrieben wurde, fällt Philosophical Care irgendwo und irgendwie zwischen Seelsorge und Philosophische Praxis (vgl. Kapitel 4). Dass Philosophical Care durchaus Parallelen und strukturelle Ähnlichkeiten mit der religiös-spirituellen Seelsorge aufweist, drängt auf die Frage hin, wie *Sorge* (um die Seele) genau verstanden werden kann. Dies gilt es zu klären.

Professionelle Seelsorgerinnen und Seelsorger, so schreibt Nauer, »*führen das Wort Seele sogar in ihrer Berufsbezeichnung. Von ihnen darf daher erwartet werden, dass sie sich über ihren Seelenbegriff im Klaren sind und Sorge dafür tragen, dass sich ihr Verständnis von Seele auch in ihrem Verständnis von Seelsorge niederschlägt*« (Nauer, 2014: 73; H.i.O.). Es wird sich durch diese Aufgabe einer Kenntlichmachung von Seelsorge im Anschluss auch zeigen, weshalb der Carebegriff und nicht der Seelsorgebegriff für Philosophical Care geeigneter scheint. Zuvor muss der Seelsorgebegriff jedoch in seinen verschiedenen Facetten betrachtet werden.

Wenn man sich nun also der Frage zuwendet, wie der Begriff *Sorge* im Sinne der Seelsorge verstanden werden kann, so zeigt sich mit Blick auf die europäische, christliche Geschichte, dass die Begriffe *Seele*, *Sorge* und entsprechend auch *Seelsorge* zu unterschiedlichen Zeiten und in unterschiedlichen Strömungen sowie Denktraditionen anders aufgefasst wurden (Wulf in Jüttemann et al., 2000: 5).

2.3. Die Sorge um den Menschen als Seele

Ähnlich wie beim Philosophiebegriff stösst man folglich auch auf Probleme, wenn man den Sorgebegriff im Verständnis der *Seelsorge* definieren möchte, dies sowohl in der Intension als auch in der Extension. Zum einen gehört das Sich-umeinander-Kümmern und das entsprechende Hilfe-Benötigen zum alltäglichen menschlichen Miteinandersein dazu, wodurch die Spezifikation einer Seelsorge erschwert wird (Ziemer, 2015: 16). Wodurch zeichnet sich die Seelsorge gegenüber anderen sorgenden Tätigkeiten aus? Was ist die Eigentümlichkeit von Seelsorge?

Zum anderen wäre es vorschnell, ein spezifisches Wesensmerkmal zu proklamieren, welches zeitübergreifend stabil bleibt und sich als Proprium der Seelsorge ausweisen liesse. Unterschiedliche Zeiten erzeugen andere Bedürfnisse der Menschen und folglich bedarf es auch anderer Verständnisse von Begriffen (Rorty, 2008: 73). Gibt es also ein zeitübergreifendes Proprium bei der Sorge um die Seele? Und was soll das genau bedeuten, wenn man sich um die Seele sorgt?

In der gleichen Manier wie der Philosophiebegriff untersucht wurde, kann auch bei der Seelsorgebestimmung eine funktionale Fragestellung leitend sein. Man kann sich fragen, zu welchem Problem die Seelsorge eine Antwort darstellen kann (Emlein, 2017: 26). Anhand dieser Fragestellung wird mit einzelnen historischen Gesichtspunkten untersucht, wie die Begriffe *Seele*, *Sorge* und *Seelsorge* verstanden werden können. Dies verhilft dazu, einen knappen Überblick über die gewaltige Menge an Konzeptionen und Verstehensmöglichkeiten zu gewinnen. Diese Schlaglichter sind jedoch nicht als abschliessende Antwort auf die funktionale Fragestellung für Philosophical Care zu verstehen, sondern leiten in die Überlegungen des nächsten Unterkapitels über, bei welchem das Phänomen *Care* als Antwort auf die funktionale Frage der Sorgeproblematik dienen soll.

In dieser Darstellung der Seelsorge geht es nicht darum, alle unterschiedlichen Positionen im Verlauf ihrer historischen Entwicklungen nachzuzeichnen. Ein solches Unterfangen scheint im Rahmen der vorliegenden Untersuchung nicht machbar und würde den einzelnen Autorinnen und Autoren nicht gerecht werden können. Es geht im vorliegenden Unterkapitel darum, gewisse Haltepunkte für das Verständnis des Seelsorgebegriffes herauszufiltern, mit welchen auf die funktionale Fragestellung geantwortet werden soll. Dass dabei Verkürzungen auftreten und Schwerpunkte gesetzt werden, ist unvermeidbar. Eine Eingrenzung besteht allein schon darin, dass hier primär auf philosophische und christlich-theologische Schriften aus Europa eingegangen wird.[16]

Zudem wird darauf verzichtet, eine Stellung gegenüber den unterschiedlichen, sich teils widersprechenden Positionen von Seelsorge zu beziehen. Anhand der Auslese wird jedoch schon ein Weg vorgezeichnet, wie und wozu der Seelsorgebegriff untersucht werden kann. In einem ersten Schritt wird die *Seele* als Konzept untersucht, da sie wesentlich zum Begriffsverständnis beiträgt und sich dadurch von anderen Sorgeformen unterscheidet. Die Sorge um die Seele beinhaltet folglich eine gewisse Ausrichtung sorgender Tätigkeiten. Anschliessend werden einige Verständnisarten

---

16 Es wäre bspw. durchaus interessant, *atman* und *brahman* in den Upanischaden und anderen hinduistischen Schriften zu untersuchen (vgl. Eliade, 2016).

des Sorgens dargestellt. Dies kulminiert in der Verbindung der beiden Begriffe und es soll dargestellt werden, wie sich die Konzeption der *Seelsorge* in unterschiedlichen Weisen entwickelt hat.

Die Seele

Sich die Frage zu stellen, was die Seele ist, scheint eine komplexe Fragestellung zu sein (Heine in Noth et al., 2017: 11). Das bedeutet, es gibt unterschiedliche Antworten und keine davon kann alle möglichen Verständnisarten abdecken (vgl. Kapitel 1). Erblickt man die Seele in ihrem ideengeschichtlichen Entwicklungsprozess, scheint es, dass sie in ihren Zusammenhängen die Komplexität sogar noch potenziert. Dass dem Menschen mehr zugesprochen wird als nur sein Körper und sein Bewusstsein, findet sich schon in frühesten kulturellen Artefakten wie Höhlenmalereien und Grabbeigaben (bspw. Jackson & Piette, 2017, Pauen, 2016). Und auch in ganz frühen schriftlichen Zeugnissen wie bspw. der ägyptischen Totenliteratur[17] sind Vorstellungen von der menschlichen Seele zu finden.

Es ist daher nur möglich, diverse einzelne Aspekte nacheinander zu beleuchten und sie in ein mögliches Analysesystem einzubetten. Dass dabei Widersprüche zwischen den unterschiedlichen Verständnisarten auftreten können, überrascht daher auch nicht (Heine in Noth et al., 2017: 15). So scheint es angebracht, anhand der unterschiedlichen Verständnisarten Haltepunkte auszudifferenzieren, welche für das anschliessende Verständnis des Seelsorgebegriffes nützlich sein können.

Als erster Schritt wird in der vorliegenden Untersuchung die *Seele* als kulturelles Konzept einer Entität verstanden, welches geschichtliche Veränderungen durchgemacht hat und daher sich in unterschiedliche Verständnisarten aufgliedert (Ziemer, 2015: 51). Die erste Differenz welche zu diesem einleitenden Haltepunkt gezogen werden kann, besteht in der Unterscheidung zwischen der sogenannten *Freiseele* und der *Egoseele* (Bleibtreu-Ehrenberg in Jüttemann et al., 2000: 75).

Das Konzept der *Freiseele* findet sich beispielsweise im antiken Griechenland und beschreibt die Seele als Substanz oder als Funktion des Lebens, während die *Egoseele* aus der jüdisch-christlichen Tradition stammt und auf die Individualität des einzelnen Menschen hinweist (Mensching in Jüttemann et al., 2000: 219). Diese beiden Verständnisarten lassen sich folglich in weitere Konzeptionen unterteilen und schliessen sich gegenseitig nicht notwendigerweise aus. Auch wenn ihr Ursprung auf unterschiedliche Ideen zurückverfolgt werden kann, wurde im Christentum grosser geistiger Aufwand betrieben, beide Konzepte miteinander zu vereinen (Achenbach, 2010: 306, Schmid, 2016: 166). Ein besonders wichtiger Schritt für eine solche Einung ging von Plotin aus, der versucht, die unterschiedlichen Strömungen von griechischer Philosophie mit christlicher Theologie und Mystik zu verbinden (Plotin, 1990). Das je Unterschiedliche lässt sich nach ihm auf das einende Ursprüngliche zurück-

---

17 Hier bei Assmann & Kucharek, 2008.

2.3. Die Sorge um den Menschen als Seele

führen, so auch die beiden unterschiedlichen Seelenvorstellungen. Beide Konzepte sollen nun kurz betrachtet werden.

Die Freiseele kann im platonischen Sinne als Substanz betrachtet werden, die sich vom körperlichen Leib unterscheidet (Nauer, 2014: 57).[18] Diese Auffassung hat sich lange durchgesetzt, da sie sich beinahe problemlos und trotz einiger Reduktionen in die christliche Auffassung der *Egoseele* integrieren liess.

Seele, manchmal – jedoch nicht immer – auch synonym mit *Geist* sind daher etwas anderes als die Entitäten der physischen Welt, in welcher sich der menschliche Körper aufhält. Nur die physische Welt untersteht den kausalen Kräften von Raum und Zeit. Eine geistige Substanz und damit auch die menschliche Seele sind nach dieser Auffassung unsterblich und daher unvergänglich (Emlein, 2017: 293, Wild, 2016: 244). Nach dem Ableben des irdischen Körpers verlässt die Seele diese sterbliche Hülle und kehrt zurück in die Totenwelt oder je nach religiöser Auffassung in den Himmel. Dort liegt auch der ursprüngliche Wohnort der Seele, da die Präsenz in der physischen Welt nur eine Zwischenstation darstellt, auch wenn diese Zwischenstation überaus bedeutsam ist (Helmig, 2014: 115). Daher wird dieses Konzept auch *Freiseele* genannt, da der Fokus auf die Bewegung und auf die Reise der Seele gerichtet wird.

Nun drängt sich jedoch die Frage auf, was genau die Substanz ausmacht, die als Seele verstanden wird. Was ist das Zugrundeliegende und Substanzhafte? Ob die Substanz einheitlich gedacht wird oder sich in unterschiedliche Teile wie Vernunft und Affekt etc. aufgliedern lässt, war Anlass für unterschiedliche philosophisch-theologische und später auch psychologische Diskurse.

Eine mögliche Antwort darauf bietet das platonische Verständnis, dass die Seele als Substanz die Summe aller Meinungen bildet (Hampe, 2014: 93). Sie selbst wird vom Geist gesteuert. Diese Meinungen werden entweder angeeignet oder sind schon seit jeher in der Seele vorhanden und sie muss sich dieser nur erneut erinnern. »Für den einzelnen (erwachsenen) Menschen besteht nun das Problem die einzelnen Seelenteile während seiner Reifung durch Erziehung in eine angemessene Ordnung zu überführen« (Helmig, 2014: 115). Unabhängig davon, woher das Wissen stammt, hält sie, salopp formuliert, das menschliche Leben im Gang, was auch zur funktionalen Verständnisart der *Freiseele* führt. Im aristotelischen Sinne als Antwort auf die platonische Konzeption kann die *Seele* auch als Energie verstanden werden, die dem Körper das Leben einhaucht (Deleuze & Guattari, 2018: 252). Sie bildet dadurch die körperliche Lebenskraft und den Fluss der Affekte und Gedanken. »Das, was man Seele nennt, kann daher nirgendwo im Menschen lokalisiert werden, sondern durchformt als eine Art Lebensprinzip den gesamten Körper, wodurch dieser zu einem beseelten Leib wird« (Nauer, 2014: 62).

Interessanterweise wird in dieser aristotelischen Auffassung die Seele der Naturwissenschaft zugeordnet. So kann die *Seele* (oder zumindest besagte Teile) als System verstanden werden, welches die Affekte als Funktionen beherbergt (Jantzen, 2020: 18). Zugleich muss darauf hingewiesen werden, dass diese lebhafte, belebende Energie nicht formlos aufgefasst werden kann, sondern im Sinne der *Entelechie* stets

---

18 Ausführlich hierzu vgl. Müller, 2011 und Zehnpfennig, 2017.

schon einem bestimmten Ziel oder Zweck unterworfen ist (Helmig, 2014: 120). Seele kann daher in diesem Sinne auch mit *Form* (gr. *hylé*) selbst übersetzt werden.

Oft wurde später in neoaristotelischer Konzeption Gott als Ursache dafür betrachtet, wie die Seele den Körper belebt. Sowohl bei Platon als auch bei Aristoteles lässt sich die Vernunft als Primat der Seelenteile identifizieren, welche das Überleben unter das Leben als Übernahme der menschlichen Verantwortung stellt (Helmig, 2014: 121).

Eine solche Auffassung liess sich nun auch ausweiten auf die holistische Verständnisart, dass die *Seele* das Leben selbst darstellt (Gadamer, 2018: 185). Daher fällt die Seele unter den Bereich, welcher das Organische vom Anorganischen trennt. In und durch sie findet das Leben statt. Nur einige höhere Teile der Seele werden von Aristoteles als innerliches, psychologisches Phänomen verstanden. Sie bildet folglich das, was den Menschen existieren lässt und ihm dadurch seine Individualität verleiht, da jedes Leben einzigartig ist. Daher kann diese Konzeption der *Seele* auch nicht als Besitz aufgefasst werden – also als etwas, das man hat – sondern als Moment/Aktivität (gr. *entelechie*) des Lebens selbst (Höffe, 2014: 140). Diese Verständnisart bildete historisch einen Anknüpfungspunkt an die Konzeption der *Egoseele*.

Der Mensch erhält seine Individualität nach der jüdisch-christlichen Tradition durch den Ausdruck seiner je eigenen Seele, womit der Begriff *Egoseele* jene Konzeptionen hierzu zusammenfasst (Wild, 2021: 20). Entsprechend ist es nicht der Mensch, der eine Seele *hat*, sondern er zeichnet sich als Seelenlebewesen aus und *ist* damit unweigerlich Seele. Der Mensch als Seele versteht sich daher als unmittelbare Schöpfung des abrahamitischen Gottes. »Wenn wir aus der biblischen Theorie heraus auf den Menschen schauen, dann schauen wir auf den Menschen als *Geschöpf*, sehen ihn in der grundsätzlichen Konstellation als Mensch coram deo« (Noth & Wagner, 2017: 77; H.i.O.). Die Seele enthält einen Teil des göttlichen Atems (oder Worts) oder ist mit diesem metonymisch gleichzusetzen (Wagner, 2017: 61f). Hierbei wird der hebräische Begriff *naefaesch* gegenüber *ruach* (und *neschamah*, *chayah* und *yechidah*) differenziert und kann nicht ohne Weiteres mit *Seele* übersetzt werden. Noth und Wagner ergänzen: »Tatsächlich sind ja die biblischen Vorstellungen der Anfangsgrund für den Umgang mit der Seele in der gesamten nachfolgenden Glaubens-, Rezeptions- und Auslegungsgeschichte« (Noth & Wild, 2023: 76).

Die menschliche *Seele* wird nach dieser Verständnisart daher nicht (nur) als Summe der Gedanken und Meinungen oder als Lebensprinzip verstanden, sondern als das je eigene Wesen eines Menschen, das ihn von anderen Menschen unterscheidet. Eine solche Reduktion ist im jüdischen Denken nicht sachgemäss. Der Mensch findet sich immer schon in einer Spannung von Bedingung und Möglichkeit gefangen, wodurch seine Tätigkeit und die Wirkung seines Umfeldes auf ihn (auch die Erschaffung durch Gott eingerechnet), den Menschen zum je einzelnen, einmaligen Wesen werden lassen (Depner, 2020: 434, Roser, 2017: 316). Noth und Wagner fassen dies wie folgt zusammen: »Der Mensch kann nach dem Alten Testament als Ganzes unter dem jeweiligen Aspekt gesehen werden, den ein anthropologisches Wort oder ein Körperteil zum Ausdruck bringt« (Noth & Wagner, 2023: 81).

So verstanden, geht es weniger um ontologische Setzungen, die anhand philosophischer-wissenschaftlicher Zugänge überprüft und erklärt werden können, sondern weitaus mehr um eine Erzähl- und Erklärungsfunktion der Überlieferung (Helmig, 2014: 129). Eine solche Vorstellung wurde primär im jüdisch-christlichen Verständnis durch die Heiligen Schriften und die jeweiligen Exegesen propagiert.

Diese Konzeption der Vereinigung von *Freiseele* und *Egoseele* wird für die vorliegende Untersuchung besser verständlich, wenn die Seele mit dem moderneren Verständnis des *Bewusstseins* verglichen wird (Hampe, 2020: 174). Damit wird Folgendes impliziert: Versteht man das Bewusstsein als Zentrum des Erlebens, kann daraus eine Individualität abgeleitet werden (Pauen, 2016: 135). Dieses Zentrum zeichnet sich durch Bezugsfähigkeit (*Intentionalität*, Husserl, 2012: 68), Reflexivität (*Selbstbezug*, Kierkegaard, 2017: 31) und Perspektivität (*Jemeinigkeit*, Mugerauer, 2015: 32) wesentlich aus (Hampe, 2014: 103). Der Mensch kann zwar auf unterschiedliche Reize von der Umwelt reagieren und so auch handelnd in die Welt eingreifen, aber das Bewusstsein zeichnet sich stets durch die zugehörige Verortung aus (Rosa, 2018: 61). Das Bewusstsein ist daher als eine Entität zu betrachten, welche eine Grenze zur Welt konzipiert und zugleich konstituiert.

So kommt es bspw., dass davon ausgegangen wird, dass Beschreibungen von Leidzuständen sich in ihrer Perspektivität radikal unterscheiden, wenn man die Beschreibung eines leidenden Menschen gegen eine Beschreibung von einer Drittperson, die also von *aussen* kommt, abzuwägen versucht. Das Bewusstsein verfügt anscheinend über einen anderen, unmittelbareren Zugang zu *inneren* Zuständen, welche es auszeichnen (Kühn, 2023: 27). Da die Erfahrungen und Erlebnisse nicht unmittelbar geteilt werden können, wurden und werden sie oft als individuell betrachtet. Daher entspricht das Bewusstsein dem je einzelnen Standpunkt, von welchem aus auf jene Erlebnisse geblickt wird und welchem die Erfahrungen zustossen. Insofern lässt sich aus dem Bewusstsein ein Ego bilden, das über sich und sein Leben eine Geschichte erzählen kann (Hampe, 2020: 204). Da der Mensch nach der Egoseele die Seele selbst ist, scheint es fraglich, wie Seele mit Bewusstsein zusammenhängen kann. Ein möglicher Vorschlag lautet: Die Seele bildet jene Konstante, welche für das Ego und seine Geschichte zuständig ist.

Sowohl gegen das Konzept der *Freiseele* als auch gegen jenes der *Egoseele* wurde im Verlauf der Geschichte Kritik hervorgebracht. Ein wesentlicher Kritikpunkt bestand in der abnehmenden Erklärungsfunktion, da die Freiseele von den Errungenschaften der Biologie, Neurologie etc. (Sonntag in Jüttemann et al., 2000: 295) und die Egoseele von den Erkenntnissen der Psychologie (Bruder in Jüttemann et al., 2000: 324) mehr und mehr abgelöst wurden. Immer weitere Aspekte konnten ohne den Rückgriff auf das Seelenkonzept erklärt werden. Welche Funktion kann der Begriff der *Seele* also noch übernehmen? Ist der Begriff heutzutage überflüssig?

Es lohnt sich hier, den Seelenbegriff auf andere funktionale Aspekte hin zu beleuchten. Der Seelenbegriff kann nämlich als Metapher dienen, der dabei hilft, menschliche Phänomene besser zu verstehen oder mit ihnen umzugehen (Wild, 2021: 25).

Sobald der Seelenbegriff als Metapher verstanden wird, übernimmt die Seele eine relevante Sprachfunktion (Hampe, 2020: 166). Die Annahme, dass es etwas gibt, sei es nun die Seele, das Bewusstsein oder der Geist, welches den Menschen antreibt oder seine Individualität bezeichnet, hilft dabei, eigene Handlungen und jene der anderen zu verstehen sowie die entsprechenden Begriffe richtig zuordnen zu können.

So lässt sich der Seelenbegriff auch normativ aufladen. Die Seele kann dafür verantwortlich gemacht werden, ob man sich für Gutes oder Schlechtes entscheidet (Fromm, 2022: 14). Es ist daher möglich, sich über innere, seelische, kognitive o. ä. Zustände zu äussern und die Bedingung zu erschaffen, von anderen verstanden und gleichzeitig auch bewertet zu werden (Fleming in Von Savigny, 2011: 199).

Ebenfalls kann der Seelenbegriff auch andere Funktionen übernehmen. Die Seele kann beispielsweise die Erklärungsfunktion erfüllen, die davon ausgeht, der Mensch sei mehr als das, was der Naturwissenschaft und der Technologie zugänglich ist (Horkheimer, 1974: 277). Die Seele, also ein spezifischer Teil oder Aspekt des Menschen entzieht sich nach dieser Position dem Zugriff der wissenschaftlichen Sprache und den empirischen Methoden (Gehlen, 2007: 64f, Heine in Noth et al., 2017: 12). Diese Konzeption ist ein Aufbäumen gegen den vollständigen Zugriff der empirischen Wissenschaft auf den Menschen. Hier wird dem sich ausweitenden Reduktionismus die Stirn geboten. Somit wird die Selbstbeschreibung des Menschen diskursiv geordnet, indem der wissenschaftlich-empirischen Beschreibung eine Grenze gezogen wird. Oft wird für diesen nicht-empirischen Teil des Menschseins auch der modernere Begriff der *Spiritualität* (Taylor, 2018: 508) verwendet.

Eine andere Verständnisart der *Seele* besteht in der Trostfunktion (Hampe, 2020: 159, Reiter in Jüttemann et al., 2000: 198). Die Annahme einer unsterblichen Seele sowie postmortale Gerechtigkeitsvorstellungen können Hinterbliebenen Trost spenden. Der Gedanke daran, dass eine verstorbene Person in einer anderen Form weiterexistiert und möglicherweise für ihr Leiden oder für die Übeltaten Gerechtigkeit bzw. Strafe erfährt, kann für einige Menschen im Umgang mit dem Tod hilfreich sein.

Unabhängig davon, welche Verständnisart zu einer bestimmten Zeit vorherrschend oder richtungsleitend war, lässt sich feststellen, dass die Sorge um die Seele für den Menschen seit jeher als erstrebenswert betrachtet wurde (Gadamer, 2018: 182). Wenn die Seele als unsterbliche Entität angesehen wird, so bedarf sie der Sorge, da ihr ein wesentlicher Wert zugesprochen wird und ihr Heil entsprechend relevant wird für den Menschen.

Ist sie hingegen nur ein ephemeres Phänomen im Sinne der Lebenskraft oder Individualität eines Menschen, so ist diese prekär und kann in der begrenzten Zeitspanne qualitativ gut oder schlecht ausfallen (Whitehead, 2018: 349f), womit es sich auch in diesem Fall lohnt, sich um eine vergängliche Seele zu kümmern.

Ob die Seele nun vergänglich ist oder nicht, sie wurde in beiden Fällen auf den (irdischen) Tod und anderes Leid vorbereitet (Hadot, 1995: 87, Schmid, 1998: 393). Eine Möglichkeit dafür besteht beispielsweise in der Durchführung von Übungen und Exerzitien, wie sie ausführlich bei Ignatius von Loyola (2016) in der frühen Neuzeit dargestellt sind. Viele Übungen die sich auf das Heil der Seele richten, weisen einen philosophischen Charakter auf (Horn, 2014, 43), so wie die Philosophie hier dargestellt wird (vgl. Kapitel 2.1). Eine gelungene Lebensführung, moralische Tüchtigkeit, Gebete und psychische Gesundheit wurden und werden oft als Ziele einer solchen Sorge um die Seele deklariert. Die Sorge um die Seele nimmt demzufolge eine spezifische Form an und unterscheidet sich von den gewöhnlichen Sorgeformen gegenüber sich und den Mitmenschen (Taylor, 2018: 44). Es soll nun ein kurzer Abriss über die unterschiedlichen theoretischen Konzeptionen des *Sorgens* folgen.

Die Sorge

Der Ursprung einer Sorge um die Seele ist vielerorts auffindbar, weshalb keine einzelne Quelle als alleingültige Stossrichtung aufgefasst werden kann (Schmid, 1998: 86). Ebenfalls kann die geistesgeschichtliche Entwicklung eines Begriffes über mehrere tausend Jahre hinweg nur in sehr vereinfachter und grober Form dargestellt werden.[19]

Bei der vorliegenden Darstellung geht es also nicht um eine Abhandlung, welche einen Kanon begründen soll, indem ein Traditionszusammenhang nachgewiesen wird. Vielmehr soll hingewiesen werden, dass das Phänomen der Sorge um die Seele an unterschiedlichen Punkten in der Geschichte in diversen Formen immer wieder aufgetaucht ist (Heller & Schucheer, 2018: 6). So sind etwa schon in vorsokratischen Schriften aber auch bspw. im Buch Kohelet unterschiedliche Ansätze zu finden. Die Sorge um die Seele übte daher einen weitreichenden Einfluss für philosophisch und religiös interessierte Personen aus.

Wie schon erwähnt wurde, gehört das Sorgen um sich und um die Mitmenschen zu alltäglichen Bemühungen.[20] Die Sorge um die Seele als spezifische Form der Sorge lässt sich jedoch in einigen philosophischen Schriften finden, welche später vom Christentum adaptiert und in gewisser Weise übernommen wurden (Foucault, 2019: 55). Auf diese Übernahme wird gleich noch weiter eingegangen, zuerst soll jedoch die griechische und römische Philosophie zur Sorge beleuchtet werden.

So finden sich beispielsweise schon in den philosophischen Texten bei Gorgias, Thales oder Pythagoras Abhandlungen über die gelungene Lebenskunst, welche das Leben der damaligen Personen prägten (Schmid, 1998: 28). Ebenfalls wurden Überlegungen angestellt, wie die Seele beschaffen sei, wie sie mit der Welt in Verbindung steht und wie sie bspw. durch die Rhetorik beeinflusst werden kann.

Systematisch ausgearbeitet und zentral für die eigene Philosophiekonzeption wurde die Sorge um die Seele jedoch erst bei Sokrates. Dies, so Bonhoeffer, wird in der Apologie von Platon deutlich bemerkbar (Bonhoeffer, 1989: 285f). Entsprechend wurde die Philosophie als mehr als nur eine Disziplin oder eine müssige Beschäftigung angesehen, sondern sie wurde als Lebensführung aufgefasst, die weitaus mehr als nur geistige Übungen beinhaltete. So notiert Krauss: »Es geht dabei um grundsätzliches Hinterfragen von bislang wenig hinterfragten, also ungeprüften Annahmen. Es gibt einen klaren Vorrang von Selbstsorge und Selbsterkenntnis sowie der eigenen Vervollkommnung der sittlich-charakterlichen Verfassung vor allem Streben nach Ruhm oder Reichtum« (Krauss, 2022: 39). Dieses Verständnis rückte die Philosophie in die Nähe der damaligen Konzeption von Medizin, da es bei der Philosophie um die Gesundheit und Führung der Seele ging, so wie sich die Medizin auch mit der Gesundheit und der Ertüchtigung des Körpers befasste. Dabei ging es nicht nur dar-

---

19 Vgl. ausführlicher Achenbach, 2010, Fellmann, 2009, Hadot, 1995, Nauer, 2001, Schmid, 1998, 2016, Ziemer, 2015
20 Die Sorge darf hier nicht zwangsläufig mit dem Konzept von *Eros* oder *Liebe* gleichgesetzt werden (Ahmed, 2018: 307).

um, Körper und Seele gegen die Unbill des Lebens abzuhärten, sondern sich selbst zu kultivieren (Schuchter, 2016: 140).

Medizin und Philosophie sind in diesem Paradigma aber noch nicht klar voneinander geschieden. Die Kraft der Worte und der Vernunft haben nach diesem Verständnis eine ähnliche Wirkung wie Medikamente und Diäten. Sie bildete eine *medicina mentis* (Achenbach, 2023: 21). Falsche Vorstellungen und Meinungen würden die geglückte Lebensführung verhindern und der Seele schaden, weshalb diese mit *philosophischer Medizin* geheilt werden mussten (Fellmann, 2009: 45). Nur so sei die Glückseligkeit (gr. *eudaimonia*) als gelungene Lebensführung erreichbar. Sie galt als das höchste Gut für einen selbst und war ebenso für die Mitmenschen zu erstreben (Boethius, 2017: 57f, Poltrum, 2016: 12). Entsprechend fanden sich in den Lehren des Sokrates und den darauffolgenden Strömungen verschiedene Interpretationsformen, wie diese Glückseligkeit durch Seelsorge zu erreichen sei.

Nicht zu vernachlässigen ist hier die Nikomachische Ethik (2013) des Aristoteles. Hierbei wird besonders die Unterscheidung, oder besser gesagt, die Unterteilung von *sophia* und *phronesis* im Menschen und die daraus abgeleiteten Konsequenzen für die Lebensführung hervorgehoben (Höffe, 2018: 12). Wichtig ist jedoch, dass es bei Aristoteles zu einer genauen Argumentation und Ausdifferenzierung der Glücksvorstellung (*eudaimonia*) kommt, welche das Ziel der Lebensführung werden soll.

Weitere Stationen bilden die Stoa und die Schule des Epikur, wenn die Sorge um die Seele historisch erfasst werden soll (Erler, 2006: 212f). In Anlehnung an Platon errichteten beide Strömungen philosophische Schulen, in welchen Menschen anhand von Übungen sich um ihre Seele kümmern konnten (Foucault, 2019: 73). In dieser philosophischen Schule lebten die Menschen gemeinsam unter Gleichgesinnten und versuchten, die jeweilige Konzeption von *eudaimonia* zu kultivieren. Die Sorge von der Seele nimmt dabei eine relevantere Stellung gegenüber der Sorge um den Körper ein, auch wenn dieser nicht vernachlässigt werden darf. Bei der Stoa und den Epikureern sind zwei Entwicklungen im Begriffsverständnis hervorzuheben:

Erstens wird in dieser Strömung von Stoa und Epikureismus die Sorge um sich selbst in den Fokus gerückt, während bei Sokrates die Sorge um die Seelen der Anderen im Vordergrund lag (Schmid, 2016: 164). Dies liegt unter anderen Gründen daran, dass viele der philosophischen Übungen alleine durchgeführt werden können, da deren Ziel auf die je eigene Besonnenheit hinstrebt und nicht auf die Seelenführung anderer durch die dialogische Gesprächsführung wie bei Sokrates. Zudem lässt sich auch feststellen, dass die Philosophie damals allgemein verstärkt auf die Einzelperson und nicht auf die Gemeinschaft hin konzipiert wurde (Foucault, 2019: 56).

Zweitens liefern die Stoa und die Epikureer mit ihrer Philosophie der Lebensführung als methodisierte Technik die konzeptionelle Grundlage, so dass das philosophische Gedankengut, welches sich um die Sorge der Seele kreist, in das Christentum integriert werden konnte.

Sowohl die Seelenvorstellungen als auch die privaten Übungen um sich selbst konnten für die Agenda christlicher Denker adaptiert werden, so wie man sie bspw. bei Augustinus in seinen Bekenntnissen (2008) findet. Problematisch war jedoch zu dieser Zeit, dass das Christentum keine alternative Methodik zur Erreichung von Seligkeit (*eudaimonia*) zulassen konnte. Die Christianisierung der Sorge um die Seele

2.3. Die Sorge um den Menschen als Seele

hatte daher weitreichende Konsequenzen. Glückseligkeit ohne Gott war nicht akzeptabel. Besonders prägend war die Vorbereitung auf ein Jenseits sowie die Beschäftigung und Reinigung der eigenen Sündhaftigkeit (Achenbach, 2023: 24). Ausschlaggebend »war das Wissen, dass der Mensch nur durch Umkehr, durch Abkehr von seiner unmittelbaren Natur, also auf dem Wege der Sündenvergebung und Erlösung zu retten sei« (Achenbach, 2023: 173). Jene philosophischen Übungen wurden so von ihren Wurzeln mehr und mehr gelöst sowie im Verlauf der Zeit vermehrt dem Bereich der christlichen Klöster zugewiesen und verloren folglich an gesamtgesellschaftlicher Bedeutung (Hampe, 2014: 436). Die Übungen gehörten zur purgatorischen Askese der Mönche und waren oft Elemente der Mystik.

Auch die Matristik übernahm einzelne Elemente und ergänzte sie bspw. bei Hildegard von Bingen, Mechtild von Magdeburg und Theresa von Avila durch ekstatische Züge innerhalb der Lebensführung (Gahlings, 2023: 20). So verschwanden klassisch philosophische Konzepte zur Sorge um die Seele für längere Zeit mehr und mehr aus der Konzeption der christlichen Seelsorge.

Erst wesentlich später mit dem Einsetzen der Renaissance wurden Konzepte der Lebensführung als Sorge um die Seele von Personen wie Erasmus, Montaigne und Spinoza wieder aufgenommen (Fellmann, 2009: 64).

Mit ihnen ging auch ein neues Menschenbild einher, in welcher der Mensch sich selbst kultivieren und bilden kann und für die eigene Entwicklung verantwortlich ist. Der Mensch ist grundlegend gut, so die Diskursordnung, und muss sich in praktischer Hinsicht nur noch selber verwirklichen, oder zu sich selber finden. Dasselbe galt auch für die französischen Moralisten (Achenbach, 2023: 25). Ihnen allen lag ein eher essayistischer, experimenteller Ansatz zugrunde, da versucht wurde, neue Konzepte auf die sich veränderte Lebenswelt der Menschen zu entwerfen.

Eine solche Selbstkultivierung geschah stets im Schatten der Universitäten. So lässt sich allgemein ein Rückgang der philosophischen Übungen feststellen und Descartes Meditationen bilden hierbei vielleicht noch einen Schwanengesang der Übungen, da er das Bindeglied darstellt, welches die Bemühungen der Philosophie in den Bereich der universitären Akademie verschiebt (Coreth, 2001: 164).

Descartes Methode der Meditationen erhielt in der Rezeption weit weniger Aufmerksamkeit als seine philosophischen Inhalte. Vielmehr trat nun die Philosophie ihren Dienst für die akademische Wissenschaft an. Der Begriff der *Lebensführung* und der Sorge um die Seele verloren von da an in der akademischen Philosophie grossflächig und nachhaltend an Bedeutung, wobei auch Kant für diese Entwicklung federführend war.

Er führte den Paradigmenwechsel von der Strebensethik zur Sollensethik herbei, wodurch die philosophische Ethik nicht mehr als eine Form der Praxis, sondern überspitzt nur noch als theoretisches Gedankengebäude von wahren und falschen Propositionen und Maximen betrachtet wurde. »Die philosophische Ethik hat diese in der Aufklärung eröffnete Konstellation bis heute weltweit konserviert, und zwar so gründlich, dass für den Ansatz einer Strebensethik kaum mehr Raum zu bleiben scheint« (Krämer, 2018: 12). Nach Kant wurden nun viel mehr Energie und Interesse für andere Themen und Theorien aufgebracht, währendem die Seelsorge nun definitiv der Theologie zugerechnet wurde.

Ebenso wurde die Thematik der Sorge durch das Aufkommen der Psychologie und Psychotherapie sowie die Verdrängung der Lebenskunstphilosophie aus der akademischen Philosophie die Seelsorge immer weniger im philosophischen Diskurs gewichtet (Fellmann, 2009: 24). Als wichtige Meilensteine einer Gegenbewegung sind jedoch Figuren wie Schopenhauer, Kierkegaard und Nietzsche zu nennen. Durch das Aufkommen der Psychologie und der Pädagogik als eigenständige Wissenschaften sieht man bei jenen Philosophien, wie sie die Gratwanderung zwischen Psychologie und Philosophie anhand der Orientierung zur Lebenskunst zu meistern versuchen (Achenbach, 2010: 49). Ihre Bemühungen beziehen sich sowohl auf die Förderung des psychischen wie auch des spirituellen Wohls.

Auf den Schultern dieser Denker war es auch möglich, die Sorge um sich und um andere philosophisch auch weiterhin im 20. Jahrhundert ausführlich zu behandeln. Dabei waren Personen wie Keyserling, Rosenzweig, Jaspers, Heidegger und Foucault massgebend (Achenbach, 2010: 50). Auch hier sind wiederum drei wichtige Punkte zu vermerken, welche für das Verständnis des Sorgebegriffes zu dieser Zeit tragend sind.

Die Existenz des Menschen wurde von hier an erstens als Mangel oder als prekären Zustand aufgefasst (Heine in Noth et al., 2017: 22). Man nahm also die Idee des Menschen, der überhaupt der Sorge bedarf, wieder ernst und konnte sich mit dem Thema der Sorge philosophisch ernsthaft beschäftigen. Sorge bestand folglich darin, eine je nach philosophischer Theorie entsprechende Übereinstimmung anzustreben, die aus einem selbst heraus resultieren kann und sollte. Lebenskunst, praktische Philosophie und Existenzphilosophie fallen damit ineinander. Der Mensch als Mangelwesen zeichnet sich entsprechend primär durch die Sorge aus und stellt damit ein grundlegendes Merkmal des Selbstverständnisses dar (Heidegger, 2006: 192, Henry, 2017: 57). Sich-Sorgen bezieht sich dabei auf die Zeitlichkeit der eigenen Existenz, da der Mensch sich in seine Zukunft und auf seinen Tod hin entwerfen muss (Safranski, 2017: 68). Dies geschieht immer nur in Form des In-der-Welt-Seins und damit wird die Mit- und Umwelt eingeschlossen.

Massgebend war das neue Verständnis, wie überhaupt der Mensch, als Subjekt/Person/Dasein etc. aufgefasst werden sollte (Fellmann, 2009: 134f). Dabei wurde die Konzeption des Individuums oder des einzelnen Menschen in seinem Lebensvollzug wiederum zentral, auch wenn sich die Sorge teils auch auf andere bezieht (Schmid, 1998: 177). Der Austausch und ganz besonders die dialogische Praxis gerieten zweitens dadurch wieder vermehrt in den Fokus.[21] Nur im Gespräch sei die Sorge vermittelbar.

Drittens findet sich bei Heidegger die nützliche Unterscheidung zwischen der *einspringend-beherrschenden Sorge*, welche den Menschen regiert und der *vorsrpringend-befreienden Sorge*, welche den Menschen zur Selbsttätigkeit befähigt (Heidegger, 2006: 122). Während die einspringend-beherrschende Sorge paternalistisch verstanden werden kann, so kann die vorspringend-befreiende Sorge als nicht-affirmativ aufgefasst werden. Das bedeutet, Letztere legt nicht im Voraus fest, was das Ziel der Sorge sein soll, neben der Ermächtigung zur Selbsttätigkeit. Es gibt keine objektiv

---

21 Vgl. ausführlicher Casper, 2017 und Heinze, 2011

festgelegten Ideale einer *eudaimonia*, die zu verwirklichen sind. Vielmehr bietet sie nur einen formalen Rahmen, in welcher jeder Mensch seine je eigenen Ziele selbständig zu verfolgen lernt. Die vorspringend-befreiende Sorge arbeitet folglich auf ihre eigene Negation hin, da sie den Menschen zur Autonomie hinbegleitet und folglich dieser Sorge nicht mehr bedarf (Schmid, 1998: 268). Dabei darf der Umgang in der vorspringend-befreienden Sorge nicht instruktionalistisch sein, indem er blindlings Regeln befolgt, sondern muss auf jeden Menschen als einzelnes Individuum eingehen können (Heidegger, 2006: 124).

Es findet sich also keine universelle Daumenregel, welche für jeden Fall anwendbar zu sein scheint, um sich um die Seele eines Menschen zu sorgen. Es geht aber nicht einfach darum, den Menschen propositional als autonom zu attribuieren, sondern darum, die Autonomie als transzendentalkritisches, notwendiges Prinzip im Erfahrungsraum der Sorge zu verstehen (Bohnsack, 2020: 18). Betont wird vielmehr der formale Charakter, in welchem die Handlungen erschlossen und zugleich auch auf welche Weise sie verfolgt werden sollen.

Von hier aus haben sich unterschiedliche Konzeptionen von Sorge entwickelt, welche heutzutage philosophisch besprochen und untersucht werden. Die Frage stellt sich jedoch, wie die Praxis der Philosophie als Sorge um die Seele in diesem neuen Verständnis von der Gesellschaft her bedingt werden kann (Horkheimer, 1974: 273). Wie kommt man dazu, dass Menschen sich bspw. um ihre Meinungen und bisher unbedachten Gedanken und vernachlässigten Gefühle kümmern (Achenbach, 2010: 179)? Kann die Sorge als Besonnenheit, als kritische Prüfung und Aneignung von gesellschaftlichen Ideologien verstanden werden, um die sich jeder einzelne Mensch selbst sorgen muss, oder kann sie angeboten werden, so wie medizinische oder psychotherapeutische Hilfe angeboten wird?

Im Christentum wurde die Sorge um die Seele Teil ihres gesellschaftlichen Auftrages. Die Sorge um die Seele als Ziel und eigenständiger Wert ist schon in der Bibel vorhanden und miteinander sorgfältig sowie umsichtig zu leben gehört zum Kern des Evangeliums. Entsprechend wurde durch die Theologie die Poimenik als Praxistheorie entwickelt, die in einem produktiven Spannungsverhältnis zwischen Theorie und Praxis steht (Lartey, 2013: 24f).

Es ergibt wenig Sinn, religiöse von philosophischen Texten streng zu trennen. Jüdische und christliche Texte zur Erbauung der Seele können daher auch als philosophisch betrachtet werden (Coreth, 2001: 255f). Es lohnt sich also, zu untersuchen, wie die christliche Philosophie das menschliche und zugleich gesellschaftliche Bedürfnis der Sorge um die Seele aneignen und umsetzen konnte. Dabei geht es also folglich um den Dienst an den Menschen und nicht primär um den Dienst an Gott, auch wenn ein solches Handeln zu Ehren oder zum Lob Gottes geschehen kann (Taylor, 2018: 737).

Drei zur Orientierung dienende Punkte scheinen hier angebracht, welche auch die Brücke zur Betrachtung der Seelsorge bilden. Krankheit, Leiden und das spirituelle Bedürfnis von Menschen waren für das Christentum ausschlaggebend für die Entwicklung einer Sorge um sich und um andere (Fischer in Noth et al., 2017: 39, Foucault, 2019: 75). Zweitens bildeten die Schuld-, Heil- und Sühnekonzeptionen im Christentum einen wesentlichen Antrieb für die Hervorbringung seelsorglicher Tätigkeiten (Heine in Noth et al., 2017: 14). Endlich gelang es im Christentum die ehemals philosophischen Gesprächs- und Meditationsformen zu einer eigenen Praxis der christlichen Seelsorge umzuformen (Ziemer, 2015: 185).

Es war also möglich, die Professionalisierungsherausforderung der Seelsorge (vgl. Kapitel 1) im christlichen Kontext anzugehen. Die Geschichte der christlichen Seelsorge in Europa soll daher gesondert betrachtet werden und verbindet die bisher aufgestellten Haltepunkte bezüglich der Seele und der Sorge.

Schlaglichter der Seelsorge

Für eine Darstellung der christlich-europäischen Schlaglichter der Seelsorge müssen zwei Dinge im Voraus bemerkt werden: Erstens ist es nicht möglich, gleich so wie bei den philosophischen Beispielen, alle unterschiedlichen Positionen ausführlich abzudecken. Die Quellenlage hierzu ist beinahe unüberschaubar und entsprechend müssen Kürzungen vorgenommen und Schwerpunkte gesetzt werden. Die folgende Darstellung der christlich-europäischen Seelsorge bietet daher nur eine stark vereinfachte Version, die aus einer bestimmten und verengten Perspektive stammt, welche einzelne Schwerpunkte setzt. Sie bildet jedoch eine Antwort auf die Sorgeproblematik.

Christlich-europäische Seelsorge hat schon Voraussetzungen, die sich unter anderem auf die Perspektivendominanz von Praxis- und Theorieentwicklung ausüben. Wild gibt hierfür ein passendes Beispiel: »Seelsorge ist in erster Linie den Leidenden, Suchenden und Sorgenden verpflichtet« (Wild, 2023: 25). Damit unterscheidet sich die Darstellung auch wesentlich gegenüber anderen Systematiken, wie die Seelsorge nachgezeichnet werden kann (Nauer, 2001: 17). Das Nachzeichnen jener Schwerpunkte verhilft aber anschliessend, die heutige Entwicklung der Poimenik und der Seelsorgelehre zu verstehen, welche auch für die Bestimmung der Seelsorge und deren Professionalisierung relevant ist.

Zweitens muss bedacht werden, dass bei den Schlaglichtern der Seelsorge sowohl konstante Aspekte zu finden sind, ebenso wie unterschiedliche und historisch zeitgemässe Entwicklungen und Variationen auftraten (Nauer, 2001: 15). Die *Seelsorge* hat entsprechend stets auf gesellschaftliche und historische Veränderungen reagiert und trotzdem wurde sie über die Zeit hinweg als mehr oder minder ein einziges Konzept verstanden. Das religiös-spirituelle Moment der Seelsorge kann dabei als eine mögliche Konstante aufgefasst werden (vgl. Kapitel 4). Wie dieses Moment jedoch aussieht, war stets abhängig von unterschiedlichen Entwicklungen und Strömungen. Diesem Wandel soll nun anhand einiger Stationen gefolgt werden.

Im Frühchristentum liegt der Fokus der Seelsorge auf zwei sich ergänzenden Aspekten.

Zum einen geht es in der frühchristlichen Seelsorge, ähnlich wie bei den philosophischen Übungen, um die Erziehung des einzelnen Menschen zur Tugend, hatte aber ebenso einen Heilungs- und Gesundheitsauftrag (Peng-Keller, 2021: 11). Personen wie Augustinus waren dabei massgebend, die philosophischen Übungen der Stoa und der Neuplatoniker in christliche Formen zu adaptieren. Die Erziehung und die

2.3. Die Sorge um den Menschen als Seele

Selbstsorge um die Seele ermöglichen einen besonneneren Umgang und eine vertiefte Erkenntnis von und mit sich selbst (Ziemer, 2015: 62).

Zum anderen übernimmt die Seelsorge im Frühchristentum auch einen spezifisch ekklesiologischen Auftrag. Es ging dabei um das Vorhaben, die christliche (Ur-)Gemeinde zu bilden und ihren Erhalt zu fördern (Morgenthaler, 2019: 41f, Winkler, 2000: 84). Die Glaubensgemeinschaft wird folglich in dieser Zeit als eine Familie in religiöser Hinsicht betrachtet. Das gegenseitige Sorgen um die Mitglieder dieser Familie war damals notwendig, um das einsetzende und sich ausbreitende Christentum zu stabilisieren (Kirchenzucht). Frühchristliche Seelsorge bezieht sich zusammengefasst also sowohl auf die Einzelperson wie auch auf die Familie und Glaubensgemeinschaft.

Im Mittelalter wird das Aufkommen der institutionellen Beichte ein zentraler Auftrag der Seelsorge (Ziemer, 2015: 64). Fromme Christen und Christinnen werden dazu angehalten, regelmässig bei ihren geistlichen Führungspersonen zu beichten. Hierbei wird die eigene Lebensführung überprüft, Sünden und andere Verfehlungen offenbart und entsprechend Reue und Busse propagiert (Heine in Noth et al., 2017: 14). Selbstverständlich werden im Mittelalter und später auch andere Formen der Seelsorge praktiziert, die institutionelle Beichte verdeutlicht jedoch eine zentrale Wende in der Orientierung, wie eine christliche Seelsorge verstanden und ausgeführt werden sollte. Die Seelsorge erhält durch diesen Wandel einen institutionalisierten und ritualisierten Charakter.

Als Abkehr von der mittelalterlichen Orientierung an der institutionellen Beichte kann der lutherische Gedanke aufgefasst werden, dass die Seelsorge nicht in der moralischen Überwachung besteht, sondern im vertieften Schenken von Liebe (Ziemer, 2015: 69). Durch dieses Unterfangen wurde die Seelsorge wieder vermehrt vom Klerus abgelöst. Folglich steht auch nicht mehr die Sünde im Fokus, sondern wieder eine Auffassung des Menschen in seinem gesamten Lebensvollzug. Dieser Perspektivenwechsel führt auch dazu, dass die Beziehungsgestaltung in der Seelsorge zwischen den unterschiedlichen Parteien wieder stärker betont wird und das formelle Gespräch der Beichte an Bedeutung verliert.

Anschliessend an Luther formulierte auch die Schweizer Reformation unter anderem nach Zwingli und Calvin die Seelsorge wieder verstärkt als Hirtendienst (Winkler, 2000: 109f). Pfarrer tragen als metaphorisch verstandene Schafhirten eine Vorbildfunktion und müssen sich um ihre Gemeindemitglieder sorgen. Schutz- und moralische sowie soziale Fürsorgefunktionen der Seelsorge werden hier stark betont. Diese Formen der Sorge können sich auf unterschiedliche Lebensbereiche beziehen und die Seelsorge kann daher überall und jederzeit im alltäglichen Lebensvollzug stattfinden.

Katholischerseits finden sich bspw. auch im Jesuitenorden neue Orientierungspunkte bei der Seelsorge. Die Entwicklung einer methodischen Kasuistik in der Seelsorge führt dazu, dass die soziale Sorge sich auf marginalisierte Gesellschaftsgruppen wie Prostituierte, Waisen und ehemalige Soldaten fokussiert. Neue, spezifische Formen der Sorge haben sich dabei entwickelt, die als diakonische oder caritative Sozialleistungen wie Bildung, Unterschlupf, Rechtsschutz etc. verstanden werden können (Friedrich, 2020: 179). Jedoch endete das Seelsorgeverständnis nicht bei den Sozialleistungen.

Die Seelsorge erhält zudem einen verstärkten apostolischen Zug. Seelsorge ist daher auch mit dem Begriff der *Zeugenschaft* und des *Zeugnisses* relevant. Es geht bei den Jesuiten und anderen christlichen Orden auch darum, das Evangelium (neu) zu verkünden und so die unterschiedlichsten Bevölkerungsschichten zu einem christlichen Lebensstil oder wenn nötig, zu einer Bekehrung zum Christentum zu bewegen. Dabei sollte keine Bevölkerungsgruppe und allgemein kein Mensch vernachlässigt werden.

Auch der Pietismus im 17. und 18. Jahrhundert schlägt von seiner Strömung her in die gleiche Kerbe. Dem einzelnen Individuum und dessen Seelenheil wird wieder vermehrt Aufmerksamkeit gegenüber der Allgemeinheit geschenkt und dadurch erhielt die Beziehungsgestaltung in der methodischen Umsetzung eine neue Stossrichtung (Winkler, 2000: 121). Der Glaube wird nun vermehrt in den Bereich des Inneren des Menschen versetzt, um welchen er sich je einzeln bemühen soll und dafür der Unterstützung bedarf. Ziel ist es, den Menschen zu einem frommen Leben zu verhelfen.

In der Zeit der europäischen Aufklärung bis und mit Ende 19. Jahrhundert finden erneut wesentliche Umwälzungen im Verständnis der christlichen Seelsorge statt. Bildung und Autonomie werden zu wegweisenden Zielen der seelischen Entwicklung des Menschen und damit geht auch die Anlehnung der Seelsorge als methodische Praxis an der aufkommenden Wissenschaft der Psychologie einher (Ziemer, 2015: 78f). Zwei Personen können hier hervorgehoben werden, welche die Theoriebildung der Seelsorge wesentlich geprägt haben: Schleiermacher und Nitzsch. Die Seelsorge soll, so die damalige Ausrichtung, den Menschen zur Freiheit hinführen, so dass er lernt, sich selbst und anderen helfen zu können. Er wird in seiner Selbsttätigkeit und Autonomie gestärkt und gefördert (Morgenthaler, 2019: 17). Hierbei geht es darum, wesentliche Züge der eigenen Seele freizulegen und zu interpretieren, damit sie als Ressource für die eigene Lebensführung verwendet werden können. Dieses Unterfangen wird durch den Vollzug technischer Methoden durchgeführt, wodurch die Seelsorge stärker als Therapieform verstanden werden kann. Von hier an haben sich weitere unterschiedlichste Strömungen bis zur heutigen Zeit entwickelt, welche Nauer in 30 Sektionen (2001) zu ordnen versucht.

Der zeitgemässe Seelsorgebegriff soll nun anhand moderner Entwicklungen in Kürze beleuchtet und durch dies systematisch vergewissert werden. Zuerst einmal lässt sich anhand der bisherigen Überlegungen zum Begriff allgemein feststellen, dass eine Unschärfe existiert, was alles zur *Seelsorge* gehört und was nicht (Noth, 2023: 13). Der Begriff *Seelsorge* bleibt daher komplex und wird in unterschiedlichen Versionen und Ansätzen vertreten, die sich teilweise sogar vehement widersprechen (Nauer, 2001: 14f).

Ebenfalls bilden die unterschiedlichen Beschreibungsvarianten nur Konzepte und sind nicht in jedem einzelnen Fall als vollständige Theorien aufzufassen. Sie können eher als Fingerzeig auf verschiedene Schwerpunkte gedeutet werden, die von verschiedenen Theorien vertreten werden. Es ist also beinahe unmöglich, angeben zu können, was genau *Seelsorge* im heutigen Kontext sein kann und sein sollte. Worin bestehen die Tätigkeiten, wenn man sich um die Seele sorgt? Wie kann die Seelsorge als Antwort auf gesellschaftliche und religiöse Ansprüche verstanden werden (vgl. Kapitel 1)? Gibt es klar definierbare Methoden oder muss sich die Seelsorge offen und veränderbar halten (Emlein, 2017: 81)? Wie ist mit der Professionalisierungsheraus-

2.3. Die Sorge um den Menschen als Seele

forderung umzugehen, also mit dem gegenseitigen Wissenstransfer von Theorie und Praxis (Morgenthaler, 2019: 284)?

Eine zeitgerechte Poimenik hilft, die Praxis der Seelsorge besser zu verstehen. Sie ist in der Praktischen Theologie zu verorten und wird zugleich von dieser begründet. Dabei wird die christlich-religiöse Praxis wahrgenommen, gedeutet und entsprechend immer wieder aufs Neue gestaltet. »Professionelle Seelsorge ist kein mehr oder minder zufälliges, rein spontanes, alltagspragmatisches oder willkürliches Handeln« (Nauer, 2014: 16). In diesem Sinne ist sie eine handlungsleitende und -orientierende Disziplin und trägt wesentlich zur Professionalisierung bei (Roser, 2017: 45). Je nach religiöser Auffassung wird Seelsorge aber nicht nur von professionalisierten, dazu ausgebildeten Personen betrieben, sondern findet auch im Alltag unter allen Menschen statt. Auf diese Auffassung wird hier nicht weiter eingegangen.

Das moderne Verständnis der Seelsorge geht mit der Professionalisierungsherausforderung einer zunehmenden Auffassung der Verwissenschaftlichung dieser Praxis einher. Dabei hat sie unter anderem grundlegende Ansätze und Erkenntnisse aus der Psychoanalyse, der Psychologie und der Soziologie übernommen (Noth, 2010: 16). Damit wird nicht impliziert, dass besagte Ansätze ohne theologischen Bezug für die Seelsorgelehre auskommen (Noth in Ucar & Blasberg-Kuhnke, 2013: 102). All diese Beschreibungsvarianten unterscheiden sich aber durch diverse Schwerpunktsetzungen als Perspektivendominanz und besonders durch spezifische Bezüge und Haltepunkte (Winkler, 2000: 180). Die Bezüge werden dabei für die Theoriebildung unterschiedlich strukturiert und begründet. Es lassen sich zudem auch Mischformen finden, welche für eine zeitgemässe Seelsorge auf jeden Fall sinnvoll erscheinen (Noth in Ucar & Blasberg-Kuhnke, 2013: 102). Auch wenn das moderne Verständnis von Seelsorge nicht auf eine einzelne Form oder einen Ansatzpunkt hin bestimmt werden kann, so muss sie dennoch als Reaktion auf die veränderten gesellschaftlichen und historischen Entwicklungen betrachtet werden, die gewisse Tendenzen freilegt.

Zusammengefasst sollen im Sinne einer systematischen Analyse die Möglichkeitsbedingungen einer zeitgemässen religiös-spirituellen Seelsorge beleuchtet werden. Diese allgemeinen Punkte werden in sechs verschiedenen und sich aber ergänzenden Aspekten kurz markiert. Eine solche ähnliche, transzendentalkritische Analyse für Philosophical Care wird im Kapitel (3) durchgeführt. Die Reihenfolge der seelsorglichen Aspekte soll keine lexikalische Ordnung oder Hierarchie suggerieren.

1. *Evangelischer Aspekt*: Im Zentrum zeitgemässer Seelsorge steht die liebevolle Begegnung von Mensch zu Mensch und zugleich auch die Begegnung mit Gott (Emlein, 2017: 281). Dabei muss nicht notwendigerweise von einem kerygmatischen Ansatz ausgegangen werden (vgl. Thurneysen, 1980). Der Mensch wird also nicht nur vom Gegenüber wahr- und ernstgenommen, sondern kann durch dies auch seine Beziehung zu Gott (erneut) festigen. Er fühlt sich so nicht nur von seinen Mitmenschen wahr- und ernstgenommen, sondern ebenso durch die Präsenz und Botschaft Gottes, dem Heiligen Geist und den je eigenen Glaubensvorstellungen. Eine Begegnung unter diesem Zeichen kann als evangelische Praxis verstanden werden. Die Ermöglichung solcher Begegnungen und die damit einhergehende Tätigkeit können als Grunderfahrungen christlicher Seelsorge verstanden werden

und weisen auch auf eine spirituell-mystagogische Dimension hin (Fuchs in Knoll et al., 2022: 187, Nauer, 2014: 186). Ebenfalls kann auch die Bibel eine besondere Rolle in der seelsorglichen Begegnung spielen.

2. *Kommunikativer Aspekt*: Seelsorge erfolgt weiter stets in einem kommunikativen Austausch, wodurch das Gespräch oder der schriftliche Verkehr eine nicht vernachlässigbare Möglichkeitsbedingung der Seelsorge darstellt (Morgenthaler, 2019: 289). Ohne die Kommunikation und sei es auch im stillen Gebet, findet Seelsorge nicht statt. Die Begegnung erhält dadurch einen sprachlichen, symbolischen Inhalt. Der kommunikative Austausch ist dabei mehr oder minder strukturiert und anhand verschiedener Auffassungen in einem bestimmten Sinne deutend (Winkler, 2000: 273). Man denke hier unter anderem an pastoralpsychologisch-beratende Ansätze. Dass die Seelsorge dabei über die Psychotherapie hinausgeht, aufgrund ihrer Aufträge, Zuständigkeiten und Verantwortungen, wird von unterschiedlichen Positionen befürwortet (Ziemer, 2015: 177). Damit soll die therapeutische, beratende Komponente der zeitgemässen Seelsorge jedoch nicht in Abrede gestellt werden. Vielmehr wird auf die unterschiedlichen Aufgaben von Seelsorge und Psychotherapie hingewiesen. Wie und auf welche Art jedoch kommuniziert wird, bleibt wiederum den diversen Ansätzen und Beschreibungsvarianten überlassen.

3. *Ekklesiologischer Aspekt*: Die Seelsorge funktioniert nur, wenn durch die kommunikative Begegnung eine Beziehung entsteht (Emlein, 2017: 295). Ob es sich dabei um eine anonyme Beziehung wie beispielsweise bei der Telefon- oder Mailseelsorge handelt, oder ob es um eine langjährige, gepflegte Vertrautheit von Kirchenmitgliedern geht, ist für die vorliegenden Möglichkeitsbedingungen nicht ausschlaggebend. Wichtig ist jedoch darauf hinzuweisen, dass jede Form der Seelsorge darauf abzielt, das Individuum oder ein System in den Bezug zur kirchlichen und/oder ökumenischen Gemeinschaft zu bringen. Kirche kann dabei als Glaubensgemeinschaft verstanden werden (Mt. 18, 20) und nicht zwangsläufig als historisch gewachsene Institution. Der Bezug besteht darin, dass die Seelsorgenden sich sowohl auf die Adressatinnen und Adressaten beziehen und gleichzeitig implizit oder explizit ihre Glaubensgemeinschaft vertreten. Wer Adressatinnen und Adressaten der Seelsorge sind und sein können, ist dabei nicht vorgegeben. Dabei geht es beim ekklesiologischen Aspekt nicht primär um die Beziehung zu Gott, sondern zur jeweiligen Kirchgemeinde respektive gesellschaftlichen Gruppierung. »Die Leistung der Religion ist demnach die (moralische) Integration einer Gemeinschaft bzw. Gesellschaft« (Pickel & Sammet, 2014: 17). Die Freilegung sozialer und gesellschaftlicher Ressourcen steht dabei im Gegensatz zum evangelischen Aspekt der Begegnung im Vordergrund.

4. *Ethischer Aspekt*: Der ethische Aspekt ergibt sich aus einer weiteren Aufgabe der Seelsorge. Menschen, welche mit Problemen oder Krisen konfrontiert sind, bedürfen der Unterstützung. Wie diese Unterstützung aussieht, kann in verschiedenen Formen ausdifferenziert werden, auch wenn der kommunikative Aspekt nicht vernachlässigt werden kann. Aus ethischer Sicht zielt zeitgemässe Seelsorge darauf ab, die eigene Lebensführung besonnener und reflektierter betrachten zu können, um damit die Urteilsfähigkeit zu schärfen (Winkler, 2000: 278, Ziemer, 2015: 144).

Hierfür werden unterschiedliche Begleitungsformen und Unterstützungsangebote verwirklicht. Der Umgang mit Problemen und Herausforderungen in der Lebensführung bildet daher eine weitere Antwort auf die Problemstellung und Aufgabe einer Seelsorge. Dieser Gedanke leitet auch direkt zum nächsten Punkt über.

5. *Emanzipatorischer Aspekt*: Zeitgemässe Seelsorge kann sich als nicht-affirmativ verstehen. Es werden keine direkten Anleitungen vorgegeben, wie der Mensch zu leben hat. Es existieren keine vorgefertigten Pläne in der heutigen Gesellschaft, wie ein richtiges Leben zu führen sei. Vielmehr wird versucht, Hilfe zur Selbsthilfe zu leisten (Morgenthaler, 2019: 240). So kann der Mensch selbst die Lösung für seine Probleme und Krisen finden. Wie also Probleme gelöst werden sollen, steht nicht mehr im Voraus fest. Anstatt sich nach festgesetzten, starren Normen hinzuwenden, richtet sich das Augenmerk auf die Bedürfnisse und die Autonomie der Adressatinnen und Adressaten. Insofern die Autonomie der Adressatinnen und Adressaten gefördert werden kann, was sich wiederum anhand unterschiedlicher Ansätze anders definieren lässt, kann die Seelsorge so zumindest einen ethischen, emanzipatorischen Beitrag zur Lebensführung leisten.

6. *Diakonischer Aspekt*: Letztlich darf auch nicht vernachlässigt werden, dass die Seelsorge eine solidarische Praxis darstellt und somit unter anderem auch eine Funktion der christlichen Religion erfüllt (Emlein, 2017: 229, Knoll et al, 2022: 11f). Mit der Funktion kann im Sinne Luhmanns die Antwort auf die Problemstellungen der Gesellschaft oder des Systems verstanden werden (Luhmann, 2018: 30f). Die Kirche und ihre Gemeinde zeichnen sich durch seelsorgliches Verhalten aus und können sich dadurch identifizieren.[22] Diakonie übernimmt daher nicht nur Aspekte der individuellen Psyche, sondern bezieht sich auf unterschiedlichste Aspekte der Lebenswelt unterschiedlichster Parteien und Systeme. Wie Seelsorge und Diakonie zusammenhängen, kann hier nicht ausführlich geklärt werden. Jedenfalls enthält die Seelsorge einen diakonischen Aspekt. Durch die Diakonie stabilisiert sich das System der religiösen Gemeinschaft und gehört zum Kerngehalt des christlichen Glaubens (Rüegger & Sigrist, 2011: 21). Diese Identifikation gilt sowohl für Aussen- wie auch für Innenperspektiven und reguliert das Denken und Handeln innerhalb des Systems (Appiah, 2019: 28). Der diakonische Aspekt verbindet folglich die anderen Aspekte unter der Prämisse der religiösen Aufgabe und versucht so, das Proprium der Seelsorge auf diese Weise zu deuten und zu verwirklichen. Dies kann als diakonisch-prophetische Dimension bezeichnet werden (vgl. bspw. Noth et al., 2023).

All diese Aspekte gehören zu jeder der Beschreibungsvarianten der zeitgenössischen Seelsorge dazu. Sie müssen daher bei jeder Betrachtung stets mitgedacht werden. Die Begegnung und der kommunikative Austausch, die Begleitung als Beziehungspflege sowie der emanzipatorische, ethisch diakonische Hintergrund motivieren entsprechend die unterschiedlichsten Beschreibungsvarianten.

---

22 *Kirche* kann hier sowohl als Volk Gottes als auch als Leib oder Braut Christi verstanden werden (Pesch, 2012).

Die religiös-spirituelle Seelsorge wird allgemein in Kapitel (4) noch genauer für die Standortbestimmung beschrieben. Dort werden nochmals einige Aspekte betrachtet, welche hier nicht oder nur ungenügend markiert wurden. Für die Untersuchung lohnt es sich jedoch im vorliegenden Unterkapitel, die Entwicklungen des Seelsorgebegriffes zu betrachten, um für Philosophical Care Antworten auf die Frage zu finden, wie sie sich selbst verstehen kann. Folglich wird nun der Carebegriff für die Sorgeproblematik und die Professionalisierungsherausforderung beleuchtet. An ihm wird deutlich, weshalb der Seelsorgebegriff weniger treffend in die eigene Theorie passt.

2.4. Care als Antwort auf die Sorgeproblematik

Bisher wurde darauf hingewiesen, dass das Kultivieren philosophischer Kompetenzen dem Mangel an jenen Kompetenzen entgegenarbeiten kann. Dies stellt selbstverständlich keine zufriedenstellende Antwort auf die Sorgeproblematik der Untersuchung dar.[23]

Hierfür soll also nochmals von Vorne begonnen werden, ohne die bisherigen Überlegungen zu vernachlässigen. Indem der Fragehorizont nochmals neu aufgespannt wird, kann das Problemfeld neu reflektiert werden und so zugleich auch in die folgenden Kapitel überleiten. Die Antwort auf die Frage, wie Philosophie und die sorgende Tätigkeit miteinander gedacht werden können und warum überhaupt die Philosophie sich in der sorgenden Tätigkeit engagieren sollte, lässt sich auf drei Weisen beantworten (Lindseth, 2014: 26).

Die erste Variante wäre eine *petitio principii* und stellt damit einen unvorteilhaften und kaum überzeugenden Weg dar. Wenn die Praxis von Philosophical Care darin besteht, dass sie sich als Sorge definiert, indem also die Förderung der Kompetenzen der alleinige Grund für die Sorge sei, wird die Sorge als Antwort auf die Bedürfnisse jener Kompetenzen zugeschnitten und somit künstlich eingeengt und zugleich verzerrt. So kann die philosophische Sorge nicht die Antwort auf die Bedürfnisse sein, welche durch die Sorge erst als philosophisch definiert werden. Philosophical Care sollte nicht *nur* für philosophisch definierte Probleme zuständig sein (Lindseth, 2014: 177). Sie kann sich auch nicht anhand philosophischer Bedürfnisse definieren (vgl. Kapitel 4). Unterschiedlichste Bedürfnisse sollten aufgegriffen und wahrgenommen werden, wodurch zugleich auch eine Verantwortung in der Care-Tätigkeit miteinhergeht.

Ein zweiter Ansatz würde darin bestehen, anthropologische Prämissen einzuführen, in welchem der Mensch bestimmte Merkmale aufweist, die ihn zum Wesen bestimmten, welches der Sorge bedarf. Ein Exempel dafür wäre bspw. die Endlichkeit des menschlichen Daseins (Groys, 2022: 96). Im Hinblick bspw. auf den eigenen Tod

---

23 Man denke an die Parabel des erfundenen Kamels von Brecht, 2020, in welcher das erfundene Kamel dazu dient, die restlichen, real existierenden Kamele gerecht aufzuteilen. Es kann nicht die Antwort vor der Frage oder dem Bedürfnis als gegeben angenommen werden, um damit zu begründen, dass das Bedürfnis so befriedigt werden könnte.

2.4. Care als Antwort auf die Sorgeproblematik

oder durch die physische und seelische Verletzlichkeit bedarf der Mensch entsprechend der sorgenden Zuwendung. Es wäre vermessen, den Menschen als unabhängig und völlig losgelöst jeder Bindung zu denken, der keiner Zuwendung und Pflege, Sinnsuche und Orientierung bedarf. Oder es könnte genauso behauptet werden, dass der Mensch nur als sorgendes Wesen verstanden werden kann (Schuchter, 2016: 17), der pflegt, als auch gepflegt und umsorgt werden muss.

Dieser zweite Ansatz stellt keine petitio principii dar. Diese theoretische Grundlegung verpflichtet sich jedoch entsprechend auf die besagten ontologischen und anthropologischen Annahmen und büsst damit eine bestimmte (philosophische) Offenheit ein (vgl. Kapitel 3). Ein solcher Ansatz soll in der vorliegenden Arbeit daher nicht verfolgt werden, da diese anthropologischen Haltepunkte sich einer Ansicht des Menschen und den damit einhergehenden Methoden und Ausrichtungen verschreiben müssten.[24]

Die dritte Möglichkeit besteht darin, eine Antwort auf die Frage zu finden, warum sich die Philosophie mit der sorgenden Tätigkeit auseinandersetzen sollte, indem die Frage gestellt wird, was Philosophical Care überhaupt ist. Hier stösst man entsprechend auf transzendentalkritische Möglichkeitsbedingungen (vgl. Kapitel 1), welche in Kapitel (3) genauer untersucht werden. Dabei kann sowohl von der Sorgeseite als auch von der Philosophieseite her auf die Antwort hin reflektiert werden, wobei sich diese aber gegenseitig ergänzen. Beide sollen hier umrundet werden.

Versteht man unter der *Sorge*, dass zuerst einmal ein Bedürfnis erfasst werden soll, dass man sich also ein Bild oder ein Begriff vom Leid anderer machen kann, werden dadurch unter anderem schon hermeneutische und phänomenologische Aspekte impliziert (Seel, 2009: 198). Ohne ein solches Bild oder eines solchen Begriffes würde keine Sorge stattfinden können, da überhaupt nicht auf Bedürfnisse eingegangen wird. Das bedeutet: »*Versuche zu verstehen! Und zwar die Anderen, dich selbst und deine Erfahrungen, die Themen, um die es geht*« (Schuchter, 2016: 355; H.i.O.). Ebenfalls ist die Bedürfnisklärung für alle weiteren Folgen von Handlungen und anschliessenden Reflexionen nötig.

Dabei kann dies jedoch nur stattfinden, wenn zuerst eine Begegnung etabliert wurde (vgl. Kapitel 3). Anhand dieser Begegnung kann schliesslich eine Beziehung erwachsen, die den Austausch fördert. So folgert Stimmer: »Der Beziehungsaspekt definiert, wie eine Mitteilung zu verstehen ist« (Stimmer, 2020: 71).

---

24 Selbstverständlich werden auch hier in der vorliegenden Arbeit anthropologische Annahmen vorgebracht, wenn bspw. in Kapitel (3) vom Gegenüber ausgegangen wird, mit dem auf bestimmte Art und Weise interagiert werden kann. Es gibt also immer schon anthropologische Vorannahmen und diese können nicht verleugnet werden. Diese Grundannahmen sind jedoch nicht als transzendent allgemeingültig für die menschliche Natur zu verstehen, sondern formieren sich innerhalb des hier entwickelten funktionalen Systems der Care-Tätigkeit. Dieses wiederum kann durch das Radikale Bedenken stets wieder hinterfragt, kritisiert und verändert werden. Sie sind daher funktionale Bestimmungen und können nur mit systemexternen Ansprüchen überprüft und gegebenenfalls korrigiert werden. Sie werden daher auch nicht als explizite Haltepunkte in der Theoriebildung aufgeführt.

Folglich geht es um Zusammenhangswissen und um gemeinschaftliche, zwischenmenschliche Lebenskunst (Schmolke, 2011: 27). Eine sorgende Tätigkeit, die so ihre Praxis errichtet, versucht daher, jede Begegnung und die Beziehung mit dem Gegenüber als einmaliges Geschehen zu betrachten, welches in seiner besonderen Unverfügbarkeit nicht eingeholt werden, geschweige denn abgearbeitet werden kann (Ziemer, 2015: 119). Die Begegnung, die Beziehung und die Begleitung lassen sich daher auch nicht auf die Beseitigung oder Therapierung von Problemen reduzieren. Einzelne Menschen oder Gruppen von Angehörigen äussern sich also und in diesen Äusserungen, seien sie sprachlich oder nicht, können die unterschiedlichen Bedürfnisse wahrgenommen und erfasst werden.

Eine Form der Kommunikation ist daher eine Möglichkeitsbedingung für Sorge überhaupt, auch wenn die *Sorge* im breiten Verständnis nur eine anonyme, monetäre Spende, ein Gebet oder wohlwollende Gedanken sein kann. Die Äusserung sowie die Wahrnehmung und Deutung von Bedürfnissen bilden aber die Möglichkeitsbedingung, um überhaupt in eine sorgende Beziehung eintreten zu können und entsprechend zu handeln. Man findet sich in einem Bezug zu einem oder mehreren Menschen wieder und dieser Bezug, folglich die Bedürfnisse und Ansprüche, müssen gedeutet werden, um überhaupt eine Care-Tätigkeit zu errichten (Krauss, 2022: 91, Lindseth, 2014: 90). »Die Erreichung des Ziels [der gelungenen Sorge; O.I.] ist jedoch nicht mechanisch leistbar, sondern der künstlerischen Produktion vergleichbar« (Roser, 2017: 45).

Erst so kann sich ein Raum der Sorge öffnen, welcher für die komplexe zwischenmenschliche Beziehung notwendig ist. Die Pflege oder andere sorgende Tätigkeiten haben daher die Care nicht für sich allein gepachtet. Eine solche hermeneutische Deutung kann theologisch (seelsorglich), psychotherapeutisch, psychoanalytisch, systemisch, medizinisch oder eben auch philosophisch geprägt sein. Alle unterschiedlichen Ansätze verdienen ihre Berechtigung. Die Philosophie ist so verstanden von der deutenden Tätigkeit nicht ausgeschlossen, sondern die Hermeneutik bildet sogar einen wesentlichen Bestandteil der Philosophie, nicht nur ihres Faches als akademische Disziplin wegen, aber auch in den oben genannten Kompetenzen der Einsicht, des Urteilens und des Radikalen Bedenkens. Um überhaupt sorgen zu können, bedarf es daher hermeneutischer und damit philosophisch definierbarer Kompetenzen. Durch die strukturelle Ähnlichkeit von philosophischen Kompetenzen und die damit einhergehende Selbstbegründung von Praxistheorie wird ein Schluss von der theoretischen auf die praktische Ebene erlaubt. Philosophie sorgt sich also nicht nur in der Theorie, sondern kann selbst handlungswirksam sein (vgl. Kapitel 5).

Wird von der philosophischen Seite her reflektiert, kommt man auf einen ähnlichen Schluss.[25] Betrachtet man die Philosophie in ihrer Lehre und ihrer Praxis, werden vor jedem Überprüfen und Argumentieren, wird in jedem Kanonbezug etc. das Wahrnehmen und Verstehen sowie das gelungene Zuhören (oder teils auch aufmerksame Lesen) zum tragenden Merkmal aller philosophischer Auseinandersetzungen. Die Welt, das Gegenüber oder eine philosophische Argumentation innerhalb eines

---

25 Vgl. hierzu auch Ibrahim in Noth et al., 2023.

2.4. Care als Antwort auf die Sorgeproblematik

Textes etc. bedürfen der philosophischen Anerkennung (Krauss, 2022: 40). Hierbei existieren mehrere mögliche Einstellungen der Anerkennung. So führt Ikäheimo aus: »Legt man den Fokus auf Einstellungen des *Anerkennens* (wie z.B. Liebe oder Respekt), dann muss bereits die simple Tatsache mitberücksichtigt werden, dass es für eine Person kaum möglich ist, nur eine Einstellung oder auch nur Einstellungen einer Art bzw. eines Typs gegenüber einer anderen Person zu haben« (Ikäheimo, 2014: 12; H.i.O.).

Die Einstellung philosophischer Anerkennung ist folglich eine spezifische Einstellung gegenüber anderen, was als besondere *Form der Zuwendung und Begleitung* bezeichnet werden kann. Das bedeutet, man lässt sich also philosophisch auf etwas ein und dieses Sich-Einlassen, oder dieses philosophische Aufgreifen erfolgt stets anhand der oben beschriebenen Schlüsselkompetenzen. Geschieht dies nicht, ist es fraglich, ob überhaupt philosophiert wird. Die Philosophie kann so als Praxis der achtsamen, inbegriffenen und bildsamen Tätigkeit verstanden werden, die über mehr verfügt als reine Textbearbeitung und Argumentationsanalysen. Dies lässt sich nun auch auf die Sorge übertragen (vgl. Conradi, 2001: 13ff).

Ein Mensch oder eine Gruppe (System), der oder das einem begegnet, muss zuerst anerkannt und aufgefasst werden. Roser hält dies bspw. fest: »Dabei werden Phänomene individueller gelebter Religion und der lebensweltlichen Interaktion von Individuen einer Beschreibung zugänglich gemacht« (Roser, 2017: 45). So ist man schon bestenfalls im hermeneutischen, phänomenologischen, einsichtigen, urteilenden und radikal bedenkenden Sinne mit ihnen verstrickt. Sowohl die Sorge als auch das Philosophieverständnis ermöglichen es also, aufeinander zu verweisen und so die Frage zu beantworten, wie Philosophie und Sorge miteinander zusammenhängen und verbunden werden können. Damit wird ein weiterer Haltepunkt aufgedeckt:

> Die Philosophie und die sorgende Tätigkeit können in einem eng verwobenen Verhältnis zusammengedacht werden. Dies zeigt sich anhand transzendentalkritischer Möglichkeitsbedingungen beider Seiten.

Nun wird jedoch der Begriff *Care* und nicht der Begriff *Sorge* für Philosophical Care verwendet, weshalb hier noch einige klärende Bemerkungen zu diesem Begriff folgen sollen.

Care ist nicht mit dem Begriff der *cura* (Behandlung) zu verwechseln (Schuchter, 2016: 21). Care geht nicht notwendigerweise davon aus, dass das Gegenüber notwendigerweise geheilt wird. Ebenso geht es nicht darum, dass das Gegenüber instruktionalistisch oder affirmativ betreut werden sollte. *Care* kann viel eher als eine Form der Begleitung oder der Zuwendung verstanden werden (Schuchter, 2016: 54), womit auch das Vorverständnis von *Philosophical Care* aufgegriffen wird. Um nochmals das zentrale Schlagwort zu wiederholen: *Care ist mehr!* Sie geht über das Heilen und Betreuen hinaus und umfasst andere Ziele, Aufträge und Zuständigkeiten (Groys, 2022: 7f, Heller & Schuchter, 2018: 104).

Care als Tätigkeit zeichnet sich oft nicht durch ein vorbestimmtes Resultat aus und auch die angewendeten Praxisformen und Methoden sind meistens nicht spektakulär, sondern können auch unterschwellig stattfinden bspw. im schlichten Präsentsein für eine Person (Nauer, 2015: 65ff). Ebenso lässt sich Care nicht einfach empirisch anhand von Outcomes oder Assessments erfassen (Schuchter, 2016: 55). Die Frage drängt sich jedoch auf, ob Care so als professionelle und professionalisierte Hilfe aufgefasst werden kann (Lindseth, 2014: 23). Die Herausarbeitung und Kultivierung von Kompetenzen kann als eine Antwort auf diese Frage aufgefasst werden (Nauer, 2015: 76). Indem die Kompetenzen kultiviert werden, kann die Sorge in einer bestmöglichen, aber zugleich individuell virtuosen Form stattfinden.

Der englische Carebegriff kann mit dem deutschen Wort der *Sorge* zwar übersetzt werden, er wird jedoch für Philosophical Care aus den folgenden Gründen im englischen Original belassen.

Zum einen wird davon ausgegangen, dass der Carebegriff in der heutigen Zeit weitaus weniger mit problematischen Assoziationen stigmatisiert ist als Begriffe wie *Seelsorge* oder *Fürsorge* (Nauer, 2015: 38f). Eine Philosophische Seelsorge suggeriert schon die Existenz einer Seele, deren Komplexität und die damit einhergehenden Problemstellungen schon nachgewiesen wurden, was nicht das Ziel von Philosophical Care darstellen würde. Zudem wird die *Seelsorge* oft mit rein christlichen und teils veralteten Ansätzen der sorgenden Tätigkeit verbunden. Weiter würde eine philosophische *Fürsorge* paternalistische und bevormundende Aspekte implizieren, von denen sich Philosophical Care distanzieren möchte.

Zum anderen ist der Carebegriff nicht notwendigerweise christlich geprägt, sondern kann auch inter- und transkonfessionell aufgefasst werden (Nauer, 2015: 16). Für Philosophical Care, die sich keiner religiösen Ausrichtung verschreiben möchte, jedoch auch nicht anti-religiös auftreten will, scheint daher ein neutraler Begriff wie jener der *Care* für das eigene Verständnis von Vorteil zu sein.

Auch andere Begriffe wie *Hilfe*, *Begleitung* oder *Praxis* eignen sich weniger als der Carebegriff, weil das Sorgen als *caring* sowohl affektive als auch handlungsleitende, auffordernde Aspekte impliziert (Schuchter, 2016: 56). Wer nun wie Sorge trägt, Care leistet und wie sich die Kultivierung der Kompetenzen versteht, soll jetzt genauer betrachtet werden.

2.5. Die Klientel

Bevor nun über die Antwort der Frage nachgedacht wird, wer wohl Träger oder Trägerin der Kompetenzen sein soll, muss zuerst die Frage gestellt werden, auf wen oder was sich die Sorge in Philosophical Care überhaupt bezieht. Dieser Bezug soll in der theoretischen Grundlegung von Philosophical Care *die Klientel* genannt werden.

Mit diesem Begriff wird kein rigider Kontraktualismus impliziert, so dass die Klientel also Philosophical Care als Behandlungsform auf Abruf bestellen würden. Jedoch soll damit eine Form spezieller Beziehung konzipiert sein (vgl. Kapitel 3). Beim Klientelbegriff soll vielmehr davon ausgegangen werden, dass sie ihr Leben verstehen und führen wollen und zugleich auch von einem Gegenüber verstanden werden möchten und in einer anerkennenden Weise achtsam, inbegriffen und bildsam erfasst werden und auch selbst als solch eine Person wahrgenommen werden wollen (Lindseth, 2014: 20). Was bedeutet das genauer? Das Leben zu verstehen und selbst verstanden zu werden, zielt oft darauf ab, für sich selbst und andere Gründe geben zu können, weshalb etwas gedacht oder getan wurde (Bieri, 2017: 21). Man befindet sich dadurch oft in einem philosophischen Sprachspiel (Gründe-Geben-und-nach-Gründen-Verlangen).

Gründe für die eigene Lebensführung zu finden, kann sich teilweise als schwierig erweisen und bedarf der Begleitung. Das kann sich sowohl auf die Zukunft richten oder auch auf gegenwärtige Angelegenheiten oder die retrospektive Begründung vergangener Handlungen etc. (Žižek, 2015: 383). Was sie spezifisch verstehen wollen und wie sie *in concreto* verstanden werden möchten, wird dabei nicht im Voraus von der Care leistenden Person festgelegt. Manchmal reicht die Erkenntnis um ihrer selbst willen aus, und manchmal stellt sie nur einen Anstoss für weitere Überlegungen und Handlungen dar (Ortega y Gasset, 1962: 260). Oft steht nicht einmal die Erkenntnis im Vordergrund oder wird überhaupt als Ziel betrachtet. Dabei kann das Bedürfnis auch über das Verstehen und Verstanden-Werden hinausgehen. Vielmehr bedarf es folglich der Offenheit der Care Person, die unterschiedlichen Lebenswelten und die Bedürfnisse im Sinne eines Erfahrungshorizontes genau und akkurat zu erfassen.

Um überhaupt verstehen zu können, wie oben schon erwähnt wurde (vgl. Kapitel 2.4), muss der situationsspezifische wie auch der gesellschaftshistorische respektive ideengeschichtliche Kontext und ebenso das Umfeld (das System) miteinbezogen werden (Morgenthaler, 2019: 283, Van der Kolk, 2021: 35). Dies gilt auch für die Möglichkeit, Probleme, Erwartungen oder Bedürfnisse und deren Entstehung zu eruieren. Um also die Klientel zu begleiten, im Sinne von Philosophical Care, wird daher stets auch die Begleitung der Mit- und Umwelt angestrebt (Morgenthaler, 2019: 258, Yalom, 2010: 14). Damit wird nicht suggeriert, dass ein einzelner Mensch keinen Platz hat, und dessen Meinung und Erleben vernachlässigt werden darf (Schuchter, 2016: 121). Ganz im Gegenteil! Es soll jedoch davon ausgegangen werden, dass der Mensch stets schon Teil seiner Um- und Mitwelt darstellt und sich daher auf andere Menschen bezieht, auch wenn es teils private, existenziale Spannungen sind, die ihn plagen können (Yalom, 2010: 20).

Dieser Bezug zu den Mitmenschen erfordert je schon ein Verhalten dazu und erfährt zugleich auch eine Form der Resonanz auf Seiten der Mit- und Umwelt (Schuchter, 2016: 15). Die Care-Tätigkeit, sei sie nun als Selbstzweck für das Wohl einer einzelnen Person oder für die Mitwelt und Umwelt (auch im ökologischen Sinne) gedacht, bezieht sich auf das Leben und dessen gesamten Erfahrungsgehalt der Klientel und nicht nur auf den inneren Bewusstseinsstrom oder die zwischenmenschlichen Prozesse eines Systems. Es wird versucht, die unterschiedlichen Verflechtungen in einem hermeneutischen Zirkel in unterschiedlicher Manier zu erfassen. Dabei müssen sowohl unterschiedliche Perspektiven eingenommen wie auch die Dynamik des Sachverhaltes (System, Umwelt etc.) im Auge behalten werden (vgl. Kapitel 3).

Um also das Leben zu verstehen, zu führen und verstanden werden zu wollen, und um die Begleitung, die dafür nötig ist, von der Mit- und Umwelt zu erlangen, verfügen die Klientel über ein nötiges und nicht zu vernachlässigendes Mitbestimmungsrecht, was unter die Care-Tätigkeit fallen soll und was nicht (Nauer, 2015: 29). Es liegt also nicht an Philosophical Care als Disziplin, noch allein in der Ausrichtung der Care Leistenden zu entscheiden, wie und woraufhin die Klientel begleitet werden sollen. Insofern sollten die Klientel daher auch über Zeitpunkt, Dauer, Inhalt und Intensität der Begleitung stets Mitsprache und wenn nicht sogar die endgültige Entscheidungsmöglichkeit besitzen, ohne sie damit jedoch zu überfordern (Nauer, 2015: 80).

Alles andere würde auf die Gefahr hinauslaufen, affirmativ oder instruktionalistisch zu werden. Entsprechend wird von den Care Leistenden Anteilnahme, Aufmerksamkeit, Unterstützung, Verantwortung und eine taktvolle Geselligkeit erwartet (Achenbach, 2023: 28, Conradi, 2001: 225), weitere Kompetenzen also, die über die drei philosophischen Schlüsselkompetenzen hinausgehen und diejenigen von Philosophical Care ergänzen. Begleitung lässt sich, um es nochmals zu erwähnen, nicht auf die drei Schlüsselkompetenzen reduzieren. Eine solche Tätigkeit sollte fernab von jedem funktionalen Kontraktualismus stehen. Es bedarf die vorher erwähnte Virtuosität, jene Gastfreundschaft, in welchen die Klientel in eine zwischenmenschliche Verbundenheit zur Care Person eintreten können (Morgenthaler, 2019: 137).

Wenn Mit- und Umwelt stets mitbedacht werden sollen, wird auch die Frage, wer Träger oder Trägerin der philosophischen Kompetenzen sein soll, schwieriger zu beantworten. Die Idee einer linearen Übertragung der Kompetenzen in Form von Erziehung von Care Leistenden zu Klientel fällt somit weg. Viel eher scheint die Antwort in einer komplexen Verflechtung aller Beteiligten zu liegen, in welcher Care Leistende, Mitarbeiter und Mitarbeiterinnen sowie die Klientel miteinander die Kompetenzen teilen und nur im gegenseitigen Austausch sich entfalten lassen (Nauer, 2015: 56).

Daraus folgt nicht, dass die Kompetenzen gleichmässig unter den teilnehmenden Personen verteilt wären, sondern sie können nur im Prozess der Kultivierung selbst (vgl. Kapitel 3) festgestellt und gefördert werden. Offenbar haben Care Leistende aufgrund der Professionalisierung in gewissen Aspekten einen Vorsprung. Dennoch können die Kompetenzen nur im gemeinsamen Austausch der Care-Beziehung aktiv werden. Damit ist ein erster Ansatz bereitgestellt, wie der Zusammenhang von Care Leistenden, Kompetenz und Klientel gedacht werden können. Alle diese Punkte sollen nun anhand transzendentalkritischer Möglichkeitsbedingungen im folgenden Kapitel weiter ausgeführt werden. Zum Schluss des vorliegenden Kapitels sollen nun die wichtigsten besprochenen Punkte nochmals aufgeführt werden.

Zusammenfassung des Kapitels

Die erste Ausformulierung zentraler Begriffe wie *Philosophie*, *Seelsorge* und *Care* sowie jener der *Klientel* haben das Kapitel strukturiert. Dabei wurde von unterschiedlichen analytischen und historischen Zugängen ausgegangen, um verschiedene Perspektiven aufzunehmen und in das Problembewusstsein zu integrieren, um es dadurch zu schärfen (Schönwälder-Kuntze, 2020: 20). Dabei sind die erarbeiteten Begriffsbestimmungen keineswegs vollständig und können auch nicht als abgeschlossen betrachtet werden. Sie dienen als Denkanstösse und Vorbereitungen vor allem für die folgenden

2.5. Die Klientel

Kapitel. Im Hinblick auf diese Überlegungen wurde besonders der Philosophiebegriff inhaltlich neu bestimmt:

> In der vorliegenden Arbeit soll davon ausgegangen werden, dass es keine einzelne einheitliche Definition des Philosophiebegriffes gibt (Achenbach, 2010: 214, Rorty, 2000: 9).

Sowohl formale als auch praktische Bestimmungsversuche des Philosophiebegriffes wurden dabei erläutert. Daraus folgte:

> Die formalen Bestimmungen des Philosophiebegriffs als funktionale Setzungen reichen nicht aus, auf die Problemstellung der theoretischen Grundlegung einer Praxistheorie von Philosophical Care in zufriedenstellender Weise zu reagieren, können jedoch für die praktischen Bestimmungsversuche von Bedeutung sein.

Und weiter:

> Die praktischen Bestimmungsversuche bieten fruchtbare Ansatzpunkte für ein Philosophieverständnis, an welchen sich Philosophical Care orientieren kann. Sie dürfen jedoch weder affirmativ noch instruktionalistisch sein, womit die Kultivierung von Kompetenzen letztlich massgebend wird.

Daher wurde entschieden, den Philosophiebegriff als Set von Kompetenzen im Sinne einer Haltung zu definieren, die sich sowohl durch Fertigkeiten als auch Verantwortung auszeichnet.

> Der Philosophiebegriff für Philosophical Care kann als ein Set von gleichursprünglichen philosophischen Schlüsselkompetenzen verstanden werden.

Die drei philosophischen Schlüsselkompetenzen, welche axiologisch vielen anderen philosophischen Kompetenzen und Praktiken zugrunde liegen, wurden im vorliegenden Kapitel als *Einsicht*, *Urteilen* und *Radikales Bedenken* betitelt. Sie lassen sich selbst aus der philosophischen Tätigkeit heraus begründen, womit die Selbstbegründungsfunktion von Philosophical Care erfüllt werden kann.

> Es wird sich zeigen, dass die hier vorgestellten philosophischen Kompetenzen sowohl in der Begleitung von Menschen als auch bei der Entwicklung einer Praxistheorie selbst angewendet werden.

Wie sich die Philosophie in der sorgenden Tätigkeit engagieren kann und auch sollte, wurde anhand historischer und weiteren analytischen Zuschnitten untersucht. Es wurde offensichtlich, dass Philosophie und Seelsorge sowohl analytisch als auch in einem historischen Sinne als eng miteinander verwandt gedacht und konzipiert werden können (Winkler, 2000: 7). Beide Strömungen gehen davon aus oder sind motiviert, sich um die Sorge um das Gegenüber und entsprechend auch die Welt des Miteinanders zu bemühen. Es gilt folglich, die möglichen Dialogräume dahingehend zu konstruieren, die eine Kultivierung der philosophischen Kompetenzen erlaubt (Krauss, 2022: 93).

> Die Philosophie und die sorgende Tätigkeit können in einem eng verwobenen Verhältnis zusammengedacht werden. Dies zeigt sich anhand transzendentalkritischer Möglichkeitsbedingungen beider Seiten.

Die praxistheoretische Grundlage ist somit auf das erste Problemfeld eingegangen, wie die zentralen Begriffe verstanden werden sollen. Es wurde einerseits gezeigt, wie sie explizit für Philosophical Care zu verstehen sind anhand verschiedener Gründe und andererseits wurde damit auch gleich die Anwendung der philosophischen Kompetenzen demonstriert, welche das Ergebnis der Begriffsanalyse darstellen sollen. Jene Überlegungen verlangen jedoch die Klärung weiterer hinzugekommener Problemfelder im Sinne der Problemorientierung (vgl. Kapitel 1). Die vertiefte Auseinandersetzung mit den Begriffen und deren Implikationen für Philosophical Care wird im nächsten Kapitel angestrebt.

3. Transzendentalkritische Problemstellungen von Philosophical Care

Es geht in einem nächsten Schritt darum, die Philosophie und die Care-Tätigkeit ausführlicher zusammenzudenken. Hierfür werden transzendentalkritische Untersuchungen massgebend sein, um die dafür relevanten Haltepunkte freizulegen. Die transzendentalkritischen Überlegungen ergeben sich hauptsächlich aus dem Vorverständnis von Philosophical Care (vgl. Kapitel 1) und den bisherigen Erörterungen aus Kapitel (2).

Was nun an transzendentalkritischen Problemstellungen von Philosophical Care analysiert wird, ist daher von den bisherigen Punkten aus weiter auszudifferenzieren. Somit befindet man sich in einem Zwischenbereich von Erkanntem und noch zu Erforschendem: Etwas ist zwar schon theoretisch oder praktisch in einer Form da, aber noch nicht ganz ausgefeilt (Ortega y Gasset, 1962: 144). Dies gilt auch für die Begriffsverwendung. Es werden sowohl allgemeine Begriffe verwendet, als auch neue Begriffe eingeführt, die so in der sonstigen Care-Tätigkeit oft nicht verwendet werden. Welche Begriffe neu und welche schon allgemein sind, wird im Text hervorgehoben und lässt sich zugleich auch an den Quellenangaben ablesen.

Dieses zu untersuchende Nichtwissen durch eine Analyse in eine bessere Erkenntnis zu überführen und zu explizieren, ermöglicht die Herausarbeitung einer praxistheoretischen Grundlegung und den passenden Zuschnitt von Philosophical Care, in welcher die Philosophie und die Care-Tätigkeit auf eine nach philosophischen Kompetenzen ausgerichtete Art zusammengedacht werden können. Ähnlich wie bei der Seelsorge (vgl. Kapitel 2) gibt es, so hier die Behauptung, auch für Philosophical Care wesentliche Merkmale, die bestimmend sind und ihre Eigentümlichkeit ausmachen. Diese Möglichkeitsbedingungen einer Philosophical Care folgen dabei hauptsächlich den Überlegungen Achenbachs (2010), Ghalings (2023), Lahavs (2017), Winklers (2000) und Ziemers (2015) ohne diese jedoch direkt zu übernehmen, sondern in Anlehnung an sie, um hier eigene Möglichkeitsbedingungen freizulegen.

Achenbach gibt bspw. an, welche Möglichkeitsbedingungen für die Philosophische Praxis notwendig sind (Achenbach, 2010: 278), wie bspw. die Begegnung, die Beratung und die Methode und ebenso wurde in Kapitel (2) auf die grundlegenden Aspekte der modernen Seelsorge hingewiesen. Beide bilden anregende Ansatzpunkte für die Ausarbeitung der Möglichkeitsbedingungen von Philosophical Care.

Weder Philosophische Praxis noch Seelsorge setzen sich explizit und absichtlich mit Philosophical Care auseinander, sondern entspringen ihrem je eigenen Praxisverständnis. Daher unterscheidet sich dieses Kapitel, das einen wesentlichen Beitrag zur praxistheoretischen Grundlegung von Philosophical Care bieten soll, von anderen Darstellungen der Care, wie sich diese bspw. bei der Seelsorge oder der Philosophischen Praxis finden lässt. Was eine Begleitung im Sinne von Philosophical Care also auszeichnet, wird im Verlauf des vorliegenden Kapitels deutlich werden.

Da die *Begleitung* von Philosophical Care sich von der *Behandlung* und *Beratung* unterscheidet, kann nicht von einem Assessment oder einer Triage von Anamnese, Diagnose und Therapie ausgegangen werden (Brandt, 2017: 165, Rogers, 2021: 209). Entsprechend unterscheiden sich auch einige der Möglichkeitsbedingungen, welche die Begleitung von der Behandlung oder Beratung abgrenzen, da sich Philosophical Care anhand des Vorverständnisses als Form der Begleitung versteht. Ganz besonders zeigt sich dies in den Zielen der Care-Tätigkeit (3.6).

Dass die hier dargestellte Form von Philosophical Care und ihrer transzendentalkritischen Problemstellungen die einzig mögliche Ausarbeitung darstellt, wird jedoch nicht unterstellt. Eine Standortbestimmung von Philosophical Care im Verhältnis zur Philosophischen Praxis und der spirituell-religiösen Seelsorge wird im folgenden Kapitel (4) angestrebt, sobald die hier grundlegenden Möglichkeitsbedingungen von Philosophical Care in einem ersten Schritt erfasst und erläutert wurden.

Die Möglichkeitsbedingungen von Philosophical Care werden im vorliegenden Kapitel die Begegnung (3.1), die Beziehung (3.2), der Austausch (3.3), die Methoden (3.4), die Inhalte (3.5) und die Ziele (3.6) von Philosophical Care darstellen. Ohne diese Möglichkeitsbedingungen findet also keine Care-Tätigkeit im Sinne von Philosophical Care statt.

All diese Möglichkeitsbedingungen sind *lexikalisch* – im Sinne Rawls (2014) – zu verstehen. Das bedeutet, dass die vorangehenden Aspekte notwendigerweise erfüllt sein müssen, damit die darauf aufbauenden Möglichkeitsbedingungen überhaupt erfüllt werden können. Dennoch sind alle erläuterten Aspekte von Philosophical Care als Möglichkeitsbedingungen zu betrachten, da die Care-Tätigkeit jeden Aspekt davon zwingend beinhalten muss. Auf alle soll in zuerst allgemeiner Weise und anschliessend in den unterschiedlichen Perspektiven der drei philosophischen Kompetenzen (Einsicht, Urteilen, Radikales Bedenken) anhand von weiteren Problemstellungen eingegangen werden, um eine erste Herausarbeitung dieser Haltepunkte vorzunehmen.

So wird gezeigt, dass die Kompetenzen direkt in die transzendentalkritischen Haltepunkte involviert sind, wodurch Kapitel (2) und (3) stärker aufeinander bezogen werden. Weiter wird auch ersichtlich, dass die unterschiedlichen Möglichkeitsbedingungen auf diversen Abstraktionslevels zwischen Theorie und Praxis angelegt sind. Dies entspricht der lexikalischen Folge, welche Relais bildet, auf welchen sich praxistheoretische Bestimmungen strukturieren lassen. Da die Möglichkeitsbedingungen aber alle eng miteinander zusammenhängen, sind Wiederholungen und bestimmte Querverweise nicht zu vermeiden.

Die hier vorgestellten transzendentalkritischen Möglichkeitsbedingungen bilden die notwendigen, jedoch gemeinsam nicht zwangsläufig hinreichenden Aspekte, damit die Care-Tätigkeit als philosophisch erfasst und zugleich begründet werden kann. Ohne Begegnung, Austausch etc. in dem hier erörterten Sinne würde entsprechend keine Philosophical Care stattfinden können. Es kommen jedoch neben den hier vorgestellten Möglichkeitsbedingungen auch noch andere Bedingungen in der Praxis dazu, die in den vorliegenden Ausführungen nicht erwähnt werden, entweder weil sie nicht als genügend wesentlich betrachtet werden oder weil sie von der philosophischen Perspektive nicht zufriedenstellend bedacht werden können.[1] Damit wird jedoch zugleich auch impliziert, dass die Praxis – hier die Care-Tätigkeit – stets nur in Bezug auf ein Vorher und Nachher verstanden werden kann und ebenso immer schon in andere Praxisformen eingebettet ist (Schwingel, 2018: 55).

So ist aber nicht geklärt, woher die Möglichkeitsbedingungen konzeptionell herkommen oder wie sie begründet werden. Die Möglichkeitsbedingungen ergeben sich daraus, so die transzendentalkritische Analyse, dass die Care-Tätigkeit begriffsanalytisch/logisch nicht ohne sie gedacht werden kann. Begründet werden sie nicht primär a priori, sondern funktional. Das bedeutet, dass all diese Möglichkeitsbedingungen trotz transzendentalkritischer Analyse nicht vollumfänglich standardisiert werden können, so dass ein einfaches Applizieren von allgemeinen Faustregeln auf Einzelfälle möglich wäre (Oevermann, 2010: 259f). Vielmehr bedarf es der schon mehrfach erwähnten *Virtuosität*, um die Care-Dimensionen in der gegebenen Situation erschliessen und verfolgen zu können. Die Begründung ist daher den Care Leistenden, die sich an den transzendentalkritischen Möglichkeitsbedingungen orientieren, bis zu einem gewissen Grad selbst überlassen, worauf gleich noch eingegangen wird.

Nebst dieser logischen Verknüpfung der notwendigen Möglichkeitsbedingungen, welche die transzendentalkritische Analyse freilegt, wird zugleich auch die qualitative Seite der transzendentalkritischen Problemstellungen untersucht. Diese qualitativen Möglichkeitsbedingungen können *Gelingensbedingungen* genannt werden (Austin, 2014: 166). Care Leistende versuchen also anhand ihrer Vorstellungen diese Gelingensbedingungen in der Care-Tätigkeit umzusetzen, respektive anzustreben.

Es stellt sich also zusätzlich die Frage, wie und welche Kriterien erfüllt werden müssen, damit überhaupt von einer *gelungenen* Philosophical Care gesprochen werden kann. Somit werden beide Verständnisformen der Kriterien in diesem Kapitel erörtert. Wird damit ein naturalistischer Fehlschluss begangen? Wird vom Sein auf Sollen geschlossen? Unabhängig davon wie das Verhältnis von Sein und Sollen betrachtet werden kann (vgl. Agamben, 2012: 196f, De Certeau, 2010: 283), ist die Care-Tätigkeit ähnlich wie bspw. die Pädagogik stets schon normativ ausgerichtet, weil mit ihrer Praxis ein mehr oder minder definiertes Ziel erreicht werden soll (Mollenhauer, 2008: 20). Deskription und Normativität müssen daher unweigerlich miteinander in Zusammenhang gebracht werden. Diese bisher beschriebenen Überlegungen des vorliegenden Kapitels lassen sich folglich durch einen weiteren Haltepunkt zusammenfassen:

> Philosophical Care zeichnet sich in ihrer Tätigkeit durch mehrere sich ergänzende Möglichkeitsbedingungen aus, die sowohl logisch als auch qualitativ durch die philosophischen Kompetenzen erfüllt werden sollen.

---

1 Darunter fallen zum Beispiel berufsorganisatorische Aspekte, sowie die unterschiedlichen Arbeitsbündnisse mit verschiedenen Institutionen o. ä. (vgl. bspw. Oevermann, 2010).

In Bezug auf die Kriterien kann im vorliegenden Kapitel keine abschliessende Antwort gegeben werden, wie genau die Möglichkeitsbedingungen bestmöglich erfüllt werden können und sollen. Daher wird auch von transzendentalkritischen *Problemstellungen* und nicht *Kriterien* im Titel und der Konzeption des Kapitels ausgegangen. Dies geschieht aus zweierlei Gründen:

Erstens liegt dies im Sinne einer problemorientierten Arbeit, dass durch das Aufwerfen zentraler Fragen, das Problembewusstsein auf ein Niveau gebracht wird, hinter das künftige Untersuchungen nicht zurückfallen sollen (vgl. Kapitel 1). So schreibt auch Rucker: »Als *Problemstellungen* sind die selbst formulierten Erkenntnishindernisse zu begreifen, die in der Forschung bearbeitet werden, um neue Erkenntnisse zu erzielen« (Rucker, 2014: 33; H.i.O.). Indem also Fragen und Problemstellungen anstelle von Leitsätzen oder Dogmen verwendet werden, bleibt der Bedarf darüber bestehen, nachzudenken und zwar weiterhin unweigerlich offen und dynamisch. Damit bleibt auch die Verbindungsstelle, welche das Allgemeine mit dem Spezifischen strukturiert, dahingehend offen, dass für Philosophical Care und entsprechend die Care Leistenden genügend Raum besteht, diese Überführung (von Theorie zu Praxis – und umgekehrt) anhand der philosophischen Kompetenzen selbst auszuführen und sie zu begründen. So muss hier auch beachtet werden, dass eine Theorie niemals die Praxis in ihrer Gesamtheit abdecken kann, sondern nur ein Grundlagenwissen bereitstellt. Dies liegt an der Komplexität der Praxis an sich, welche jeweils nur Aspekte für die theoretische Betrachtung und Verwendung freigibt, während anderes dem methodischen Zugriff mehrheitlich entzogen bleibt (Schmolke, 2011: 345).

Zweitens, und dies gesellt sich neben den ersten Punkt, muss die Philosophie und dadurch auch die vorgelegte praxistheoretische Grundlegung stets erschütterbar und dadurch kritisierbar sein (Habermas, 2004: 347). Die Ausführungen zu den Problemstellungen und zentralen Fragen der Möglichkeitsbedingungen dürfen daher nur im Sinne eines Kommentars und nicht als allgemeingültige Antworten aufgefasst werden. Das Aufstellen von Fragen und die skizzenhafte Betrachtung, wie philosophische Schlüsselkompetenzen auf die Care-Tätigkeit reagieren können, reicht dementsprechend aus, um die Frage nach den Möglichkeitsbedingungen einer Philosophical Care zu bestimmen, wodurch jedoch keine instruktionalistischen oder affirmativen Schwerpunkte festgelegt werden. Indem die philosophische Tätigkeit nur strukturiert nachfragt, anstatt weitschweifig zu behaupten, verlässt sie nicht ihren Zuständigkeitsbereich und bleibt dadurch auch weiterhin erschütterbar.

Schliesslich stellt sich in Anbetracht dessen die Frage, warum man sich für die Care-Tätigkeit überhaupt an jemand Professionelles wenden sollte, respektive weshalb diese Form der Tätigkeit allgemein professionalisiert und transzendentalkritisch analysiert werden soll. Die Antwort darauf lässt sich wiederum in zwei Aspekte auffächern:

Zum einen geht es darum, dass durch die transzendentalkritische Analyse eine Verfügbarkeit von theoretischen Überlegungen bereitgestellt wird, anhand dessen sich Care leistende Personen in ihrer Praxis orientieren können. Es werden Gründe geliefert, anhand dessen sich die Care Leistenden kritisch vergewissern und ihr eigenes Handeln genauer erfassen und begründen können (vgl. Kietzmann, 2019). Die Struktur der Möglichkeitsbedingungen und der Prozess innerhalb der Care-Tä-

3. Transzendentalkritische Problemstellungen von Philosophical Care

tigkeit stehen durch eine solche Analyse nicht als unmittelbare Gegensätze zueinander, sondern fallen als synchronisch und diachronisch zu formulierenden Aspekten derselben Sache ineinander (Oevermann, 2010: 33). Das bedeutet, dass mit der transzendentalkritischen Analyse sowohl ein Bezug zu Sinnstrukturen der allgemeinen Möglichkeitsbedingungen gezogen und dies zugleich als Ausdrucksgestalten einer konkreten Praxis verstanden werden kann, welche während der Care-Tätigkeit zur Anwendung kommen.

Zum anderen, und dies in ergänzender Weise, wird dadurch auch die Klärung des Care-Bündnisses als Form der Beziehung (3.2) bis zum Auftrag in Form von Zielen (3.6) mit den Klientel einsehbar (Oevermann, 2010: 256). Die Klärung erfolgt dadurch, dass sowohl auf Praktiken, Wahrnehmungen, Intuitionen eingegangen werden kann, die sich in der Care-Tätigkeit einstellen, als auch auf die allgemeinen ermöglichenden Bedingungen und deren Anspruch auf Gelingen und somit eine Scharnierstelle erzeugt wird, auf welche sich alle Beteiligten in der Care Situation beziehen können (Schwingel, 2018: 41).[2]

Für die vorliegende Betrachtung der Möglichkeitsbedingungen wird primär die Perspektive der Care Leistenden bevorzugt. Dadurch geht selbstverständlich einiges an Einsichten und Haltepunkten verloren. Es scheint jedoch hilfreich zu sein, dass für die Etablierung und praxistheoretische Grundlegung von Philosophical Care zumindest jene Haltepunkte herauskristallisiert werden, anhand denen sich Care Leistende orientieren können. So hält auch Oevermann fest: »Nicht [nur] der Experte als ganze Person ist darin [in der Analyse der einzelnen Möglichkeitsbedingungen; O.I.] thematisch, sondern das Arbeitsbündnis, das er – als ganze Person – mit seinen Klienten unterhält« (Oevermann, 2010: 16).

Es lässt sich hier zum Abschluss in der Einleitung noch die Frage stellen, ob Philosophical Care, so wie sie hier beschrieben wird, in dieser Form schon existiert. Da sich bisher noch kein Berufsbild der Philosophical Care in der Schweiz und anderen Ländern etabliert hat, bedeutet das nicht, dass Philosophical Care in der hier beschriebenen Weise noch nie stattgefunden hat. In der Tat kann davon ausgegangen werden, dass bspw. Seelsorgerinnen, Psychotherapeuten und andere[3] solche Ansätze schon vertreten und praktizieren, dass diese Bemühungen jedoch bisher noch nicht in diesem praxistheoretischen Bezugsrahmen einer Philosophical Care dargestellt wurden, welcher den Anspruch erhebt, sich aus der Philosophie selbst heraus zu begründen. Auch Seelsorgende und psychotherapeutisch Tätige beschäftigen sich mit den hier vorgestellten Problemstellungen. Der philosophische Umgang mit besagten Problemstellungen wird hier jedoch direkt und explizit angestrebt. Insofern wird es anschliessend an das vorliegende Kapitel auch nötig sein, die oben bereits angesteuerte Standortbestimmung der Philosophical Care durchzuführen (vgl. Kapitel 4).

---

2 Ausführlich hierzu vgl. Bourdieu, 2015.
3 Man denke hier ganz besonders an Schmid, 2016.

3.1. Die Begegnung

Was ist eine Begegnung in der Care-Tätigkeit? Nicht jede zwischenmenschliche Erfahrung kann schon als eine Begegnung verstanden werden. Sie hängt daher auch nicht einfach von Zufall oder Schicksal ab, sondern lässt sich als Form der menschlichen Handlung und/oder Haltung verstehen (Guanzini, 2019: 33). Sich auf der Strasse zu kreuzen, ist bspw. noch keine Begegnung. Eine Begegnung zeichnet sich durch eine qualitative Eigentümlichkeit aus, die sich von anderen zwischenmenschlichen Erfahrungen abgrenzt (Buber, 2021: § 14). Sie bildet ein schon konstruiertes und strukturiertes Ereignis, das auf der einen Seite den Klientel ermöglicht, sich anzuvertrauen und auf der anderen Seite der Care leistenden Person Aufschluss über die Situation ergibt (Stimmer, 2020: 39). Hier wird Care ermöglicht.

Für Philosophical Care bildet daher die Begegnung die erste und grundlegende Möglichkeitsbedingung, damit überhaupt von *Philosophical Care* in der besagten Situation gesprochen werden kann. Erst wenn sich Menschen begegnen, wird auch Philosophical Care möglich. Entsprechend ist die Begegnung den anderen Möglichkeitsbedingungen auch vorgelagert und bildet allgemein einen zentralen und nicht zu vernachlässigenden Teil der Care-Tätigkeit (Schmid in Slunecko, 2017: 177). Zugleich bildet sie nicht nur logisch, sondern auch zeitlich den Anfang, wie überhaupt Sorge entstehen kann (Stölzel, 2015: 22f). Ihre Bedeutung darf daher in beiden Dimensionen nicht unterschätzt werden.

Die Begegnung soll hier als ein bezogener Zusammenhang, als einen Verweis, von mindestens zwei oder mehr Parteien verstanden werden, die sich zu diesem Zusammenhang selbständig verhalten können (Löwith, 2016: 148). Jener bezogene Zusammenhang bildet anschliessend bestenfalls eine Beziehung (vgl. Kapitel 3.2). Das Gegenüber wird so als ebenbürtige Partei innerhalb der Beziehung betrachtet, die in der Begegnung achtsam, inbegriffen und bildsam erfasst wird (Gahlings, 2023: 126).

Wie zeichnet sich eine Care Begegnung aus? Was bedeutet es, dass sich die teilnehmenden Parteien selbständig zur Begegnung und zur Beziehung verhalten können? Damit ist hier gemeint, dass die Care leistende Person, keine vorgefertigten Ziele oder Methoden auf die Begegnung überstülpt. Die Care Begegnung ist in diesem Sinne zweckfrei zu verstehen, weil die Care leistende Person keine vordefinierten, inhaltliche Ziele verfolgt, die über das Begleiten und die Ermunterung zur Selbstthematisierung und -tätigkeit des Gegenübers hinausgehen. Das Gegenüber legt folglich die Ziele bis zu einem gewissen Grad im gegenseitigen Austausch mit der Care leistenden Person fest. Es fragt sich jedoch, wie zweckfrei eine solche Begegnung wirklich sein kann. Ist der Mensch doch, wie schon erwähnt wurde (vgl. Kapitel 2), stets in Systeme eingebettet und daher nie als vereinzelt in der Erfahrungswelt anzutreffen, noch ist aufgrund der Berufung der Care-Tätigkeit von einer wirklich zweckfreien Begegnung auszugehen (Löwith, 2016: 85). Und was bedeutet es, dem Gegenüber achtsam, inbegriffen und bildsam zu begegnen?

Allein durch einen Perspektivenwechsel auf diese Fragen kann eine mögliche Antwort auf diese Problemstellung zumindest in einem ersten Ansatz umrissen werden. Wenn von einer *Care-Begegnung* gesprochen wird, geht es nicht um eine völlige

Zweckfreiheit, die auf Seiten der Care leistenden Personen postuliert wird, noch soll suggeriert werden, dass das Gegenüber hilflos und vereinzelt auf die Care leistende Person wartet, die sie in die Begegnung und damit in eine Beziehung emporhebt.

Mit der Zweckfreiheit der dialogischen Beziehung soll der Aspekt beleuchtet werden, dass das Gegenüber als Du, sprich als tatsächliches Gegenüber wahrgenommen und aufgefasst wird, welches nicht von instruktionalistischen oder affirmativen Vorannahmen überwältigt und verdinglicht werden soll (Buber, 2021: § 1). Das Gegenüber erscheint auf seine je eigene Weise. Man befindet und begegnet sich daher in der *Präsenz* und damit auch im *Präsens* der Begegnung. Die Zeitlichkeit der Begegnung findet massgebend in der Gegenwart statt und übernimmt weder zu viele Ideen und Erfahrungen aus der Vergangenheit, noch strebt sie ein streng vorgelegtes Ziel in der Zukunft an. Nur so kann das Gegenüber überhaupt als Du in Erscheinung treten (Buber, 2021: § 5). Das Du ist ein Selbst (vgl. Kapitel 3.2) mit einer eigenen Vergangenheit, eigenen Erfahrungen sowie Bedürfnissen und eigenen Zielen.

Dem Gegenüber sollte es zu jedem Zeitpunkt der Begegnung freistehen, die Beziehung grundlegend mitzugestalten und wesentliche Ansprüche und Bedürfnisse aus der eigenen Lebenswirklichkeit hervorzubringen, sei dies nun auf lebensweltliche Interessen oder andere Aspekte bezogen (Lahav, 2017: 126). Schmetkamp formuliert dies wie folgt: »Wenn wir aber in komplexeren Gefühlssituationen mit einer anderen Person entweder als adressierte Zuhörerin, als engagierte Betrachterin oder als direkte Teilnehmerin involviert sind, so sind wir aufgefordert (oder sollten uns aufgefordert fühlen), dem Erleben des Anderen genauer nachzugehen und zu verstehen zu versuchen, was vorgeht oder vorgegangen ist« (Schmetkamp, 2019: 11). Damit ist gemeint, dass für die Begegnung eine kognitive und affektive Offenheit nötig ist, welche die Care Leistenden dazu motiviert, sich dem Gegenüber zuzuwenden und entsprechend deren Interessen und Bedürfnissen zu handeln im Hinblick darauf, dass das Gegenüber als besonders erfasst wird. Die Begegnung wird daher zu einem je einmaligen, unverwechselbaren Ereignis. Dieses Bemühen um Verständnis und Offenheit führt auch dazu, dass man dem Gegenüber Gutes wünscht und sich somit in die Care-Tätigkeit einlässt (Schmetkamp, 2019: 183).

Was geschieht bei einer Care Begegnung? Auch wenn der Mensch stets schon in Systeme eingebettet ist, kann nur der Mensch im Du begegnen.[4] Weder die Umwelt noch eine Gruppe oder die Gesellschaft als Ganzes können ein *Du* bilden. In der Begegnung mit einem Du wird also auf eine andere Perspektive der Lebenswirklichkeit getroffen, welche nicht nur die eigene herausfordert, sondern diese auch bis zu einem gewissen Grad mitbestimmt (Mittelstrass, 2007: 11). Man wird vom Du angegangen. Diese Wirklichkeitsresonanz ist, so Buber, das unterscheidende Merkmal, welches die Ich-Du-Beziehung von der Ich-Welt-Beziehung unterscheidet (Buber, 2021: § 14). Der Mensch

---

4   Dies ist nicht respektlos gegen eine mögliche Begegnung mit Gott oder anderen religiösen Entitäten gemeint. Vielmehr wird die dialogische Beziehung in der vorliegenden Arbeit auf die rein zwischenmenschliche Beziehungsform beschränkt (Löwith, 2016: 99). Eine Auseinandersetzung der Begegnung mit Gott oder anderen religiösen, gegebenenfalls auch natürlichen Entitäten muss hier aus Platzgründen vernachlässigt werden.

ist in der Ich-Du-Beziehung *miteinander* und nicht *beieinander*, wie er es mit weltlichen Dingen wie bspw. Gegenständen ist. Das Du als Gegenüber ist die Verkörperung des Anderen, des dem Ich Fremden, auf das sich das Ich einlassen soll. Es wird entsprechend nicht von eigenen Vorurteilen und Annahmen des Ichs überrumpelt, sondern kann als Du sich selbst zum Ausdruck bringen.

Das Du ist so verstanden nicht komplett von der Perspektive des Ichs thematisierbar, worauf später noch genauer eingegangen wird. Es entzieht sich dem vollständigen, erkenntnistheoretischen Zugriff. Nur das vorher erwähnte Bemühen zu Verstehen bildet die Brücke zwischen dem Ich und diesem ganz Fremden und Anderen, aber an sich lässt sich das Du begrifflich nie vollständig erfassen (Rogers, 2021: 419, Wenz in Noth et al., 2017: 123).[5] Mit dem Fremden ist die Begegnung ergebnisoffen. Sie wird damit auch zu einem Wagnis (Derrida & Vattimo, 2017: 32, Pépin, 2022: 15). Eine Begegnung mit einem Du erweist sich daher als eine komplexe Möglichkeitsbedingung für die Philosophical Care. Daraus folgen unter anderem drei Problemstellungen, mit denen sich die Philosophical Care theoretisch und in der Praxis beschäftigen muss.

Wie gelingt eine Care Begegnung? Erstens stellt sich die Frage, wie diese Vorurteilsfreiheit angestrebt werden soll. Wenn das Du nicht übergriffig und paternalistisch in eigene Konzeptionen und Vorstellungen einer Care-Tätigkeit verstrickt werden soll, muss das Du als Gegenüber als eigenständige Partei wahrgenommen werden, deren Ansprüche und Bedürfnisse von vornherein nicht künstlich begrenzt werden sollen. Wie weit dies möglich ist, wenn überhaupt, scheint aus den bisherigen Überlegungen noch nicht klar zu werden, ist doch das Bemühen, um ein Verständnis stets schon als hermeneutischer Akt (inklusive hermeneutischer Vorurteile) zu betrachten. Dies wird in Bezug auf die philosophischen Schlüsselkompetenzen weiter unten noch genauer untersucht. Wenn die Begegnung eine Form der Beziehung fundiert, so wird nicht ersichtlich, was neben der Haltung zum Du die Beziehung weiter vollständig definiert. Allein die Zweckfreiheit reicht offensichtlich nicht aus, um eine Begegnung als Care-Beziehung zu definieren. Es bedarf weiterer Attribute, um die Begegnung zu einer Care-Beziehung zu verwirklichen (vgl. Kapitel 3.2).

Diese erste Problemstellung potenziert sich dadurch, dass viele Personen, welche zudem der Care Leistungen bedürfen, sich in einer Lage befinden, in welcher von der Care leistenden Person direkte und spezifische Anforderungen schon von Beginn an erwünscht werden (Jaspers, 2019: 18). Dies kann in direkten Hilfestellungen oder Aufträgen zum Ausdruck kommen. Zugleich sind auch Fälle vorstellbar, in denen die Gegenüber nicht (mehr) in der Lage sind, diese Ansprüche zu äussern oder vorzubringen. Auch dies muss für die angebliche Zweckfreiheit berücksichtigt werden. Dieser Umstand kann und darf weiter auch nicht für die Beziehungsgestaltung vernachlässigt werden.

---

5 «Unterschiede in Geschlecht, Alter, Beruf oder Glauben können mit der Fremdheit konvergieren, sich teilweise mit ihr decken oder hinzukommen, aber sie verschmelzen nicht mit ihr» (Kristeva, 2018: 105).

3.1. Die Begegnung

Zweitens scheint nicht ersichtlich zu sein, was genau das *Fremde* und *Andere* des Gegenübers sein soll.[6] Man würde sich in einen performativen Selbstwiderspruch verwickeln, würde man versuchen, das *Fremde* und *Andere* vollumfänglich zu definieren. Wenn so etwas gelänge, wäre es von diesem Zeitpunkt an nicht mehr fremd. Ebenfalls würde eine solche übergriffige Aneignung des Gegenübers durch Analysen und Vorurteile die Begegnung wieder unterminieren (Lévinas, 2003: 19). Die Unvorhersehbarkeit des Anderen und die je eigene gelebte Wirklichkeit des Gegenübers muss für die Begegnung jedoch notwendigerweise in Betracht bezogen werden. Das Fremde kommt daher mit einer Forderung. Was das Fremde ist und wie man damit umgehen sollte, sind nun jedoch zwei verschiedene Aspekte desselben Phänomens. Es kann also auf diese Problemstellung reagiert werden, ohne sie zu beantworten.

Man kann sich nämlich die Frage stellen, wie auf das Fremde und Andere in der Care Begegnung reagiert werden kann (Derrida, 2018: 95). Damit wird nicht das Fremde als Ding oder Erfahrungsgegenstand thematisiert, sondern die Einstellung oder die Haltung, wie Fremdes innerhalb der Care-Tätigkeit aufgenommen wird. Dazu sind zusammengefasst Achtsamkeit (Achtung und Aufmerksamkeit), Authentizität (Inbegriffenheit) und dynamische Empathie (Bildsamkeit) nötig (vgl. Schmid in Slunecko, 2017). Ein zentraler Gedanke in der Seelsorge und der Seelsorgelehre bildet hierfür der Begriff der *Gastfreundschaft*, der diese Aspekte wieder zusammenfasst (Philipp, 2013: 45, Ziemer, 2015: 17).[7]

Die Gastfreundschaft gilt für die Philosophie und entsprechend auch für die Praxis von Philosophical Care. Wer gastfreundlich ist, nimmt das Fremde auf, lässt es im Rahmen der Gastfreundschaft gewähren und bietet sich selbst als Pol der Beziehung an. Eine solche Position oder Einstellung definiert folglich nicht, was das Fremde oder das Andere ist, sondern wie darauf reagiert werden soll – und zwar mit einer Einstellung besagter Gastfreundschaft.

Daran schliessen sich unweigerlich weitere Problemstellungen an: Wer ist in der Care-Tätigkeit der Gast bei wem? Ist die Care leistende Person zu Gast in der gelebten Wirklichkeit der Klientel? Oder sind die Klientel mit ihren Ansprüchen und Bedürfnissen jene, welche gastfreundlich empfangen und aufgenommen werden sollen? Ist vielleicht beides richtig? Wer wird also überhaupt zu wem in der Begegnung finden (Lindseth in Staude, 2010: 81, Löwith, 2016: 89) – fragen sich unterschiedliche theoretische Positionen. Festhalten lässt sich hier im Anblick dieser Unklarheiten zumindest der Punkt, dass durch die Begegnung, sobald man sich auf das Gegenüber einlässt, Veränderungen ermöglicht werden – sowohl für sich selbst und das Gegenüber als auch für die Begegnung allgemein (Schmid, 2016: 80).

---

6   Es wird ja auch von der Psychoanalyse ausgegangen, dass der Mensch sich selbst fremd ist. Dies hat nicht nur mit der Dreiteilung von Es-Ich-Über-Ich zu tun (Freud, 2014: 42f), oder der Dreiteilung nach Lacan (Pagel, 2012: 22), sondern auch die immer waltenden Verdrängungsmechanismen, welche dem Menschen eine vollständige Erkenntnis verunmöglichen (Freud, 2016: 51). Ist also das Fremde nur als eine Projektion des Unbewussten des Ichs zu verstehen (Angehrn in Hindrichs, 2017: 168, Kristeva, 2018: 200f) oder kann das Gegenüber wirklich ein Du als fremdes Du sein? Darauf kann hier nicht weiter eingegangen werden.

7   Die Gastfreundschaft wird dabei oft biblisch begründet (vgl. Rüegger & Sigrist, 2011: 46).

Als Gastgeberin oder Gastgeber sowie als Gast in der Care-Tätigkeit lässt man sich daher drittens unweigerlich auf das Gegenüber ein, und zwar so, dass die eigenen Vorstellungen, Gefühle, Ideen etc. mitbeeinflusst werden. Gastfreundschaft ist ein dialektisches, dialogisches Phänomen, das zwei Parteien miteinander zu einer Beziehung vereinigt. Die eigene Lebenswirklichkeit wird aufgebrochen und in dieser Fuge hat das Gegenüber als Fremdes ein Einfallstor gefunden und erweitert dadurch die eigene Erfahrungs- und Lebenswelt (Rorty, 2008: 169). In diesem Einfallstor wird das andere nicht angeeignet, sondern beherbergt. Schmetkamp erläutert hierzu: »Vielleicht müssen wir nicht alles bei Anderen verstehen; vielleicht sollten wir manchmal auch akzeptieren, dass wir nicht alles nachvollziehen *können*« (Schmetkamp, 2019: 194; H.i.O.).

Die Begegnung führt aber unweigerlich zur Transformation. Sie verändert die teilnehmenden Parteien. Daraus erschliessen sich weitreichende Konsequenzen für die Praxis von Philosophical Care, wie sich in den weiteren Abschnitten des vorliegenden Kapitels noch zeigen wird. Zusätzlich kommt hier auch die interkulturelle und globalisierungsbedingte Kontingenz der Begegnung ins Spiel. Verschiedenheiten und Differenzen gehören zur Begegnung immer dazu.

Begegnungen sind oft nicht nur durch lebensweltliche Interessen und soziale Rollen, sondern auch durch kulturelle oder intersektionale Übereinkünfte oder Zustände geprägt (vgl. Mittelstrass, 2007: 12). Wie ist auf solches Fremdes und Anderes als Gastgeberin, Gastgeber und Gast bestmöglich zu reagieren? Wie kann sich die Philosophie hier für die Praxis von Philosophical Care als nützlich erweisen? Und wie kann die Begegnung überhaupt als gelungen charakterisiert werden? Im Hinblick auf die drei erarbeiteten, axiologischen philosophischen Schlüsselkompetenzen soll nun die *Begegnung* als Möglichkeitsbedingung der Philosophical Care nochmals aus den drei unterschiedlichen Perspektiven (Einsicht, Urteilen, Radikales Bedenken) betrachtet werden, um damit diesen ersten Begriff und dessen Problemstellung nochmals genauer zu beleuchten.

Wie hängen die philosophischen Schlüsselkompetenzen mit der Begegnung zusammen? Die Einsicht kann in der Begegnung dahingehend Fuss fassen, dass man sich bemüht, zu begreifen, was die philosophische Begegnung wesentlich auszeichnet. Dies wird anhand der Systemimmanenz und der damit einhergehenden Problemstellung thematisiert. Für das Urteilen wird anschliessend wichtig, diese Einsichten zu vergewissern und die eigenen Vorurteile und Heuristiken in der Begegnung zu unterbinden. Vielmehr geht es darum, in einem ersten Schritt empathisch zu sein. »Empathisch zu sein heisst dann nicht nur, verständnisvoll, sensitiv und aufmerksam zu sein, sondern auch, besonders gut mit Anderen mitfühlen zu können, meistens in Bezug auf Schicksale, psychische Schmerzen, negative Erfahrungen« (Schmetkamp, 2019: 13f). Dies gelingt nur, wenn einzelne Urteile zurückgehalten und selbst für die Begegnung reflektiert werden. Diese Reflexion mündet schliesslich beim Radikalen Bedenken in einem kritisch reflektierten Erfassen des Gegenübers.

Systemimmanenz

Was ist eine gelungene Begegnung im Hinblick auf die philosophische Einsichtskompetenz? Achtsam und mit Einsicht einem Gegenüber zu begegnen impliziert unterschiedliche Aspekte und erzeugt ebenso weiterführende Problemstellungen für die Care-Tätigkeit.

Jede noch so grosse Bemühung um Achtsamkeit und Einsicht kann in einer Begegnung auch fehlschlagen. Es kann geschehen, dass ein Hiatus zwischen erlernter Theorie und ausgeführter Praxis aufbricht, wenn die Wirkung innerhalb der Begegnung auf das Gegenüber sich von der Einstellung oder Absicht der Care leistenden Person verselbständigt (Wenz in Noth et al., 2017: 122).[8] Der Standpunkt der Care leistenden Person wird dadurch verfehlt.

Ebenfalls kann das Gegenüber durch einen verfälschten Standpunkt unzulänglich erfasst werden. Einer solchen Option muss stets kritisch Rechnung getragen werden. Dem kann entgegengearbeitet werden, indem die achtsame Einsicht in der Begegnung selbst reflektiert und möglicherweise expliziert wird. Da die Begegnung die erste fundamentale Möglichkeitsbedingung von Philosophical Care überhaupt bildet, ist auch die hier erläuterte Problemstellung der Systemimmanenz von nicht zu vernachlässigender Bedeutung.

Als aller erstes gilt es herauszufinden, ob und wie durch eine Professionalisierung die Begegnung verändert wird. Im Gegensatz zu sonstigen zwischenmenschlichen Begegnungen – ob es nun Care-Begegnungen sind oder nicht – unterscheiden sich professionalisierte Begegnungen dadurch, dass der Zweck klar und offensichtlich angebbar ist, auch wenn der Zweck in der oben erwähnten *Zwecklosigkeit* besteht. Für alle teilnehmenden Parteien ist einsichtig, dass es sich bei der Begegnung um eine Care-Begegnung handelt, auch wenn die Ziele noch nicht klar formuliert wurden oder wenn es keine expliziten Ziele anzustreben gilt. Dadurch wird auch die Rollenverteilung der teilnehmenden Parteien offenbar (Faber in Noth & Faber, 2023: 132).

Mindestens eine Person gehört zu den Care Leistenden und die restlichen Parteien beziehen sich auf diese Person in der Begegnung auf genau diesen Aspekt, wenn sie die Begegnung als Care-Begegnung erfassen. Dabei ist die Care leistende Person in der Begegnung nicht nur als Care Leistende eingebunden, sondern muss auch als ganzer Mensch im Geschehen mitinvolviert sein. Oevermann fasst dies wie folgt zusammen: »Gerade diese widersprüchliche Einheit von Rollenförmigkeit (spezifische Sozialbeziehung) und Partizipation als ganzer Mensch (diffuse Sozialbeziehung) macht erst das professionalisierte Berufshandeln [der Care Leistenden; O.I.] aus« (Oevermann, 2010: 215).

Die unterschiedlichen Rollen ermöglichen es, neue oder bisher unbedachte Inhalte in die Begegnung einzubringen, schränken sie jedoch auch stets auf eine bestimm-

---

[8] Unterschiedliche Disziplinen der zwischenmenschlichen Sorge erheben hierfür eine Deutungshoheit, was sorgefähig ist und was als Problem definiert werden kann, wofür Sorge nötig ist. Damit konkurrieren sie auch mit anderen Disziplinen, wenn es darum geht, die Antwort auf die Sorgeproblematik zu formulieren (vgl. Mieg, 2018: 190).

te Weise (jene der Rollenverteilung) ein. Die Übernahme der Rollen kann jedoch zu Veränderungen und Transformationen führen, die wesentlich zur Begegnung dazugehören (Hartmann, 2022: 52). Zugleich geht die Care leistende Person nicht einfach in der Rolle auf, sondern ist tatsächlich im Geschehen mitinvolviert und lässt sich vom Gegenüber angehen.

Durch die Professionalisierung sind zusätzlich die Eröffnung und Beendigung der Begegnung komplexe, jedoch strukturierte Geschehen, womit impliziert wird, dass sie bis zu einem bestimmten Grad mitgestaltet werden können und auch sollen (Oevermann, 2010: 100). Dies wird sich an der Form des Austausches noch deutlicher zeigen (vgl. Kapitel 3.3). Es soll nun jedoch nochmals genauer auf die Zweckfreiheit und die Rollenverteilung eingegangen werden.

Die Begegnung, auch wenn sie zweckfrei sein soll, muss von einem eigenen Standpunkt aus geschehen. Nur ein Ich kann einem Du begegnen, indem es von sich aus einsichtig und achtsam ist (vgl. Kapitel 2.2). Tragend werden hierfür die je eigene Lebenswirklichkeit und der Erfahrungshorizont der Care leistenden Person. Dies gehört grundlegend zur hermeneutischen Situation der sorgenden Tätigkeit. Es ist nicht möglich und soll auch nicht angestrebt werden, diesen Standpunkt vollständig zu unterdrücken oder zu vernachlässigen (Gadamer, 2010: 312, Heidegger, 2006: 153). Stets sind Vorurteile und Ansprüche vorhanden, bevor überhaupt etwas oder jemand verstanden werden kann. Dies zeigt sich auch schon darin, wie auf das Gegenüber eingegangen wird, wie es also überhaupt als Gegenüber in der Care-Tätigkeit wahrgenommen wird. Bis zu welchem Grad und in welcher Manier sind also Gefühle, Vorurteile und Annahmen zulässig und vertretbar? Ist das Gegenüber bspw. eine biopsychosoziale Einheit, wie sie in der Psychologie oft aufgefasst wird?

Die Psychologie und folglich die Psychotherapie gehen in vielen Fällen in der Begegnung von einem bestimmten Menschenbild oder bestimmten Methoden bspw. der Gesprächsführung aus, um das Gegenüber anhand ihrer Tätigkeit bestmöglich zu erfassen (Brandt, 2017: 32). Dies kann sogar soweit führen, dass die Methoden und das Menschenbild mehr und mehr dezentriert werden und es unklar scheint, worauf genau Bezug genommen wird (Fischer, 2017: 87ff).

Ähnliches gilt auch für die Seelsorge. Die Seelsorge erhält ihren Auftrag und ihre Begründung aus der (christlichen) Religion (Noth & Schweitzer in Noth et al., 2017: 222). Der Mensch als Gegenüber wird innerhalb der Begegnung in diesem religiösen Kontext wahrgenommen und erfasst. So wird er bspw. als Einheit von Seele und Körper sowie als Schöpfung Gottes in der je eigenen Unverwechselbarkeit wahrgenommen, die der Unterstützung von Menschen und der Liebe Gottes bedarf. Damit geht bei der Seelsorge nicht notwendigerweise eine missionarische Intention einher (Morgenthaler, 2019: 292), jedoch wird die Begegnung durch diesen religiösen Kontext mehr oder weniger stark geprägt. Als Beispiele hierfür können religiöse Rituale (Gebet, Segnung, Beichte etc.) oder direkte Bibelbezüge in der seelsorglichen Care-Tätigkeit dienen.

Das Gegenüber wird also in der Psychotherapie in einem psychologischen Kontext erfasst, während in der Seelsorge oft ein religiöser Kontext vorherrscht.[9] Die Begegnung wird innerhalb dieses Kontextes daher schon in einer gewissen Weise von Vorurteilen und Annahmen antizipiert und vorstrukturiert.

Diese Annahmen müssen nicht durch ontologische Prämissen, wie eben dargestellt, aufgefasst werden, sondern können auch funktional in einem Fragezusammenhang bestehen (Noth, 2010: 372). Dieses Phänomen soll hier *systemimmanente Begegnung* genannt werden. Damit ist gemeint, dass unabhängig des Gegenübers je schon ein Kontext in die Care-Tätigkeit mitgebracht wird und zwar insofern diese von der angestrebten Tätigkeit der Sorge durch die Professionalisierung (vgl. Kapitel 1) erlernt wurde. Daran ist an sich und a priori nichts Verwerfliches zu finden, es ist jedoch wichtig, sich diesen Kontext für jede einzelne Care-Situation zu vergegenwärtigen. Denn der systemimmanente Kontext muss immer auch wieder aufgebrochen werden, wenn bspw. Seelsorgende sich in einem Krankenhaus, einer Klinik, einem Gefängnis, in Schulen[10] o. ä. ihre Tätigkeit ausüben. Es bedarf dabei teilweise der Übersetzungsleistung des einen Systems (bspw. gesund/krank) in ein religiöses Deutungsschema oder eben gerade nicht (Roser, 2017: 427).

Welcher Kontext definiert nun die Begegnung des Gegenübers in Philosophical Care? Wird das Gegenüber als *Seele* oder als *biopsychosoziale Einheit* erfasst? Oder wird ein typisch philosophisches Konzept übernommen? Wie sähe ein philosophischer Kontext überhaupt aus? Es ergibt einen wesentlichen Unterschied, wenn das Gegenüber bspw. als *transzendentales Ego* im Sinne Husserls wahrgenommen wird (Husserl, 2012: 39), oder ob man es als *Dasein* versteht, wie dies bei Heidegger geschieht (Heidegger, 2006: 11). Beide Konzepte zeichnen sich durch grundlegend unterschiedliche Merkmale aus, die nicht aufeinander reduziert werden können. Oder scheint es eher angebracht, dem Gegenüber durch eine Vorstellung von passenden Methoden zu begegnen, insofern sie als philosophisch betrachtet werden können (vgl. Kapitel 3.4)?

Anhand solcher Annahmen entspringen unterschiedliche Kontexte, wie, warum und woraufhin das Gegenüber erfasst sowie begleitet werden soll. Bezweifelbar wird jedoch, ob dieses Vorgehen tatsächlich ein philosophischer Kontext im vorgelegten Verständnis bildet.

Brandt geht nämlich im Gegenteil davon aus, dass die Philosophie ihr Zentrum ausserhalb von sich hat (Brandt, 2017: 84), dass also der Kontext nicht von Philosophical Care selbst heraus bestimmt werden kann und sollte. Die Philosophie kann sich zwar selbst thematisieren, so wie dies in Kapitel (2) offenbar getan wurde, der Praxis von Philosophical Care ist damit jedoch wenig gedient. Zudem kann sich die Philosophie auch ihren eigenen Diskursregeln nicht unterwerfen (Lyotard, 2013: 74). Sie kann sich also selbst nicht als Element ihrer eigenen Regeln enthalten.

---

9 Selbstverständlich gibt es hier durch die verschiedenen Ansätze wesentliche Unterschiede, wie ein solcher Kontext aussehen soll. Ebenso lassen sich Mischformen feststellen (vgl. bspw. Noth, 2010).
10 Vgl. hierzu bspw. Görtz, 2014, Mertes, 2009 und Spermann et al., 2015 sowie 2017.

Will Philosophical Care im Sinne der Schlüsselkompetenzen auf das Gegenüber angemessen reagieren, muss die Philosophie daher über sich hinausgehen. Anders als die Psychotherapie und die Seelsorge wird dem Gegenüber also nicht in einem wie bisher beschriebenen philosophischen Kontext begegnet, sondern in einem Kontext, der ausserhalb der Philosophie liegt. Die Philosophie sollte keine Bilder des Gegenübers entwerfen, in welchem der Mensch schon antizipiert wird (Hampe, 2014: 63), sondern nur fragend, achtsam und achtend begegnen.[11] Das Gegenüber sollte so wenig wie möglich antizipiert werden, um so einen systemimmanenten Erfahrungsrahmen des philosophischen Zugriffs jederzeit sprengen zu können. Nur diese Sprengkraft, bisher Ungefragtes hinterfragen zu können, kann einen philosophischen Kontext bilden – ein Kontext, der trotzdem ausserhalb von sich liegt.

Es ist hier wichtig zu erwähnen, dass damit keine Überlegenheit des vermeintlich philosophischen Kontextes gegenüber dem religiösen oder psychotherapeutischen Kontext suggeriert wird, da letztere systemimmanent sind, während der Kontext von Philosophical Care dies anscheinend nicht ist. Jeder dieser Kontexte hat und verdient seine Berechtigung. Relevant für diesen Gedanken ist es jedoch festzuhalten, dass für Philosophical Care, sofern sie philosophisch sein will, kein systemimmanenter Kontext vorausgesetzt werden *darf*. Daher wird für Philosophical Care vorerst der Begriff des *Du* für das Gegenüber in der Begegnungssituation verwendet, um damit Konzepte wie *transzendentales Ego*, *Dasein* oder *Subjekt* etc. in einem ersten Schritt auszuschliessen.[12] Dieses Ausschliessen von Annahmen soll nun anhand der philosophischen Urteilskompetenz in der Begegnung weiter untersucht werden.

Epoché

Was ist eine gelungene Begegnung im Hinblick auf die philosophische Urteilskompetenz? Das Zurückhalten von Vorurteilen und allgemeinen Urteilen lässt das Fremde *als Fremdes* stehen, wodurch das Du als Gegenüber in seiner Andersheit erscheinen und in die Begegnung sich selbst entsprechend eintreten kann.[13] So hält auch Oevermann fest: »Nur das Fremde als Fremdes erfordert das Verstehen systematisch als Methode«

---

11 Damit wird keineswegs angedeutet, dass es nicht auch solche Bewegungen in der Theologie oder in der Psychologie gibt. Wie schon erwähnt wurde, geht es hier nicht darum, die einzelnen Disziplinen gegeneinander auszuspielen, sondern auf Punkte hinzuweisen, die für eine Grundlegung der Philosophical Care dienlich sind.

12 Dass dies einer philosophischen Position entspricht, die bei Personen wie Lévinas, 2017, Buber, 2021 etc. gefunden werden kann und dadurch einen eigenen philosophischen Kontext darstellt, wird umgehend offensichtlich. Die Position der Nichtthematisierbarkeit des Anderen als Du erlaubt es jedoch, Urteile solange zurückzuhalten, dass diese reflektiert und gegebenenfalls revidiert werden können. Eine solche Erfassung des Gegenübers bietet daher für den philosophischen Kontext jene minimalen Bedingungen, in welchem die drei Schlüsselkompetenzen bestmöglich zur Anwendung kommen können.

13 Husserl spricht beim methodischen Zurückhalten der eigenen Vorurteile in der phänomenologischen Untersuchung von *epoché* (Husserl, 2012: 21, Prechtl, 2012: 23). Dieser Begriff wird für die vorliegenden Überlegungen zur Gastfreundschaft gegenüber dem Anderen

(Oevermann, 2010: 40). Das Fremde ist aber nicht vollständig von der philosophischen Theorie versteh- oder ableitbar und, wie schon erwähnt wurde, nicht ganzheitlich thematisierbar (Ziemer, 2015: 113). Der Andere als Gegenüber bildet daher den *Atopos*, den Ort, welcher theoretisch nicht vollständig erfasst und erkannt oder analysiert werden kann und *soll* (Han, 2017: 18, Lévinas, 2017: 215, Von Balthasar, 2019: 35).

Anstatt den Menschen, dem in der Care-Tätigkeit begegnet wird, philosophisch oder anderweitig zu kategorisieren, soll hingegen die Gastfreundschaft kultiviert werden, also die Einstellung, auf die Geschichten und die Identität des Gegenübers aufmerksam als Zeuge oder als Zeugin zu reagieren. Und dies geschieht in achtsamer, inbegriffener, bildsamer Weise (Guanzini, 2019: 22). Das bedeutet, dass die Ausführungen des Gegenübers mehr Gewicht erhalten, als die eigenen Interessen und Ansprüche, die von der Care leistenden Person in die Begegnung hineingetragen werden. Die Sorge entspringt also nicht aus der Motivation, weil das Gegenüber ein besonderes, interessantes Analysandum wäre, sondern durch die Haltung der inbegriffenen Sorge selbst wird das Gegenüber zu einem Besonderen (Gahlings, 2023: 69, Poltrum, 2016: 214). Damit muss, so Buber, aber auch jegliches Diagnostizieren aus der dialogischen Begegnung wegfallen (Buber, 2021: § 32).

Was ist unter dem Diagnosebegriff zu verstehen? Auf diesen Punkt soll hier ganz kurz zum Verständnis der Überlegungen genauer eingegangen werden. Die Diagnose stellt das Bindeglied zwischen der Abnormalität/Störung/Krankheit als Tatsache und dem Verfahren der Therapie dar (Foucault, 2016: 24, Frances, 2014: 25f). Diagnosen können sowohl auf somatische Beschwerden und Krankheiten als auch auf psychische Probleme und Störungen angewendet werden, zuweilen beide überlappen können. Diagnosen befassen sich sowohl mit der Herkunft einer Krankheit (Ätiologie), mit der gegenwärtigen Symptomatik als auch mit dem zukünftigen Verlauf (Prognose). Hierbei steht (problematischerweise) bei vielen verschiedenen Ansätzen in der Medizin und Psychotherapie allein das Individuum, das Subjekt oder der Organismus im Zentrum (Moreno, 2001: 69).

Wichtig ist zu erwähnen, dass Diagnosen kulturelle Konstrukte bilden und folglich keine Tatsachen darstellen, die sich rein objektiv begründen lassen, was auch für eine philosophische Begegnung eher unphilosophisch wäre (Schneider, 2020: 17f). Dass sich daher auch die Art und Weise verändert hat, wie Diagnosen gestellt werden, muss ebenso zur Kenntnis genommen werden (bspw. Poltrum, 2016: 259). Wenn ein Mensch diagnostiziert wird, so wird sein Denken, Fühlen oder zwischenmenschliches Verhalten in Kategorien von üblich/unüblich, normal/abweichend, entwicklungsfördernd/störend etc. eingeteilt (Foucault, 2013: 421, Noth, 2010: 345).[14] Hier kommen entsprechend Symptome, Störungen und andere Auffälligkeiten des Menschen in Be-

---

übertragen. Für diese Anwendung in der Philosophischen Praxis und der Seelsorge existieren ebenfalls solche Bemühungen (Rüegger in Noth et al., 2023: 31).

14 Selbstverständlich sind nicht alle Schulen, sowie Vertreter und Vertreterinnen der Psychologie, Psychotherapie und Psychoanalyse in derselben Weise erpicht darauf, solche normierenden und normativen Diagnosen zu stellen, da sie von der Komplexität menschlicher Störungen sowie Symptomen ausgehen (Poltrum, 2016: 28).

tracht, der Mensch *als Gegenüber* jedoch selbst nicht (Foucault, 2016: 32). Dies hat für unterschiedliche medizinische und psychotherapeutische Zwecke bisweilen seinen Sinn, es ist jedoch in Anbetracht der bisherigen Überlegungen keine philosophische Angelegenheit. Daher lohnt es sich auch, die Wahrnehmungs- und Begegnungsmöglichkeit in den Rahmen der *epoché* zu stellen, die frei von einer vordefinierten Systemimmanenz bleibt.

Das Du in der philosophischen Begegnung wird also nicht anhand diverser Indikatoren in eine Gruppe eingeteilt, sondern es sollte im Gegenteil der Raum dafür geschaffen werden, dass das Du sich selbst thematisieren kann (Wild, 2021: 136). Erst in der errichteten Möglichkeit der Selbstthematisierung des Dus kann eine Begegnung in besagtem Sinne entstehen. Dies geschieht bspw. durch erzählgenerierende Eröffnungsfragen und Ermunterungen zur eigenständigen Erzählgestaltung (Stölzel, 2014: 71). So schreibt auch Böhme über die Narration von Geschichten: »Zur Geschichte werden Geschehnisse, Ereignisse, Fakten erst, wenn sie in einen Zusammenhang gebracht werden und ein Ganzes ausmachen« (Böhme, 1994; 126).

Hier erfolgt entsprechend der philosophischen Urteilskompetenz die Anerkennung des Anderen und dessen Aussagen, wodurch auch zugleich eine Verantwortung einhergeht, die über die achtsame Einsicht hinausführt (Derrida, 2018: 28). Die philosophische Tätigkeit in der Philosophical Care ist nicht dazu angehalten, Weltbilder und anthropologische-psychologische Gutachten aufzustellen, wie dies sonst teilweise oft in der Geschichte der Philosophie geschehen ist. Vielmehr soll versucht werden, aufmerksam Fragen zu stellen und mit verschiedenen Verständnis- und Handlungsmöglichkeiten zu experimentieren (Hampe, 2014: 65).

Das Gegenüber kann sich thematisieren und die damit einhergehende Form der Anerkennung ist entsprechend dreifaltig gegliedert: Zum einen muss das Gegenüber *als* das Gegenüber anerkannt werden und zum anderen gilt es denjenigen Punkten nachzuspüren und zu besprechen, *wie* das Gegenüber in die Beziehung eintreten will (Buber, 2005: 38f). Beides ist für die Begegnung vollumfänglich ernst zu nehmen. Dass es dabei nicht nur um eine Einstellung geht, sondern auch in der Handlung, respektive in der Praxis, umgesetzt wird, versteht sich von selbst. Die Einstellung der Anerkennung wird durch die Handlungen im Austausch zum Ausdruck gebracht.

Drittens muss nicht nur beachtet werden, wie das Gegenüber anerkannt wird, sondern was in der Anerkennung mit der anerkennenden Partei durch die Begegnung geschieht. Hier findet nämlich die Aufforderung zur Hermeneutik statt. Ikäheimo stellt dies so dar: »Ein Teil der Wirkung von Anerkennung besteht dort darin, dass sie den Horizont des *Anerkennenden* mit dem des Anerkannten vermittelt« (Ikäheimo, 2014: 115f; H.i.O.).

So wird zusammengefasst das Fremde als Fremdes stehen gelassen, indem allein versucht wird, dem Du zur Selbstthematisierung zu verhelfen und dieses schliesslich auch zu verstehen und bestmöglich zu erfassen.[15] Die Urteilskompetenz im Sinne vom

---

15 Die *Selbstthematisierung* als Konzeption muss nicht notwendigerweise auf eine sprachliche Äusserung reduziert werden. Wie im Kapitel (2) schon hervorgehoben wurde, erstreckt sich die Philosophie möglicherweise auch auf aussersprachliche Aspekte des Ausdrucks.

Anerkennen und Festlegen wird hierfür tragend. Entsprechend sind beide Parteien in einer solchen Begegnung im doppelten Wortsinn *inbegriffen* (vgl. Kapitel 2). Beide bleiben sich bis zu einem gewissen Grad stets fremd, bemühen sich jedoch um ein gemeinsames Verständnis. Die teilnehmenden Parteien, so führt Ikäheimo weiter aus, müssen »sich so zueinander zu verhalten, dass sie sich *sowohl* wechselseitig Unabhängigkeit gewähren *als* sich *auch* im Anderen ihrer selbst bewusst sind« (Ikäheimo, 2014: 75; H.i.O.). Diese Aussage muss dahingehend relativiert werden, dass der Andere als Gegenüber im hermeneutischen Akt nicht eingeholt werden kann in dieser Selbstbewusstheit. Hierzu schreibt Han: »Wenn man den Anderen besitzen, ergreifen und erkennen könnte, wäre er nicht der Andere« (Han, 2017: 33).

Selbstbewusst sich im Anderen verstehen bedeutet folglich nach diesem Verständnis, zu wissen, wie dem Gegenüber begegnet wird und zu wissen, dass in der Begegnung nicht alles verstehbar, machbar und möglich ist. So nochmals Han: »Die Andersheit ist keine konsumierbare Differenz« (Han, 2017: 39). Damit wurde die Problemstellung des Fremden, was also das Fremde ist, zwar nicht beantwortet, sie wurde jedoch nochmals deutlicher umkreist.

Es soll nun nochmals darauf zurückgegangen werden, weshalb in der Praxis von Philosophical Care keine Diagnose stattfinden soll.[16] Das Bemühen um Verständnis, welches bei der Gastfreundschaft tragend wird, erfüllt sich nicht in einer bestmöglichen, akkuraten Diagnose (Barthes, 2019: 35, Rogers, 2021: 207). Eine Diagnose stellt notwendigerweise noch kein Verständnis des Gegenübers dar, sondern eine mehr oder minder passende Einteilung oder Kategorisierung. Die hat jedoch nichts mit Gastfreundlichkeit zu tun (Derrida, 2018: 64). Entsprechend bedarf die Philosophie und Philosophical Care weder einer Krankheitslehre, noch entwickelt sie einen dafür entworfenen Heilsanspruch (Brandt, 2017: 163, Mittelstrass, 2007: 16).

Wenn in der Begegnung Platz geschaffen wird, damit sich das Du als Gegenüber selbst thematisieren kann, so ist für die Care-Beziehung keine Pathologie notwendig. Auch Begriffe wie *gesund*, *krank* oder spezifische Diskursbegriffe, wie bspw. die psychoanalytische *Verdrängung*, können für die Begegnung in der Praxis von Philosophical Care in einem ersten Schritt vernachlässigt werden, solange sie von den Klientel selbst nicht erwähnt werden (Achenbach, 2010: 291, Jaspers, 1958: 20). Werden diese Begriffe jedoch im Austausch hervorgebracht, so lohnt es sich verständlicherweise, diese Begriffe gemeinsam zu ergründen.

Ebenfalls sollte unbedingt eine Enthaltung von Wahrheitsansprüchen oder moralisches Richten der Aussagen, Empfindungen und berichteten Handlungen angestrebt werden. Das Gegenüber ist in seinen Aussagen ernst zu nehmen und die Festlegungen müssen anerkannt werden. Dasselbe gilt auch für religiöse, kulturelle und andere weltanschaulichen Haltungen, die vonseiten der Care leistenden Person zu achten sind. Sobald diese Aspekte von den Klientel eigens thematisiert werden, kann

---

16 In Fällen wo die Weiterempfehlung zu psychiatrischer und psychotherapeutischer Hilfe empfohlen, wenn nicht sogar nötig wird, sollte folglich eine Zusammenarbeit für eine solche Überweisung gewährleistet werden. Philosophical Care sollte in der *epoché* den psychiatrischen und psychotherapeutischen Diensten nicht entgegenarbeiten.

und sollte aber auch darauf in achtender und achtsamer Weise eingegangen werden. Wichtiger scheint es also in der Begegnung, in einem ersten Schritt genau zuzuhören und mitzudenken (Yalom, 2010: 30).

Zuhören wird hier nicht als passive Tätigkeit verstanden. Vielmehr entspringt sie der Verantwortung, welche durch die Achtsamkeit evoziert wird. Dies fasst Krauss treffend zusammen: »Die Ethik des Zuhörens, so liesse sich sagen, ist motiviert von der Sorge um den Anderen. Und es ist klar, dass es dabei nicht bloss um einen Austausch von Informationen gehen kann, sondern um etwas Beziehungshaftes« (Krauss, 2022: 137). Was gesagt wird, und seien es auch Widersprüche, um es nochmals deutlich zu wiederholen, soll im Dialog akzeptiert (festgelegt) und ernst genommen (anerkannt) werden (Feil & de Klerk-Rubin, 2020: 59f). Muss jedoch alles akzeptiert werden? Und wie soll es eigentlich akzeptiert werden?

Nicht alles bedarf des Zuspruchs und der ungeteilten Zustimmung (Yalom, 2010: 34).[17] Wer nicht nach Gründen fragt, wer nicht kritisch mitdenkt und auch schwierige Fragen hervorbringt, kann das Gegenüber nicht als tatsächliches Gegenüber anerkennen.

Erst in der gastfreundlichen Aufnahme, in der inbegriffenen Auseinandersetzung mit dem Anderen und dessen Selbstthematisierung und nicht in der schlichten Übernahme oder notorischen Spiegelung der vorgebrachten Meinungen findet die Care Begegnung statt. Handlungen und Einstellungen sowie die Personen die sie hervorbringen sind dabei klar und deutlich voneinander zu trennen (Deller & Brake, 2014: 164). Der Dialog stellt folglich aber auch kein Wettkampf der besseren Argumente dar (Leeten, 2019: 85). Man steigt inbegriffen in das Spiel des Gründe-Gebens- und-nach-Gründen-Verlangens oder in ein anderes philosophisches Sprachspiel ein.

Hier fragt sich also für die Praxis von Philosophical Care, wie und wo die Grenze der Anerkennung und Festlegung gezogen werden soll. Ebenfalls stellt sich die Frage, wie mit dem Verschwiegenen umzugehen ist und wie dies bestmöglich respektiert werden soll (Schmid, 2016: 173). Grundlegend für die urteilende und inbegriffene Begegnung ist es, das Gegenüber in seiner Andersheit ernst zu nehmen und sich übergriffigen oder instruktionalistischen Vorurteilen und Ansätzen zu verwehren (Van der Kolk, 2021: 167). Damit kommt auch das Radikale Bedenken mit in die Begegnung, weil stets wieder versucht wird, das vermeintlich Verstandene neu zu begreifen. So wird auch das Du als Gegenüber in der Form der Begegnung hier nochmals neu bedacht.

---

17 Dies gilt ganz besonders auch für interkulturelle Diskurse. Überlappungen sind immer zu finden, jedoch wird von einem schwachen Konsensualismus ausgegangen, in welchem auch Diskurse ohne endgültigen Konsens stattfinden und fruchtbar geführt werden können (Mall & Peikert, 2019: 31).

Das Gegenüber

Was ist eine gelungene Begegnung im Hinblick auf das Radikale Bedenken? Das Du suggeriert anhand der bisherigen Überlegungen erst ein einzelner Mensch, welcher der Care leistenden Person entgegentritt. Du und Ich bilden eine duale Einheit, die sich von anderen Begegnungs- und Beziehungsformen mit mehreren Menschen oder Systemen unterscheidet. Auch im *Gegenüber* als Begriff wird auf eine bilaterale, räumliche Dimension verwiesen und zwar auf das Antlitz (Lévinas, 2017: 116f), das *vor* einem erscheint, die Stimme, die *direkt* anspricht etc.

Nun wurde jedoch erwähnt, dass der Mensch stets schon in ein Umfeld oder in Systeme eingebunden ist (Conradi, 2001: 30, Gilligan, 2003: 30). Der Mensch begegnet folglich nicht als abgeschlossene Monade oder als Einzelwesen. Er befindet sich stets schon in Beziehung zu anderen Menschen, zur Gesellschaft und auch zu ökologischen Verhältnissen (Löwith, 2016: 136). Ebenso ist er geprägt von der Situation, in welcher die Begegnung stattfindet. Worauf verweist folglich das *Du*? Ist es nur ein einzelnes Wesen oder können auch Gruppen und Systeme Care-Tätigkeit beanspruchen und erfahren? Wer, so fragt sich, sind also überhaupt die Klientel? Fallen darunter auch Hochbetagte? Komatöse? Kinder? Verstorbene?

Hier lässt sich vorläufig eine erste Antwort umreissen. Das Gegenüber sind all diejenigen, die möglicherweise ein Bedürfnis nach Angebot des Austauschs hervorbringen oder zumindest ein solches empfangen wollen. Das Anliegen das zu einem Austausch der Care-Tätigkeit vorgebracht wird, ist immer auf andere (und deren Mitarbeit) bezogen (Oevermann, 2010: 52). Ein solches Anliegen zur Care-Tätigkeit ist daher nicht notwendigerweise objektivierbar, sondern wird durch den Austausch (vielleicht) erst einmal thematisiert und wird, im Sinne Aristoteles, darin hervorgebracht, dass man sich um sich und die anderen sorgt.

Da von einer Einstellung der Gastfreundschaft ausgegangen wird, welche die Praxis von Philosophical Care motiviert und transzendental strukturiert, kann hier angenommen werden, dass die Gastfreundschaft sich auf mehr bezieht als nur auf ein Einzelwesen (Derrida, 2018: 24). Gastfreundlich begegnet man jeder Partei, die Teil der Begegnung ist oder sein sollte. Sofern ein Problem oder ein Anliegen mehrere Parteien und folglich ein System betrifft, scheint es ratsam zu sein, die diversen Perspektiven in die Care-Tätigkeit miteinzubeziehen. Dies kann bspw. eine Familie, gesamte Institutionen oder andere Zusammenstellungen betreffen.

Die verschiedenen Zugänge zur Lebenswirklichkeit der einzelnen Parteien und die Ermöglichung der jeweils eigenen Selbstthematisierung fördert das Radikale Bedenken, dass alles was also erfasst wird, stets wieder neu und aus unterschiedlichen Perspektiven bedacht werden kann. Indem zwischen den unterschiedlichen Perspektiven aus einer neutralen Position (jener der *epoché*) hin und her gewechselt wird, kann die vorgebrachte Thematik unterschiedlich betrachtet und besprochen werden.[18]

---

18 Dies eröffnet eine neue Problemstellung für die Philosophical Care. Wie genau dies in der Praxis aussieht, beschreiben bspw. Morgenthaler 2019, Omer & Von Schlippe 2014, sowie Von Schlippe & Schweitzer 2019.

Wichtig ist dabei, dass die diversen Parteien dabei jeweils weiterhin nur als Du begegnen und ein Sprechen über *Er, Sie* oder *die Anderen* möglichst unterlassen werden sollte, abgesehen von bspw. zirkulären Frageformen (Von Schlippe & Schweitzer, 2019: 44, Wirsching, 2008: 38). Die Begegnung bezieht sich also jeweils auf ein Du, aber daraus lässt sich nicht schliessen, dass dies das einzige Du ist, dem begegnet wird. Zudem sollte sich auch die Frage aufdrängen, was jenseits der Begegnung geschieht (Buber, 2021: § 46), was also auch ausserhalb der gerade stattfindenden Begegnung (mit und unter den anderen Parteien) sich ereignet.

Dabei scheint es ebenfalls relevant zu sein, zu erkennen, welche Hintergründe die verschiedenen Parteien (Care leistende Person, und die diversen Gegenüber) an Überzeugungen, Umstände, Empfindungen, Anliegen etc. mit in die Begegnung hineinbringen (Morgenthaler, 2019: 103). Oft können sich diese widersprechen oder anderweitig komplex sein. Identifizieren zu können, welche Kräfte und Dynamiken dabei in der Begegnung tragend sind, eröffnet die Möglichkeit, diese nicht nur kritisch zu betrachten, sondern nötigenfalls auch gemeinsam verändern zu können. Indem diese Kräftewirkungen von Anliegen, Empfindungen, Situationen etc. erfasst werden, können entsprechend auch neue oder bisher verborgene Aspekte neu reflektiert und möglicherweise auch erwählt werden (Lahav, 2017: 13, Morgenthaler, 2019: 113). Dieses Vorgehen fördert daher die Kompetenz des Radikalen Bedenkens, indem die Begegnung möglichst bildsam in die Wege geleitet wird.

Zusammenfassend lässt sich als transzendentaler Haltepunkt für die Begegnung als Moment der Philosophical Care Folgendes festhalten:

> Die Begegnung in der Praxis von Philosophical Care geschieht mit einem Gegenüber, welches sowohl in einem offenen, nicht systemimmanenten Kontext gastfreundlich empfangen wird sowie dessen Aussagen anerkannt und möglichst vorurteilsfrei bedacht werden und welches schliesslich die Möglichkeit erhalten soll, sich selbst zu thematisieren. Wenn nötig, soll das Du in der Begegnung nicht die einzige Perspektive darstellen, sondern es sollte gegebenenfalls zwischen den unterschiedlichen Parteien, jedoch stets als Du, vermittelt werden.

3.2. Die Beziehung

Was ist eine Beziehung in der Care-Tätigkeit? Erst aus einer erfolgreichen Begegnung kann eine Beziehung im sorgenden Sinne erwachsen. In der Beziehung als Bedeutungszusammenhang des Miteinander-Daseins kann die Begegnung erst zeitübergreifenden Sinn erhalten (Conradi, 2001: 166, Schmid, 2016: 196). *Sinn* wird dabei als wertvoller, schützenswerter Zusammenhang bezeichnet, da für ihn von den unterschiedlichen teilnehmenden Parteien Verantwortung übernommen wird. Da eine Beziehung sinnstiftend oder -konstituierend ist, kann sie als *emergent* bezeichnet werden (Emlein, 2017: 245, Krauss, 2022: 134). Die Beziehung ist ein emergentes Phänomen, welches auf der Begegnung aufbaut. Die Emergenz impliziert, dass die Beziehung über die

Summe der teilnehmenden Parteien hinausgeht, es gibt also noch etwas Zusätzliches als die nur teilnehmenden Parteien, wodurch sich auch eine gewisse Verantwortung für die Beziehungsgestaltung an sich herausschält. Die Beziehung und die damit einhergehende Verantwortung betreffen von da an mehr als nur die einzelnen Parteien. Man muss also – auf Seiten der Care Leistenden – nicht nur Sorge um sich und die Klientel, sondern auch um die Beziehung mit ihnen tragen (Schmid in Slunecko, 2017: 179). Dies schlägt sich in verschiedenen Bereichen nieder.

In der Praxis von Philosophical Care steht jedoch nicht primär die Sinnfindung bei der Beziehungsgestaltung im Vordergrund. Es geht daher nicht primär darum, zu erkennen, weshalb gemeinsam eine Beziehung angestrebt werden sollte. Die Care-Tätigkeit und die Beziehung können auch abgelehnt werden, was in jedem Falle respektiert werden muss. Der Sinn der zugrundeliegenden Begegnung, als solch ein bedeutungsvoller Zusammenhang, erschliesst aber praxistheoretisch weitere Aspekte, welche für die sorgende Beziehung zentral sind.

Hierfür wird nochmals der Begriff der *Gastfreundschaft* relevant. In der Beziehung mit dem Du als Gegenüber (vgl. Kapitel 3.1) wird der Boden dafür bereitet, gastfreundlich reagieren und handeln zu können. Das Gegenüber ist zuweilen ein Gast, dessen Auftreten Zeit, Aufmerksamkeit und Hingabe erfordert. Aufgrund der fortschreitend praktizierten Gastfreundschaft kann aus der Begegnung eine Beziehung resultieren. Dies geschieht nur durch Intimität und Vertrauen.

Wie entsteht eine Care-Beziehung? In der Sorge um jemanden, und spezifisch in der Praxis von Philosophical Care, wo teilweise viel reflektiert wird, unternimmt das Denken Wege, die stets kritisch und verantwortungsvoll bedacht werden müssen. Denn Beziehungen schaffen Kommunikationssituationen (Fischer, 2017: 177). Probleme, Krisen und Grenzsituationen können diskutiert werden, Geheimnisse werden möglicherweise ausgesprochen, Wünsche und Anliegen geäussert etc. All diese Punkte können im Austausch und für die Beziehung weitreichende Konsequenzen aufweisen.

Indem also gemeinsam gedacht und empfunden, gehandelt und teilweise auch aufgegeben wird, entsteht eine zwischenmenschliche Verbindung. Es wird, so verstanden, *Intimität* im Sinne der professionell sorgenden Tätigkeit erzeugt (Schmolke, 2011: 141). Indem Bedürfnisse hervorgebracht werden, persönliche und private Empfindungen, Wünsche und Gedanken diskutiert werden, erfolgt aus diesem Umstand die Forderung, eine vertrauensbasierte Beziehung anzustreben (Bieri, 2015: 158f, Fischer, 2017: 166). Im Vertrauensverhältnis geht es darum, verantwortungsvoll mit den geteilten Informationen und Begegnungen umzugehen. Intimität und Vertrauen gehen also Hand in Hand. Hartmann schreibt hierzu: Im »Vertrauen unterstellen wir den Empfängern des Vertrauens eine gewisse Rücksichtnahme auf unsere Interessen und Wünsche. Man kann auch sagen: Wir *erwarten* von ihnen diese Rücksichtnahme. Und: Wir erkennen sie im Vertrauen als solche an, denen Vertrauen entgegengebracht werden kann« (Hartmann, 2022: 184; H.i.O.).

Für die Vertrauensbeziehung ist es besonders wichtig, die Asymmetrie der Care-Beziehung zu beachten. Es gibt klar verteilte Rollen in der Begegnung und dadurch auch in der Beziehung. Jemand empfängt und jemand kümmert sich um Care, auch wenn dies gegebenenfalls reziprok sein kann (Thiersch, 2014: 125).

Die Strukturlogik einer Care-Beziehung erfordert es aber, dass sie als eine Praxis aufgefasst wird, in welcher alle Beteiligten – Care Leistende und Klientel – als ganze Menschen eingebunden sind und nicht nur in ihren sozialen Rollen (Gahlings, 2023: 146). Und hierfür ist Vertrauen und die daraus resultierende Verantwortung notwendig, dass folglich die gegebene Asymmetrie nicht missbraucht wird. Das Vertrauen reduziert gewissermassen die Komplexität der Beziehung dahingehend, dass nicht alle Möglichkeiten und Risiken ständig miteinberechnet werden müssen, wenn es um die asymmetrischen Verhältnisse innerhalb der Begegnungen geht, jedoch bedarf das Vertrauensverhältnis selbst wiederum neu auftretende Gründe und Ansprüche für sein Gelingen, die das Vertrauensverhältnis erneut komplex werden lassen. Hierzu hält Hartmann fest: »Vertrauen, so die Annahme, arbeitet nicht mit Angst oder Furcht, es rechnet nicht, es schüchtert nicht ein und überredet nicht hinterrücks, schon gar nicht lässt es sich mit Zwang oder Gewalt herbeiführen« (Hartmann, 2022: 13). Und weiter: »Die Verletzbarkeiten zu akzeptieren, die durch Vertrauen erst geschaffen werden, heisst, sie als reale Möglichkeit in Kauf zu nehmen und nicht zu leugnen« (Hartmann, 2022: 103).

Vertrauen kann also als eine Praxis aufgefasst werden, die sich um die Verletzlichkeit und die Bedürfnisse des Gegenübers kümmert. Es geht folglich im Vertrauen nicht allein um die eigenen Wünsche oder Absichten, sondern um das, was sich auf der emergenten Basis der Beziehung ereignet.

Eine vertrauensvolle Beziehung innerhalb der Care-Tätigkeit versteht sich also als eine Form der Praxis, in welcher die Anliegen und Bedürfnisse sowie die damit einhergehende Verletzlichkeit der teilnehmenden Parteien beachtet und geschützt werden. »Kein Verständnis ohne Vertrauen und kein Vertrauen ohne Verständnis« (Wirsching, 2008: 28). Sobald die Care Leistenden und die Klientel – aufgeteilt in ihren Rollen – und dennoch als ganzheitliche Personen in die Beziehung involviert sind, muss im Hinblick auf die Asymmetrie berücksichtigt werden, dass die soziale Rolle nicht den Takt vorgeben darf und damit die Vertrauenspraxis unterläuft. Unter *ganzheitlich* kann hier nicht verstanden werden, dass dabei eine totale Identität angesprochen wird, sondern das Gegenüber bleibt stets ein Fremdes (Bohnsack, 2020: 10). Man begegnet sich in der Rolle und zugleich immer als Mitmensch und damit als unverfügbares Gegenüber. Diese Ganzheitlichkeit und Rollenverteilung sind ganz besonders im Hinblick auf die Gefahr von Manipulation zu berücksichtigen (vgl. Kapitel 3.4). »Nur wer ein (Gesprächs-)Ziel verfolgen muss, wird mit der Gefahr manipulativ zu werden, konfrontiert« (Wirth & Noth in Knoll et al., 2022: 136).

Im Vertrauensverhältnis geht es zusammengefasst darum, dass die Asymmetrie nicht für problematische Zwecke missbraucht wird und dass durch das Vertrauensverhältnis neue Möglichkeiten für die Beziehung und die teilnehmenden Parteien erschlossen werden. So schliesst Hartmann seine Überlegungen: »Wir können in Vertrauensverhältnissen Ziele und Zwecke verwirklichen, die wir gegebenenfalls auch ohne sie verwirklichen können, aber trotz dieser instrumentellen Dimension besitzen diese Vertrauensverhältnisse auch ein normatives Eigengewicht und verwirklichen Werte, die sich nur in ihnen oder durch sie hindurch verwirklichen lassen« (Hartmann, 2022. 186).

3.2. Die Beziehung

Diese intrinsischen Werte von Intimität und Verantwortung bestehen unter anderem in der gegenseitigen Anerkennung. Man erkennt sich in der Care-Beziehung gegenseitig an und diese gegenseitige, vertrauensvolle Anerkennung eröffnet neue Möglichkeiten für alle teilnehmenden Parteien. Die Erwartung auf Rücksicht bezieht sich so verstanden auf das verantwortungsvolle Gestalten einer intimen, geschützten Care-Beziehung.

Hierbei ist nun aber auch die nötige professionelle Abgrenzung der Care leistenden Person zentral. Wie genau diese Proxemik aussieht in Bezug auf die Selbstoffenbarung der Klientel sowie die Übertragungen und Gegenübertragungen beider Seiten der Beziehung, stellt ein Problemfeld für Philosophical Care dar, welches weiter ausgeführt und reflektiert werden muss (Yalom, 2010: 476). Jenes Problemfeld der Proxemik erstreckt sich dabei auf unterschiedliche Dimensionen und entspricht auch den Verantwortungsforderungen.

Einerseits geht es bei der Proxemik in der Beziehung um die physische Nähe (Bennent-Vahle, 2022: 140) und andererseits muss eine angemessene Proxemik auch im Bereich des kommunikativen Austauschs bezüglich Informationen eingehalten werden, die gewahrt werden sollen (vgl. Kapitel 3.3). Zusätzlich muss die Proxemik selbst einer angemessenen Form der professionellen Care-Tätigkeit entsprechen. Care-Tätigkeit bedarf der oben erwähnten Intimität als Gelingensbedingung. Dies entscheidet darüber, wo Philosophical Care beginnt und wo sie endet. Auf diesen Punkt soll nun etwas genauer eingegangen werden.

Wie gelingt eine Care-Beziehung? Wie gerade erwähnt wurde, schliesst eine Beziehung kommunikative (evtl. auch physische) und emotionale Elemente mit ein (Buber, 2021: § 19). Sorge anzufragen und Sorge zu erfahren verlangt ein gewisses Mass an Selbstoffenbarung auf Seiten der Klientel. Sie öffnen sich gegenüber anderen und zeigen sich in ihrer Verletzlichkeit oder in privaten oder prekären Rollen, wodurch die Verantwortung hierzu bis zu einem gewissen Grad auf die Care leistende Person übertragen wird, mit dieser Begegnung und der damit einhergehenden Verantwortung bestmöglich umzugehen. Ein Teil der Lebensführung der Klientel wird förmlich in die Hände der Care leistenden Person gelegt.[19] Die Care Leistende muss sich demgegenüber öffnen, aussetzen und es teilweise auch aushalten.

All die geteilten Inhalte werden nun in die Beziehung eingespeist und gehen bis zu einem gewissen Grad auch die Care leistende Person – als soziale Rolle aber auch als ganzheitlicher Mensch – an. Die Care Leistenden werden, anders formuliert, auch ein Teil des Systems. Dieser Umstand erfordert höchste Achtsamkeit, Inbegriffenheit und Bildsamkeit, um angemessen darauf reagieren zu können.

Weiter folgt auch, dass die Methodik der Philosophical Care hinter die Bedeutung der Beziehung zurückstehen muss (vgl. Kapitel 3.4). Würde der rechten Ausführung der Methode einen höheren Stellenwert zugesprochen werden als der Beziehungs-

---

19 Hier muss durch eine professionelle, umsichtige Proxemik der Umstand verhindert werden, dass die Klientel die Entscheidungsfähigkeit und ihre eigenen Verantwortungsbereiche auf die Care leistende Person übertragen oder dass Care leistende Personen ihre Bedürfnisse durch die Klientel zu verwirklichen suchen (vgl. bspw. Moreno, 2001: 39).

gestaltung im Allgemeinen, so würde Philosophical Care zu einem Instruktionalismus verfallen, welcher die Begegnung und somit eine gelungene Beziehung unterlaufen würde (Mittelstrass, 2007: 8).[20]

Auch wenn die Care leistende Person aus beruflichen Gründen in die Beziehung einsteigt, so darf dies nicht die federführende Motivation der Begegnung werden. Es bedarf vielmehr der verinnerlichten Einstellung der Gastfreundschaft. Sie ist eine relationale, praktisch-rationale Einstellung, welche die teilnehmenden Parteien in kooperativer Orientierung und bei gleichzeitiger Akzeptanz der durch Vertrauen entstehenden Intimität davon ausgehen lässt, dass eine gegenseitige achtsame, inbegriffene und bildsame Beziehung gefördert wird (Fricker, 2023: 86). Damit wird impliziert, dass die Beziehung nicht primär aufgrund beruflicher Gründe gefördert wird, sondern weil die Care leistende Person selbst über das Bedürfnis verfügen sollte, sich für die Klientel im Sinne der Care-Tätigkeit aber auch als Gegenüber zu interessieren.

In der Gastfreundschaft wird die Beziehung um ihrer selbst willen geführt und entspringt nicht einem beruflichen Pflichtbedürfnis auf Seiten der Care leistenden Person (Conradi, 2001: 170, Derrida, 2018: 64). Pflichtgefühl und Gastfreundschaft schliessen sich folglich zu Beginn notwendigerweise aus. Wird die Beziehung jedoch geformt, so muss anschliessend eine neuaufkommende Pflicht übernommen werden, und zwar muss für die Begegnung Verantwortung übernommen werden, um die Beziehung bestmöglich zu gestalten und ebenso zu erhalten. Denn durch die Etablierung eines Vertrauensverhältnisses wird nicht nur Intimität umsichtig bewahrt, sondern es entstehen durch die Beziehung auch neue Verletzungsmöglichkeiten (Fischer, 2017: 179). Auch diesen muss in der Beziehung Rechnung getragen werden. Die Care-Tätigkeit und die daraus resultierende Care-Beziehung werden damit als Antwort auf die Sorgeproblematik und -anforderung verstanden. Care-Empfangende sind somit als *Klientel* (lat. *cliens*, die zum Schutz Verantworteten) zu verstehen. Damit wird impliziert, dass so eine anerkennende, schützende Dimension in die Care-Tätigkeit eingeht, die für weitere Bedingungen in der Beziehung grundlegend ist, diese aber nicht zwangsläufig fordert.

Dies alles unterscheidet die Beziehung von einer gewöhnlichen Erfahrung mit anderen Menschen oder Parteien (Buber, 2021: § 17, Stuppner, 2013: 72). Die pflichtmässige Übernahme der Verantwortung, die Beziehung zu pflegen und sie zu schützen bezieht sich dabei sowohl auf die gegenwärtige Situation als auch auf die Zukunft. Sie entfaltet sich entsprechend in mehreren Zeitdimensionen. Eine gepflegte Beziehung bedeutet hier, dass die nötigen Schritte unternommen werden, die Proxemik professionell einzuhalten während dem die Vertrauensbasis weiter gefördert wird. Die Beziehung zum Gegenüber wird unabhängig der gegenwärtigen Begegnungen daher stets auch auf die Zukunft hin entworfen (Lévinas, 2003: 63), auch wenn das bedeuten kann, gemeinsam ein passendes Ende für die Beziehung im sorgenden Sinn zu finden.

Aus den bisherigen transzendentalkritischen Überlegungen zur Beziehung innerhalb der Praxis von Philosophical Care entfalten sich weitere Problemstellungen, die

---

20 Ebenfalls muss davon abgesehen werden, dass ein Heilsanspruch als Ziel der Beziehung dominiert (Morgenthaler, 2019: 114).

in Betracht gezogen werden müssen. Zuerst stellt sich die Frage, wie eine Beziehung aussehen soll, wenn die Kontrolle nicht allein der Care leistenden Person zugerechnet werden kann, sondern es ein achtsames, inbegriffenes und bildsames Eingehen auf die Klientel erfordert und diese zur Selbsttätigkeit ermuntert werden (Lévinas, 2003: 50)? Wo ist überall Kontrolle möglich und wo enden Zuständigkeits- und Verantwortungsbereiche?

Zweitens fragt sich, wie eine Beziehung realiter *gestaltet* werden kann. Wie, fragt sich Buber, verhalten sich die passiven zu den aktiven Teilen der Beziehung (Buber, 2021: § 46)? Wie werden diese transzendental und auch im Hinblick auf die Dauer der Beziehungsentwicklung angegangen?

Drittens scheint sich zudem die Frage aufzudrängen, was das *Philosophische* ist, das in die Beziehung eingebracht werden kann. Oder kann die Beziehung selbst als ein praktisches Element der Philosophie betrachtet werden (Mittelstrass, 2007: 5)? Und wie zeichnet sich eine philosophische Beziehung gegenüber anderen Formen der Beziehung aus? Muss der Philosophiebegriff nochmals erweitert werden? Indem nun auf die einzelnen philosophischen Kompetenzen eingegangen wird, um die Care-Beziehung nochmals genauer zu beleuchten, wird versucht, einige dieser aufgeworfenen Fragen zu klären oder zumindest systematischer zu strukturieren.

Wie hängen die philosophischen Schlüsselkompetenzen mit der Beziehung zusammen? Um eine Beziehung nach der ersten philosophischen Schlüsselkompetenz einsichtig zu gestalten, bedarf es der oben mehrmals erwähnten relationalen praktisch-rationalen Einstellung der Gastfreundschaft. In der philosophischen Gastfreundschaft ergeben sich die wesentlichen Merkmale, welche die Care- Beziehung als eine Form der philosophischen Beziehung markieren können. Weiter werden die teilnehmenden Parteien für die Beziehung beleuchtet, auch wenn die Beziehung als emergentes Sinnverhältnis verstanden wird. Es zeigt sich jedoch, dass durch die philosophische Beziehung die teilnehmenden Parteien über sich hinausgelangen, indem sie die Urteilskraft für die eigene Selbstkonzeption anwenden und sich so in die Beziehung einlassen können. Mit der eigenen Position wird die Möglichkeit zur Intimität und zur Verantwortung gegeben. Damit geht das Radikale Bedenken einher, in welchem nicht nur das Selbst reflektiert, sondern stets auch die Mit- und Umwelt miteinbezogen wird. So werden die philosophischen Schlüsselkompetenzen nicht nur in der Begegnung, sondern auch in der Care-Beziehung kultiviert.

Gastfreundschaft

Welche Rolle spielt die Einsichtskompetenz in der philosophischen Beziehung? Zuerst soll das Problemfeld der Gastfreundschaft ausführlicher betrachtet werden. Wie kann die mehrfach erwähnte *Gastfreundschaft* als eine praktische, relationale Einstellung verstanden werden?

Gastfreundschaft ist eine Form der *Care-Freundschaft*.[21] Es kann hierzu die Kritik hervorgebracht werden, dass eine professionelle Care-Tätigkeit keine freundschaftliche Beziehung darstellen soll (Peters, 2016: 70). Gast-*Freundschaft* oder Care-*Freundschaft* sei hier fehl am Platz. Vielmehr stehe das Beratungsziel (der Therapie oder der Seelsorge etc.), so die vorgebrachte Meinung, für die Care-Tätigkeit im Vordergrund (Lacan, 2017: 16). Eine freundschaftliche Atmosphäre würde demzufolge dieser Ansicht nach aus unterschiedlichen Gründen widerstreben.

Ebenfalls wird eine freundschaftliche Haltung in der Beziehung von der Gefahr bedroht, dass in mehrparteilichen Konflikten die geforderte Neutralität gegenüber jeder einzelnen Partei nicht gewahrt werden kann (Morgenthaler, 2019: 138). Die Neutralität soll dabei nicht mit einer Indifferenz (vgl. Kapitel 2) gleichgesetzt werden, aber es geht darum, durch eine professionelle Distanz eine unverhältnismässige Bevorzugung einzelner Parteien innerhalb der Begegnung zu verhindern. Eine Freundschaft würde dieses Vorhaben möglicherweise erschweren.

Auf diese Bedenken, die tatsächlich berechtigt sind, kann für die Praxis von Philosophical Care geantwortet werden, dass die *Gastfreundschaft* nicht mit einer regulären *Freundschaft* gleichgesetzt werden kann, wie sie im alltäglichen Sprachgebrauch verstanden wird, auch wenn es diverse konzeptionelle Überlappungen geben kann.[22] Gastfreundschaft als Form der Care-Freundschaft stellt keine bestimmte Form der alltäglichen Freundschaft als Beziehungsform dar, sondern eine spezifische Form der zwischenmenschlichen Zuwendung. Die Gastfreundschaft stellt vielmehr eine praktische, relationale Einstellung gegenüber dem Du dar, während die *Freundschaft* eine Beziehungsform selbst bezeichnet. Durch die Gastfreundschaft kann eine Care-Beziehung aber erst erwachsen. Die Zusammenführung von Gastfreundschaft als eine Form der alltäglichen Freundschaft scheint daher bei diesen vorgebrachten Bedenken bezüglich der Care abwegig.

Wie steht es weiter mit der üblichen Behauptung, dass Gastfreundschaft durch ein Set von sittlich erwünschten Handlungen ausgeübt werden soll? Es lässt sich bestreiten, dass Gastfreundschaft nur durch eine Ausführung sittlich erwünschter Handlungen wirklich zustande kommt. Wer gastfreundlich sein will, kann nicht eine eingeübte Technik anwenden und so das Ideal der Gastfreundlichkeit erfüllen (Chiba, 2023: 20, Rogers, 2021: 34). Was also gefordert wird, ist primär keine Methode oder Technik, sondern eine Einstellung die tiefer reicht als eine blosse Performanz einer sozialen Rolle, und zwar jene der integren Gastfreundschaft, welche sich auf den ganzen Menschen bezieht (Mollenhauer, 2008: 121). Eine solche Form der integren Gastfreundschaft geht über die Anwendung sittlich erwarteter Handlungen hinaus und bezieht

---

21 Luca Di Blasi ist dankbarerweise auf diesen Begriff aufmerksam geworden.
22 Es gibt aber auch weitere wesentliche Unterschiede zwischen einem Gast und freundschaftlichen Beziehungen. Beispielsweise können Aspekte der Symmetrie in Bezug auf Lebenserfahrung, Macht etc. in der Gastfreundschaft deutlich anders gestaltet sein als dies oft bei Freundschaften der Fall ist (Conradi, 2001: 54).

3.2. Die Beziehung

sich auf die Grundüberzeugungen, Haltungen etc. der Care leistenden Person.[23] Diese Einstellung kann zwar bis zu einem gewissen Grad durch Einsicht erlernt werden, die Aneignung selbst bedarf jedoch schon der persönlichen Offenheit und einsichtiger Kompetenz als Vorbedingung dafür, dass dies auch tatsächlich geschehen kann. Auf diese Punkte soll kurz eingegangen werden.

Um jemandem gastfreundlich zu begegnen, muss das Gegenüber wie schon erwähnt wurde, als *Du* wahrgenommen werden. Dies ist eine spezielle Form der Zuwendung. Es bedarf der Einsicht und der Achtsamkeit, dass das Gegenüber kein Therapieobjekt oder Instrument für eigene Vorstellungen ist, sondern selbst über eine Lebenswirklichkeit verfügt, die man nicht überrumpeln darf (Feil & de Klerk-Rubin, 2020: 53). Dies hängt unweigerlich mit Respekt zusammen. Dabei geht es nicht um *Respekt* im Sinne von Leistungsanerkennung, sondern um eine Anerkennungsleistung von Seiten der Care Leistenden (Fischer, 2017: 195f). Demzufolge werden der erlebten Lebenswirklichkeit und Handlungsmöglichkeit des Gegenübers so ein grundlegender Wert zugesprochen, der geschützt und akzeptiert werden soll. Dem Gegenüber aufmerksam zu folgen und dessen Ansichten, Wünsche etc. zu achten sind dafür notwendige Bedingungen. Wichtig wird es also, der erlebten Lebenswirklichkeit der Klientel entsprechen zu können, indem sich um ein Verständnis dieser Darlegungen bemüht wird.

Diese Folgen und die damit einhergehende Wertschätzung zeichnen sich auch in einer Geduld gegenüber dem begegnendem Du ab (Rogers, 2021: 47). Sie nimmt das Gegenüber auf und an und lässt sich auf die Beziehung positiv ein. »Die Wertschätzung ist die Bedingung der Verantwortlichkeit« (Pelluchon, 2019: 135). Wer gastfreundlich sein will und Care-Tätigkeit leistet, muss erreichbar sein und Zeit zur Verfügung stellen können, damit das Du begegnen kann und sich daraus möglicherweise eine Beziehung entwickelt. Ohne Zeit, Geduld und Wertschätzung ist eine gastfreundschaftliche Einstellung daher zusammengefasst kaum umsetzbar, was natürlich auch Auswirkungen auf die Berufsgestaltung hat (Lévinas, 2003: 28, Morgenthaler, 2019: 157). Folgt man nun dem Gegenüber und gibt ihm Zeit, sich selbst zu thematisieren, kann auch das Leid und andere Ansprüche geteilt werden, wodurch Intimität im sorgenden Sinne entsteht (Schmid, 2016: 108). Um was geht es also in dieser *Intimität* im sorgenden Sinne?

Für die Gastfreundschaft muss die Einsicht vorherrschend sein, dass das Gegenüber achtsam empfangen wird. Es muss, um es nochmals deutlich zu wiederholen, in seiner Fremdheit und Andersheit zur Geltung kommen und die Gelegenheit finden, sich selbst in einem Vertrauensverhältnis thematisieren zu können (Lévinas, 2003: 57). Das Gegenüber verfügt dadurch nicht nur über Handlungsmacht, sich selbst und der Beziehung gegenüber, sondern es wird sogar zur Selbsttätigkeit ermuntert. Nicht das Gegenüber nimmt Philosophical Care in Anspruch, sondern von den andern

---

23 Ob sich dies nun auf die *Persönlichkeit*, den *Charakter* oder andere psychologische Termini bezieht, kann für die weitere Untersuchung vernachlässigt werden. Vgl. jedoch hierzu bspw. Faber & Van der Schoot, 1971 sowie Rogers, 2021 und Ziemer, 2015. Weitaus wichtiger ist es, dass die Gastfreundschaft angeeignet ist (vgl. Jaeggi, 2019).

lässt sie sich in und durch die Beziehung in Anspruch nehmen (Achenbach, 2023: 100). Das Gegenüber als begegnendes Du sollte so die Möglichkeit erhalten, sich in der Beziehung selbst thematisieren und sich zugleich entwickeln und/oder stabilisieren zu können, sofern dies erwünscht wird (Emlein, 2017: 247, Rogers, 2021: 35).

Die Care leistende Person bringt sich zwar in die Begegnung und damit in die Beziehung mit ein, aber ihre Verantwortung liegt darin, diese Möglichkeit zur Thematisierung für das Gegenüber überhaupt erst zu erschaffen oder zumindest mitzugestalten. Wie fest die Care leistende Person sich dabei persönlich mit eigenen Meinungen und Ansichten einbringt, stellt eine schon erwähnte Problemstellung für die Beziehungsgestaltung generell dar (Trawny, 2019: 66). Einerseits kann dies die Selbstthematisierung unterbinden oder verzögern sowie die Vertrauensbasis schädigen. Andererseits kann das Einbringen anderer Gedanken, Ansichten o. ä. dem Gegenüber helfen, das Radikale Bedenken zu fördern und so neue Perspektiven zu gewinnen (Emlein, 2017: 340, Gahlings, 2023: 142).

Wie sehr sich also die Care leistende Person persönlich einbringen soll und wie sehr sie die Möglichkeit für die Selbstthematisierung für das Gegenüber fördern und erhalten soll, ist ein Balanceakt, für welchen es von der Care leistenden Person zusätzlich der philosophischen Einsicht bedarf. Das bedeutet, dass die Care Leistenden in der Einsicht zur Schlussfolgerung geführt werden sollen, dass durch die Beziehung zum Gegenüber die Verantwortung mit sich bringt, das Leid und die vorgebrachten Ansprüche gemeinsam zu teilen, Zeuge oder Zeugin ihres Lebens zu werden, die dargelegte Verletzlichkeit zu schützen und die Beziehung zu fördern, so dass schliesslich in der Gastfreundschaft eine gewisse Intimität zwischen den unterschiedlichen Parteien kreiert wird (Bidwell in Noth et al., 2017: 58).

Man nimmt das Gegenüber nicht nur wahr, sondern wird zu einem gewissen Grad auch Teil dieser einzigartig erlebten Lebenswelt und lässt sich davon angehen. Die Gastfreundschaft weist entsprechend über sich hinaus, da sie den Boden dafür bereitet, weitere Vertrauenspraktiken zu ermöglichen. Und auch das Vertrauen selbst erschöpft sich nicht anhand einzelner Tätigkeiten, sondern geht in der Beziehungsgestaltung unter anderen Praktiken auf. So vermerkt es auch Hartmann: »Damit ist die Einstellung des Vertrauens aber immer umgeben von weiteren Einstellungen und Dispositionen, sie findet sich wieder in Beziehungskontexten, in denen es auch um anderes geht als um Vertrauen, etwa um Macht und Einfluss, um Ansehen und Anerkennung, um Expertise oder Mitbestimmung [und ebenso um Fürsorge und Achtung; O.I.]« (Hartmann, 2022: 14).

Nicht nur die Care leistende Person muss sich um die philosophische Einsicht bemühen, sondern die Klientel werden in der Beziehung ebenso dazu ermuntert, Einsicht zu kultivieren. Einsicht wird also gleichzeitig an verschiedenen Orten kultiviert. Erst im Wechsel von gestalten und geschehen lassen, fördern und angeregt werden, kann das Gegenüber als Du sich selbst thematisieren und über eine schlichte Nabelschau hinausgehen und mögliche neue Wege einschlagen oder Aspekte neu bedenken (Brandt, 2017: 56). Dies bildet jedoch nicht in jedem Fall das angestrebte Ziel einer Begegnung, was auch erkannt und gegebenenfalls anerkannt werden muss (vgl. Kapitel 3.6).

Die philosophische Einsicht hierzu sollte also die Möglichkeit eröffnen können, wie weit und in welcher Weise sich die Care leistende Person in die Beziehung einbringt und wo die Grenze für das Gegenüber gewahrt und geschätzt werden soll, so dass dieses selbst Einsicht gewinnen kann. Wenn dies für alle Seiten ohne Übergriffe, Manipulation und zugleich auch ohne Schuld- und Schamgefühle möglich ist, so kann sich eine Vertrautheit oder Intimität im sorgenden Sinne etablieren, welche entsprechend als *gastfreundlich* definiert werden kann (Emlein, 2017: 340).

Damit wird auch die Frage nach dem philosophischen Aspekt innerhalb der Beziehung nochmals aufgeworfen. Die philosophische Einsicht, so hier die Vorstellung, *ermöglicht* die Gastfreundschaft. Dies kann zwar auch über andere Wege geschehen, aber die philosophische Einsicht bildet ein besonders geeigneter Weg dazu. Sie bietet eine Einstellung gegenüber sich, dem Gegenüber und der Beziehung. Die Philosophie als ausgeübte und kultivierte Kompetenz der achtsamen Einsicht gehört dementsprechend in die sorgende Tätigkeit, ohne damit die Philosophie neu oder anders definieren zu müssen (Deleuze & Guattari, 2018: 7).[24] Also kann die Gastfreundschaft als eine Form zur Ermöglichung der gelungenen Beziehung betrachtet werden, die selbst zu einem gewissen jedoch grundlegenden Teil philosophisch begründet werden kann.

Das Selbst

Welche Rolle spielt die Urteilskompetenz in der philosophischen Beziehung? Für die Beziehungsgestaltung muss zusätzlich das Selbst untersucht werden. Unter *Selbst* wird hier kein psychologischer oder geistesphilosophischer Begriff verstanden, sondern es dient der Beschreibung der sprachlichen Referenz, welche die Care leistende Person und die Klientel je auf sich beziehen. Wenn also vom *Selbst* gesprochen wird, so soll damit nur auf die jeweils einzelnen, selbstreferenziellen Standpunkte der teilnehmenden Parteien innerhalb der Care-Beziehung verwiesen werden. *Du*, *Gegenüber* etc. werden von der teilnehmenden Partei stets als *Selbst* erlebt, ohne damit schon ein bestimmter systemimmanenter philosophischer Kontext implizieren zu wollen.

Die philosophische, gastfreundliche Beziehung fördert, wie zuvor erwähnt wurde, die Einsichtskompetenz. Sie führt dazu, dass in einem achtsamen Rahmen Zuwendung entsteht und Themen philosophisch geprüft und reflektiert werden können, insofern das Bedürfnis dazu besteht (Deleuze & Guattari, 2018: 40). Dies gilt sowohl für das Selbst der Care leistenden Person als auch für jenes der Klientel sowie für die im Entstehen begriffene gemeinsame Beziehung. Daher ist die Gestaltung der Beziehung nur im Austausch und nur durch mehr oder minder aktiver Teilnahme aller Parteien möglich (Löwith, 2016: 113).

---

24 Wie sehr nun die Einsicht auch in der Freundschaft und der Liebe im Gegensatz zur hier untersuchten Gastfreundschaft verhält, kann in dieser Arbeit nicht weiter diskutiert werden. Dass die Einsicht jedoch auch dort wichtig und möglicherweise sogar notwendig ist, kann durchaus angenommen werden (vgl. bspw. Krebs, 2015).

Es soll nun zuerst der Fokus auf das Selbst der Care leistenden Person und anschliessend auf jenes der Klientel gerichtet werden, um zu zeigen, wo und wie die philosophische Urteilskompetenz in der Care-Beziehung überall kultiviert wird. Zum Schluss wird nochmals auf den Austausch innerhalb der Beziehungsgestaltung eingegangen.

Das Selbst der Care leistenden Position muss sich zuallererst in der Begegnung *als* Care leistende Person im Blick haben, was sowohl die soziale Rolle als auch die ganzheitliche Verfassung als Mensch betrifft. Sie tritt entsprechend in eine professionelle Care-Beziehung mit den Klientel ein und im vorliegenden Fall in jene Beziehung von Philosophical Care. Ihr kommen daher diverse Zuständigkeiten und Verantwortungsaufträge zu. So ist es nötig, die eigenen Grenzen und Befugnisse zu kennen und zu wissen, wo und wie die Beziehung der Philosophical Care beginnt, wie sie in ihrer Grundstruktur geführt wird und wo sie endet (Bieri, 2015: 242f). Dies kann auch wandelbar sein und ist keineswegs von einer Lern- und Umdenkphase ausgeschlossen. Die Care leistende Person muss sich selbst, das Gegenüber und die Beziehung in Form ihrer Care-Tätigkeit anerkennen und sich darauf festlegen. Hand in Hand geht mit der Festlegung und Anerkennung des eigenen Selbst als teilnehmende Partei innerhalb der Beziehung auch die Wertschätzung aller einzelnen Elemente einher, das Gegenüber selbstverständlich miteingeschlossen.

Die Care leistende Person ist entsprechend in die Beziehung inbegriffen und geht nicht teilnahmslos in der Begegnung auf das Gegenüber ein, da sich die Vertrauenspraktik notwendigerweise mit dem Austausch verbinden soll (Hartmann, 2022: 55). Sich *inbegriffen* in die Beziehung einzubringen, bedeutet demnach, dass die gastfreundschaftliche, achtsame Zuwendung angeeignet wurde und tatsächlich den Motivationshorizont der Care leistenden Person bildet. Sie hat sich auf die achtsame Begegnung festgelegt und übernimmt hierfür die Verantwortung. Dabei geht es nicht darum, das Gegenüber nur zu spiegeln oder andere Techniken anzuwenden. In dieser Wertschätzung wird das Gegenüber auch nicht durch Analysen und Diagnosen verstellt (vgl. Kapitel 3.1), sondern es kann sich und seine Anliegen in der Beziehung in Worte fassen und verschiedenste Punkte explizieren (Buber, 2021: § 39, Schlette & Jung, 2005: 13ff). Das Selbst des Gegenübers gelangt dadurch bestenfalls zu einer Selbstthematisierung, die für den Austausch in der Praxis von Philosophical Care (vgl. Kapitel 3.3) massgebend ist.

Das Selbst der Klientel, welche die Care-Tätigkeit in Anspruch nehmen, probieren mit ihrer Lebensführung und ihren damit einhergehenden Schwierigkeiten und Widerständigkeiten zurechtzukommen (Achenbach, 2010: 120). So verstanden, versuchen sie, mit sich selbst und ihrer Mit- und Umwelt fertig zu werden und ihre Lebensführung zu verstehen sowie von anderen verstanden zu werden.

Dass dies für viele überfordernd oder schwierig ist, kann ausschlaggebend dafür sein, dass die Beziehung zu einer Philosophical Care leistenden Person gesucht wird. Zur Einsichtskompetenz gesellt sich im Selbst der Klientel auch die Kultivierung der philosophischen Urteilskompetenz hinzu, indem durch den Austausch versucht wird, die eigene erlebte Lebenswirklichkeit differenziert zu verstehen, im Austausch darzustellen und sie dadurch auch zu überdenken. Man öffnet sich, indem eigene Ansichten, Gefühle, Wünsche etc. geäussert werden und dadurch festlegend anerkannt werden. Durch die Äusserung wird verständlich, wie sich die geäusserten Dinge zum eigenen Selbst verhalten. Dies gilt ebenso für die Beziehungsgestaltung. Ideen und Vorstellungen sowie Bedürfnisse und Wünsche können so kritisch reflektiert werden, und diese Veränderung kann zu einer neuen oder gefestigteren Ansicht der eigenen Urteile führen (Foucault, 1992: 12).

Die Inputs der Care leistenden Person können dabei als mögliche Anregungen oder Hilfestellungen für diese Entwicklung dienen. Da es bei diesen Urteilsfindungen um die je eigens erfahrene Lebenswirklichkeit geht, ist auch das Selbst der Klientel in die Care-Beziehung bestenfalls inbegriffen involviert. Es sollte sich daher als Selbst und zugleich auch als Partei innerhalb der Care-Beziehung anerkennen und das Themenfeld in gewissem Grade umkreisen und abstecken, von welchen es eine Begleitung der Care leistenden Person erwünscht. Entsprechend ist es von grundlegender Bedeutung, dass das Selbst der Klientel davon ausgehen kann, sich auf die Care leistende Person im Rahmen der Care-Beziehung verlassen zu können, dass die Beziehung auf die bisher beschriebenen Ideale ausgerichtet ist (Schmid, 2016: 193).

Dies führt die wesentlichen Punkte zusammen, wie und wo die philosophische Urteilskompetenz in der Beziehung zum Tragen kommt. Die eigene Stellungnahme von der Care leistenden Person und dem Selbst der Klientel auf das je eigene Erleben und die Beziehung führt dazu, dass im Austausch (vgl. Kapitel 3.3), die Beziehung für die Begleitung der Klientel bestmöglich vorbereitet wird (Rüegger in Noth et al., 2023: 30). »Verständnis und Unverständnis, Verstehen und Missverstehen, Nähe und Distanz dürfen nebeneinander bestehen und ineinander übergehen, ohne dass dies zum Beziehungsabbruch oder zu Ohnmachtsgefühlen führen muss« (Nauer, 2014: 220). Das bedeutet auch, dass die gastfreundliche Haltung auch zur Selbsttätigkeit aller teilnehmenden Parteien ermuntert, indem sie sich gegenseitig anerkennen und sich auf ihre Positionen im gegenseitigen Austausch festlegen und anspornen (Benner, 2015: 296). Auf diesen Punkt soll nun zum Schluss der transzendentalkritischen Betrachtung der Beziehung noch weiter eingegangen werden.

Die Mit- und Umwelt

Welche Rolle spielt das Radikale Bedenken in der philosophischen Beziehung? So wie die teilnehmenden Parteien in der Care-Beziehung sich als *Selbst* adressieren, so können sie ebenfalls auf andere Elemente als *Mit- und Umwelt* referieren, worunter bspw. auch weitere teilnehmende Parteien, Institutionen etc. fallen können.

Wird in der Beziehung der Philosophical Care das Radikale Bedenken gefördert und zwar in einer bildsamen Art und Weise, so erschliessen sich daraus unterschiedliche Konsequenzen (und neuaufkommende Problemstellungen) für besagte Möglichkeitsbedingung. Warum wäre das wichtig? Und wie hängt dies mit dem Radikalen Bedenken zusammen? Ikäheimo gibt darauf eine einfache Antwort: »Für eine realistische Konzeption des eigenen Lebens und des Sozialen im Allgemeinen ist es erforderlich, dass man sich seiner Abhängigkeit von den Leistungen und somit auch der Existenz anderer Personen bewusst ist« (Ikäheimo, 2014: 191). Diese Antwort soll hier nun genauer ausgeführt werden.

Zuerst kann durch das Radikale Bedenken überlegt und untersucht werden, wie die Gefühle, Motivationen, Bedürfnisse etc. aller Teilnehmenden (für sich) die Care-Beziehung beeinflussen (Rogers, 2021: 107). Care-Beziehungen sind stets geprägt von Gründen (emotional, kognitiv, pragmatisch etc.), welche diese Beziehung aufrechterhalten und prägen. Dies hat damit zu tun, dass die eigene Selbstwahrnehmung und -darstellung stets auch vom sozialen Umfeld und den daraus resultierenden Beziehungen geprägt ist – was natürlich auch für die Care-Beziehung gilt (Fellmann, 2013: 131f, Ikäheimo, 2014: 114).[25]

Eine solche Prägung ist jedoch keine notwendige, starre Gegebenheit. Die in der Beziehung erlebte Verbundenheit, die durch das aufgebrachte Verständnis und die aufrichtige Akzeptanz des Gegenübers zustande kommt, ist ein Ort der Möglichkeiten und der Entwicklung, ebenso jener der Ruhe und des Schutzes (Nauer, 2015: 107). Dem Selbst der Klientel steht es hier frei, verschiedene Gedankengänge auszuprobieren, Szenarien auszumalen, ohne sich dessen schämen oder ängstigen zu müssen. Die Beziehung bildet den Boden, auf dem neue, unerwartete Aspekte ausprobiert und zur Sprache gebracht werden können. Auf diesem Boden wird nicht nur das Selbst thematisiert, sondern meist auch die damit verbundene Mit- und Umwelt. Das teilnehmende Selbst kann sich so in seiner Stellung innerhalb unterschiedlicher Beziehungen betrachten und erfahren (Krauss, 2022: 126, Rogers, 2021: 129).

Wird zudem das Selbst anders erfahren und aufgefasst, so verändert sich entsprechend auch die Wahrnehmung und Bedeutung der Mit- und Umwelt (Habermas, 2018: 16). Beides geht oft Hand in Hand. Das Selbst richtet sich eine andere Stellung in diesem Beziehungsgeflecht (System) ein und verändert es dadurch. Indem also die Bilder, die ein Selbst von sich und anderen entworfen hat, durch Begriffe, Gedanken und Gefühle neu deutet und möglicherweise verändert, lassen sich für alle Beteiligten und ebenso für die Beziehung selbst neue Formen und Gestaltungsmöglichkeiten finden (Hampe, 2014: 17, Lahav, 2017: 113).

Das bedeutet nicht, dass durch die Care leistende Person Weltbilder vermittelt werden, die von den teilnehmenden Parteien übernommen werden sollen. Ein solches Unterfangen würde der Praxis von Philosophical Care zuwiderlaufen. Vielmehr geht es darum, die Reflexion über diese Punkte überhaupt erst ins Rollen zu bringen und ein Radikales Bedenken zu initiieren, wenn dies dem Anliegen der Care-Tätigkeit in dieser Beziehung entspricht (Lacan, 2017: 26). Dies geschieht bspw. dadurch, dass an relevanten Punkten im Austausch Fragen gestellt, Alternativen aufgezeigt werden oder versucht wird, die Hintergründe der eigenen Einsichten zu überprüfen (Cavell, 2016: 30, Rorty, 2008: 68).

Damit geht auch die Verantwortung einher, wie schon zuvor erwähnt wurde, dass sich die teilnehmenden Parteien in der Care-Beziehung akzeptiert und ernstgenommen fühlen (Rogers, 2021: 107). Hartmann erklärt die entsprechenden Folgen für die Vertrauensbeziehung: »Weil Vertrauen die Kontrolle über den anderen preisgibt, kann dieser in erheblichem Masse darüber bestimmen, wie sich das Vertrauensverhältnis gestalten und wie es von denen, die daran beteiligt sind, verstanden

---

25 Vgl. hierzu ausführlicher auch Mead, 2013.

werden soll« (Hartmann, 2022: 21). Das bedeutet, es kann durch die vertrauensvolle Thematisierung des Selbst innerhalb der Beziehung expliziert werden, wie sich die diversen Beziehungen für das Bedürfnis der teilnehmenden Parteien am besten gestalten lassen. Die teilnehmenden Parteien dürfen sich demzufolge mutig und ehrlich einbringen, ihre Vorschläge, Ideen und Fantasien in dieser Beziehungskonstellation hervorbringen, ohne der Gefahr ausgesetzt zu sein, dass aus der Selbst- sowie Weltthematisierung unmittelbar soziale Sanktionen für die Beziehung oder für sie selbst erwachsen. Dies geschieht stets aus einer deutenden, verstehenden und damit bildsamen Perspektive heraus und zwar im gemeinsamen Austausch (Brandt, 2017: 90). Zusammenfassend kann für die Beziehung der Philosophical Care Folgendes als Haltepunkt formuliert werden:

> Die Beziehung bildet die weitergezogene und absichtlich aufrechterhaltene Fortführung der Begegnung aller teilnehmenden Parteien. Sie ist insofern bedeutungsvoll, da eine Verbundenheit durch eine akzeptierende, achtsame und damit gastfreundliche Zuwendung entsteht. Durch diese Zuwendung erhält das Selbst die Anregung, sich in diesem Vertrauensraum zu öffnen und sich gemeinsam mit der Care leistenden Person inbegriffen auszutauschen, womit nicht nur das Selbst, sondern auch die Mit- und Umwelt bildsam reflektiert werden können.

Wie der Austausch für die Praxis von Philosophical Care aussieht, soll anhand der folgenden transzendentalkritischen Darstellung aufgezeigt werden.

3.3. Der Austausch

Was ist ein Austausch in der Care-Tätigkeit? Unabhängig davon ob man im persönlichen Gespräch, via Mail, per Videoübertragung, per Telefon oder anderen Medien kommuniziert, gehört der Austausch und die Kommunikation zu jeglicher Beziehung in der Care-Tätigkeit wesentlich dazu (Buber, 2021: § 56, Schmid in Slunecko, 2017: 184). Ebenso spielt es für die transzendentalkritische Analyse des Austausches in einem ersten Schritt noch keine Rolle, ob die Kommunikation der Care leistenden Person mit Kindern, Jugendlichen, hoch betagten Menschen, einzeln oder in Gruppen etc. stattfindet, denn der Austausch kann hier vorerst in seinen grundlegenden Bedingungsmöglichkeiten untersucht werden, bevor er sich auf die unterschiedliche Klientel in seiner Methodik und Konzeption spezifizieren lässt. Wichtig ist jedoch, dass die Begegnung und die gemeinsam etablierte Form der Beziehung dem Austausch vorgängig sind (Seel, 2002: 15). Auf ihnen baut der Austausch auf. Der Austausch in der Care-Tätigkeit ist folglich als ein mehr oder minder strukturiertes Geschehen zu betrachten, welches in der Beziehung stattfindet und zugleich auch begründet werden kann (Lahav, 2017: 17).

Definiert werden kann der *Austausch* in der Care-Tätigkeit als eine absichtliche sprachliche Vermittlung zwischen den unterschiedlichen teilnehmenden Parteien

(Flusser, 2007: 13). Dabei sind sowohl die Situation des Austauschs, also in welchem (raumzeitlichen und bedeutungsbehafteten) Rahmen der Austausch stattfindet, als auch der Sachverhalt über den kommuniziert wird für die Bestimmung des Austauschs wesentlich (Seel, 2002: 25). Stölzel führt diese Bestimmung des Austauschs weiter am Begriff des *Dialogs* aus: »Im Dialog werden zwei Handlungsweisen verknüpft. Erstens *dialegein*, was bedeutet, etwas zerlegen, auseinanderlesen, (zer-)gliedern, und zweitens *dialegesthai*, was bedeutet, einen Klärungsprozess gemeinsam, im ebenbürtigen Miteinander zu vollziehen« (Stölzel, 2014: 170; H.i.O.).

Das bedeutet, dass der Austausch nicht allein auf die Übermittlung symbolhafter Zeichen beschränkt werden darf. Zum Austausch gehören ebenso Emotionen, Befindlichkeiten, Ansichten, Wahrnehmungen etc. (Seel, 2002: 26). Für die vorliegende Untersuchung lohnt es sich aber, vertieft auf den inhaltlichen Aspekt des Austauschs einzugehen, also auf den Sachverhalt, der im Austausch und dem gegebenen Rahmen sprachlich thematisiert wird.

Der Einfachheit halber und aus Platzgründen wird hier die Körpersprache, die Stimmlage und die Kommunikation mittels körperlicher Gesten, Berührung, Musik etc. vernachlässigt.[26] Trotzdem kann nicht alles durch die Sprache eingeholt werden (Butler, 2021: 113). So muss hier ebenfalls vorgehoben werden, dass der Austausch immer auch über die rein kommunikative Ebene hinausgeht. Darunter fällt unter anderem schon die physische Begegnung, die schon zum Austausch mitgehört (Casper, 2017: 375).

Der Austausch findet demzufolge anhand von wechselseitigen Mitteilungen über ein Drittes, einen Inhalt statt, welcher von den Parteien gemeinsam in einen Sinnzusammenhang überführt wird und so auch durch das Teilen in einem gewissen Sinne gespeichert wird. Die sprachliche Kommunikation – auf die sich das vorliegende Unterkapitel primär konzentriert – verbindet das Selbst mit dem Gegenüber, dem Du auf eine spezifische Weise (Löwith, 2016: 99). Auf diese Form des Austauschs lohnt es sich hier genauer einzugehen. Die Verbindung durch kommunikativen, sprachlichen Austausch entsteht durch den thematischen Austausch über ein Drittes, auch wenn das Dritte mit dem *Selbst* oder der *Mit- und Umwelt* als Thema der Klientel mehr oder weniger kongruent sein kann. Alle teilnehmenden Parteien tauschen sich also über Inhalte und Befindlichkeiten bezüglich dieses Dritten aus, sei dieses während der Care-Tätigkeit an- oder abwesend (Hampe, 2014: 146).

Selbstgespräche oder Selbstreflexion fallen daher nicht unter den *Austausch*, auch wenn diese möglicherweise durch die Care-Tätigkeit angeregt werden können. Der Austausch stellt schon den laufenden Prozess der Kommunikation dar. Festzuhalten ist daher für das Zustandekommen des Austauschs, dass es als initiierende Zündung ein Ansprechen einer Partei bedarf, die auf das Gegenüber zugeht. Von welcher Partei dies auskommt, kann hier vernachlässigt werden.

In diesem Ansprechen, so banal dies auch klingen mag, wird die Verteilung der teilnehmenden Rollen und Anerkennung des Austausches überhaupt erst wachgerufen (Butler, 2021: 106). Diese Form des Ansprechens ist ohne die Sprache als Über-

---

26 Vgl. ausführlicher Ekman, 2011 sowie Feil & de Klerk-Rubin, 2020.

3.3. Der Austausch

führung in einen Sinnzusammenhang nicht denkbar. Wenn man also den Austausch als strukturiertes Geschehen betrachten will, so bildet das Ansprechen das erste Element in diesem Prozess. »Etwas ruft mich an, bringt mich zum Auf-hören, und deshalb *muss* dieses Etwas, *kann* es nicht einfach das sein, was ich schon immer gedacht habe« (Rosa, 2023: 58; H.i.O.).

Durch das Ansprechen und das Aufhören, das *Hören auf* jemanden kann das erste Element der kommunikativen Sorge markiert werden. Durch das Ansprechen wird klar, dass die Beziehung sich als Plattform dafür anbietet, sich gemeinsam über ein Drittes sich auszutauschen, oder dieses zu Wort kommen zu lassen und dies im gemeinsamen Beisammensein (via gegebenes Medium) zu ergründen (Oevermann, 2010: 237). Wichtig ist hier weiter zu erwähnen, dass das Medium im Austausch für die Empfindung und Wahrnehmung sehr wohl eine tragende Rolle einnimmt. Es macht einen Unterschied, die Nachricht eines anderen zu lesen oder sie aus naher Distanz von Angesicht zu Angesicht zu vernehmen (Agamben, 2017: 83).

Wie entsteht ein Austausch in der Care-Tätigkeit? Nachdem geklärt wurde, wie es überhaupt zu einem Austausch kommen kann, lohnt es sich, den Austausch in den dafür grundlegenden und weiteren Schritten genauer zu betrachten. Hierfür bedarf es einige allgemeine Kommentare zur Sprache. Die Sprache als Medium des Austauschs ist weder ein einheitliches, noch starres, oder gar abgeschlossenes System, das zur gemeinsamen Kommunikation dient (Hampe, 2014: 218). Was ist darunter zu verstehen?

Oevermann umreisst hier eine mögliche vorläufige Antwort: »Erinnerungsspuren, Traumbilder, introspektiv zugänglich emotionale Zustände und Affekte können nie und nimmer als solche methodisch überprüfbar erfasst werden, sie werden methodisch zugängliche Gegenstände erst über die Ausdrucksgestalt, die sie in einer Erzählung, einem protokollierbaren Ausruf, einer Aufzeichnung einer Geste aus der Sicht eines analysierenden Dritten, einen fotografierten Gesichtsausdruck o. ä. gefunden haben« (Oevermann, 2010: 37f). Erst indem der Mensch sich äussert, also sprachlich in den Austausch tritt, entsteht oder entfaltet sich ein Drittes, über das man sich gemeinsam unterhalten kann. Erst durch die Äusserung wird überhaupt erst Verstehen und damit ein *Austausch* möglich. »Man macht also Bilder nicht, um eine bekannte Lage zu imitieren (abzubilden), sondern umgekehrt, um eine unbekannte Lage vorstellbar zu machen« (Flusser, 2007: 116). Hierin besteht die kommunikative Konstituierung des Dritten, über das man sich im Austausch gemeinsam unterhält.

Wie schon in Kapitel (2) erwähnt wurde, existieren verschiedenste Sprachspiele. Findet ein sprachlicher Austausch statt, so kann dies nur durch eine Verständnisbemühung der teilnehmenden Parteien geschehen, da die Aussagen und Implikationen des Gegenübers auf die eigens erfahrene Lebenswirklichkeit und jene wiederum auf die des Gegenübers übersetzt werden müssen. Die sprachlichen Äusserungen und die damit einhergehenden Inferenzen, die durch die diskursive Veröffentlichung der Äusserung gezogen werden, müssen nicht nur dechiffriert, sondern auch im Blickwinkel auf alle teilnehmenden Parteien angepasst werden (Casper, 2017: 370). Solche »Kommunikationsprozesse zeichnen sich dadurch aus, dass sie keine feststehenden Kausalketten sind, sondern dass das Dazwischen, die Differenz zwischen kommunikativen Ereignissen jene Freiheit in die Welt einbaut, die Ergebnisoffenheit und kaum festlegbare Prozesse hervorbringt« (Nassehi, 2021: 276).

Dabei können Schwierigkeiten und Widerständigkeiten auftreten, die mit Vorsicht und Achtsamkeit behandelt werden müssen. Das bedeutet, dass die einzelnen Aussagen als Spielzüge eines Sprachspiels (in allem professionellen Ernst) verstanden werden können. Diese Züge sind nicht beliebig, sondern einer normativen Kraft unterworfen, die das Sprachspiel mehr oder weniger gliedert und dadurch auch als strukturiertes Geschehen erfassen lässt. Es kann aber immer der Fall sein, dass man sich in unterschiedlichen Sprachspielen befindet, Erlebnisse anders deutet oder ihnen andere Begriffe zuschreibt. Solche Unterschiede besitzen aufgrund ihrer inferentiellen Struktur weitreichende Konsequenzen für das gegenseitige Verständnisbemühen. Wird das Gegenüber als Fremdes wahrgenommen, muss dieser Möglichkeit des erschwerten oder gar misslingenden Verständnisses stets Rechnung getragen werden (Seel, 2002: 87).

Indem sich nun eine teilnehmende Partei äussert, gibt sie zu verstehen, was für sie der Fall ist oder was sie befürchtet, hofft, befiehlt (o. ä.), was der Fall sein könnte oder sollte (Morgenthaler, 2019: 119). Damit wird auch ein Ausschluss (oft implizit) generiert, was nicht dazugehört. Was sie ausspricht ist nun Teil der Öffentlichkeit und daher für andere Perspektiven und Verständnismöglichkeiten zugänglich. Sie gibt sich somit kund und muss auch in dieser Position und Sprachhandlung notwendigerweise wahr- und ernstgenommen werden. So führt Oevermann weiter aus: »An jeder Sequenzstelle eines Handlungsverlaufs wird also einerseits aus den Anschlussmöglichkeiten, die regelgemäss durch die vorausgehenden Sequenzstellen eröffnet wurden, eine schliessende Auswahl getroffen, und andererseits ein Spielraum zukünftiger Anschlussmöglichkeiten eröffnet« (Oevermann, 2010: 31).

Nur durch den Umstand, dass Sprache ein offenes, fehleranfälliges und uneinheitliches System bildet, sind die unterschiedlichen Züge der Sprachspiele überhaupt möglich und können so neue Informationen generieren, als auch Informationen vermitteln, die sich wiederum der Deutung anderer Parteien überlassen müssen. Dies geschieht jedoch immer in diesem mehr oder minder strukturierten Rahmen von Sprachspielen. Die Ausdrücke über ein Drittes werden, so die Überlegung, zur Verfügung und Prüfung hervorgebracht, im Bedürfnis darum, erhört und verstanden zu werden – wodurch in dieser Struktur sowohl das Allgemeine des Austauschs als auch deren einzigartiger, besonderer Prozess bei der Thematisierung des Sachverhalts ineinander fallen (Nassehi, 2021: 252). Dies hat für das Gelingen des Austauschs weitreichende Konsequenzen. Stölzel fasst dies wie folgt zusammen: »Das Bewusstwerden für den Dialog eröffnet den Blick auf einen eigentümlichen, schwer fasslichen Raum: den Zwischenraum« (Stölzel, 2014: 156).

Wie kann ein Austausch in der Care-Tätigkeit gelingen? Die Philosophie als Tätigkeit und damit auch in der Rolle von Philosophical Care, muss den Fokus des Denkens für sich primär auf die dialogische Praxis verschieben. Philosophical Care fördert und fordert folglich den sprachlichen Austausch und damit auch das Gespräch (Leeten, 2019: 260).

3.3. Der Austausch

Im Medium des Dialogs begegnet das Du dem Selbst und es kann sich in diesem Rahmen selbst sowie seine Mit- und Umwelt thematisieren. Hier findet man also die oben genannte Struktur und die Begründung für den Austausch in der Care-Tätigkeit.

Es wird versucht, dem anderen Ausdruck zu gewähren und so zu einem Verständnis zu verhelfen, sowohl für sein Selbst als auch für die Mit- und Umwelt. Die sprachliche Kommunikation bildet entsprechend das Medium, auf dem diese Entwicklung in der Beziehung geschieht (Gadamer, 2018: 162). Dies erfolgt nicht in einer schlichten, offengelegten Abgleichung der Begriffe und Deutungen, sondern muss in einem andauernden, keineswegs stets erfolgreichen, Prozess vor sich gehen. Entsprechend wird auch von einer *Bemühung* um Verständnis gesprochen. So schreibt auch Stölzel: »Ein Dialog ermöglicht den Versuch, etwas mit Hilfe bzw. durch ein Gespräch zu klären; das schliesst eine sichtbar werdende Unklarheit (oder Aporie) nicht aus« (Stölzel, 2014: 170).

Ebenfalls scheint die Annahme unglaubwürdig, dass ein völliges Verständnis des Gegenübers jemals erreicht werden könnte. Doch darin liegt auch keineswegs die Zielsetzung des Austausches. Es kann genügen, dass allein durch die Äusserung der Schritt dazu getan wurde, sich selbst Gehör zu verschaffen, auf offene Ohren zu stossen und Inhalte sowie Befindlichkeiten zu explizieren (Leiter-Rummerstorfer, 2017: 122). Ein Dialog wäre demnach unabhängig davon, wie er spezifisch im Einzelnen geführt wird oder welche Themen er als Drittes im Austausch behandelt, also ein Gespräch bildet, welches über die (blosse) Austausch- und Mitteilungsfunktion hinausgeht und sich nicht auf einen Monolog reduzieren lässt (Stölzel, 2014: 170f.).

Das Gegenüber erhält im Austausch vielmehr die Möglichkeit zur Selbstthematisierung im gemeinsamen Rahmen und damit zur Artikulation von Inhalten und Befindlichkeiten, die im Austausch besprochen und geteilt werden sollen. Dieses Teilen von Inhalten und Explizieren von Befindlichkeiten kann den Inhalt wiederum verändern, da es nun durch den Dialog vom Gegenüber gehört und bestenfalls aus dessen Perspektive auch verstanden und in Form einer Antwort erwidert wird (Van der Kolk, 2021: 252).

Bevor nun darauf eingegangen werden soll, wie die drei philosophischen Schlüsselkompetenzen den Austausch in der Care-Tätigkeit prägen, soll hier noch erwähnt werden, dass zusätzlich auch das Problem der Vertraulichkeit der Inhalte für die Philosophical Care ernst genommen und weitergehend reflektiert werden muss (Winkler, 2000: 272).

Wie hängen die philosophischen Schlüsselkompetenzen mit dem Austausch zusammen? Einsicht, Urteilen und Radikales Bedenken finden ihren Niederschlag auch im gemeinsamen Austausch innerhalb der Praxis von Philosophical Care. Fragt man sich, was die Einsicht zum Austausch beiträgt, wird die genealogische und zugleich geltende Dimension in eins überführt: Das Zuhören. Ohne klares, verstehendes Zuhören kann es überhaupt kein Dialog im oben verstandenen Sinne geben und kann der Dialog auch nicht gelingen (Leeten, 2019: 225). Das Urteilen findet sich schliesslich im gemeinsamen Austausch, also im Behandeln des Dritten als Sachverhalt wieder. Urteilen bezieht sich darauf, sich über die Erschliessung des Dritten zu verständigen. Dies soll hier *Dialogische Praxis* genannt werden. Als letzte Dimension des Austauschs wird auch das Aussersprachliche und das Schweigen thematisiert, jenes Unverfügbare, das notwendigerweise zu jedem Austausch dazugehört. Wie genau sich das Unverfügbare zum Austausch verhält, kann durch das Radikale Bedenken reflektiert und vergegenwärtigt werden.

Zuhören

Wie hängt die Einsicht mit dem Austausch in der Philosophical Care zusammen? Um diese Frage differenziert betrachten zu können, wird hier weiterhin der Austausch auf die sprachliche Ebene begrenzt, um der Sache eine gewisse Form zu verleihen. Damit wird nicht behauptet, dass die körperliche, gestische, mimische Ausdrucksform im Austausch (vgl. bspw. Ekman, 2011) nicht beachtet werden soll oder differenziert wahrgenommen werden könnte. Achtsam und einsichtig auf das Gegenüber – auf das Du einzugehen, beinhaltet auch das Wahrnehmen dieser Aspekte innerhalb des Austausches für Philosophical Care.

Das achtsame Zuhören bildet die Aktualisierung der philosophischen Einsichtskompetenz. Hören und so verstanden auch das aktive Zuhören kann geübt werden. Damit bildet das Zuhören nicht nur die transzendentalkritische Möglichkeitsbedingung des Austauschs, sondern fungiert zugleich auch als Gelingensbedingung.

Jeder Austausch besteht aus den grundlegenden Rollen des Sprechenden und des Zuhörenden. Diese Rollen können sich im Dialog auch abtauschen. Ohne das Hören gibt es aber auch kein Sprechen oder kein *gelungenes, dialogisches* Sprechen. So hält Stölzel fest: »Der Hörer wäre demnach der Primäre, derjenige, der den Sprecher erst zu einem macht« (Stölzel, 2014: 172). Erst durch das Hören wird also die Möglichkeit für den Austausch erschaffen und legt damit auch die Möglichkeit für einen gelingenden Austausch nahe (Fricker, 2023: 231). Obwohl dies eine Banalität, oder gar eine Plattitüde darstellt, muss das Zuhören als Möglichkeitsbedingung für den Austausch in der Praxis von Philosophical Care angeführt und in seiner grundlegenden Tragweite betrachtet werden.

Damit überhaupt erst ein solch gelingender Austausch stattfinden kann, muss eine Atmosphäre geschaffen werden, damit die teilnehmenden Parteien für besagten Austausch bereit sind. Dies wurde schon mit der Konzeption der *Gastfreundschaft* in ihren Grundzügen aufgezeigt. Wer gastfreundlich auftritt, Zeit hat, Achtung bietet und offen für die Begegnung ist, kann dem Du die Möglichkeit überlassen, in die Begegnung und damit in den Austausch einzutreten (Han, 2017: 84).

Innerhalb dieses Raums der Begegnung und der damit einhergehenden Vertrauenspraktik kann das Gegenüber sich in der Verletzlichkeit darstellen, in der es sich zeigen will. Entspricht die Verletzlichkeit einer anthropologischen Grundannahme, die hier unterschwellig für Philosophical Care eingeführt werden soll? Oder wird mit der Verletzlichkeit ein therapeutisches Ziel vorgewiesen, auf das hinzusteuern ein Grund und Anliegen der Care-Tätigkeit bildet?

Die Antwort lautet: Weder noch. Mit der *Verletzlichkeit* soll weder der Zustand des Gegenübers thematisiert (oder diagnostiziert) werden, noch wird damit behauptet, einen notwendigen Haltepunkt für die Care-Tätigkeit zu erfassen. Vielmehr wird mit der Verletzlichkeit ein Verantwortungsanspruch auf Seiten der Care leistenden Person erhoben, die sich dem Gegenüber in sorgender Weise annehmen sollte (Grondin, 2012: 25, Schuchter, 2016: 57). Die Care-Tätigkeit bezieht sich darauf, den möglichen Ansprüchen einer Beziehung im Austausch (als *Verletzlichkeit* gedeutet) gerecht zu werden.

Der Verantwortungsanspruch besteht darin, aufmerksam und achtsam zu sein, Achtung dort vorzubringen, wo sie gefordert und nötig ist. Im Wesentlichen geht es darum, besagtes Du als Gegenüber vor Übergriffen zu bewahren, indem durch die bisher erwähnten Aspekte (fehlende Systemimmanenz, *epoché*, Gastfreundschaft etc.) versucht wird, den Austausch bestmöglich zu gestalten und zwar in jener Weise, dass das Selbst des Gegenübers sich auf eigene Weise thematisieren kann und dazu auch ermuntert wird (Feil & De Klerk-Rubin, 2020: 22). Einsicht und Austausch in der Philosophical Care, so hier die Behauptung, finden sich daher im Zuhören wieder.

Das *Zuhören* wird hier als aktive Tätigkeit verstanden, die von der philosophischen Kompetenz der Einsicht getragen wird und nicht einfach der alltagssprachlichen Bedeutung anheimfällt, noch in einer rein technischen Anleitung verkümmern soll. Wenn, wie schon erwähnt wurde, das Gegenüber einen Teil der je eignen Lebenswelt in die Hände der Care leistenden Person legt, indem Ersteres sich selbst thematisiert, sollte die Care leistende Person ihre Lebenswelt, ihre Aufmerksamkeit und ihr Präsent-Sein dahingehend steuern, dass das Vermittelte im Austausch auch tatsächlich wahr- und ernstgenommen wird (Lévinas, 2014: 63). Das Wahr- und Ernstnehmen ist dabei selbst wiederum eine komplexe Angelegenheit und kann Möglichkeiten für Probleme, Herausforderungen oder Ungerechtigkeit bereithalten (Fricker, 2023: 231).

Erst wenn das Gegenüber in seinem Gesagten tatsächlich ernst genommen wird, kann eine gelungene Vertrauensbeziehung aufgebaut und erhalten werden. Indem Care Tätige sich zuhörend und offen dem Gegenüber zuwenden, kann dieses die eigene Stimme und die eigene Meinung zur Geltung bringen. Handeln, Fühlen, Denken und deren Sinn werden nämlich im Austausch aus unterschiedlichen Blickwinkeln aufgefasst und beleuchtet sowie anhand ihrer eigenen Dynamik nachverfolgt.

Hierzu existiert für die Praxis von Philosophical Care und viele andere Care-Tätigkeiten keine praxeologische Vorbegrifflichkeit (Schwingel, 2018: 46). Entsprechend ist damit die Praxis der Care-Tätigkeit auch niemals vollständig standardisierbar, da die philosophische Sorge aufgrund fehlender Systemimmanenz und ihrer angestrebten Niederschwelligkeit unterschiedlichste Situationen, Übersetzungen der Situationen und diverse Formen der Care-Bündnisse bedarf (Oevermann, 2010: 17). Das Zuhören, wenn es in diesem Sinne als Tätigkeit in einem komplexen Rahmen verstanden wird, wirft unterschiedliche Problemstellungen auf. Auf einige soll hier kurz eingegangen werden.

Versteht man den sprachlichen Austausch als ein Ereignis von Sinn (Lévinas, 2014: 88), so muss das Zuhören einen hermeneutischen Akt leisten, indem versucht wird, diesen Sinn zu verstehen und nachzuvollziehen. Der Sinn wird das Mass des Austauschs als strukturiertes Geschehen. »Es ist dasjenige, was danach strebt, sich in der ausgesprochenen Sprache zu äussern« (Grondin, 2012: 10). Dies stellt unweigerlich eine Herausforderung dar, die über das schlichte Zuhören hinausgeht, denn die Einsicht muss hier Bedeutungszusammenhänge begreifen und deren Begründungen nachspüren (vgl. Kapitel 2). Dies ist beim sprachlichen Austausch jedoch nur über das genaue Zuhören und Erfassen möglich.

Eine weitere Herausforderung besteht darin, dass nicht nur das Gegenüber und dessen Äusserungen und Gefühle einmalig sind, sondern dass auch jeder einzelne Austausch als einmalig und daher bedeutungsvoll betrachtet werden muss (Pelluchon, 2019: 239). Nicht nur die einzelnen Zusammenhänge im Austausch müssen erhört und gedeutet werden, es bedarf auch der Umsicht aller möglicherweise vorhergegangenen Gespräche sowie die Darstellung und Thematisierung des Gegenübers als ein Selbst, welches vor dem Austausch schon eine für sich selbständige Lebenswelt erfahren hat. Hier werden nicht nur mnemotechnische Herausforderungen an den Austausch herangetragen, sondern auch phänomenologische und diskursanalytische. Denn es geht darum, die Erfahrungswelt nicht nur in ihrem Sinngehalt zu entziffern, sondern die tragende Situation (sowohl die geschilderte, als auch jene des Austausches) muss in ihrer Erfahrungsstruktur bis zu einem gewissen Grad erkannt und erfasst werden (Fellmann, 2015: 28). Dazu gehört auch dasjenige, was nicht oder nur ungenügend besprochen werden kann, worauf weiter unten noch genauer eingegangen wird. »Bei dieser Art des Zuhörens geht es darum, sowohl auf das, was *nicht* gesagt wird, als auch auf das, was gesagt wird, zu achten« (Fricker, 2023: 234; H.i.O.).

Der Austausch stellt selbst nämlich eine Erfahrung dar, in welcher über Erfahrungen berichtet wird. Diese doppelte Ebene des Sinngeschehens muss somit stets berücksichtigt werden. Schliesslich muss neben der primär hermeneutischen und der phänomenologischen Bemühung beim philosophischen Zuhören auch noch eine kritisch-analytische Komponente hinzukommen. Bspw. ist es nötig, die Person vom geschilderten Umstand zu unterscheiden und unterschiedliche Aspekte, wie Gefühle, Gedanken, etc. mehr oder weniger klar differenzieren zu können (Feil & De Klerk-Rubin, 2020: 57). Es bedarf hierzu nicht nur philosophisches sondern auch psychologisches, soziologisches, systemisches, theologisches, anthropologisches, etc. Gespür, um verstehen zu können, wie der Kontext sich von den geschilderten Inhalten abgrenzt, oder zusammengeführt werden kann.

Auch für die Klientel ist es möglich, Einsicht im Austausch zu kultivieren. Die Verteilung der philosophischen Kompetenz konzentriert sich hier, wie schon bei anderen Aspekten, nicht nur auf die Care leistende Person allein. Auch hier spriessen Fragen und Herausforderungen hervor, die für die Praxis von Philosophical Care bedacht werden müssen.

Die Öffnung im Austausch erlaubt es dem Selbst, sich selbst zu thematisieren und sich so selbst besser zu erkennen (Stuppner, 2013: 28). Dass hierbei Äusserungen, Gedanken und Gefühle miteinander verwoben sind, kann bspw. Thema des Austauschs sein, aber auch ausserhalb des Austausches betrachtet werden. Die Bedeutungszusammenhänge die hier das Netz von Gefühlen, Gedanken und Äusserungen spinnen, können ein Erkenntnisziel für die Klientel darstellen. Das Selbst kann ebenso begreifen, dass es sich beim Gegenüber nicht einfach Rat einholen kann, mit dem die Lösung für die eigenen Widerständigkeiten und Probleme beseitigt werden können. Vielmehr wird im besten Fall erkannt, dass im Austausch versucht wird, gemeinsam an den Widerständigkeiten und Problemen teilzunehmen und gegebenenfalls zu arbeiten, sofern dies gewünscht wird (vgl. Kapitel 3.6). Es wird an Perspektiven gearbeitet und dies in Zusammenarbeit und nicht anhand von einer Hol- oder Bringschuld der Dienstleistung. Im Austausch gelangt man folglich auch in eine Spannung von *sich etwas sagen lassen, erwidern wollen, zuhören* und *Selbstthematisierung* (Achenbach, 2023: 54). Wer wie und wann spricht, bildet eine heikle und herausfordernde Angelegenheit. Dies wird unten in der dialogischen Praxis noch weiter ausgeführt.

Beide Parteien, so wie alle anderen möglichen Teilnehmenden, können im aufmerksamen, achtsamen Zuhören auch an der Einsicht arbeiten, wie der Austausch ein Ereignis der Beziehung darstellt und welche Auswirkungen der Austausch auf die Beziehungsgestaltung ausübt. Man begegnet sich als Selbst und einem Gegenüber und lässt dadurch eine Beziehung die durch den Austausch bestimmt wird, entstehen, ohne das Gegenüber in seiner Andersheit konkret verändern zu wollen (Lévinas, 2003: 50f). Nun können jedoch nicht einfach beide Parteien sich aufs Zuhören und die damit einhergehende Einsicht beschränken. Gleichursprünglich zum Zuhören bedarf es auch des artikulierenden Dialoges, damit überhaupt erst von einem Austausch gesprochen werden kann.

Dialogische Praxis

Wie hängt die Urteilskraft mit dem Austausch in der Philosophical Care zusammen? Die Bedeutung des Zuhörens im Austausch kann nicht überbetont werden. Erst wenn richtig und beidseitig zugehört wird, ist beim Austausch auch ein Dialog möglich und vorhanden (Borasio in Noth et al., 2017: 93).[27] Und erst wenn sich die unterschiedlichen Parteien zuhören, entsteht aus den einzelnen Monologen ein Dialog, also ein gegenseitiger Austausch von aufeinander bezogenen Artikulationen. Dies hält auch Flusser fest, indem er griechische und jüdische Philosophie des Dialogs miteinander verbindet: »Die griechische Analyse des Dialogs betont den Umstand, dass im Dialog neue Informationen entstehen. Die jüdische Analyse betont, dass weder das Senden noch das Empfangen, sondern das Antworten auf Botschaften der Zweck der Kommunikation ist« (Flusser, 2007: 296). Ein Dialog fordert aufgrund dieser zweidimensionalen Ausrichtung daher stets die Achtsamkeit und Aufmerksamkeit aller teilnehmenden Parteien (Cooper-White in Noth & Kohli Reichenbach, 2019: 34f).

Gemeinhin denkt man bei der philosophischen Tätigkeit an jene akademisch geschulten Menschen, die alleine an ihrem Schreibtisch über die Welt nachdenken. Die universitäre Philosophie konnte dieses Bild mehrheitlich nur verstärken. Dies kritisiert auch Flusser: »Insofern der wissenschaftliche [philosophische; O.I.] Diskurs aber keine menschlichen Empfänger mehr hat, ist er unmenschlich und grundsätzlich sinnlos geworden: er kann die Intention aller menschlichen Kommunikation, näm-

---

27 Flusser, 2007 beschreibt deutlich unterschiedliche Formen von Kommunikation. Im Gegensatz zur bspw. hierarchischen Verkündigung oder dem dezentrierten Geschwätz, kann der Dialog an sich besonders gut Machtasymmetrien aushebeln und zugleich neue Informationen und Einsichten erzeugen.

lich Information zu erhalten, um dem Leben eine Bedeutung zu geben, nicht mehr erfüllen« (Flusser, 2007: 44).

Eine andere Auffassung der *Philosophie* besteht und erfolgt jedoch schon seit Sokrates im Gespräch (Hadot, 1995: 90). Auch diejenigen, die Werke verfassen, sind im Gespräch, sowohl mit ihrer Tradition als auch mit dem Publikum, welches die verfassten Werke einmal lesen wird. Und auch für Personen wie Aurel oder Montaigne, die ihre Werke (Aurel, 2018, De Montaigne, 2016) mehrheitlich für sich selbst geschrieben haben, so zeigt sich, können die Schriften als ein Gespräch mit den eigenen Ansichten, eines früheren oder späteren Selbst betrachtet werden.

Es geht zusammengefasst in diesem Verständnis von *Philosophie* stets um den dialogischen Austausch. Philosophische Bemühungen und der Dialog hängen daher aufs engste miteinander zusammen. Man kann sogar zum Schluss kommen, dass allein durch den Dialog überhaupt Verständnis und schliesslich Erkenntnis gewonnen werden kann (Achenbach, 2023: 56). Dabei kann der Dialog auch mit einem fiktiven Gegenüber, mit dem früheren oder zukünftigen Selbst, oder mit Gott usw. geführt werden, wie sich dies in der Geschichte der Philosophie auf unterschiedlichste Weise immer wieder gezeigt hat.

Zentral für diese Schlussfolgerung ist jedoch der Hinweis darauf, dass erst durch den Dialog eine Überprüfung der eigenen Position möglich ist, was durch ein simples Selbstgespräch oder einen Monolog nicht erreicht werden kann (Schmid, 2016: 66). Im Zuhören des Gegenübers wird die eigene Selbstthematisierung aufgenommen und unter (teilweise) anderen Punkten nochmals beleuchtet, die aus der eigenen Perspektivität nicht (vollständig) zugänglich sind.

Zusätzlich kann nur *Neues* entstehen oder erkannt werden, wenn die teilnehmenden Parteien sich voneinander, notwendigerweise in verschiedenen Hinsichten (Einsichten und Urteilen) unterscheiden (Flusser, 2007: 30). Entsprechend notiert Stölzel: »Alles Sprachliche, Dialogische braucht hingegen, um als solches überhaupt entstehen zu können, die unterschiedsbildende Zweiheit, das andere, das anders ist als ich, oder den anderen, der anders ist als ich und für den ich anders bin als er« (Stölzel, 2014: 142). Daher soll hier bei der Praxis von Philosophical Care beim Austausch immer schon von einer dialogischen Praxis gesprochen werden.

Ein Dialog besteht aus phonetisch aktiven Elementen der Artikulation oder dem Ausdruck und eher passiveren Teilen wie das Zuhören, wobei das Zuhören keineswegs als passives Geschehen verstanden werden darf (Hampe, 2014: 231). Der Dialog in der Praxis von Philosophical Care ist jedoch nicht einfach ein wildes Durcheinander oder Gerede unterschiedlichster Parteien, das sich aus sich heraus ergibt, sondern folgt einer gewissen Prozessstruktur des Gesprächs (Winkler, 2000: 272).

Was darunter zu verstehen ist, muss hier weiter ausgeführt werden. In der Prozessstruktur des Gesprächs findet sich nämlich die philosophische Urteilskompetenz, die sich mit den daraus erfolgenden Problemstellungen der dialogischen Praxis beschäftigen muss.

Als erstes kann die Artikulation selbst betrachtet werden. Die *Artikulation* versucht eine Erfahrung, die je schon sprachlich (vor-)strukturiert ist, in eine sprachliche Form dahingehend zu formulieren, dass sie für andere verständlich wird. Es werden also jene Aspekte der Erfahrungsstruktur expliziert, die für deren Sinnerfassung not-

3.3. Der Austausch

wendig sind oder als notwendig erachtet werden, damit sie der Übersetzungsleistung des Anderen entsprechend entgegenkommen (Grondin, 2012: 37, Schlette & Jung, 2005: 13). Dazu gehören nicht nur die sinnhaften Inhalte, sondern auch die emotive Motivation, diesen Gehalt zu artikulieren. Man spricht also für sich und zum anderen.

Bei besagter Artikulation treten Verkürzungen und Verzerrungen auf, da in dem Entscheidungsprozess, was und wie veräusserlicht werden will, unweigerlich Entscheidungen getroffen werden müssen, welche die Übersetzung der Erfahrung in veräusserte Sprache formt und moduliert. Das Artikulierte kann daher nicht ohne Weiteres mit der erlebten Erfahrung gleichgesetzt werden, auch wenn sie eng miteinander zusammenhängen können. Ebenfalls kann bezweifelt werden, dass es sich dabei um eine schlichte Abbildung handelt.

Dies liegt zum einen daran, dass die Umformulierung der Erfahrung in Sprache mit der Problemstellung einhergeht, dass Sprache stets mehrdeutig ist und die einzelnen Worte oder Satzbildungen auf mehr Deutungsmöglichkeiten hinweisen, als dies von der artikulierenden Person intendiert wird (Grondin, 2012: 42). Sprache ist, um es mit Wittgenstein zu formulieren, keine Privatsache (PU, § 243). Der Sinn und dessen Deutungshoheit liegen also nicht allein bei der artikulierenden Partei, sondern werden durch die Äusserung an die Öffentlichkeit übergeben. Welche Inferenzen aus der Artikulation gezogen werden oder gezogen werden können, muss in diesem Sinne im gemeinsamen Dialog anerkannt und festgelegt werden. Dies führt dazu, dass die artikulierende Partei selbst nicht vollständig wissen kann, was aus der eigenen Artikulation folgt. Sie kann daher den Spielzug und dessen Folgen innerhalb des Sprachspiels im Voraus nicht vollumfänglich deduzieren (Žižek, 2015: 233).

Zum anderen scheitert die Möglichkeit einer simplen Abbildungstheorie der Artikulation daran, dass zur symbolischen Gliederung der Sprache (*Morphem*) auch die Lautbildung (*Phonem*), die schriftliche Darstellung etc. einen Einfluss auf die Sinnerfassung und Sinnbildung ausüben (Derrida, 2015: 69f). Das Medium Sprache erlaubt und ermöglicht zwar Unterscheidungen, es ist jedoch selbst nicht völlig frei, sondern vorstrukturiert und notwendigerweise mit anderen Medien verbunden. Lautstärke, semiotische Gliederung, Geschwindigkeit, Rhythmus, Syntax etc. beeinflussen den zu erfassbaren Sinn der artikulierten Aussage. Das Sprechen oder Schreiben führen damit selbst schon eine Änderung in den Sinngehalt ein, allein durch den Umstand, dass er in diesem Medium geäussert wurde (Kristeva, 1978).

Das Gegenüber und dessen Äusserungen im Austausch müssen also hermeneutisch entziffert werden, obwohl sich dieser Sinn nicht genau, geschweige denn objektiv festnageln lässt. Man kann versuchen, diese Aussagen dadurch zu entziffern, indem nachgefragt wird. Dadurch erhält der Dialog eine Prozessstruktur, die sich so schon bei Sokrates findet (Hampe, 2014: 46f). *Das Fragen* ist nicht das Schibboleth der Philosophie, jedoch wird das Fragen im Zusammenhang des philosophischen Austausches zu einer tragenden Stütze, um die Prozessstruktur des Austausches in seiner Verstehensbemühung zu gewährleisten. So schreibt auch Grondin: Philosophische Fragen »haben den Charakter von Anzeigen, die man nur insofern versteht, als man sie selbst konkret durch persönlichen Ansatz – je auf seine Weise und in eigener Verantwortlichkeit – zu verwirklichen versucht« (Grondin, 2012: 142).

Die Fragen zu verwirklichen bedeutet hier, sich bewusst in Rede und Antwort zu stellen. Ins selbe Horn stösst auch Sokrates mit seiner Gesprächsführung. Sokrates legt mehr Wert auf das Nachfragen, als auf das eigene Behaupten. Dies liegt daran, dass er im Dialog versucht, das Gegenüber bestmöglich zu verstehen und die eigene Verständnisart dementsprechend zu modulieren (Grondin, 2012: 34). Er folgt den Gedanken des Gegenübers, indem er zuhört und Urteile fällt, wie und was weitergedacht werden soll.

Man muss daher versuchen, der scheinbaren Unergründlichkeit des Gegenübers standzuhalten, indem man sich gegenseitig als Teilnehmende des Dialogs und dessen Artikulationen anerkennt und versucht, sich auf Äusserungen und Inferenzen festzulegen (Žižek, 2015: 131). Wie genau dies vonstattengehen soll und wie der Dialog gelingt, ist weder im Voraus abzuklären noch als simpler Sachverhalt zu betrachten, der anhand einzelner Regeln überprüft und vollzogen werden kann. So stellen sich daher weitere Problemstellungen für den Austausch.

Anhand der bisherigen Überlegungen kann angenommen werden, dass es bei der dialogischen Praxis von Philosophical Care nicht einfach um die funktionale Übertragung von Informationen handelt. Eine solche fehlgeleitete, paradigmatische Auffassung speist sich aus dem Verstehen der Sprache im Sinne der Aussagelogik, die sich in der Philosophie mehrheitlich etabliert hat. Bei der Sprachphilosophie, die sich an der Aussagelogik orientiert, wird die Aussage auf ihre Kohärenz und ihren Wahrheitsgehalt überprüft. »Solche Isolierung tut aber der Sprache Gewalt an. Sprachverstehen reduziert sich nämlich nicht auf die intellektuelle Erfassung eines objektivierbaren, isolierten Sachgehaltes durch ein Subjekt, es resultiert ebensosehr [sic!] aus der Zugehörigkeit zu einer sich fortbildenden Tradition, d. h. zu einem Gespräch, aus dem allein das Ausgesagte Konsistenz und Sinn für uns gewinnt« (Grondin, 2012: 165).

Vielmehr geht es also mit dieser erwähnten Sprachpragmatik darum, sich dem Gegenüber so zu öffnen, dass dieses die eigene Erfahrungswirklichkeit äussern und sich festlegen kann und so durch den Dialog anerkannt wird. Die Selbstoffenbarung fordert daher eine Form der Anteilnahme, die sowohl Einsicht- als auch Urteilskompetenz beansprucht und über das rein sprachliche Vermitteln hinausgeht (Heinze, 2011: 24).

In der Selbstoffenbarung ist der Austausch der Informationen damit nur ein sekundärer Akt. Die teilnehmenden Parteien bilden keine neutralen, affektlosen Beobachter und Beobachterinnen des Dialoges, sondern sind im doppelten Wortsinn *inbegriffen* (vgl. Kapitel 2). Man bemüht sich nicht nur auf kognitiv-logischer Weise, die Anerkennung und Festlegung der einzelnen Äusserungen zu strukturieren und zu prüfen, sondern es geschieht stets mit der Absicht, dem Gegenüber bei dieser Arbeit im Rahmen einer Vertrauenspraxis hermeneutisch entgegenzukommen und so die Beziehung durch Verständnis zu festigen (Heinze, 2011: 14). Hierfür existieren keine festen Regeln, die zu einer solchen Bemühung zum gesicherten Erfolg führen können. Man kann jedoch mit Blick auf den hermeneutischen Zirkel versuchen, sich dies als einen fortwährenden Prozess von Fragen und Rückfragen vorzustellen.

Um den hermeneutischen Zirkel am Laufen zu halten, wird die Formgebung des Sprechens relevant. Und zwar sind, wie schon erwähnt, Fragen eine besondere Handlung, die dabei dienlich sind, das Verständnis zu fördern (Achenbach, 2010: 273)[28]. Durch das Fragen wird aufgezeigt, wo und was bisher möglicherweise verstanden wurde und wo noch weiterer Erklärungsbedarf herrscht. Ebenfalls legt man sich damit zugleich fest, was schon akzeptiert wurde und was weiterhin für Gründe oder Ausführungen benötigt wird. Man versucht folglich, die Verständnisweise und die Gefühle oder Affekte des Gegenübers anerkennend zu spiegeln. Dadurch regt man sich gegenseitig zur Reflexion an, was wiederum Einsicht, Urteilen und Radikales Denken befördert (Schmid, 2016: 169).

Das je eigene Selbst erhält durch den Blick oder durch die Überprüfung von aussen die Gelegenheit, sich inbegriffen festzulegen und die Artikulationen der eigenen Position anzuerkennen. Der Dialog verweist so schliesslich wieder auf die Beziehung und deren Gestaltung zurück. Im Austausch als Dialog, wo gemeinsam gesprochen und zugehört wird, findet eine Resonanz von zwei oder mehr Parteien statt, die sich in dieser Beziehung verhalten können (Löwith, 2016: 195). Indem alle Parteien sich um Inbegriffenheit bemühen, wird die Intimität im Sinne der Care-Tätigkeit erzeugt, die den Austausch in der Praxis von Philosophical Care auszeichnen sollte.

Das Resultat des Dialoges – auch wenn er ein strukturierter Prozess darstellt – kann dabei nicht geplant oder vorbereitet werden (Schmid, 2016: 163). Der Dialog selbst ist überindividuell und kann daher weder antizipiert, noch aus der einen Warte vorausberechnet werden. Eine solche Manipulation ist auch nicht das Ziel von Philosophical Care. Hierfür wäre eine streng regulierte Methodik nötig, die so jedoch für die Praxis von Philosophical Care verneint wird (vgl. Kapitel 3.4). Die dialogische Prozessstruktur des Gesprächs und die Unmöglichkeit einer genauen Sinnerfassung widerstreben einer solchen Auffassung. So kann der Dialog eher als *Ereignis* verstanden werden, an dem die einzelnen Parteien teilnehmen, dieses aber nicht vollumfänglich beherrschen können (Krauss, 2022: 133).

Zusätzlich muss auch weiter bedacht werden, dass die Artikulation nur in der Differenz zum Schweigen ihre Bedeutung gewinnt (Gahlings, 2023: 143, Vattimo, 2018: 95f). Erst durch die Differenz von Schweigen, Zuhören und Artikulieren sind alle Aspekte des Austausches gegeben. Das Schweigen ist daher ein weiterer Aspekt, der für den Austausch in der Praxis von Philosophical Care betrachtet werden muss. Dieser kann durch das Radikale Bedenken genauer erfasst werden.

Schweigen

Wie hängt Radikales Bedenken mit dem Austausch in der Philosophical Care zusammen? Zum Sprechen gehört ebenso die Fähigkeit schweigen zu können. Die Sprache verhilft es dem Menschen, Erfahrungen, Gefühle und Gedanken zu artikulieren und moduliert ihnen dadurch einen Fokus und eine Struktur (Nassehi, 2021: 252). Diese Strukturen

---

28 Reden und Denken hängen damit eng miteinander zusammen. Sie hängen wie parallele Ereignisse zusammen, welche sich gegenseitig zur Bewegung anstacheln (Mollenhauer, 2008: 117).

können im Austausch der dialogischen Praxis miteinander verglichen und ausgetauscht werden, um sich im gegenseitigen Zuhören besser verstehen zu können.

Das Leben kann jedoch nicht vollständig im Erzählen und in der Artikulation aufgehen (Agamben, 2017: 13). Nicht alles kann vollständig in das sprachliche Medium überführt werden, auch wenn die Erfahrungen je schon sprachlich strukturiert sind. Vieles verlagert sich bspw. auch ins Körperliche oder verbleibt von Beginn an dort und findet keine richtige Form der sprachlichen Artikulation (Schuchter, 2016: 251).[29]

Ebenfalls soll nicht alles kommentiert werden, es gilt auch in jenen Situationen gewisse Inhalte bei sich zu behalten, die man gerne loswerden würde (Leeten, 2019: 236). Und wenn zusätzlich die Prozessstruktur des Austausches keiner vordefinierten Regelung folgt, erlaubt der Austausch auch die Möglichkeit, sich gegenseitig nichts zu sagen. Ist das folglich aber noch ein Austausch? Oder ist man schon alleine, fragen sich bspw. Löwith und Rogers, sobald die unterschiedlichen Parteien aufgehört haben zu sprechen (Löwith, 2016: 204f, Rogers, 2021: 80)?

Das Radikale Bedenken kann hierzu ein wenig Klarsicht verschaffen. Radikales Bedenken geht damit einher, etwas nochmals ganz neu zu denken oder schlicht ganz anders zu tun (vgl. Kapitel 2). Man macht sich ein Bild seiner Möglichkeiten und Grenzen. Entsprechend kann das Radikale Bedenken dazu beitragen, zu erkennen, was überhaupt gesagt werden kann, bis wo die Finger der eigenen Sprache reichen und wo ihre Grenzen sind (Barthes, 2019: 40, Habermas, 2018: 24). Es können Sachverhalte, Erfahrungen oder Dinge existieren, zu denen die Worte nicht hingelangen. Oder sie verbergen sich hinter der Mehrdeutigkeit und Ungenauigkeit der Wörter (Hampe, 2014: 354). Wer sich vergewissert, was gesagt werden kann und wo vielleicht besser geschwiegen wird, überlegt es sich nochmals, wie der Austausch gestaltet werden kann. Man identifiziert die Möglichkeiten, wie man zueinander und zu den eigenen Erfahrungen findet (Faber & Van der Schoot, 1971: 89).

Das Schweigen bricht daher nochmals neue Fragestellungen auf, die bisher so noch nicht beachtet werden konnten und die bisherigen Möglichkeitsbedingungen von Philosophical Care erneut befragen. Wird beim gemeinsamen Schweigen eine gegenseitige Beziehung der Care-Tätigkeit geführt (Buber, 2021: § 9)? Kann beim Schweigen noch von einer Begegnung gesprochen werden? Auf den ersten Blick scheint es nicht klar zu sein, wie diese Fragen beantwortet werden können. Es lohnt sich jedoch, sich damit auseinanderzusetzen, wie und ob diese Fragen zu beantworten sind.

Die Leerstelle, welche das Schweigen sowohl auf grundlagentheoretischer als auch auf der praktischen Ebene erzeugt, lässt den Raum für das Radikale Bedenken zu und kann wiederum durch Letzteres erzeugt werden. Neue Möglichkeiten und Erkenntnisse sowohl bei der Grundlegung einer Theorie als auch innerhalb der Care-Tätigkeit werden eröffnet (Schmid, 2016: 264).

Bisher wurde aus Gründen der Einfachheit und der besseren Übersicht der Austausch nur auf die sprachliche Kommunikation beschränkt. Das Radikale Bedenken

---

29 «Der Körper scheint sich weiteren Verweisungen zu entziehen. In ihm scheint sich eine Eindeutigkeit zu manifestieren, die der Arbitrarität des Zeichens und des Motivs nicht gegeben ist. Der Körper ist authentisch» (Nassehi, 2021: 273).

zwingt für die vorgelegten Überlegungen nun, diese Perspektive notwendigerweise auszuweiten. Ein Austausch findet nicht nur durch die sprachliche Kommunikation statt. Eine Beziehung, die durch den Austausch gefestigt wird, kann bspw. auch durch Blickkontakt, Gesten, professionelle Berührung oder Rituale performativ umgesetzt werden (Emlein, 2017: 329). Dies ist ganz besonders bei der religiös-spirituellen Seelsorge der Fall. Rituale verfügen wie der artikulierte Austausch ebenfalls über eine gewisse Struktur, die einen intelligiblen Charakter aufweisen und so wiedererkannt und erneut durchgeführt werden können.[30] Diese Rituale müssen aber nicht gezwungenermassen religiöser Natur sein, womit also auch Philosophical Care sich mit dieser Thematik beschäftigen und praktisch auseinandersetzen könnte (vgl. Kapitel 4). Rituale ermöglichen es Menschen, sich zu entschleunigen, ruhig zu werden, sich Zeit zu nehmen und anderen auch Zeit zu lassen (Nauer, 2014: 226).

Zudem wurde schon erwähnt, dass auch Aspekte wie Kunst oder Meditation als Möglichkeiten philosophischer Tätigkeit betrachtet werden können (vgl. Kapitel 2). Auch diese können in der Stille durchgeführt werden (Safranski, 2017: 42). Die Kunst lässt sich nicht auf ein philosophisches System reduzieren, jedoch kann Philosophical Care das Probehandeln und Experimentieren, das sich so auch in der Kunst wiederfindet, aufnehmen und anhand des Radikalen Bedenkens aufarbeiten. Schliesslich können Erfahrungen auch vom Sprachlichen eine Konversion ins Körperliche erfahren, indem versucht wird, die sprachlichen Eigenheiten in Bewegungen, Gesten, Positionen etc. zu übersetzen (Van der Kolk, 2021: 22).

Ein weiterer Punkt mit dem sich das Radikale Bedenken mit und im Schweigen auseinandersetzen muss – und dies führt auch gleich über zur Möglichkeitsbedingung der Methodik (vgl. Kapitel 3.4) – liegt darin, dass man teilweise nicht alles sagen und artikulieren *will*.

Schweigen kann durch Unfähigkeit oder ebenso durch Unwillen oder Scham zustande kommen (Van der Kolk, 2021: 277). Einige Dinge werden absichtlich oder unabsichtlich verdrängt oder im Gespräch aussen vorgelassen. Sie sind zu schwierig, zu privat und zu schwer, um sie jemandem mitzuteilen. Die Care leistende Person darf auf diese Inhalte keinen Anspruch erheben. Sie muss sich damit abfinden, dass der sprachliche Austausch dort selbst an die Grenzen seiner Möglichkeiten stösst (Han, 2019: 47).

Wenn gefordert wird, dass alles artikuliert und verarbeitet wird, entfällt die Gastfreundschaft und das Gegenüber wird nicht mehr als Du wahrgenommen, das sich selbst in der Beziehung zu verhalten weiss. Das Gegenüber ist gleichsam und ebenbürtig an der Grenzziehung im Austausch beteiligt. Welcher Weg der Austausch also nimmt, wie er gestaltet wird und wo dessen Grenzen liegen, ist eine Problemstellung, mit welcher sich das Radikale Bedenken sowohl in der Theoriebildung als auch in der Praxis beschäftigen muss. Es geht darum, ein möglichst genaues Bild davon zu erhalten, wo Zuhören, wo Sprechen und wo Schweigen angemessen sind. Als Haltepunkt lässt sich zusammenfassend für den Austausch folgendes festhalten:

---

30   Vgl. hierzu ausführlich die philosophischen Überlegungen von Jaeggi, 2020 und die anthropologischen Studien von Turner, 2005.

> Der Austausch ist als strukturiertes Geschehen das gegenseitige Vermitteln, das zur Festigung der Beziehung in der Praxis von Philosophical Care beiträgt. Indem aufmerksam und achtsam zugehört wird, können die Erfahrungen und deren Inferenzen aufgenommen und anerkannt werden. Wer sich auf was und wie festlegt, wird durch die dialogische Praxis im ständigen Austausch ausgehandelt, wobei versucht wird, inbegriffen dem Gegenüber entgegenzukommen. Die Möglichkeiten dieses Unterfangens können durch das Schweigen umgrenzt werden, das ebenso einen Teil des Austausches bildet und zugleich Alternativen für Formen des Austauschs offenlässt.

Zum Schluss kann hier zum Schweigen nochmals angemerkt werden, dass das Schweigen – radikal bedacht – nicht zwangsläufig negativ konnotiert ist. Schweigen kann sogar ein Zeichen für Vertrauen sein. Oder man sammelt sich noch einmal. Das Wesentliche wird durch das Schweigen nochmals unterstrichen und verinnerlicht. Für einige philosophische Richtungen ist Schweigen sogar ein zentrales Element (Deguchi et al., 2021). Das Schweigen fällt daher nicht mit einer Resignation des Austauschs einher, sondern kann auch allein zum Genuss kultiviert werden (Hampe, 2014: 380). Manchmal reicht es für die Teilnehmenden im Austausch auch aus, beieinander zu sitzen oder sonst die Präsenz des anderen zu vernehmen. Zusätzlich muss in Bezug auf Lebensfragen auch nicht überall nach einer sprachlichen Antwort gesucht werden, sondern es kann stets die Alternative offenstehen, sich über solchen Fragen gemeinsam sprachlos zu wundern (Schmid, 2016: 174). Es ist stets legitim, dort schweigend zu verbleiben.

3.4. Über die Methodik

Welchen Stellenwert haben Methoden in Philosophical Care? Die Fragen und Problemstellungen, die nun aufgeworfen werden, unterscheiden sich deutlich von den Problemstellungen der vorigen Möglichkeitsbedingungen von Philosophical Care. Dies liegt daran, dass die Methodik, die Inhalte sowie die Ziele nur auf den vorher erwähnten Möglichkeitsbedingungen aufbauen können. Sie sind ihnen logisch, kausal und lexikalisch nachgeordnet. Ihnen wird jedoch ebenfalls ein transzendentalkritisch grundlegender Wert zugeschrieben, da sich Philosophical Care in der Praxis zwangsläufig mit diesen Fragen auseinandersetzen muss.

Zugleich muss ebenso festgehalten werden, dass sich der Austausch, eine mögliche Methodik, eventuelle Ziele etc. sich wiederum kausal auf die Begegnung und Beziehung auswirken. Die kausale Auswirkung führt jedoch nicht dazu, dass die logische Ordnung der transzendentalkritischen Problemstellungen irgendwie verändert wird. Jedoch muss das kausale Geschehen trotz transzendentalkritischer Hierarchie in seiner gegenseitigen, zirkulären Wechselwirkung aufgefasst werden.

Versteht man den Austausch innerhalb der Beziehung (und selbstverständlich der Begegnung) als *strukturiertes Geschehen*, wie oben schon erwähnt wurde, drängt sich

3.4. Über die Methodik

folglich die Frage auf, welchen Stellenwert die besagte Struktur im Austausch einnehmen soll. Dies gilt sowohl für alltägliche Gespräche in der Care Tätigkeit als auch um tiefe, intime Austausche.

Insofern man *Methode* als strukturierten Weg zu einem Ziel bezeichnet (vgl. Kapitel 1), kann impliziert werden, dass die Methodik einer mehr oder minder expliziten und begründeten Regelfolge entspricht, die bei der Begegnung im Austausch anzuwenden wäre und sich selbst wiederum kontrollieren kann (Lartey, 2013: 74, Stimmer, 2020: 26). Methoden offerieren demzufolge klar strukturierte Orientierungsprozesse, die sowohl Überlegungen als auch Praktiken rechtfertigen können. Sie dienen daher als Gründe für die Praxis. In der Wahl der Methoden wird die Begegnung auf diese Weise vorläufig strukturiert.

Dies geschieht oder sollte stets nur vorläufig geschehen, damit sich der Austausch kritisch reflektieren lässt und der Austausch durch andere Methoden nochmals neu strukturieren lassen kann. Ein allzu strenges, allzu striktes Befolgen von Regeln würde einem Instruktionalismus in die Hände spielen und die Idee der beschriebenen Gastfreundschaft in der Care-Tätigkeit untergraben. Eine strenge vorrangige Regelbefolgung, um ein Ziel zu erreichen, würde das Gegenüber überrumpeln. Damit kommt auch das Thema der Manipulation ins Spiel.

Manipulation in der sorgenden Tätigkeit kann als eine mögliche Form der Einflussnahme durch affektive Veränderung von bestimmten Handlungszwecken oder die Modifikation von Handlungskontexten verstanden werden (Fischer, 2017: 31). Damit wird angedeutet, dass mithilfe des Austauschs in der Begegnung und Beziehungen unterschiedliche Hebel in Bewegung gesetzt werden, welche den Austausch auf eine bestimmte Art und Weise in Hinsicht auf ein Ziel strukturieren und verändern. Dieses Vorgehen entspricht der allgemeinverständlichen Vorstellung einer *Manipulation* innerhalb einer sorgenden Tätigkeit und findet tatsächlich Anwendung in einigen therapeutischen Settings. Das Alltagsverständnis zeichnet sich zudem durch weitere Aspekte aus, die so aber auch in therapeutischen Settings problematisch sind: »Die Manipulation sei bemüht, unbemerkt zu bleiben, ihre Methode im Dunkeln zu halten« (Fischer, 2017: 46). Und weiter schreibt Fischer: »Das alltägliche Verständnis von Manipulation beinhaltet eine weitere Charakteristik, nämlich die Manipulation zu negativen Zwecken« (Fischer, 2017: 49).

Indem das Gegenüber nur als Mittel begriffen wird, um eine ausgewählte Methode korrekt auszuführen oder um eine manipulative Richtung einzuschlagen, wird die oben umschriebene Begegnung als Möglichkeitsbedingung einer Care-Tätigkeit negiert (Schuchter, 2016: 121). Das Alltagsverständnis der *Manipulation* muss daher für Philosophical Care zwangsläufig verworfen werden. Deshalb muss auch ein Verständnis der streng methodisierten Philosophie als wissenschaftliche, akademische Disziplin, die sich primär an der sachgerechten Ausarbeitung der Inhalte anhand einer oder mehreren Methoden ausrichtet, fallen gelassen werden. Weil die wissenschaftliche Tätigkeit davon profitiert, genauen, einsehbaren und überprüfbaren Regeln zu folgen, kann die wissenschaftliche Gemeinschaft stets im Austausch über ihre Forschung bleiben. Das strikte Befolgen der Regeln führt daher zur Möglichkeitsbedingung der wissenschaftlichen Tätigkeit.

Die Begegnung als ein Moment der Care-Tätigkeit kann ein solch allzu rigides Verhalten jedoch nicht verlangen und ist mit einem Instruktionalismus unvereinbar. Vielmehr ist Ausprobieren, Neues schöpfen und bisher Unbeachtetes in der Praxis je zu vergegenwärtigen (Deller & Brake, 2014: 72).[31]

Aber wird nicht in jeder Begegnung und Beziehung sowie in jedem Austausch verändert, bestimmt und strukturiert? Und wie steht es aber mit der Manipulation im therapeutischen Setting? Beinhaltet nicht jedes Festlegen, fragt bspw. Seel, dass man sich zugleich auch bestimmen lässt von der Welt und anderen (Seel, 2002: 146)? Und weiter: »Nur weil wir uns in unserem Erkennen durch *Medien* des Erkennens bestimmen lassen, ist es möglich, dass wir uns in unserem Erkennen durch die jeweiligen Gegenstände unseres Erkennens bestimmen lassen« (Seel, 2002: 147). Ist also jeglicher Austausch eine Form der Bestimmung, der Formung von sich selbst und den anderen, zumindest dadurch, dass man im Medium der Sprache sich bewegt?

Die Bemerkung von Seel ist insofern banal, als die Bestimmung für die sorgende Tätigkeit irgendwie und irgendetwas immer geschehen soll. Sonst wäre es keine Tätigkeit und könnte daher auch nicht als eine sorgende Tätigkeit ausgezeichnet werden. Sich vom Gegenüber angehen zu lassen, achtsam, inbegriffen und bildsam zu sein, hat notwendigerweise zur Folge, dass eine Formung oder Modulierung der Teilnehmenden zustande kommt. Seel meint jedoch damit etwas anderes. Viel eher ist davon auszugehen, dass alles Bestimmen auch ein Sicheinlassen auf Unbestimmtes miteinschliesst (Seel, 2002: 148). Und dies bezieht sich für die vorliegende Arbeit auf die Methodik des Austauschs als strukturiertes Geschehen.

Was bedeutet das nun für die Praxis von Philosophical Care? Damit soll die Frage aufgeworfen werden, inwieweit *an* Methoden gearbeitet werden soll und inwieweit *mit* Methoden gearbeitet werden kann (vgl. Kapitel 5).

Es geht nicht darum, Methoden schlicht anzuwenden oder blindlings zu übernehmen, sondern darum, sich im Austausch und in der eigenen Reflexion die Frage zu stellen, wie und welche Methode möglicherweise gewinnbringend oder sinnvoll wäre und deren unabsehbares Ergebnis – das Unbestimmte und Unverfügbare jeder Begegnung – stets als Aspekt mitzudenken (Achenbach, 2010: 314). Mit einer Virtuosität (vgl. Kapitel 2) in der Methodenwahl und der kritischen Befassung von Methoden wird nicht impliziert, dass alles möglich sein kann und erlaubt ist. Vielmehr geht es folglich darum, Gründe zu bieten sowie Gründe für Methoden zu erfragen, um dafür die entsprechende Verantwortung im Austausch übernehmen zu können (Quante, 2020: 139f). Dies gilt auch für mögliche anschliessende Supervisionen ausserhalb der Begegnung.[32]

---

31 Dies kann offensichtlich ebenfalls auch für die wissenschaftliche Tätigkeit ins Feld gebracht werden. Erst durch das Ausprobieren, das wilde Herumexperimentieren gelangt die Forschung zu Neuerungen, die das wissenschaftliche Feld weiterführen (vgl. Feyerabend, 2022).

32 Oevermann schreibt über die Notwendigkeit von Supervisionen: »Supervision wird hier professionalisierungstheoretisch als eine notwendige Routinekontrolle einer Praxis aufgefasst, in deren Mittelpunkt die Aufrechterhaltung eines Arbeitsbündnisses steht« (Oevermann, 2010: 16). Und weiter führt er aus: »Supervisionsbedürftig sind deshalb automatisch

Welche Grenzen stellen sich für Methoden? Die Grenzen für die Methodenwahl und deren Anwendung stellen sich anhand der Professionalisierungsfrage zwangsläufig im Kontext des Austausches innerhalb der Beziehung von Philosophical Care. Unterschiedliche Kontexte oder Situationen, unterschiedliche Sachverhalte und unterschiedliche Perspektiven führen dazu, darüber zu reflektieren, welche Positionen und Methoden gewählt werden können und sollten (Fischer in Staude, 2010: 22). Hierbei sind die Belange der Klientel besonders massgebend, damit die Methoden überhaupt begründet gewählt und angewendet werden können.

Scheint eine mögliche Methode für sie nicht passabel, weil sie bspw. zu fremd, zu kompliziert oder zu fern von ihrem Anliegen ist, muss dies unweigerlich Berücksichtigung in der Beurteilung der Methodik des Gesprächs finden. Die Wahrung der eigenen Rolle in der sorgenden Tätigkeit und die damit verbundene achtsame Berücksichtigung von der Andersheit des Gegenübers kann als spezifisches Anliegen der besagten Tätigkeit aufgefasst werden, welche klare Ansprüche an therapeutisch manipulative Interventionen stellt und daher nie oder höchstens selten Anwendung finden sollen. Grundlegend muss also die mehrfach erwähnte Gastfreundschaft praktiziert werden und damit die alltägliche sowie die therapeutische Manipulation ausschliessen und anstreben, dass das Gegenüber sich im Austausch frei anerkennend und anerkannt ausdrücken kann (Rogers, 2021: 52). Vielleicht verbleibt das Gespräch auch auf einer sehr einfachen Basis von Sprechhandlungen (Grüssen etc.). Erst darauf aufbauend kann ein Nachdenken über eine mögliche Methodik stattfinden.

Dies führt für die Praxis von Philosophical Care auch zur Schlussfolgerung, dass Methoden – wenn überhaupt – in der Care-Tätigkeit angewandt werden können, die bspw. nur sehr selten mit der Philosophie assoziiert werden. Ein Beispiel hierfür bildet u.a. das Geschichtenerzählen als Erzähltechnik (vgl. Niehaus, 2021). Nicht jede Erkenntnis ist durch Argumentieren zugänglich und das Argumentieren sollte für Philosophical Care und andere Care-Tätigkeiten auch nicht im Zentrum stehen (Pelluchon, 2019: 230, Wild, 2016: 239). So können beispielsweise Geschichten dazu beitragen, Einsichten zu gewinnen, Urteile zu fällen und Radikales Bedenken zu kultivieren, indem Perspektiven und bisherige Verständnisse aus neuen Blickwinkeln betrachtet werden (Morgenthaler, 2019: 180).

Geschichten erzählen regt philosophische Schlüsselkompetenzen an, so dass bspw. Empathie und Verständnis für andere Perspektiven gefördert werden (Agamben, 2017: 9). Dazu hält Fischer fest: »Dabei sind diese Narrative keine unendlich ausführlichen Erzählungen von allem, was je passiert ist. Vielmehr sind sie fokussierter, beziehen bestimmte (gute und schlechte) Ereignisse mit ein und stehen so wesentlich vor dem Hintergrund einer entscheidend erzählerisch modifizierten Erfahrung, die letztlich narrativ komponiert wird« (Fischer, 2017: 127). Das gilt ebenso für Meta-

---

alle Berufe, die aus einer professionalisierungsbedürftigen Praxis bestehen, unabhängig davon, ob diese Berufsangehörigen ein akutes Problem in ihrer Praxis haben oder nicht« (Oevermann, 2010: 16f).

phern und Bilder.³³ Dichtung, Kunst und Philosophie können sich hier folglich überschneiden. Wo also die Grenze zu ziehen ist, scheint nicht klar zu sein. Es scheint jedoch im gemeinsamen Austausch förderlich, unterschiedliche Zugänge und Methoden in Betracht ziehen zu können, was die Förderung der philosophischen Schlüsselkompetenzen verstärkt.

Wohin sollen Methoden führen? Wenn nun der Austausch gegebenenfalls methodisch strukturiert und verantwortbar gestaltet wird, drängt sich unmittelbar die Frage auf, wo das Ganze hinführen soll. Viele philosophische Methoden zielen darauf ab, Erkenntnisse zu gewinnen. Oder es wird teilweise auch, um es bspw. mit Kierkegaard zu formulieren, auf eine *strenge Erbaulichkeit* (Kierkegaard, 2017) abgezielt. Müssen Methoden dazu führen, dass sich die Klientel besser fühlen? Ein Mensch, so scheint es naheliegend, führt ein besseres Leben, wenn er Wahres erkennt und sein Leben der Realität entsprechend zu leben versteht. So kann man schliessen, dass erkannte Wahrheit eine Grundbedingung für die Erbaulichkeit darstellt, welche durch die strukturierte Anwendung der Methode angestrebt werden soll (Ziemer, 2015: 138).

Eine solche Konklusion würde jedoch die konzeptionelle Möglichkeit erlauben, dass der Austausch zwangsläufig auf das Erkennen der Wahrheit hingesteuert wird. Man könnte diesen Prozess dahingehend abkürzen, indem man von Beginn an versucht, die (oder eine) Wahrheit zu verkünden. Dies würde die Anregung zur Selbsttätigkeit sowie die philosophische Tätigkeit selbst untergraben und wäre schliesslich damit auch unvereinbar.

Entsprechend bedarf es der Umsicht, dass die Methode als strukturierter und strukturierender Weg selbst noch nicht auf ein vordefiniertes Ziel hinsteuern soll, sondern dass im Verweis auf Hinweise erst Möglichkeiten offeriert werden, die man gemeinsam durchdenkt (Schmid, 2016: 146). Methoden erfüllen damit höchstens einen optativen und nicht einen teleologischen Zweck.

Das bedeutet, sie eröffnen strukturiert Möglichkeiten, Ziele selbst zu wählen, anstatt dass diese schon von Beginn an gegeben sind. Die unterschiedlichen Möglichkeiten und Alternativen, welche durch die Methoden gegebenenfalls zu erschliessen sind, können sowohl durch Gründe (Brandom, 2016: 133), als auch durch andere kognitiv-affektive Einstellungen (Brandom, 2016: 139) gewonnen werden. Wohin die Methoden führen und dass die Bereitstellung von Alternativen nicht das einzige Ziel der Philosophical Care darstellt, wird (vgl. Kapitel 3.6) noch genauer erläutert werden.

Festhalten kann man jedoch, dass Philosophical Care im strukturierten Austausch unter anderem beim Denken, Fühlen und Handeln mithilft (Gahlings, 2023: 69). Dies muss nicht aktiv durch sprachlichen Austausch geschehen, sondern kann durch unterschiedliche Wege zustande kommen. Hierbei sind Kreativität und Einfühlung für jede einzelne Begegnung nötig und keinesfalls Beeinflussung oder Steuerung (Schmid, 2016: 113).

---

33 Hierbei wird vom sogenannten *iconic turn* ausgegangen, der besagt, dass das menschliche Welt- und Selbsterfassen stets durch metaphorische und bildliche Strukturen geschieht und der Einbezug dieser Instrumente zu Veränderungen und besserem Problembewusstsein führen kann (Schmolke, 2011: 34).

Es geht aber auch nicht darum, die Methodik der Philosophical Care allein durch Intuition zu regulieren (Mamin, 2020: 2f). Die Intuition kann keine explizit einsehbaren Gründe für ihre Praxis liefern – die philosophisch reflektierte Gastfreundschaft hingegen schon. Daher kann die gastfreundliche Haltung über die Intuition hinweg versuchen, gemeinsam im Austausch Methoden auszuwählen, ihre Grenzen zu begreifen und deren Ziele auszuloten (Rogers, 2021: 376). Man arbeitet also nicht nur mit Methoden, sondern ebenso auch an Methoden und Haltungen, was jedoch stets wieder relativiert und verändert werden kann (Achenbach, 2023: 175). Dies kann dadurch gelingen, indem die philosophischen Schlüsselkompetenzen innerhalb der Reflexion und der Anwendung der Methoden zum Zug kommen. Folglich sollen hier die drei philosophischen Schlüsselkompetenzen anhand einzelner Aspekte weiter ausgeführt werden.

Wie hängen die philosophischen Schlüsselkompetenzen mit der Methodik zusammen? Um sich überhaupt mit Methoden beschäftigen zu können, um Gründe anzugeben und zu hinterfragen, bedarf es der Einsicht als philosophische Schlüsselkompetenz, wie sie hier bisher vorgestellt wurde. Wenn die Methode zudem im gemeinsamen Austausch zur Anwendung und teilweise auch zur Sprache kommen soll, so muss diese Einsicht expliziert werden. Somit wird die Einsicht in und zu Methoden artikuliert und sie kann gemeinsam ausgehandelt und besprochen werden. Dies soll hier *Expressive Vernunft* genannt werden. Anhand der Mäeutik als ein Beispiel für eine mögliche Methode und ebenso Metamethode wird nochmals die Strukturierung und Modifikation des Austausches und der gesamten Begegnung besprochen. Mit der Mäeutik wird dabei die Urteilskraft angewandt, was sich in den folgenden Überlegungen noch genauer abzeichnen wird. Anhand eines dialektischen Verständnisses wird schliesslich gezeigt, wie mit Widersprüchen im Austausch, in Methoden etc. umgegangen werden kann und was dies für die sorgende Tätigkeit bedeutet. Damit findet auch das Radikale Bedenken einen Einsatzort in der Methodik.

Expressive Vernunft

Welche Rolle spielt die Einsicht als philosophische Kompetenz in der Methodik? Insofern sich die Einsicht als achtsames Begründen und Begreifen auszeichnet (vgl. Kapitel 2), können die Methodik und deren kritische Betrachtung innerhalb des Austausches durch die expressive Vernunft, so hier die Überlegung, gesteuert und geleitet werden. Die *expressive Vernunft*, welche hier von Brandom (2022) inspiriert als Begriff übernommen wurde, muss in einem für Philosophical Care spezifischen Sinn aufgefasst werden. Es soll daher versucht werden, die wesentlichen Punkte der expressiven Vernunft auch im Hinblick auf andere Zugänge herauszuschälen, ohne auf Brandoms gesamte Philosophie einzugehen. Es lohnt sich, beide Teile des Begriffes zu beleuchten.

Vernunft darf hier zuallererst nicht als reine Deduktionstätigkeit verstanden werden. Zudem geht es nicht darum, mit dem Vernunftbegriff eine Differenz zur Emotion oder zu Affekten zu unterstellen (Saar in Hindrichs, 2017: 154f). Vielmehr finden beide – Vernunft und Gefühl – ihren Ausdruck und die Möglichkeit zu ihrer Anerkennung nur gemeinsam in der Praxis von Philosophical Care.

Ebenfalls kann diese Vernunftauffassung ebenfalls nicht als Grenzziehung markiert werden, die semantisch Vernünftiges von Unvernunft trennt, sondern sie wird, um es vorweg zu nehmen, als ein vereinnahmendes Vertrauen erfasst und hochgehalten (Marinoff, 2020: 63, Habermas, 2018: 26). Ein solches vereinnahmendes Vertrauen, wie es oben bereits als Vertrauenspraxis beschrieben wurde, etabliert sich nicht allein durch die soziale Rolle im Austausch (Wirth & Noth in Knoll et al., 2022: 133). Nur weil eine Care leistende Person auf ein Gegenüber trifft, ist damit weder Vertrauen erzwingbar, noch ist das Gegenüber auf die Care leistende Person in Bezug auf die Vertrauenspraxis ausgeliefert. Vielmehr ergibt sich eine Vertrauensbasis dadurch, dass die Vernunft in der hier vorgeschlagenen Verständnisart zur Anwendung kommt.

Eine solche Auffassung wirft auch ein Licht darauf, warum die *Expressivität* der Vernunft für diesen Begriff zentral ist. Vernunft, so hier die These, findet erst und nur im Zwischenmenschlichen statt (Cavell, 2016: 66). Sie ist kein Attribut für einen einzelnen isolierten Menschen. Indem begriffen und begründet wird, versucht man jene Einsichten für die Gemeinschaft innerhalb der Begegnung explizit zu machen. Das, was bisher noch nicht öffentlich war, was noch nicht im Austausch artikuliert wurde, kann nun in die Beziehung und damit in den Austausch übergeben werden (Brandom, 2016: 32). Das Geäusserte, Artikulierte wird öffentlich, wird vom Gegenüber achtsam wahr- und aufgenommen und erhält dadurch einen neuen veränderten Status und zwar einen, den man gemeinsam begreifen und begründen kann (Agamben, 2017: 23). Somit ist die Vernunft nicht irgendeine Form der Darstellung (die auch ästhetisch oder sonst wie gestaltet sein könnte), sondern bezieht sich darauf, dass die Artikulation in einen Rahmen von Gründen eingebettet ist. Ein solch wohl eher fremd anmutendes Konzept von *Vernunft* bedarf hier entsprechend einiger weiterer Ausführungen.

Zuerst soll der Fokus nochmals genauer auf die Expressivität gerichtet werden. Meinungen sowie Überzeugungen sind stets an eine Perspektive gebunden, sei es das Gegenüber, das Selbst oder eine Partei, die im Austausch oder der Situation auf eine Weise mitinvolviert ist. Diese Meinungen stehen nicht einfach für sich leer in einem Bedeutungsraum, sondern sind inferentiell miteinander verknüpft. Das bedeutet, sie können als Prämissen oder Konklusionen für andere Meinungen dienen. Diesem inferentiellen Netz nachzugehen ist Teil der Einsicht und das Explizit-Machen dieser Zusammenhänge ermöglicht auch den Ausdruck und die Artikulation besagter Netze (Rogers, 2021: 82).

Wichtig ist hier zu erwähnen, dass das Verhältnis zwischen Implizitem und Explizitem keineswegs so zu verstehen ist, dass jeglicher Explizierungsversuch dasjenige ausdrückt, was bisher nur implizit verborgen war. Explikationsbemühungen sind immer auch performativ konstitutiv für dasjenige, das expliziert wird (Jaeggi, 2020: 435). So werden Sinnzusammenhänge möglich und Deutungsmöglichkeiten erschlossen. Folglich wird auch einiges erst durch das Explizieren selbst relevant, was im Impliziten noch nicht gegeben war. Das Nachzeichnen und Explizit-Machen der inferentiellen Netze ist sowohl ein methodischer Kniff, der in der Praxis seine Anwendung finden kann, aber zugleich auch eine Beschreibungsfolie, um über eine Methode und die damit einhergehende Methodik nachzudenken. So kann man einerseits die Frage stellen und ausdrücklich in den Austausch einbringen, warum eine Methode gewählt werden könnte (ergo; begründen und begreifen) und zugleich kann man auch auf diese Weise über Inhalte direkt reflektieren und dieses Nachzeichnen selbst als methodischen Ansatzpunkt verwenden (Schmid, 2016: 135).

Was ist nun aber das Vernünftige daran, das sich als *vereinnahmendes Vertrauen* bezeichnen lässt? Die *Vernunfttätigkeit* wird im geläufigen Diskurs oft mit Deduktion und der richtigen Anwendung von logischen Regeln gleichgesetzt. Entsprechend bilden sich auch philosophische Diskurse, die auf einem solchen Verständnis des Vernunftbegriffes aufgebaut sind. Dies zeigt sich oft anhand von Wettstreitereien in und bei Argumenten, in welchen auf die Vernunft referiert wird. Belsey gibt dazu ein Beispiel: »Die traditionelle abendländische Metaphysik schreitet auf der Grundlage von [vernünftiger; O.I.] Kritik fort. Sie finden die Schwäche im Argument ihres Gegners und zeigen dadurch, dass das Argument falsch ist« (Belsey, 2013: 117). Es ist aber möglich, den Vernunftbegriff so aufzufassen, dass er sich nicht primär mit der Deduktion und der Anwendung logischer Regeln befasst, sondern mit der Organisation und Erfassung dieser besagten inferentiellen Netze der eigenen Überzeugungen und Meinungen (Belsey, 2013: 128, Vattimo, 2018: 26). Jene Meinungen und ihre damit einhergehenden Inferenzen können betrachtet, verändert und geordnet werden.

Dies kann hier zusammenfassend als *Vernunft* verstanden werden. Ein solcher Prozess bringt unterschiedliche Ergebnisse mit sich, die nicht im Voraus gesteuert oder geplant werden können. Vielmehr werden im gemeinsamen Austausch die Unvorhersehbarkeit, die Unplanbarkeit und Unsteuerbarkeit in Kauf genommen, jedoch mit Blick darauf, dass die Expressivität, sprich, die Artikulation jener Ordnungen sich ständig ändern können (Ricoeur, 2016: 75, Rorty, 2000: 38).

Es existiert dementsprechend kein vorgefertigter Massstab, oder klare Logik der inferentiellen Netze, welche auf die Klientel abgewälzt werden sollen. Vielmehr wird durch den Austausch angestrebt, die je eigene Ordnungsexplikation und -gestaltung für das Gegenüber zu befeuern, indem es sich diese vergegenwärtigt und im öffentlichen/gemeinsamen Austausch artikuliert (Achenbach, 2010: 17). Dass dies bestenfalls im Vertrauen der gegenseitigen Anerkennung stattfindet und vereinnahmend gedacht wird, erklärt sich daher von selbst. Denn mit der Expression werden unterschiedliche Inhalte zutage gefördert. »Was immer benannt werden muss, und seien es die intimsten, geheimsten und persönlichsten Gefühle, es erfordert Rückgriff auf ein Vokabular, das von allen geteilt wird und das zur Kommunikation taugt« (Bauman, 2022: 84). Hier wird die Forderung nach Verständnis und ebenjener vernünftigen Orientierung verlangt.

Folgende Kritik könnte nun eingewendet werden: Ist die Logik aber nicht selbstbegründend (Russell, 2020: 109)? Bildet nicht die klassische Logik das Orientierungsmuster, nach welchem sich die Meinungen und Überzeugungen zu richten haben?

Eine solche Orientierung wäre zu verkürzt und übersieht den Zweck der expressiven Vernunft. Selbstverständlich kann die klassische Logik als eine mögliche Hilfestellung herbeigezogen werden, um bspw. eine Inferenz zu überprüfen. Es kommt jedoch bei der expressiven Vernunft nicht primär auf eine solche Überprüfung an, sondern vielmehr muss die Artikulation, das Explizit-Machen selbst erst einmal initiiert werden. Meinungen und Überzeugungen können privat sein, aber die Bedeutung der damit einhergehenden Inferenzen und die dazugehörigen Begriffe haben keine festgesetzte, objektive oder zwangsläufig empirisch restlos feststellbare Bedeutung und befinden sich so verstanden in einem ständigen Wandel (Belsey, 2013: 8). Ein Austausch in der Praxis von Philosophical Care nimmt daher zusammenfassend nicht die klassische Logik als Formschablone für jeglichen Austausch, sondern versucht, Sprache und Einstellungen in ihrem Explizit-Machen und der daraus resultierenden Veränderungsmöglichkeit einzusehen (Rorty, 2008: 218).

Etwas zu begreifen und zu begründen, was vorher so noch nicht zur Debatte stand oder was der Aufmerksamkeit stets entwischt ist, kann als Methode *und* als Prüfstein der Methode innerhalb von Philosophical Care betrachtet werden. Dies gilt sowohl für Begriffe, Überzeugungen als auch für Handlungen (vgl. Beisbart, 2007). Entsprechend übernimmt die expressive Vernunft hier eine Doppelrolle. Zwei Problemstellungen müssen jedoch bei dieser Anwendung der expressiven Vernunft beachtet werden.

Erstens kann eine solche Anregung zum achtsamen Begründen und Begreifen dazu führen, dass das Ausgedrückte kommensurabel mit im Voraus festgelegten Massstäben wird und sich so einer Assessment Praxis annähert (Schuchter, 2016: 321). Dieser Gefahr muss entgegengehalten werden. Wo man inferentiellen Netzen nachspürt und diese aufdeckt, darf dies beim Austausch nicht zu einem Selbstzweck oder einem vordefinierten Ziel verselbständigt werden. Es bedarf hierzu vielmehr der Urteilskraft, um einzusehen, wo die expressive Vernunft zur Anwendung kommen soll und wo sich ihre Grenze befindet.

Zweitens benötigt es ebenso das Radikale Bedenken, sobald man auf Widersprüche innerhalb der inferentiellen Netze stösst (Schmid, 1998: 111). Anstatt solche Widersprüche einfach als logische Fehler abzustempeln, muss überlegt werden, was es mit diesen Widersprüchen auf sich hat. Auf diese beiden Problemstellungen soll nun anhand der weiteren philosophischen Schlüsselkompetenzen ausführlicher eingegangen werden.

Philosophische Mäeutik

Welche Rolle spielt die Urteilskraft als philosophische Kompetenz in der Methodik? Bisher wurde beschrieben, wie über die Methoden und die Methodik nachgedacht werden kann sowie wie diese Form des Nachdenkens auch für die gemeinsam besprochenen Inhalte innerhalb einer professionalisierten Tätigkeit von Care methodisiert werden kann. Nun gilt es, einen weiteren Schritt zu unternehmen und zu überprüfen, wie und wo die Festlegungen und das Anerkennen in einem inbegriffenen Sinne bei diesem Nachdenken stattfinden können. Hierfür wird das Konzept der philosophischen *Mäeutik* von Sokrates zentral, auch wenn es für die Philosophical Care einiger zusätzlicher Abänderungen bedarf.

Die philosophische Mäeutik baut bei Sokrates auf der *Elenktik* als deren Praxis auf.[34] »Das sokratische Gespräch betritt die Welt als eine Erschütterung und Verunsiche-

---

34 Vgl. hierzu ausführlich Erler 2006, Figal 2006, Lahav 2017, Leeten 2019, Leiter-Rummerstorfer 2017, Marinoff 2000, Schuchter 2016 sowie Stavemann 2015. Sie werden von allen

rung, die den Meinungsinhabern listig ihr Wahrheitsbesitzertum streitig macht« (Achenbach, 2023: 57). Was damit von Achenbach angesprochen wird, bedarf weiterer Ausführungen. Anhand der Elenktik wird versucht, dem Gegenüber methodisch kontrolliert beim Erfassen von Einsichten zu helfen. »Sie kann klarmachen, welches Problem wir mit uns selbst im Streben nach einem guten Leben haben« (Seel, 2002: 202). Dabei geht es nicht um das Leben im Allgemeinen, sondern um die je einzeln gelebte, erfahrene Existenz (Rüther, 2023: 17, Zehnpfennig, 2017: 87). Damit ist die Mäeutik nicht nur eine Erschütterung, sondern kann auch stabilisierend wirken.

Dies geschieht primär durch das Stellen genau platzierter Fragen, welche das Gegenüber beim Gedankengang zur Selbsttätigkeit und zur Reflexion anregen. Stölzel formuliert dies wie folgt: »Durch ein untersuchendes Zurückgehen auf die Prinzipien gewisser Handlungen [und Einstellungen; O.I.] wird auf achtsame Weise der Weg von den Urteilen zu deren Voraussetzungen beschritten; etwas Allgemeines wird nicht einfach postuliert, sondern in seiner Beziehung zum konkreten Einzelfall [und dessen Begründungszusammenhang; O.I.] erschlossen« (Stölzel, 2014: 190). So kann bspw. ein Austausch unter anderem dadurch strukturiert sein, dass gemeinsam gefragt wird, was ein gutes Leben auszeichnet oder was Liebe ist o. ä.

Durch das Sprachspiel der Elenktik (Was ist x?) wird das Gegenüber dazu aufgefordert, Stellung zu den eigenen Meinungen und Überzeugungen einzunehmen und Gründe anzugeben, welche die inferentiellen Netze der Überzeugungen explizieren und stützen sollen. Indem die Definitionsversuche des Gegenübers weitergehend kritisch beleuchtet werden, indem nach weiteren überprüfenden Gründen gefragt wird, ist dieses dazu aufgefordert, gemeinsam solche Gründe zu finden und hervorzubringen. Damit kann sich das Gegenüber auf seine Position festlegen und diese selbst durch diesen Schritt anerkennen (Stavemann, 2015: 39). Daher wird auch die Bezeichnung der *philosophischen Mäeutik* (als Geburtshilfe der Gedanken) von Sokrates verwendet, um diesen Vorgang innerhalb des Austausches zu beschreiben.

Die Meinungen und Überzeugungen, welche dem Gegenüber selbst so noch nicht offenbar sind, können dadurch für den Austausch hervorgebracht werden und den Dialog befeuern (Zehnpfennig, 2017: 86). Insofern kann die Mäeutik auch als pädagogische Methode betrachtet werden. »Das auf den platonischen Sokrates zurückgehende *maieutische* Verfahren bildet den Versuch, einem Gesprächspartner beim Hervorbringen sozusagen lebensfähiger Gedanken zu begleiten und zu unterstützen« (Stölzel, 2014: 179f; H.i.O.). Und weiter hält Stölzel fest, wenn es um die pädagogische Seite der Mäeutik geht: »Eine bestimmte Sicht auf die Welt und/oder die eigene Person (*doxa*) wird in ihrem relativen Charakter deutlich und erweist sich *nicht* als das, für was sie bislang gehalten wurde, nämlich als ein sicheres Wissen« (Stölzel, 2014: 179; H.i.O.). Sicher wird das Wissen möglicherweise und bestenfalls genau dann, wenn Gründe für dessen Behauptungen vorgebracht und gemeinsam eruiert werden

---

Autoren zwar mit unterschiedlichen Schwerpunktsetzungen dargestellt, jedoch verweisen sie in ihren Ausführungen alle auf Sokrates' Methode. Wichtig ist, dass die *Elenktik* im vorliegenden Verständnis nicht auf einer Überzeugungsarbeit fussen darf, da diese die Ermunterung zur Selbsttätigkeit der Klientel untergräbt (Schmolke, 2011: 41).

können. Die Mäeutik kann so durch die didaktische Bereitstellung und Entwicklung von Beweisführungen dazu verhelfen, Einsichten zu gewinnen (Schuchter, 2016: 93).

Ein solches Vorgehen bezieht sich nicht nur auf Begriffsdefinitionen, sondern kann auch im praktischen Lebensvollzug Hilfestellung leisten. Bspw. kann auch die Frage »Was soll ich tun?« im Hinblick auf einen bestimmten Fall elenktisch besprochen werden, um so auch dessen Sinnhaftigkeit zu ergründen (Schmid, 2016: 184). Entsprechend ist es möglich, auch direkte Handlungsanweisungen zu eruieren, die durch die philosophische Mäeutik freigelegt werden. Dies ist schliesslich auch für ethische/ moralische Fragen von Bedeutung (Stavemann, 2015: 221), wenn Klientel darüber Gedanken anstellen, was wichtig oder richtig zu tun oder zu unterlassen wäre.

Unabhängig davon, welche Thematik oder welcher Bereich besprochen wird, sind beide Parteien im Austausch inbegriffen. Die philosophische Mäeutik kann nicht einfach als philosophischer Taschenspielertrick durchgeführt werden, welche den teilnehmenden Parteien nur zur Unterhaltung dient. Vielmehr wird durch die Mäeutik versucht, bedeutende Transformationen und Veränderungen in den inferentiellen Netzen zu erzeugen, auch wenn die Transformation nur darin besteht, dass besagte Ansichten explizit werden und man sich bemüht sieht, diese zu begründen und zu begreifen, um sie schliesslich anzuerkennen und sich (vorläufig) festzulegen (Schuchter, 2016: 99).[35]

Auch wenn die philosophische Mäeutik viele sinnvolle Ansätze und Möglichkeiten für die Methodik und das Nachdenken über die Methodik bereitstellt, kann sie selbst nicht vorbehaltlos für die Praxis von Philosophical Care übernommen werden. Es muss hier folglich auf zwei Problemstellungen eingegangen werden, die beachtet werden müssen:

Zum einen mutet die philosophische Mäeutik mit der Elenktik als deren Praxis an, dass damit alles Mögliche analysiert werden kann. Keine Meinung und keine Überzeugung ist davor gefeit, zerteilt oder befragt zu werden (Schönwälder-Kuntze, 2020: 107f). Die Elenktik kann beinahe endlos weitergetrieben werden, bis eine Partei im wahrsten Sinne des Wortes *aufgibt*. Diese Problemstellung soll hier als *Problem des Masses* der Elenktik bezeichnet werden.

Zum anderen muss auch das *Problem der Form* bei der Elenktik Beachtung finden. Die Elenktik und folglich auch die philosophische Mäeutik gehen konzeptionell davon aus, dass eine mehr oder minder richtige Struktur des Gespräches existiert. Diese verwirklicht sich scheinbar in der Art und Weise der richtigen Fragestellung und der damit einhergehenden *Führung* des Dialoges von Seiten der Care leistenden Person. Durch die passenden und zum richtigen Zeitpunkt gestellten Fragen wird der Austausch so geführt, dass die unterschiedlichen Parteien sich in Bezug auf ihre Mei-

---

35 Elenktische Fragestellungen über die Auswahl der Methodik kann für viele Klientel überfordernd sein, da man mit einer solchen Positionierung unweigerlich in einen methodologischen Diskurs verfällt. Die sokratische Methode kann jedoch dazu verwendet werden, sich darüber Gedanken anzustellen, wie und welche Methode verwendet werden kann. Dies kann für die Care leistende Person massgebend bei ihrer Zugangsweise im Austausch oder für spätere Supervisionen sein.

nungen annähern und dieselben Schlüsse aus den erfragten und hervorgebrachten Gründen ziehen (Rorty, 2008: 218). Folglich kann man von einer *richtigen* und einer *misslungenen Mäeutik* sprechen und genauso kann die Elenktik anhand solcher Vorstellungen der Führung eines Austausches eingeübt werden. Auf das Problem des Masses und auf das Problem der Form soll nun für die Praxis von Philosophical Care eingegangen werden, um zu zeigen, dass Sokrates' Methode nicht ohne Weiteres einfach so übernommen werden kann.

Zum Problem des Masses ist – ganz besonders für ein so ressourcen- und zeitintensives Vorgehen wie das sokratische Gespräch – Folgendes zu beachten: Nicht alles ist Teil der expressiven Vernunft und/oder der expressiven Vernunft zugänglich (Achenbach, 2010: 195). Auch wenn die Elenktik schier grenzenlos angewendet werden kann, muss man sich davor hüten zu versuchen, sie überall zu applizieren. Rituale und Spiele haben bspw. ihre eigene Struktur und sind nicht primär durch die expressive Vernunft zugänglich (Han, 2019: 96f). Zudem kann ein überschwängliches Anwenden dieser Methode auch dazu führen, wie schon erwähnt wurde, dass die Elenktik um ihretwillen angewendet wird und damit ihren Zweck innerhalb der Praxis von Philosophical Care verfehlt. Wer sich auf die Ausführung einer Methode versteift, kann indolent wirken und selbst auch für das Gegenüber unempfänglich werden. Dies widerspricht schliesslich der Konzeption der philosophischen Gastfreundschaft und der Inbegriffenheit (Derrida, 2018: 59f, Groys, 2022: 24f).

Genau jene Situation zeigt sich teilweise auch in der Darstellung des Sokrates bei Platon. Auch wenn man sich von ihm inspirieren lassen kann, dient er dennoch nicht als unumstössliches Vorbild für die Praxis von Philosophical Care. Oft geht Sokrates nicht ausreichend auf das Gegenüber ein, verhält sich nicht inbegriffen genug und überrumpelt das Gegenüber mit seinen Argumenten (Stölzel, 2014: 184).

Will und soll die philosophische Mäeutik für die Philosophical Care angewandt werden, muss man davon absehen, solche Wettstreitereien zu veranstalten. Im Austausch der Praxis von Philosophical Care gibt es keine Gewinner oder Gewinnerinnen (Vattimo, 2018: 115).[36] Das Festlegen und Anerkennen gelten daher nicht nur für die besprochenen Inhalte, sondern auch für die philosophische Mäeutik selbst, indem mit sorgfältiger Einsicht überlegt wird, wann sie sinnvoll anzuwenden ist und wann nicht.

Das Problem der Form wurde schon in Kapitel (2) der formalen Bestimmungsversuche angedeutet. Die Philosophie kann nicht durch die Anwendung einer oder mehreren Methoden ausgezeichnet werden. Demzufolge lässt sich die Philosophie auch nicht auf die sokratische Gesprächsführung reduzieren (Schmid, 2016: 177). Dasselbe gilt auch für die Praxis von Philosophical Care. Definitionen zu erfragen, Möglich-

---

36 Wichtig wird hier auch die Frage, wie die Einflussnahme, respektive die Teilnahme im Gespräch gestaltet werden muss, um nicht die Eigenständigkeit und Freiheit des Gegenübers zu gefährden (Schmolke, 2011: 126). Zentral wird hierbei die Forderung die sich so bspw. bei Brandom und bei Habermas finden lässt, dass die Einflussnahme nur als Teilnahme einer Gesprächs- und Dialogsituation möglich ist, deren Aussagen kritisch durch das Geben und Verlangen von Gründen überprüft werden können.

keitsbedingungen freizulegen und inferentielle Netze argumentativ zu überprüfen als alleinstehendes Merkmal zu betrachten, kann die Variation der gesamten philosophischen Sprachspiele und die Form der Zuwendung von Philosophical Care künstlich und damit erheblich beschneiden (Brandt, 2017: 97).

Es gibt weitaus mehr Möglichkeiten, sich gemeinsam philosophisch auszutauschen als nur über die philosophische Mäeutik, insofern ein philosophischer Austausch überhaupt ein Anliegen der Begegnung bildet. Nicht alle Erfahrungen müssen als Prämissen oder Konklusionen hinhalten und nicht überall lässt sich Übereinstimmung der Gründe im Austausch finden (Hampe, 2014: 345). Daher ist es auch schwierig, genau festzulegen, wie die Mäeutik gestaltet werden soll, wenn der Fokus auf der Beziehung/Begleitung und nicht primär auf dem Erkenntniswert im Austausch gelegt wird.

Ein inbegriffener Austausch als Teil einer Begegnung funktioniert nur dann, wenn das Gegenüber in seinen Festlegungen ebenso anerkannt wird, wie dessen Inhalte. Diese müssen aber nicht immer zwangsläufig inferentiell gegliedert sein oder gegliedert werden.

Zusätzlich kann das vehemente Fragestellen auch intellektualisierend wirken und Klientel teilweise überfordern (Faber & Van der Schoot, 1971: 63). So kann dadurch eine unerwünschte Asymmetrie entstehen, welche die Care leistende Person in eine Rolle drängt, die sie zwangsläufig einschränkt. Die Care leistende Person, wenn sie sich als Fragestellerin und *nur* als Fragestellerin zeigt, wirkt folglich auch autoritär und distanziert (Winkler, 2000: 257). Dies scheint für eine Beziehung in der Praxis von Philosophical Care nicht förderlich zu sein.

Zusammenfassend lässt sich feststellen, dass die Elenktik inspirierend sein kann, um dem Gegenüber mäeutisch zu Einsichten zu verhelfen. Sie muss jedoch in ihrem Mass und in ihrer Form beschränkt werden und zwar auf eine Art und Weise, die ständig reflektiert werden kann.

Dialektik

Welche Rolle spielt das Radikale Bedenken als philosophische Kompetenz in der Methodik? Es existiert nicht eine einheitliche Bedeutungsart des Dialektikbegriffes in der philosophischen Tradition (Höffe, 2014: 56). Entsprechend ist es nötig, dass für die vorliegende Untersuchung expliziert wird, was unter *Dialektik* verstanden werden soll. Dabei steht das Ziel vor Augen, anhand dieser Auffassung das Radikale Bedenken bezüglich der Methodik innerhalb von Philosophical Care besser zu beleuchten.

Dialektik, so die Annahme, kann als eine bestimmte Form des Austausches aufgefasst werden. Zuerst kann hier inhaltlich festgelegt werden, dass *Dialektik* keinen Zustand bezeichnet, sondern eine Bewegung oder ein Prozess darstellt. Dieser Prozess bezieht sich auf zwei Aspekte gleichzeitig: Zum einen wird durch die Dialektik die Kritik (im Sinne einer Analyse) an einen Sachverhalt oder ein Problem herangetragen und aufrechterhalten (Assmann, 2022: 36). Dies wurde mit der philosophischen Mäeutik bisher schon markiert und erläutert. Wenn jedoch Kritik von aussen herangetragen wird und dekretiert wird, was sein soll und was nicht (Problem der Form), sind manipulative und zugleich paternalistische Konsequenzen unvermeidlich (Seel, 2002: 201). Innerhalb der Dialektik soll dieses Problem Beachtung finden.

Zum anderen wird in diesem Prozess der Dialektik untersucht, welche Bedeutung Differenzen und Widersprüche (bspw. x und ¬x; »x ist nicht x« etc.) für den gemeinsamen Austausch haben (Danner, 2006: 197). Können, müssen und sollen die Widersprüche aufgehoben werden? Lässt sich für sie stets eine Synthese finden? Oder sind sie aporetisch? Können sie dekonstruiert werden?

An dieser Stelle fragt und befragt das Radikale Bedenken die expressive Vernunft, wie sie weiter oben schon ausformuliert wurde. Die Dialektik bezeichnet folglich den Prozess, in welchem genau jene Fragen an die Einsichts- und Urteilskompetenz innerhalb der Methodik als auch über die besprochenen Inhalte gestellt werden.

Dieser dialektische Prozess ist deshalb nötig, weil im Austausch über Inhalte oder bei der Anwendung von Methoden sowohl Widersprüche als auch Widerständigkeiten auf unterschiedlichen Ebenen auftreten können. Eine methodisierte Dialektik in Form des Radikalen Bedenkens kann diese Widersprüche erkennen und ernst nehmen. Die Dialektik, so schreibt Höffe weiter, »läuft auch nicht auf eine Konsenstheorie der Wahrheit hinaus« (Höffe, 2014: 57).

Der Austausch beginnt schliesslich mit Annahmen und Meinungen, die zumindest kommunikativ mitteilbar und so auch als teilbar erachtet werden. Diese sind jedoch nicht zwangsläufig konsistent und erst recht nicht, wenn sie mit den Annahmen und Meinungen von anderen Parteien abgeglichen werden. Oft sind auch Widersprüche und Widerständigkeiten dafür ausschlaggebend, dass Care-Tätigkeit überhaupt erst in Anspruch genommen wird. Es fehlt den Menschen die Möglichkeit, selbst damit zurechtzukommen (Trawny, 2019: 59). Diese Widersprüche und Widerständigkeiten können und sollten nicht einfach als Unsinn abgestempelt werden, unabhängig davon ob sie nun vor dem Austausch schon vorhanden waren oder erst während des Austausches aufgetaucht sind. Jene Widersprüche und Widerständigkeiten sollten eher mit bildsamer und fantasievoller Bemühung betrachtet werden. Dementsprechend bieten Widersprüche und Widerständigkeiten ein Übungsfeld, auf welchem das Radikale Bedenken geschult und gefördert werden kann.

Anstatt Widersprüche und Widerständigkeiten im Austausch als Hindernisse zu betrachten, die es schnellstmöglich zu überwinden gilt (Problem der Form), kann in ihnen das Potenzial erkannt werden, dass sie für das Denken und entsprechend auch für den Austausch produktiv und anregend sein können (Stegmaier, 2008: 10).[37] Hierfür ist Radikales Bedenken gefragt, welches die Widersprüche und Widerständigkeiten jeweils in ein neues Licht rücken kann. Daher wird sowohl in der theologisch begründeten Seelsorge als auch in der Praxis von Philosophical Care dafür plädiert, dass die Widersprüche weder beiseitegeschoben werden sollen, noch dass man versucht, sie möglichst einfach argumentativ zu überwinden. Vielmehr geht es darum,

---

37 In der griechisch-hellenischen Philosophie wurde die *Dialektik* aus diesem Grund als Ausdruck eines tugendhaften Habitus betrachtet (Leeten, 2019: 218) und sollte deshalb ausgiebig kultiviert werden. Dies gilt ebenso auf methodologischer Ebene. Vgl. hierzu bspw. ausführlich Popp, 2019.

die Widersprüche und Widerständigkeiten (in einem ersten Moment) auszuhalten (Wild, 2021: 236). Dies ermöglicht die Chance, dass der Widerspruch verständlich gemacht und explizit betrachtet werden kann. In der Thematisierung und der dialektischen Betrachtung jener Widersprüche lassen sich folglich eventuell auch neue Erkenntnisse erschliessen. Jaeggi spricht davon, dass sich bei und durch die Dialektik eine *Entwicklung bei der Sache* selbst vollzieht und sich so im Prozess verändert (Jaeggi, 2020: 282).

Woher entstehen aber solche Widersprüche oder Widerständigkeiten? Die Gründe hierfür sind unzählig und können auf psychologische, anthropologische, soziologische etc. Erklärungsfolien abgewälzt und hervorgebracht werden. Es kann entsprechend hier nicht auf alle möglichen Aspekte eingegangen werden, wie und warum solche Widersprüche und Widerständigkeiten auftauchen. In der vorliegenden Arbeit wurde bspw. schon erwähnt, dass die Sprache weder kohärent noch eindeutig ist (Danner, 2006: 198).

Was artikuliert wird, muss vom Gegenüber entschlüsselt werden, ohne dass dieses dieselben Werkzeuge dafür besitzt, den geäusserten Inhalt passgenau abzubilden. Die expressive Vernunft versucht, diese Spannungen und Ambivalenzen in den Fokus der Aufmerksamkeit zu rücken. Zudem kann auch angenommen werden, dass einzelne Aspekte mehrdeutig sind oder auf unterschiedliche Weise betrachtet werden können (Vattimo, 2018: 13f). Hierfür bedarf es der Urteilskraft – evtl. gestützt von der philosophischen Mäeutik –, welche dazu verhilft, sich auf eine Perspektive festzulegen und diese sowie jene des Gegenübers anzuerkennen.

Das Radikale Bedenken kann nun nochmals einen Schritt zurücktreten und sich fragen, wo die besagte Aufmerksamkeit hinzielen soll und welche Festlegungen überhaupt nötig sind. Die Auflösung der Widersprüche und das Überwinden der Widerständigkeiten erschliesst nicht notwendigerweise stets einen besseren, wahreren oder unmittelbareren Bezug zum Austausch über die Sache oder den Sachverhalt (Jaspers, 1958: 32).

Indem der Widerspruch oder die Widerständigkeit ausgehalten und fürs Erste in ihrer Spannung gelassen werden, kann möglicherweise etwas anderes gewonnen werden. Mit der Dialektik lassen sich, so verstanden, nämlich neue Ausdrucksformen dieser Widersprüche und Widerständigkeiten finden, indem versucht wird, diese in ihrer Erscheinung besser zu verstehen und zu überdenken (Belsey, 2013: 140, Rorty, 2008: 222).

Mit der Dialektik wird in der vorliegenden Untersuchung aufgezeigt, dass es im methodischen Austausch nicht darum geht, Probleme möglichst effizient zu beheben oder zu bearbeiten. Die Dialektik weist darauf hin, dass die Beschäftigung mit einem Problem sich in einem Prozess befindet, der unterschiedliche Methoden sowie unterschiedliche Meinungen sowie Ansätze und daher Geduld, Fantasie und Bildsamkeit verlangt (Achenbach, 2023: 16). Es existieren verschiedene Formen der Begründung, verschiedene Formen der Vernunft, verschiedene Sprachspiele, unterschiedliche Ansichten aufgrund biografischer oder kultureller Überzeugungen etc., welche alle von denen mögliche Widersprüche oder Widerständigkeiten im Austausch der Praxis von Philosophical Care hervorrufen (können). Entsprechend kann es sogar unterschiedliche Formen der Einsichten geben, die ebenfalls neue Widersprüche und Widerständigkeiten evozieren (Van der Kolk, 2021. 245). All diese Dissidenzen zeigen weder ein notwendiges Scheitern noch ein Ungenügen der sorgenden Tätigkeit im Austausch an, sondern können produktiv für den Austausch betrachtet werden (Prinz, 2012: 208). Zusammenfassend kann über die Methodik innerhalb der Philosophical Care folgender Haltepunkt erarbeitet werden:

> Methoden helfen dabei, den Austausch in der Praxis von Philosophical Care zu strukturieren und gleichzeitig zu begründen. Hierfür bedarf es der Einsicht, wie und weshalb Methoden angewandt werden können und sollen, welche sich darin zeigt, dass versucht wird, die Voraussetzungen des Austausches und über dessen Inhalte explizit Klarheit zu verschaffen. Das Urteilen kommt demzufolge in einer mäeutischen Situation hervor, indem erstrebt wird, sich auf Methoden und Inhalte in einem ersten Schritt festzulegen und diese gemeinsam in Form der Anerkennung auszudrücken. Dies muss jedoch als Prozess und nicht als Zustand betrachtet werden, da das Radikale Bedenken stets die Möglichkeit eröffnet, Widerständigkeiten und Widersprüche in einem dialektischen Verhältnis nochmals durch eine neue Perspektive wahrzunehmen (Hadot, 1995: 106).

Es scheint nun angebracht, Gedanken darüber anzustellen, wie und welche Inhalte im Austausch von Philosophical Care besprochen werden können. Denn Inhalte werden im Austausch immer angesprochen, sie müssen jedoch für ein strukturiertes Geschehen im Austausch sortiert, reduziert und schliesslich analysiert, respektive besprochen werden (Stimmer, 2020: 43).

3.5. Die Inhalte

Einiges wurde bisher schon über die Artikulation von Inhalten beschrieben. Ebenfalls wurde in Kapitel (2) schon erwähnt, dass sich Philosophie nicht auf ein bestimmtes Set an zu besprechenden Inhalten festlegen lässt. Zum Austausch gehört jedoch der Kontext (Beziehung) und gegebenenfalls auch die versprachlichten Inhalte dazu (Roser, 2017: 141). Daher lohnt es sich hier, anhand einiger Ausführungen zu verdeutlichen, was es bedeutet, sich in der Praxis von Philosophical Care gemeinsam über Inhalte auszutauschen.

Die Inhalte werden hier der Methodik nachgeordnet, weil die Methodik als dialektische Suchbewegung und Explizierung verstanden wird, ohne dabei auf klar definierte Methoden in der direkten Gesprächsführung einzugehen. Selbstverständlich gehören Inhalte und Methoden zusammen. Wird die Methodik jedoch auf dieser Abstraktionsebene bestimmt, wie es im vorangegangenen Unterkapitel angegangen wurde, wird nur die Weichenstellung gelegt, die ausschlaggebend ist, sobald oder insofern philosophisch über Inhalte gesprochen wird. Wie schon erwähnt wurde, existieren auch Sprachspiele, die nicht philosophisch sind (vgl. Kapitel 2). Diese wirken sich wiederum auf die Inhalte aus. Für die vorliegenden Überlegungen gilt es nun zu klären, was philosophische Inhalte im Austausch sein können.

»Im Philosophieren können wir jederzeit bei uns selbst beginnen« (Seel, 2002: 196). Mit dieser Aussage liefert Seel schon einen ganz bestimmten Zuschnitt über den Anfangspunkt beim Austausch über philosophische Themen. Der Austausch beginnt beim Gegenüber. Zugleich weist er aber auch auf die möglichen Grenzen hin. Es geht in der Philosophie nicht nur um das je Einzelne, sondern immer auch in Bezug auf das Allgemeine: »Im Philosophieren sprechen wir nicht *über* alle, sondern *für* alle, die in einer Lage sind wie wir – seien das nun viele oder alle« (Seel, 2002: 196).

Dies ist ganz bestimmt eine Eigentümlichkeit der Philosophie, welche sie bspw. von Einzelwissenschaften unterscheidet. Die Verbindung von Einzelnem und Allgemeinen findet sich jedoch auch in anderen Disziplinen, wie bspw. der Psychotherapie und der Seelsorge. Der Grund hierfür findet sich in der hermeneutischen Arbeit, welche sich in jeder sorgenden oder therapeutischen Disziplin und Tätigkeit wiederfindet (Schuchter, 2016: 168). Dabei hält Schuchter fest: »Die Sorge um Andere impliziert die hermeneutische Arbeit, den anderen Menschen in seiner Leidenswirklichkeit *zu verstehen* – und umgekehrt von Anderen *verstanden zu werden*« (Schuchter, 2016: 181). Dies ist nur möglich, wenn Einzelnes und Allgemeines in einer hermeneutischen Bewegung verbunden werden.

Mindestens zwei Parteien treffen aufeinander und versuchen, sich über das je Einzelne zu verstehen, indem dieses auf ein Allgemeineres abstrahiert wird. Hierbei ergibt sich aber notwendigerweise ein Spannungsfeld zwischen dem individuell bezogenen Aspekt des Inhalts und der Verallgemeinerbarkeit überleitender Themen und Perspektiven (Stölzel, 2014: 25). Wie lässt sich eine solche Spannung auflösen?

Für die Praxis von Philosophical Care, so scheint es, sind einzelne Themenbereiche als gewichtiger einzuschätzen gegenüber allgemeinen. Im sorgenden Verstehensprozess wird jedoch anhand des hermeneutischen Zirkels immer wieder die Ebene (Einzelnes/Allgemeines) und die Perspektive (Selbst/Gegenüber) gewechselt, wodurch ständig unterschiedliche Aspekte in das Blickfeld gerückt werden. Das Einzelne des Gegenübers oder des Selbst wird dabei nicht als schlichte Exemplifikation aufgegriffen und verstanden, sondern eher als Bezeugung der vorliegenden Sachverhalte begriffen. Damit ist impliziert, dass das Einzelne in der hermeneutischen Arbeit der sorgenden Tätigkeit nicht von der jeweiligen Perspektivität getrennt werden sollte und genau darin Beachtung und Anerkennung erfahren soll.

Was sind die Inhalte, die besprochen werden können? Die Philosophie kann ihr Augenmerk auf unterschiedlichste Themen und Aspekte des menschlichen Lebens in und mit seiner Umwelt richten. Entsprechend finden sich auch keine thematischen Schranken, was besprochen werden *soll*. Alles kann als Teil der Lebensführung betrachtet und demzufolge auch thematisiert werden (Emlein, 2017: 298). Viele Bereiche davon können sich überschneiden oder gemeinsam auftreten. Schmid (2016) nennt hier eine mögliche plausible Auswahl an Inhalten:

- *Das Widersprüchliche*: Wie in der Dialektik schon gezeigt wurde, können im menschlichen Leben Unstimmigkeiten auftreten. Dies passiert sowohl beim Gegenüber selbst, als auch zwischen unterschiedlichen teilnehmenden Parteien. Die Dialektik folgt dieser Spannung und versucht, These und Antithese möglicherweise miteinander in einer Synthese aufzuheben. Im Aufheben wird die Widersprüchlichkeit zwar bewahrt, aber sie kann versöhnend akzeptiert werden. Anders verhält es sich mit aporetischen Spannungen, die sich nicht aufheben lassen. Solche aporetischen Spannungen lassen sich aber oftmals dekonstruieren, indem versucht wird, die Spannungsmomente auseinanderzulegen (vgl. Münker & Roesler, 2012, Zima, 2016). Unabhängig davon wie mit Widersprüchlichem umgegangen werden kann, erweisen sie sich als mögliche Inhalte eines Austausches.

- *Das Widerständige*: In der Care Situation kann es häufig dazu kommen, dass Probleme besprochen werden. Probleme weisen darauf hin, dass die Möglichkeiten von Menschen damit fertig zu werden, bisher noch nicht gefunden oder umgesetzt wurden, insofern sich überhaupt solche Möglichkeiten finden lassen. Entsprechend werden diese Probleme als *Widerständigkeiten* im Leben erfahren und aufgefasst. Sind entsprechend keine Lösungen zu finden, was nicht jederzeit angestrebt werden muss oder angestrebt werden sollte, kann das Problem auch schlicht an sich thematisiert werden, ohne sich nach einer instruktiven Lösung umzusehen (Achenbach, 2023: 71). Dabei dient die Auseinandersetzung dem besseren Verständnis des Problems. Auf diesen Punkt wird in Unterkapitel (3.6) noch weiter eingegangen.
- *Das Individuelle*: Beim Erkunden des Individuellen wird auf die Lebensgeschichte oder auf den Erfahrungshorizont der Klientel spezifisch eingegangen, damit ihnen Gehör verschafft wird und sie sich artikulieren und selbst thematisieren können. Das je eigene wird hier zentral. Dabei wird nicht ausgeschlossen, dass das Individuelle stets in Zusammenhang mit seiner Mit- und Umwelt erfasst werden kann. Ganz besonders Erzählformen werden hierfür wichtig (vgl. Thomä, 2015).
- *Das Einmalige*: Mit dem Einmaligen werden mereologische Aspekte angesprochen. Damit wird markiert, wie Einzelnes sich zum Ganzen verhält. Es wird gemeinsam versucht zu erkunden, wie sich einzelne Erlebnisse und Erfahrungen bestimmen lassen sowie ob sie sich in einen grösseren Zusammenhang einbetten lassen oder nicht. Hierbei spielt die Sinndimension eine besondere Rolle (Rüther, 2023). Das Einmalige kann hierdurch Wert in seiner Unwiederholbarkeit erlangen oder es kann durch die Einbettung in ein Sinngrösseres umstrukturiert und neu gedeutet werden.
- *Das Mögliche*: Die Philosophie, ähnlich wie religiöse Gedanken, kann sich mit der Bedeutung des Möglichen und damit mit der Kontingenz auseinandersetzen. Es stellt im Austausch der Philosophie einen Ansatz dar, sich Gedanken über eine andere mögliche Welt anzustellen, die so nicht existiert (Lyotard, 2013: 84). Aus diesen Möglichkeiten, der Kontingenz, die Welt anders zu sehen und anders zu verstehen, erwächst die Fähigkeit, neue Erkenntnisse auf die Welt selbst zu übertragen, da diese zur kontingenten möglichen Welt in Differenz gesetzt wird. Hierbei kann stets wieder nach Alternativen gefragt und neue Denkmuster erprobt werden (vgl. Anhalt, 2012).
- *Das Existenzielle*: Jeder Mensch verfügt, so eine mögliche anthropologische Voraussetzung, über existenzielle Themen und Bedürfnisse, die besprochen werden können (Yalom, 2010: 25). Dies sind Themen wie Geburt, Sterben, Gesundheit sowie

andere leibliche, psychische und soziale Bedürfnisse etc. Diese Fragen betreffen die Lebensführung direkt, wenn Personen sich beispielsweise in einer Notlage befinden, in welcher solche Themen angegangen werden müssen (Ziemer, 2015: 188). Die existenziellen Themen werden wie alles andere entsprechend von den Klientel vorgebracht, damit sie gemeinsam im Austausch thematisiert werden.

- *Das Existenziale*: Nach Heidegger (2006) bezieht sich das Existenziale auf das Existenzielle und zwar in einer reflektierenden Weise. Beim *Existenzialen* geht es folglich um Aspekte wie Sinn, Freiheit, Wille, Einsamkeit, etc. Diese bilden die Grundlage für das menschliche Dasein. Von hier aus werden folglich existenzielle Themen beleuchtet. Dadurch werden weitere Zusammenhänge und Sinnebenen erschlossen, die von den existenziellen Themen nicht von sich aus angesprochen werden können. Solche Themen sind weitaus abstrakter und komplizierter als existenzielle Themen und können daher auch nicht für alle Personen auf dieselbe Weise und in gleicher Intensität besprochen werden.
- *Das Alltägliche*: Seelsorge und entsprechend auch Philosophical Care beziehen sich in ihrem Austausch nicht nur auf problematische oder pathologische, widerständige oder aussergewöhnliche Themen. Auch Alltägliches und Einfaches kann und darf Platz im Austausch von Philosophical Care finden (Achenbach, 2010: 17). Da die Beziehung dem Austausch transzendentalkritisch vorgelagert ist, kann das Beisammensein oft schon ausreichen, um sich philosophisch um das Gegenüber zu sorgen. Das Alltägliche, das hierbei besprochen werden kann, findet direkt in der unmittelbaren Lebenswelt ihren Platz und muss weder verwissenschaftlicht, noch philosophisch abstrahiert werden (Hampe, 2014: 202).
- *Das Tabuisierte*: Dies ist unter anderem nur möglich, insofern eine gelungene Vertrauensbeziehung überhaupt etabliert wurde (*parrhesia*).[38] In Unabhängigkeit von moralischen und gesellschaftlichen Vorstellungen, können Aussenperspektiven und kritische, traumatische sowie utopische Vorstellungen (bspw. Bloch, 1977, 2022) vorgebracht und besprochen werden, die sonst evtl. Ausgrenzungen oder sonstigen normativen Reaktionen unterliegen würden. Es ist daher philosophisch möglich, dass eine »Realität simuliert werden kann, so dass die Menschen neue Techniken des Lebens lernen können, ohne ernsthafte Konsequenzen und Katastrophen zu riskieren« (Moreno, 2001: 36).

Anstatt also eine Liste von genauen Themen anzugeben, die besprochen werden können, reicht es hier, optativ über Klassen von Themen zu reflektieren, die eventuell im Gespräch erwähnt werden. Entscheidend ist also nicht, was die Inhalte sind, sondern wie über sie nachgedacht und philosophisch gesprochen wird.

Wie wird über Inhalte gesprochen? Das zu Besprechende ist dasjenige, das im Austausch als Inhalt anwesend gemacht wird, welches jedoch erst noch in seiner Form und Bedeutung ergründet, respektive anerkannt werden muss (Lyotard, 2013: 34).

---

38 Darunter fallen u.a. und ganz besonders Formen von Gewalt und Unterdrückung. Auf der genderspezifischen Ebene – von Gewalt an Frauen – hat Cooper-White hierzu wichtige Einsichten geliefert (Cooper-White, 2019).

Die philosophische Auseinandersetzung ist daher nicht eine Vermittlung von Wahrheit oder von Weisheiten, soviel wusste schon Sokrates, sondern die Art und Weise, wie man sich den Inhalten als Ausdruck der spezifischen und allgemeinen Perspektive zuwendet. Diese Zuwendung zeichnet sich nicht primär durch die Methodik aus (vgl. Kapitel 2), sondern durch die philosophischen Schlüsselkompetenzen, welche sich durch ein einsichtiges Reflektieren, ein urteilendes Thematisieren und ein radikal neues Bedenken auszeichnen.

Der Austausch in der Praxis von Philosophical Care über bestimmte Inhalte findet anhand verschiedener möglicher Sprachspiele statt (mäeutischer Dialog, Geschichtenerzählen etc.), welcher für die Care-Tätigkeit und die Beziehung gerade angebracht ist (Emlein, 2017: 328). Für die Care leistende Person ist es in diesem Fall unerlässlich, genau festzustellen, was die Themen und Inhalte sind, die besprochen werden und von den Klientel auch als Themen des Austauschs erwünscht werden. Das Thema als Inhalt muss anschliessend seine Passung mit einem oder mehreren möglichen Sprachspielen finden. Wie dies genau vorgehen soll, kann im Voraus nicht geklärt werden. Daher ist es auch für die Begegnung und für die Praxis der Care allgemein wichtig, wenn versucht wird, dem Gegenüber in seiner Andersheit möglichst achtsam, inbegriffen und bildsam zu begegnen (Ziemer, 2015: 221).

An welche Grenzen stossen die gemeinsam zu besprechenden Inhalte? Die Inhalte können durch unterschiedliche Grenzen beeinflusst werden, die für die Care-Tätigkeit hervorgehoben und berücksichtigt werden müssen. Einerseits können nicht alle Themen von allen Personen in gleicher Weise und mit gleicher Intensität und Abstraktion besprochen werden. Der Wert und die Möglichkeit von Philosophical Care mit Menschen, die weniger eloquent sind oder überhaupt aufgrund ihrer Verfassung nicht mehr sprechen können, muss kritisch reflektiert werden (Schuchter, 2016: 170). Folglich ist auch das Schweigen und Zuhören den Inhalten vorgelagert.

Einen Austausch über bestimmte Inhalte zwangsläufig anzustreben, wäre deshalb entsprechend auch nicht zielführend für eine gelungene Care-Begegnung. Weiter wollen Personen auch über einzelne Themen lieber schweigen und dies ist für die Care leistende Person anerkennend anzunehmen. Eine weitere Grenze der Thematik findet sich, wie weiter oben schon erwähnt wurde, darin, dass es auch Aussersprachliche Phänomene gibt, welche von der Sprache als erlerntes Zeichensystem nicht vollständig abgedeckt oder wiedergegeben werden können. Die Sprache bildet zwar ein gemeinschaftliches Gut, das die Kommunikation sowie den Zugang zur Welt ermöglicht, jedoch kann und wird die Sprache diese Zugänge auch durch Grenzen beschränken (Stölzel, 2014: 142). Daher lohnt es sich, genauer anzusehen, wie sich die Inhalte anhand der philosophischen Schlüsselkompetenzen weiter erläutern lassen.

Wie hängen die philosophischen Schlüsselkompetenzen mit den Inhalten zusammen? Um zu erkennen, worüber in einem Austausch gesprochen werden soll, so dass dies wesentlich zur Beziehungsgestaltung beiträgt und die Klientel nicht überfordert oder übergeht, ist die Einsichtskompetenz eine notwendige Vorbedingung. Mit der Einsichtskompetenz wird fortwährend im Gespräch versucht, den thematischen Skopus zu dechiffrieren und gemeinsam zu erörtern. Damit kommt zugleich auch die Urteilskraft zum Zug. Denn die Inhalte müssen dahingehend klassifiziert werden, dass man sie als gemeinsam zu besprechende Themen anerkennen kann und sich somit vorübergehend fokussiert. In diesen Festlegungen Spiel zu haben und Spielraum zu gewinnen, ist jedoch ebenso ein zentrales Anliegen. »Wer diesen Spielraum hat und ihn sich erhält, bleibt ansprechbar – und damit: irritierbar – durch die Welt, die anderen und durch sich selbst« (Seel, 2002: 295). Das Radikale Bedenken kann schliesslich sowohl den thematischen Skopus als auch die Klassifikation neu reflektieren, da es die Art und Weise des Zugangs zu diesen Themen kritisch überprüfen und hinterfragen kann.

Thematischer Skopus

Welchen Einfluss übt die Einsicht auf die Inhalte aus? Die Themenwahl von Philosophical Care kann nicht im Voraus für eine Begegnung bestimmt werden. Ebenfalls lohnt es sich nicht, Philosophical Care künstlich auf einzelne Themengebiete zu beschränken. Anhand der Einsichtsfähigkeit wird jedoch hervorgehoben, welche Inhalte begriffen und deren Thematisierung auch begründet werden können – sowohl im Austausch als auch in anschliessenden Supervisionen (Gahlings, 2023: 170). Welche Themen als Inhalte lassen sich also durch Einsicht sowohl im Austausch als auch in späteren Supervisionen begreifend thematisieren und begründen?

Die Festlegung von Inhalten, um hier gleich auf die Frage zu antworten, wird durch die Gewichtung der Klientel festgelegt (Hadot, 1995: 163). Sie bestimmen dadurch, welche Themen als Inhalte besprochen werden und welche nicht. Dies hängt zwangsläufig mit ihrer eigenen Lebensrealität zusammen. Denn das gelebte Leben gibt Themenbereiche vor, welche sich erst als Inhalte anbieten können.

Es ist grundlegend nicht möglich, im Leben alles zu tun, alles zu denken und zu thematisieren, was es wert wäre. Es muss stets eine Auswahl von Themen vorgenommen werden, mit denen sich die Parteien im Austausch ihre Zeit verbringen wollen (Rüther, 2023: 262). Worauf sich diese Inhalte beziehen, ist dabei in erster Hinsicht noch nicht von Belang, solange die Beschäftigung mit ihnen sich in irgendeiner Weise auf die Lebensrealität der Klientel bezieht. Ins selbe Horn stösst auch Henry, wenn er davon ausgeht, dass die Ausrichtung auf einen Gegenstand oder die Thematisierung eines Sachverhalts nur im Hinblick auf das je eigens gelebte Leben stattfinden kann: »Es gibt keine Intentionalität, sondern nur ein *intentionales Leben*« (Henry, 2017: 44; H.i.O.).[39] Die Gewichtung der Klientel und die daraus resultierende Festlegung auf eine Thematik als Inhalt wird durch zwei schon erwähnte Aspekte zu einer Problemstellung innerhalb der Praxis der Philosophical Care.

Einerseits ist der Austausch der Begegnung transzendental nicht vorgeordnet, es bedarf daher nicht in jedem Fall zu einem Austausch über Inhalte zu kommen (Hadot, 1995: 163). Das stille Beisammensein oder ähnliches reicht manchmal schon aus, um

---

39 Ähnlich sieht es bspw. auch Benjamin und zwar, dass die Äusserungen des Lebens zwar mit dem Lebendigen zusammenhängen, ohne jedoch schon eine objektive Gewichtung zu erhalten (Benjamin, 2021: 51).

3.5. Die Inhalte

Care-Tätigkeit auszuüben. Hierbei muss nicht über philosophische oder alltägliche Themen gesprochen werden.

Andererseits können Themen und Inhalte auch verschwiegen oder verdrängt werden, auch wenn die Klientel diesen Themen möglicherweise ein hohes Gewicht beimessen (Seel, 2009: 113). Auch hierfür lässt sich keine Faustregel definieren, wie die Care leistende Person mit solchen Prozessen umzugehen hat, nur kann festgehalten werden, dass die Grenzen und Festlegungen des Gegenübers ständig respektiert und hochgehalten werden müssen.

Begriffen werden kann der thematische Skopus unter anderem, indem nachgefragt wird, wie sich die angesprochene Thematik zum einzelnen Leben verhält. Insofern wird hier schon eine philosophische Fragestellung an die Klientel vorgebracht, indem gefragt wird, ob es sich um eine allgemeine Thematik handelt oder um einen spezifischen Aspekt, der eine individuelle Situation prägt (Trawny, 2019: 157). Dies ist jedoch nicht als endgültige Ausrichtung zu verstehen. Weder geht es bei der Einsicht um eine zwangsläufig anzustrebende Universalisierung, noch um einen relativierenden Nominalismus/Partikularismus der einzelnen Inhalte. Dies würde der Dynamik des hermeneutischen Zirkels widersprechen. Der Austausch folgt der Gewichtung, welche die Klientel der Sache beimessen, ohne sich dabei gemeinsam auf eine Position zu versteifen. Entsprechend können, wie schon mehrmals erwähnt, alle möglichen Themen zum Inhalt im Austausch der Philosophical Care werden (Helmig, 2014: 2).

Dabei wird jedoch nicht einfach ein Gerede produziert oder anhand prominenter Personen und Theorien ein Jargon erarbeitet, sondern man versucht, achtsam auf die einzelnen Gewichtungen der Klientel einzugehen. Ist etwas weniger von Gewicht, so bedarf es weniger Ausführungen und reflexive Gedanken hierzu. Der Austausch in diesem Sinne folgt daher eher einfacheren und ebenso auch nicht spezifisch philosophischen Sprachspielen. Wird hingegen viel Gewicht auf eine Thematik gelegt, so lohnt es sich, eine möglichst dichte Beschreibung mit unterschiedlichen Facetten, Perspektiven und Möglichkeiten dazu in Betracht zu ziehen, ohne die Klientel damit zu überfordern (Belsey, 2013: 40, Geertz, 2015: 10ff). Hier können verschiedene Sprachspiele relevant werden, welche u.a. mäeutisch freigelegt werden können.

Zusätzlich zum Begreifen kommt auch die hermeneutische Übersetzungsleistung des Dialogs dazu. Philosophical Care versucht, so wie andere Care-Tätigkeiten auch, sich auf unterschiedliche Sprachspiele, Diskurse, Bedeutungshorizonte (auch kulturell, religiös etc.) einzulassen und diese für den gemeinsamen Austausch aufzubereiten und anschlussfähig zu machen (Habermas, 2004: 356).

Daher geht die Philosophie in gewissen Punkten auch bspw. spezifisch über die Psychotherapie hinaus, sofern die Psychotherapie die Psyche des Menschen weitestgehend im Gesundheitsdiskurs verankert. Nicht alle Themen sind im Gesundheitsdiskurs zuzuordnen, geschweige denn, jene auf diesen hin zu biegen (vgl. Kapitel 3.1). So sind existenziale Themen wie beispielsweise *Autonomie* und *Lebensführung* oder *Lebenskunst* keine Themen, die sich allgemein und grossflächig in der Psychotherapie (abgesehen von einigen Ausnahmen) finden lassen (Brandt, 2017: 162). Hier muss untersucht werden, wo Grenzen der einzelnen Disziplinen überschritten werden sowie wie sich Philosophical Care in ihren Inhalten genauer zu anderen Formen der Care-Tätigkeit verhält (vgl. Kapitel 4).

Es scheint jedoch, so jedenfalls Brandt, dass viele Aspekte der Lebensrealität bspw. durch psychotherapeutische oder psychoanalytische nur ungenügend oder gar nicht abgedeckt werden können (Brandt, 2017: 169ff). Wenn so bspw. die Frage nach *Gerechtigkeit* gestellt wird, können psychotherapeutische und psychoanalytische Methoden zwar auf die Befindlichkeiten zu dieser Thematik eingehen. Die Besprechung der *Gerechtigkeit* als spezifisches Prinzip oder als allgemeines thematisches Konzept selbst übersteigt jedoch die psychotherapeutische, respektive psychoanalytische Kompetenz. Einige gestalttherapeutische, erzähltherapeutische oder andere Formen nehmen zwar philosophische Elemente für die Verbildlichung solcher Thematiken auf, jedoch wird die Philosophie hier nur als Mittel zum Zweck verwendet. Hingegen können theologische und entsprechend auch philosophische Gedanken und Theorien direkt an der Thematik der *Gerechtigkeit* anschliessen und den Inhalt in seiner eigenen Gewichtung anhand der Auslese der Klientel thematisieren.

Begründet werden kann der entsprechende thematische Skopus durch die Gewichtung von beiden Seiten her. Auf Seiten der Care leistenden Person kann hervorgebracht werden, dass sie versucht, sich in fremde Gedankengebäude und Sinnzusammenhänge hineinzuversetzen (Helmig, 2014: 4). Dies wird durch den inferentiell gegliederten Inhalt direkt gewährleistet. Man versucht, dem Gegenüber hermeneutisch entgegenzukommen, was die Care-Tätigkeit zu einem grossen Teil an sich auszeichnet (vgl. Kapitel 2).

Indem versucht wird, das zu begreifen, was das Gegenüber sagt und was es meint, wird die Einsichtsfähigkeit kultiviert (Brandom, 2016: 218). Darin findet sich auch der Anspruch von Philosophical Care. »Philosophie die mit dem anfängt, was andere mit ihr anfangen, ist im Unterschied zu den Wissenschaften dem Anspruch nach grenzenlos« (Achenbach, 2023: 66). In diesem hermeneutischen Bemühen findet es den Grund der sorgenden Tätigkeit, welcher jedoch zwangsläufig von der thematischen Gewichtung des Gegenübers abhängt.

Das Gegenüber, welches die einzelnen Inhalte gewichtet und damit in den Austausch mit der Care leistenden Person tritt, erkennt im Gegenzug selbst mehr oder weniger, wie ihre Lebensrealität für sich im Austausch dargestellt werden soll. Indem sie sich dem Austausch öffnet, wird durch die Gegenpräsenz der Care leistenden Person die Möglichkeit eröffnet, Neues/Unartikuliertes zu erfahren, unerwartete Fragen zu hören und sich gemeinsam der Fantasie zu bedienen etc. (Engel in Knoll et al., 2022: 78f). Die eigene erzählte Lebensrealität wird von der Care leistenden Person aufgenommen und beantwortet.

Dies alles soll selbstverständlich in einem achtsamen Rahmen der vorher erläuterten Beziehung stattfinden. Wie ebenfalls schon offensichtlich wird, fällt mit der Gewichtung von Themen als Inhalte zugleich auch die Urteilsfähigkeit mit der Einsicht zusammen. Diese soll anhand der folgenden Überlegungen genauer dargestellt werden.

Klassifikation

Welchen Einfluss übt das Urteilen auf die Inhalte aus? Die Klassifikation geht sowohl mit der Gewichtung der Klientel einher als auch mit der Begrenzung und Steuerung der Themenwahl als Inhalte innerhalb des gemeinsamen Austauschs. *Klassifikation* bezeichnet in diesem Sinne entsprechend das Setzen von Differenzen und Identitäten. Beide Formen der Klassifikation sollen kurz vorgestellt und entsprechend für die Praxis von Philosophical Care beleuchtet werden.

Es soll mit der Differenzsetzung begonnen werden: Ein Thema wird als Inhalt x festgelegt und anerkannt und damit von y (oder von ¬x) innerhalb der Differenzsetzung unterschieden. Differenzsetzungen können, so hier die These, unterschiedliche Erkenntnisse befördern und ermöglichen diese erst (Reese-Schäfer, 2022: 46). Eine Differenzsetzung kann auch darin bestehen, den Inhalt x als wichtig zu betrachten und ihn somit von unwichtigen Themen wie y oder z abzugrenzen. Damit wird sowohl die Gewichtung als auch die Themenwahl durch jene Setzungen ermöglicht. Solche Differenzsetzungen werden durch das Begreifen und Begründen und das anschliessende Urteilen über jene Inhalte vollzogen.

Als Gegenbewegung zur Differenzsetzung zählt die Identitäts- oder Exemplifikationssetzung. So wird beispielsweise x als ein Beispiel oder als ein Modell von y betrachtet. X fällt daher unter die Kategorie von y oder lässt sich als ein Beispiel von y klassifizieren. X und y werden damit nicht durch die Relation ihres gegenseitigen Ausschlusses thematisiert, sondern im Sinne ihres verbindenden Zusammenhangs. Ebenfalls kann x als gleich wichtig oder zentral angesehen und beurteilt werden wie y. Die Identitätssetzung findet hier auch auf der Wertungsebene statt.

Wichtig ist hervorzuheben, dass diese Unterteilung oder *Klassifikation* genannt, weitaus verzwickter gestaltet ist, als es selbst wiederum durch eine einfache Differenzsetzung dargestellt wird. Diese Komplexität kann bspw. durch ordinale Klassifikationen hervorgerufen sein (bspw. Mayring, 2022: 18).

Differenz- und Identitätssetzung schliessen sich also gegenseitig nicht notwendigerweise aus. Wie die Klassifikationen ablaufen, ist als Teil des Austauschs zu betrachten und hängt mit den Ansichten und Einstellungen der teilnehmenden Parteien zusammen. Der philosophische Austausch begünstigt, wie schon erwähnt wurde, solch ein Pendeln zwischen allgemeinen und persönlichen, individuellen Themen (Brandt, 2017: 85), muss jedoch in seiner praktischen Ausführung genau betrachtet werden. Themen können daher sowohl in ihrer jeweiligen unwiederholbaren, spezifischen Einzelheit als auch in ihrer allgemeinen Universalität besprochen werden, die auf die meisten oder jeden Menschen höchstwahrscheinlich zutreffen. Ob dabei Differenz- oder Identitätssetzungen massgebend sind und werden, kann sich erst im Vollzug selbst zeigen.

Dies liegt zum einen daran, dass es Themen, Konzepte, Phänomene und Sachverhalte gibt, die an sich komplex sind (vgl. Kapitel 1). Solche Themen als Inhalte können nicht anhand eines einzelnen Systems oder anhand einer einzelnen Differenz- oder Identitätssetzung erschlossen werden (Barthes, 2019: 34). Weder lassen sich Gründe dafür anbringen, dass die vorgenommene Klassifikation die einzig mögliche Beschreibungsvariante darstellt, noch zeigt sich durch die Beschreibung eine umfassende und zugleich erfüllende Darstellung dieses komplexen Sachverhalts. Entsprechend können nicht alle Sachverhalte, Themen oder Inhalte umfassend klassifiziert und ausführlich besprochen werden. Wenn man also von einer Wirklichkeit ausgeht, schweigt man zugleich von einer anderen.

Das ist das Dilemma der Sprache: »Die Welt der Worte ist zu eng, um der Weite der Welt, der Vielfalt der Dinge, der Geschehnisse, Beziehungen, Empfindungen, Gedanken und Phantasien gerecht zu werden« (Schmid, 2022: 163). So kann auch die Unbestimmtheit als Teil der Bestimmtheit eines Sachverhalts betrachtet werden. Ein Beispiel hierfür wurde, wie oben schon gezeigt, das Gegenüber selbst schon als ein solches Phänomen dargestellt, das sich der Definition oder Klassifikation als vollständige Beschreibungsmöglichkeit entzieht (Trawny, 2019: 49). Oft kommt es auch vor, dass sich solche Setzungen (wichtig/unwichtig) im Verlauf von (mehreren) Begegnungen oder innerhalb eines Austausches ändern können (Wild in Noth & Faber, 2023: 40).

Zum anderen wird die Perspektivität bei jeder durchgeführten Klassifikation mehr oder weniger ausgeblendet. Das bedeutet, dass die Setzungen oft so vollzogen werden, dass die Setzung selbst nicht bewusst geschieht oder in Frage gestellt wird. So weist Anhalt darauf hin: »Wer so vorgeht, macht nämlich die fehlerhafte Annahme, nur die Perspektive auf *eine* Realität zuzulassen, anstatt davon auszugehen, dass es so viele Realitätsannahmen gibt wie Beschreibungen der Realität angefertigt werden« (Anhalt, 2012: 73).

Die Klassifikation ist daher je schon ein Unterfangen, das durchaus persönlich individuell gestaltet ist und zugleich auch inbegriffen durchgeführt wird (Schönherr-Mann, 2009: 140). Auch wenn allgemeine Aussagen getätigt werden, so müssen diese stets im Hinblick auf die Perspektivität betrachtet werden.

Erst in der Referenz zur eigenen Gewichtung und der eigenen Lebensrealität kann die Klassifikation auch auf die eigene Perspektivität eingehen und so den Inhalt mit Bedeutung aufladen. Schönherr-Mann formuliert dies wie folgt: »Wer sich selbst [und die dazu gehörigen Inhalte; O.I.] zu interpretieren vermag, der kann eigenständig seine Umwelt interpretieren, muss sich die Interpretation von keinen Diskursen vorgeben lassen« (Schönherr-Mann, 2009: 139). Ist aber in diesem Sinne eine Orientierung überhaupt noch möglich oder zerfällt der Austausch von Philosophical Care in einen grenzenlosen Relativismus? Wie lässt sich eine Klassifikation so noch tragbar durchführen? Lässt sich allgemein noch etwas klassifizieren und kann man sich überhaupt noch auf etwas festlegen und dies anerkennen?

Einerseits kann auf Klassifikation im kommunikativen Austausch nicht verzichtet werden. Sie bildet den Grund für Gewissheit, indem durch Differenz- oder Identitätssetzungen Unterschiede oder Exemplifikationen und die daraus resultierenden Gewichtungen beschrieben werden (Cavell, 2016: 61). Die Klassifikation ist daher die Bedingungsmöglichkeit der Festlegung, wenn es um Themen als Inhalte geht.

Dennoch können Widersprüche oder Ambivalenzen in den unterschiedlichen Perspektiven auftauchen. Ebenfalls lassen sich die komplexen Sachverhalte und Konzepte nicht immer in eine Definition, eine Festlegung oder andere Umgrenzungsbemühungen zufriedenstellend einordnen (Jaspers, 2020: 148). Denn oft stellt sich genau da das Problem, dass eine intelligible Klassifikation nicht durchgeführt werden kann. Es lässt sich keine Festlegung erstellen, weil die Thematik zu ungewiss ist. Und manchmal besteht auch die Möglichkeit, dass Menschen gerade das Bedürfnis haben, sich nicht auf etwas Bestimmtes festzulegen und ihr eigenes Weitersuchen anerkennen wollen (Schmid, 2022: 14).

Entsprechend kann hierfür der Schluss gezogen werden, dass die Klassifikationen keine allgemeingültigen, unerschütterlichen Darstellungen von Experten und Expertinnen sind, die den Klientel aufoktroyiert werden sollen. Dadurch wird aber auch das Konzept der aus der Klassifikation resultierenden Gewissheit allgemein problematisch. Diese Problemstellung muss für die theoretische Grundlegung einer Praxis unbedingt beachtet werden. Die Philosophie im Austausch erfasst sich daher vielmehr in der *Suchbewegung*, als im Finden und Feststellen von zeitlosen allgemeinen Klassifikationen (Hadot, 1995: 161). Das Festlegen in der Klassifikation erhält hierdurch einen eher provisorischen, suchenden, ermöglichenden Charakter und keinen dogmatischen Fundierungsglauben. Es wird also nicht davon ausgegangen, als gäbe es eine Essenz oder einen Urtext der Dinge oder Sachverhalte, die durch die philosophische Auseinandersetzung nur noch entschlüsselt werden müssten, welche anschliessend an die Klientel herangetragen und von denen angeeignet werden. Vielmehr soll gezeigt werden, dass unterschiedliche Perspektiven und unterschiedliche Sprachspiele zu unterschiedlichen Darstellungen der Themen als Inhalte möglich werden (Trawny, 2019: 25).

Andererseits erhält die Klassifikation dadurch eine andere bedeutungsvolle Aufladung im Austausch von Philosophical Care. Während Behaupten oft als prinzipielle Verkündung allgemeiner Tatsachen betrachtet wird, werden unter anderem das Erzählen und Hinterfragen oft als spezifisch einzelne, partikulare Tätigkeit verstanden (Hampe, 2014: 11). Aber auch im Erzählen und Hinterfragen findet eine Klassifikation statt, jedoch keine, die an sich allgemeingültige universale Ansprüche setzt. Wer deshalb Fragen stellt und suchend im Gespräch unterwegs ist, jagt oder sucht dem Sinn der Themen hinterher und bearbeitet zur gleichen Zeit auch die Sprache, in welcher er oder sie sich inbegriffen befindet.

Sowohl die Themen als Inhalte wie auch der Austausch sind an sich nur Möglichkeiten, die demzufolge unterschiedlich ausfallen können. Die Frage, wer was zu wem spricht beinhaltet Klassifikationen, die selbst jedoch keine Urteile im Sinne allgemeingültiger Werte oder Prinzipien aufgepfropft sind, sondern finden ihre (philosophische) Bescheidenheit im Stellen von gemeinsamen Fragen (Lyotard, 2013: 61). So ist es möglich, Themen auf unterschiedliche Weise und zu unterschiedlichen Zeitpunkten in anderen Gesprächen durchzuführen. Indem sich die Urteilskraft an der fragenden, erzählenden Klassifikation und nicht an der universalisierend behauptenden Klassifikation orientiert, kann versucht werden, die Gewichtung und Festlegungen der Thematik im Sinne von Philosophical Care bestmöglich durchzuführen, ohne sich dabei auf dogmatische Äusserungen zu versteifen.

Die damit einhergehende Anerkennung ermöglicht es, die Festlegungen als Möglichkeiten *heterogener Beschreibungsvarianten* zu sehen, welche im Austausch zwar Gültigkeit beanspruchen können, jedoch nicht (zwangsläufig) universal und allgemein gültig sind (Schmid, 2016: 293). Demzufolge wird kein grenzenloser Relativismus propagiert, denn die einzelnen Perspektiven verfügen weiterhin über ihre Gültigkeit, da sie weder aufeinander reduziert werden können, noch anhand allgemeinerer Prinzipien entkräftet (oder bestätigt) werden können.

Somit ist der hier beschriebene Pluralismus nicht mit einem ausufernden Relativismus gleichzusetzen, da die prüfende Suchbewegung die Beliebigkeit der Perspektiven aushebelt. Überall und immer wieder kann Vergewisserung stattfinden und immer wieder kann sie in Frage gestellt oder für neue Aspekte angestrebt werden. Dies ist jedoch nur möglich, insofern eine Anpassung und Ermöglichung zu Änderungen und Neuerungen bezüglich der Einsichten und Urteilen bestehen (Jaeggi, 2020: 313). Anerkennung und Festlegung fallen entsprechend unter eine pragmatische Kategorie und sind hier nicht an einer epistemischen, allgemeingültigen, wahrheitsorientierten Auffassung aufgehängt.[40]

Vielmehr werden die unterschiedlichen Themen im Austausch als Operationen von Lernbedingungen betrachtet (Prange, 2012: 42), die auf die Ausübung der Care-Tätigkeit, sprich, die Förderung philosophischer Kompetenzen, konzipiert sind. Wie mit dieser Unsicherheit und der fragenden Haltung gegenüber Festlegungen umzugehen ist, wird im Folgenden noch weiter durch das Radikale Bedenken ausgeführt.

Episteme

Welchen Einfluss übt das Radikale Bedenken auf die Inhalte aus? Zum Schluss sollen hier noch Gedanken dazu angestellt werden, worauf sich die Suchbewegung letztlich beziehen soll, wenn der Austausch in der Praxis von Philosophical Care keinen behauptenden dogmatischen Standpunkt bezüglich der Inhalte annimmt. Und worauf wird mit diesem Verständnis überhaupt hingestrebt, wenn nicht auf die Wahrheit allgemeingültiger Aussagen?

Die Suchbewegung kann nicht inhaltlich klar festgelegt werden, da diese sonst den Rahmen der philosophischen Auseinandersetzung vorgeben würde, womit ihr Kontext systemimmanent wäre. Die Psychotherapie und die Psychoanalyse können sich bspw. mit der Befindlichkeit der einzelnen Personen in der Therapie befassen. Die Seelsorge hingegen kann sich u.a. mit der Beziehung zu Gott, dessen Geboten, der kirchlichen Gemeinschaft und dem richtigen Leben auseinandersetzen. Beide können auch alltägliche Themen ansprechen. Worauf bezieht sich aber Philosophical Care?

Eine mögliche Antwort hierzu kann formuliert werden, ohne dass damit eine Systemimmanenz eines philosophischen Kontexts propagiert wird und zwar in jener Weise, dass sie den Rahmen der Antwort nur formal anzeigt.

Die Suchbewegung bezieht sich *auf* die Suchbewegung, also auf die Möglichkeit zum Erkennen selbst. Menschen haben gewöhnlich oft unhinterfragte Einstellungen

---

40 Die Pragmatik bezieht sich hierbei nicht auf eine Technik oder auf ein Assessment, sondern auf die Etablierung einer beziehungsorientierten Intimität innerhalb der Care-Tätigkeit (Krauss, 2022: 131).

dazu, wie sie erkennen und warum sie zu wissen und zu meinen glauben.[41] Dabei werden nicht nur Möglichkeiten ausgeschöpft, sondern auch verschlossen (Seel, 2009: 69). Sie errichten für die Lebensführung und -orientierung ein Welt- und Selbstbild sowie eine dazugehörige Geschichte, welche mehr oder minder explizit und mehr oder minder stabil/konsistent sind (Lahav, 2017: 40).

Ein solches Welt- und Selbstbild ist hegemonial verankert. Damit ist gemeint, dass die Welt- und Selbstbilder durch die Teilhabe an der Gesellschaft aufgenommen, aber nicht bewusst angeeignet wurden und dennoch das Denken, Befinden und Verhalten massgeblich prägen (Barfuss & Jehle, 2021: 25f, Poltrum, 2016: 96).

Zudem sind sie durch die Zeit und über unterschiedliche Gesellschaften hinweg veränderbar und dadurch in gewisser Weise kontingent. Die Philosophie und entsprechend Philosophical Care können genau bei diesem Aspekt ansetzen, wodurch psychologische, theologische, soziologische, anthropologische und schliesslich auch philosophische Aspekte der Erkenntnissituation von Selbst- und Weltbildern beleuchtet werden müssen. All diese Aspekte werden in bestimmter Weise vom hegemonialen Diskurs vorgegeben und erzeugen damit die Erkenntnis- und Suchsituation bezüglich der jeweiligen Inhalte.

Die Möglichkeitsbedingung der Erkenntnis- und der Orientierungssuche sind also selbst Themen von Philosophical Care. Diese soll hier entsprechend *Episteme* genannt werden. Die *Episteme* bezeichnet die Möglichkeit Sinn zu erzeugen, Sinn zu finden und diesen anhand von geschichtlich gewachsenen Kontingenzen, Interessen und Gemeinschaften zu legitimieren (Schiffer in Staude, 2010: 30). Vereinfacht bedeutet das, dass die Episteme die Art und Weise darstellt, wie Selbst- und Weltbilder entworfen werden können. Schmid beschreibt dies in folgenden Worten: »Es ist eine Sichtweise: *Wie* Menschen etwas sehen und wie nicht. *Dass* sie etwas sehen und etwas Anderes nicht« (Schmid, 2022: 63; H.i.O.).

Die hegemoniale Episteme und deren Entwicklung geschehen, wie schon erwähnt, oft unbewusst und können entsprechend archäologisch im Sinne Foucaults (2020) freigelegt werden. Das bedeutet, dass Unbeachtetes und Unbekanntes mäeutisch ins Licht der Erfahrung gerückt wird und entsprechend begrifflich konfrontiert und konturiert wird (Krauss, 2022: 11). So wird ersichtlich, wie die Episteme als Teil der gemeinsamen und historischen Überlagerungen von Einstellungen, Meinungen, Selbst- und Weltbildern verstanden werden kann. Eine solche Einsicht führt auch zur Bildsamkeit, welche über die eigene Perspektivität und Dynamik und der daraus resultierenden Kontingenz der Erkenntnissituation bewusstwird.

Die archäologische Freilegung erfolgt nun jedoch nicht im Alleingang, sondern bei Philosophical Care im Dialog (Lyotard, 2013: 64). Denn der Vorteil vom gemeinsamen Austausch liegt darin, dass die beteiligten Parteien oft unterschiedliche Hintergrün-

---

41 Diese anthropologische Voraussetzung ist nur formal und nicht inhaltlich relevant. Es geht also nicht darum, zu erklären, was genau dabei und warum Menschen dies tun, sondern darauf hinzuweisen, dass dies überhaupt geschieht. Dies zeigt sich allein schon dadurch, dass durch die vorliegende Theoriebildung schon dieselbe Tätigkeit ausgeführt wird (Schmolke, 2011: 86).

de, Weltbilder, Einstellungen und damit auch diverse Zugänge mit in die Begegnung bringen (können). Jene Grenzen des eigenen Denkens können im Austausch verschoben werden und die eigene Episteme wird so deutlich hervorgehoben und diskutabel (Burbach in Noth & Faber, 2023: 14).

Dies führt dazu, dass die Suchbewegung selbst nicht zu einem Abschluss kommen kann, weil kein objektives Ziel feststeht, das nur noch freigelegt zu werden braucht. Die Betrachtung der hegemonialen Episteme geschieht selbst stets wiederum innerhalb der je eigenen Episteme. Entsprechend lässt sich kein neutraler Blick von Ausserhalb statieren. Das Philosophische zeigt sich so in der Suchbewegung, die selbst nicht zu einem Abschluss findet. Durch den Austausch und die daraus resultierende dialogische Praxis wird vielmehr versucht, anhand der Episteme gemeinsam besagte Episteme zu erkunden. Ob dies in der einzelnen Begegnung stabilisierend/orientierend oder kritisierend/irritierend geschehen soll, muss nicht im Voraus beantwortet werden.

Es soll hier kurz angemerkt werden, dass die Episteme nicht rein kognitiv erfasst werden soll, sondern dass sich diese immer schon in einer Befindlichkeit vollzieht. Auch wie der Mensch fühlt und empfindet, ist bis zu einem gewissen Grad von der Episteme abhängig. Es geht in der Suchbewegung der Episteme also entsprechend auch darum, dass die eigene Perspektive mit ihren unterschiedlichsten Färbungen und Einflüssen erkannt und bildsam betrachtet wird (Schmid, 2022: 53).

Ebenso wird durch den Dialogcharakter dieser Suchbewegung die Dynamik des Sachverhalts (Episteme) selbst in den Fokus gerückt. Folglich richtet sich das Augenmerk auch auf die Veränderungen, die durch die philosophische Betrachtung selbst zustande kommen. So ist es schliesslich möglich, aufgrund der eigenen Suchbewegungen, die Darstellungen der Episteme immer wieder selbst zum Problem zu machen und sie als mögliche, heterogene Beschreibungsvarianten zu betrachten, die selbst wiederum verändert werden können (Rucker, 2014: 41f). Da es keinen objektiven Endpunkt der Suchbewegung gibt, wird dahingehend die Möglichkeit erschlossen, das Radikale Bedenken stets wieder von Neuem anzusetzen und dieses dadurch zu kultivieren. Zusammenfassend zu den Inhalten kann folgender Haltepunkt markiert werden:

> Die Inhalte im Austausch von Philosophical Care sind nicht durch eine vorgefertigte Liste abgrenz- und identifizierbar. Vielmehr lassen sie sich in Klassen von Themen unterteilen, die sich als Inhalte anbieten. Der thematische Skopus richtet sich entsprechend nach den Gewichtungen der Klientel, welche durch Einsicht in die Wahl der Themen eingeführt und ermutigt werden. Indem eine Wahl getroffen wird, findet zugleich eine Klassifikation statt, welche festlegende und anerkennende Elemente hervorruft, die für den gemeinsamen Dialog beachtet werden müssen. Die Festlegungen werden aber nicht als endgültig betrachtet, sondern werden in ihrer Suchbewegung aufgefasst. Diese Suchbewegung bezieht sich auf die Episteme, also die Möglichkeitssituation, Erkenntnisse überhaupt

> erst zu erzeugen und ist daher in ihrer Kontingenz dem Radikalen Bedenken stets konstruktiv ausgeliefert.

Der Schluss dieses Kapitels widmet sich der Frage, welche Ziele unter Berücksichtigung der vorliegenden Erörterungen von Philosophical Care erfasst und gegebenenfalls angestrebt werden können oder sollen. Dass die Ziele erst ganz am Schluss der transzendentalkritischen Analyse vorgestellt werden, weist zugleich auch darauf hin, dass ihnen keine Primatstellung in der Care-Tätigkeit zugesprochen wird. So wendet Krauss bspw. ein: »Es kann nämlich in einem aristotelischen Sinne schon gefragt werden, ob nicht das eigentliche Ziel einer solchen Praxis im Grunde in sich selbst liege und die äusseren Ziele, also etwa inhaltliche Ergebnisse solchen Sprechens, nicht sekundär seien« (Krauss, 2022: 93).

Anhand der bisherigen Ausführungen sollte es daher deutlich werden, dass die Begleitung im Sinne des Vorverständnisses (Kapitel 1) das Ziel auszeichnet. Auf diese Zielsetzung wird nun abschliessend noch ausführlicher eingegangen.

3.6. Die Ziele

Ist Philosophical Care ein Mittel oder ein Zweck? Die letzte Möglichkeitsbedingung die hier noch erläutert werden soll, betrifft die Ziele von Philosophical Care.

Ob Philosophical Care nach Krauss über einen Selbstzweck verfügt oder ob sie nur ein Mittel für einen anderen Zweck darstellt, ist eine Frage, die wahrscheinlich zwischen Skylla und Charybdis durchführt. Nimmt man an, dass Philosophical Care reiner Selbstzweck ist, so besteht die Gefahr, die philosophischen Schlüsselkompetenzen zu technisieren in dem Verständnis, dass deren Kultivierung als einziges Ziel der Begegnung anvisiert wird.

Die Kultivierung der drei Schlüsselkompetenzen steht dann folglich über all den transzendentalen Möglichkeitsbedingungen und der Care-Tätigkeit selbst (und kann evtl. auch in anderer Form der Ausübung erreicht werden). Oder es werden ethische oder anthropologische Voraussetzungen und Haltepunkte ins Spiel geführt, also Aussagen über die Natur des Menschen oder ihr Miteinanderumgehen getroffen, die jene Tätigkeit von Philosophical Care argumentativ untermauern sollten. Ein solches Verständnis eines Selbstzwecks wäre der Praxis von Philosophical Care in erster Hinsicht erst einmal abträglich. Beide Ansätze würden eine Systemimmanenz erzeugen, aus der sich heraus die Philosophical Care begründen müsste.

Aber auch die Haltung, dass Philosophical Care ein reines Mittel zum Zweck darstellt, läuft auf die Gefahr hinaus, aus der Care-Tätigkeit eine reine Technik zu entwerfen, deren Anwendungspunkte durch einen Instruktionalismus gesteuert und manipuliert werden sollen (Fischer in Staude, 2010: 23). Ebenfalls könnte Philosophical Care dadurch systemfremd instrumentalisiert werden.

Daher kann die Zwecksetzung von Philosophical Care selbst als Problemfeld betrachtet werden, weil nicht genau klar ist, wie die Zielsetzung von Philosophical Care aufzufassen ist, ohne sich einer solch verkürzten und daher unpassenden Ausrichtung zu verpflichten. Viel eher scheint es angebracht, die Frage dadurch zu strukturieren, indem überlegt wird, was schliesslich unter *Begleitung* verstanden werden soll. Auf dies kann Philosophical Care abzielen, wobei nicht genau geklärt ist, wie Philosophical Care und Begleitung zusammenhängen. Wie wäre das zu begreifen?

Durch die Ordnung der transzendentalkritisch freigelegten Möglichkeitsbedingungen soll hier angedeutet werden, welche Punkte auf eine mögliche Antwort hindeuten können, ohne die Frage endgültig zu beantworten. Vielmehr geht es in den vorliegenden Gedanken darum, unterschiedliche Punkte erst einmal zu ordnen und zu strukturieren.

Die Begegnung als grundlegende Möglichkeitsbedingung für alle weiteren Möglichkeitsbedingungen der Care-Tätigkeit weist darauf hin, dass sich in der Care-Tätigkeit primär unterschiedliche Parteien begegnen und dadurch in Kontakt miteinander treten (Stimmer, 2020: 143). Die Art und Weise dieser Begegnung wie sie oben dargestellt wurde, unterscheidet sich von anderen alltäglichen Formen der Begegnung. In der gelungenen Begegnung einer Care-Tätigkeit wird das Gegenüber als jenes wahrgenommen, aufmerksam anerkannt und akzeptiert. Man antwortet auf die Erscheinung, mit welcher das Gegenüber in die Begegnung hineintritt und übernimmt entsprechend auch Verantwortung für die entstehende Beziehung. Man lässt sich dadurch vom Gegenüber angehen (Waldenfels, 2016: 557). Dieses Angehen lässt sich, so Nauer, in verschiedene Bereiche unterteilen: In nonverbale Praxis, kreative Praxis, Vernetzungspraxis, Körperpraxis, verbale und rituelle Praxis (Nauer, 2015: 81).

All diese Formen der Praxis müssen hier nicht weiter ausgeführt werden, es lohnt sich jedoch, Folgendes davon festzuhalten: Nicht nur die Gesprächsebene wird in der Praxis von Philosophical Care wichtig, sondern es wird zudem auch versucht, dem Gegenüber in anderen Bereichen der Begegnung entgegenzukommen und sich ihm zu öffnen sowie gemeinsam Erfahrungen zu teilen. Jenes gemeinsame Teilen von unterschiedlichen Erfahrungen fördert schliesslich auch die Beziehungsgestaltung, woraufhin einige die Position beziehen, dass es in der Care-Tätigkeit neben der Beziehungsgestaltung keine weiteren wesentlichen Ziele mehr bedarf (Burbach in Noth & Faber, 2023: 15f). Ob damit die Beziehungsgestaltung einen eigenen Wert darstellt, der an sich schon als Zwecksetzung für die Philosophical Care dienen kann, wird dadurch jedoch noch nicht beantwortet.

Interessant ist hier aber die Feststellung, dass die Beziehungsgestaltung nicht kommensurabel ausgewertet werden kann, da unterschiedliche Erwartungen und Absichten von den diversen Parteien in die Care-Tätigkeit und entsprechend in die Beziehung eingebracht werden. Jede Beziehung ist anders. Die Quantität und die Qualität von Beziehungen in der Care-Tätigkeit lassen sich nicht ohne Weiteres empirisch operationalisieren und ermessen.[42]

---

42 Schuchter zeigt auf, dass es sogar abwegig ist, Assessments durchzuführen in der Care-Tätigkeit, da vieles was zur Care-Tätigkeit gehört nicht befragt oder überprüft werden kann (Schuchter, 2016).

Vielmehr können die Absicht und die Ausrichtung der Care-Tätigkeit dahingehend als Zweck in Betracht gezogen werden, indem versucht wird, jene Bereitschaft an den Tag zu legen, welche eine gelungene Beziehungsgestaltung in ihrem Facettenreichtum überhaupt erst ermöglicht (Böhm, 2011: 71). Dies erwirkt natürlich, dass erfragt werden muss, wie eine solche Zuwendung oder ein solcher Ethos kultiviert werden kann, wenn dies überhaupt möglich ist. Zugleich muss die Beziehungsgestaltung selbst als dynamischer Prozess aufgefasst werden, welcher sich innerhalb einer einzelnen Begegnung oder über mehrere Begegnungen hinweg durchaus stark in ihren Dimensionen verändern kann.

Wie beziehen sich Ziele auf die allgemeine Care-Tätigkeit? Viele Menschen, die Care-Tätigkeit in Anspruch nehmen verfügen über ein Leiden, erleben Widerstände oder können sich aufgrund einzelner Umstände nicht zurechtfinden (Mall & Peikert, 2019: 53). Damit wird keine metaphysische Aussage über die Anthropologie des Menschen getroffen, sondern dies lässt sich analytisch aus dem Carebegriff ableiten.

Sich um oder für jemanden *zu sorgen* bedeutet, dass damit eine Verunsicherung, ein Bedürfnis oder ein Leiden einhergeht, um das man sich kümmert oder um etwas kümmert (vgl. Kapitel 2). So kann die Sorge sich auf die Ziele beziehen, die aufgrund der Care-Situation entstehen oder explizit im Austausch hervorgebracht werden. Wenn gefragt wird, worauf sich die Care leistende Person beziehen kann, kann gemeinsam aus dem Leid und den erfahrenen Widerständen untersucht werden, wie mit diesen umgegangen werden kann. Damit wird nicht suggeriert, dass sie notwendigerweise überwunden werden müssen (Schmid, 1998: 389). So muss hier hervorgehoben werden, dass nicht alle Widerständigkeiten gelöst, angegangen oder überhaupt erkannt werden können. Es soll hier nur darauf hingewiesen werden, wie sich die Ziele aus der Care-Situation ergeben können. Zugleich wird ebenfalls nicht impliziert, dass es bei den philosophischen Inhalten im Austausch darum geht, schlicht ein Wohlfühlmoment zu erzeugen (Schuchter, 2016: 126).

Indem versucht wird, Orientierung zu gewinnen, welche Probleme und welche Ziele für die Begegnung massgebend werden, gelingt es auch, die Beziehung dahingehend zu gestalten, dass ein Umgang mit diesen Aspekten gefunden werden kann. Ziel der Care-Tätigkeit und Ziel innerhalb der Situation der Care-Begegnung sind damit zwei Ziele, die sich teilweise überschneiden. Dieser Umgang, um es noch einmal zu wiederholen, besteht nicht darin, dass die Care leistende Person die Lösung für die Probleme erarbeitet, sondern dass im gemeinsamen Austausch versucht wird, die unterschiedlichen aufkommenden Schwierigkeiten anzugehen (Schmid, 2016: 160).

Welche Ziele können für Philosophical Care erstrebenswert sein? Die Gestaltung einer gelungenen Begegnung und einer folglich gelungenen Beziehung stellt sich folglich als ein komplexes Phänomen dar (vgl. Kapitel 1), das weder komplett steuerbar noch planbar ist. Daher kann auch eine bestimmte Form von Zuwendung oder ein Ethos nicht vollumfänglich eingeübt werden, die oder der sich anhand der verschiedenen Situationen technisch umsetzen lassen, auch wenn einzelne Aspekte davon gelernt und eingeübt werden können. Eine Begegnung und entsprechend auch eine Beziehung in der Care-Tätigkeit sind und bleiben jedoch immer ergebnisoffen und damit bis zu einem gewissen Grad unverfügbar (Wild, 2021: 220). Daher sind die Ziele nicht als Erfüllung von Erwartungen zu verstehen, sondern viel eher als ein Offenhalten für das Unvorhersehbare. Das bedeutet, dass nicht von Beginn an antizipiert oder gesteuert werden kann, ob die Begegnung überhaupt gelingt (im Sinne einer etablierten Vertrauensbeziehung) und wo sie hinführen soll. Wer sich wie offenbart und ob dies dann überhaupt aufgenommen und interpretiert wird, ob es sinnvoll erscheint und was nicht, was anerkennt und abgelehnt wird, ist nicht von vornherein steuerbar (Schmolke, 2011: 143). Vielmehr scheint es sinnvoll zu sein, die Zuwendung und die Ausrichtung der Care-Tätigkeit als ein Einüben selbst zu verstehen, das versucht, sich im ständigen Fluss der Beziehungsanforderungen (immer wieder neu) zu orientieren (Deleuze & Guattari, 2018: 44f). Care-Tätigkeit könnte daher wohl eher als Ideal verstanden werden, auf das hin man sich mit Bemühen ausrichten möchte.

Somit wird auch die *Formung* gegenüber der *Form* im Austausch der Begegnung wichtiger, weil durch die Formung das Prozesshafte der Ziele hervorgehoben wird. Das Ziel scheint veränderbar und nie ganz erreichbar zu sein, jedoch ist es nicht der Care leistenden Person überlassen, dies zu bestimmen.

Erst der prozesshafte Austausch in der gemeinsam geführten Beziehung lässt ein mögliches Ziel überhaupt erkennen. Erkenntnis, Empfinden, Denken und Handeln können so ständig transformiert werden, da durch den gemeinsamen Austausch im Verbund versucht wird, sich unter anderem auf gemeinsame Ziele festzulegen (Mittelstrass, 2007: 25). Entsprechend wird auch offensichtlich, dass hier über zwei verschiedene Ziele nachgedacht wird; einerseits über die Ziele der Care-Tätigkeit selbst und andererseits über die Ziele, die gemeinsam im Austausch besprochen und bearbeitet werden. Das eine betrifft die Praxis an sich, während das andere Ziel in der gegebenen Situation konkret betrachtet und bearbeitet wird. Lassen sich jedoch beide voneinander klar differenzieren? *Muss* man sie klar differenzieren oder können sie auch kongruent sein?

Unabhängig davon, wie diese Fragen beantwortet werden sollen, scheint es angebracht, sich darüber Gedanken anzustellen, Orientierung im Austausch über beide Ziele anzustreben, insofern die Möglichkeiten hierzu gegeben sind. Damit wird nicht nur hermeneutische Verstehensarbeit geleistet, sondern man nimmt zugleich auch die Komplexität der Care-Tätigkeit inbegriffen ernst und reflektiert jene Schwierigkeiten, die damit einhergehen (Van der Kolk, 2021: 117).

Zudem wird damit auch impliziert, dass die Bereitschaft früherer Begegnungen nicht auf eine spätere Situation übertragen werden kann. Begegnung ist nicht immer erwünscht. Philosophical Care ist daher in diesem Sinne nicht technisch-lösungsorientiert, sondern versucht, die Komplexität der Care-Begegnung und damit auch der Care-Beziehung gemeinsam auszuhalten (Erler, 2006: 83). Dadurch wird die Möglichkeit eröffnet, dass jeder Verbund, sprich jede Beziehung eigene Ziele definieren kann und diese so angestrebt werden können. Was bedeutet das? Das *Aushalten* weist darauf hin, dass, wie schon erwähnt, keine Faustregeln und Lösungen existieren, wie eine Begegnung gelingen kann und wie eine spezifische Beziehung am besten gestaltet werden soll. Es wäre auch vermessen, wenn Care Leistende dies von aussen an eine Beziehung herantragen würden.

Wie der Austausch und die Beziehung gestaltet werden sollen, wird also nicht von aussen markiert, sondern in der Begegnung selbst ausgehandelt (Lahav, 2017: 35). Dass man diese Komplexität der Beziehungsgestaltung gemeinsam aushalten muss, zeigt die Ausrichtung von Philosophical Care und zwar darin, dass nicht versucht wird, das Gegenüber anzueignen, zu diagnostizieren oder zu überrumpeln, sondern dass die Bemühung stattfindet, die gemeinsamen Schwierigkeiten der Care-Tätigkeit als Verbund gegebenenfalls zu durchdenken und anzugehen.

Entsprechend müssen auch die Probleme und Anliegen in diesem Kontext betrachtet werden, dass also gewisse Aspekte (gemeinsam) ausgehalten werden müssen, die sich nicht lösen lassen. Oft ist auch nur ein Präsent-Sein erfordert (Peng-Keller, 2021: 145). Dass dabei die Möglichkeit des Scheiterns oder der Fehllage ebenfalls ständig präsent ist, kann nicht umgangen werden und kann daher konzeptionell auch nicht ausgeschlossen werden. Die Frage nach den Zielen ist damit weiterhin noch nicht geklärt und hat in ihrer Komplexität nur zugenommen. Es kann nämlich von hier gefragt werden, wie nun diese Ziele überhaupt angegangen und besprochen werden sollen.

Wie lassen sich die Ziele ermitteln und später überprüfen? Wiederum drängt sich die Frage auf, welchen epistemischen und normativen Status die Ziele aufweisen und wie schliesslich die Care-Tätigkeit als gelungen betrachtet werden kann. Zuerst einmal muss hier festgelegt werden, dass Care leistende Personen keine Experten und Expertinnen für die Probleme der anderen Menschen darstellen (Hampe, 2014: 259).

Vielmehr sind sie in ihrer Begleitfunktion da, den unterschiedlichen Parteien zu helfen, sich mit den Problemen auseinanderzusetzen oder diese auszuhalten, auch wenn dies nicht zwangsläufig auf eine Überwindung hinausläuft, sondern unter anderem im Aushalten oder in der Reflexion auf die Sachlage bezogen ist (Noth & Faber, 2023: 7). Es kann nämlich, um es nochmals zu wiederholen, stets auch die Möglichkeit bestehen, dass die Begleitfunktion darin besteht, die Leid- und Widerstandserfahrungen einfach gemeinsam ertragen zu müssen (Morgenthaler, 2019: 36). Ebenfalls können auch Anliegen angegangen werden, die über den (sprachlichen) Austausch hinausgehen. Der Erfolg der Care-Begegnung lässt sich entsprechend nicht eindimensional an der Überwindung der Probleme messen.

Die Kriterien, welche zeigen würden, dass eine Begegnung und die daraus resultierende Care-Tätigkeit gelungen sind, erweist sich als komplex und kann nicht einheitlich definiert werden. Für Schmid und Rorty reicht aber bspw. eine pragmatische Sichtweise, die es erlaubt, dass jede Form der Veränderung die positiv bewertet wird, schon als Erfolg verbucht werden kann (Rorty, 2008: 69, Schmid, 2016: 170). Die Herbeiführung von Neuem und bisher unbedachten Alternativen, die Erzeugung neuer Beziehungen kann daher schon als Erfolg selbst markiert werden.

Jedoch muss, um diese Position kritisch weiterzudenken, nicht notwendigerweise eine Veränderung stattfinden, die als Wert zur Beurteilung herangezogen wird. Andere sehen hingegen nämlich in der Performanz der Care-Tätigkeit schon den Erfolg, da dadurch verschiedene bisherige Ordnungen von Problemen und Widerständen durch die Beziehung möglicherweise aufgebrochen und reflektiert werden *können* (Emlein, 2017: 322). *Die Möglichkeit einer Veränderung* reicht für sie schon aus, ohne den Schwerpunkt auf die tatsächlich eingetroffenen Veränderungen zu legen. In dem begegnet wird, Rollen getauscht, Beziehung erfahren, Weltbilder kritisch reflektiert und Sinngehalte unterschiedlich gedeutet werden, wird an sich schon ein Ziel erreicht, ohne dabei auf die Ergebnisse und deren Wertungen hinzusehen (Van der Kolk, 2021: 398).

Der Unterschied beider Perspektiven liegt zwischen der Fokussierung von Absicht und Ausrichtung der Care-Tätigkeit. Beide Versuche als Antworten auf die Zielfrage können jedoch nicht als abschliessend definiert werden, ohne die Komplexität der Care-Tätigkeit in der gegebenen Care Situation zu reduzieren. Hierfür ist Einsicht, Urteilskraft und Radikales Bedenken notwendig. So findet man sich deshalb wieder bei der Kultivierung der philosophischen Schlüsselkompetenzen und die Frage über die Ziele von Philosophical Care wiederholt sich. Es lohnt sich deshalb, sich vertiefter damit auseinanderzusetzen, welche Früchte die Kultivierung der philosophischen Schlüsselkompetenzen möglicherweise tragen können.

Wie hängen die philosophischen Schlüsselkompetenzen mit den Zielen der Philosophical Care zusammen? Als erstes lässt sich festhalten, dass die professionell gestaltete Beendigung einer Beziehung stets schon mitreflektiert und geplant werden muss (Stimmer, 2020: 207). Sie selbst bildet ein kausales Ziel der strukturierten Begegnung. Inhaltlich als transzendentalkritische Problemstellung bedarf die Zielsetzung jedoch weiterer Überlegungen: Ein gesteigertes Problembewusstsein durch Einsicht, die Ermöglichung von Bildung mit der Förderung der Urteilskraft und die Mitgestaltung zur Lebensführung im Radikalen Bedenken sind jene Aspekte, durch welche die philosophischen Schlüsselkompetenzen den Zielen von Philosophical Care etwas beitragen können. Auf diese drei Aspekte soll hier zum Schluss noch eingegangen werden. Es zeigt sich, dass die Ziele so besser in ihrer Komplexität markiert werden können, als wenn man bspw. schlicht eine Liste von möglichen Ergebnissen vorstellt.

Problembewusstsein

Was ist das Ziel der Einsicht bezogen auf die Praxis von Philosophical Care? Philosophical Care strebt im vorliegenden Verständnis nicht danach, Rätsel zu lösen, sondern die Spannung auszuhalten, die durch die Komplexität der Care-Beziehung entsteht und in welcher schliesslich die Möglichkeit einer Vertrauensbeziehung angestrebt wird, dass Probleme gemeinsam besprochen werden können (Schmid, 2016: 63). Dies bedarf der Erläuterung.

Die Praxis der Beziehung, so auch die lexikalische Ordnung, ist den Einsichten von Zielen vorgelagert. Die praktische Relevanz philosophischer Aussagen und Überzeugungen einzusehen, besteht in diesem Schritt darin, die Aufmerksamkeit darauf zu lenken, dass die Lebensführung keine zwangsläufige Konsequenz eines Einsichtswissens ist, sondern umgekehrt der Überzeugung vorausgeht und für sich selbst steht (Schuchter, 2016: 126). Daraus lässt sich folgern, dass es in erster Hand weder um Probleme noch um Lösungen geht, die sich gegenseitig im ständigen Wechsel ablösen, sondern dass versucht wird, die Komplexität der Beziehung im Sinne der gelungenen Care-Tätigkeit adäquat zu erfassen und zu kultivieren (Brandt, 2017: 96).

Das bedeutet, es wird versucht, dem Gegenüber so zu begegnen, dass es sich selbst in die Begegnung einbringen kann und man rückwirkend von ihm als Selbst angegangen wird, wodurch eine Vertrauenspraxis der Gastfreundschaft etabliert wird. Eine solche Einstellung verhindert oder reduziert den Umstand, dass das Gegenüber potenziell nur als ein Fall betrachtet und somit reifiziert wird, der schlicht und einfach abgehandelt werden muss. Erst dadurch scheint es für eine kultivierte Einsichtsfähigkeit sinnvoll und zuträglich zu sein, wenn man die Anregungen der Klientel aufnimmt und versucht, sie gemeinsam weiterzuentwickeln (Schmid, 2016: 19).

Philosophical Care und die Begegnung, respektive die Beziehung sind daher weder als Produkt der Care-Tätigkeit noch als reine Technik zu betrachten, bei der es darum geht, sie an die Klientel zu bringen (Böhm, 2011: 72). Sie entspricht nicht einer technisierten, durchstrukturierten Dienstleistung (vgl. Kapitel 4). Wenn das Gegenüber die Möglichkeit erhalten soll, sich selbst zu thematisieren und gemeinsam Erfahrungen zu teilen, sich angehen zu lassen, so bedarf es der Überlegungen, wie Denken, Empfinden und Handeln miteinander zusammenhängen. Hierfür kann die Einsicht als Schlüsselkompetenz markiert werden.

Wenn also von der Kultivierung der Einsicht als Teilziel der Praxis von Philosophical Care ausgegangen wird, so kann zuallererst der Umstand erkannt werden, dass es überhaupt erst der Einsicht auf dieser praxistheoretischen Ebene bedarf, um eine Antwort auf besagte Problemstellung aufstellen zu können. Ohne Einsicht ist in der Praxis aber auch keine Festlegung auf Ziele möglich.

Die Philosophie und die daraus resultierende philosophische Tätigkeit kann hierbei aber nicht auf vorgefertigte Ziele pochen, die allein durch Einsichtsfähigkeit gewonnen werden können. So schreibt Grondin: »Wir philosophieren nicht, weil wir die absolute Wahrheit haben, sondern weil sie uns fehlt« (Grondin, 2012: 168). Die Philosophie findet sich selbst in der Suchbewegung.

Worauf bezieht sich also die Einsicht bei den Zielen in der Praxis von Philosophical Care? Ein erster Ansatz besteht in der Umsicht, sich zu fragen, ob Probleme ein notwendiger Bestandteil der Care-Tätigkeit sind oder ob eben bspw. die Beziehungsgestaltung schon als Marker für das Kriterium einer gelungenen Sorge reicht (Emlein, 2017: 338).

So wird bspw. in der Alltagsseelsorge nicht zwangsläufig versucht, ein Problem zu erfassen, geschweige denn dies notwendigerweise zu lösen, sondern die Begegnung erhält Bedeutung qua Begegnung und Beziehung. Ob dies nun auch für die Praxis von Philosophical Care möglich und gültig ist, soll hier als weiterzudenkende Problemstellung präsentiert werden. Sich um eine Begegnung bemühen und das Gegenüber achtsam in der Gastfreundschaft empfangen, ist weder problem- noch lösungsorientiert. Es ist eine Form der Care-Tätigkeit und daher keine Form einer regelgeleiteten Technik und kann daher nicht anhand der Problem-Lösung-Funktionalität beschrieben werden. Daraus folgt aber nicht, dass bei der Begegnung keine Probleme entstehen können oder dass es nicht möglich wäre, Probleme als Inhalte innerhalb des Austausches zu thematisieren. Indem das Gegenüber in der Vertrauensbeziehung ermutigt wird, sich selbst zu thematisieren, werden Erfahrungen hervorgebracht, geteilt und durch das Teilen wird möglicherweise die Beziehung im Sinne der Care-Tätigkeit gefestigt (Rogers, 2021: 143).

Man könnte nun darauf erwidern, dass die Care-Tätigkeit aber eben genau jene Antwort der Sorge darstellt, also eine Antwort auf eine Form von Leiden oder Widerstand bietet, die genau zu jener Begegnung führt (sei dies unter anderem bspw. Einsamkeit, soziale Isolation, dem Bedürfnis erhört zu werden etc. der Klientel). Indem also die Care-Tätigkeit geleistet wird und die unterschiedlichen Parteien miteinander in Beziehung treten, überwindet man möglicherweise (zumindest kurzfristig) das Problem der Einsamkeit, der sozialen Isolation etc.

Da die Care-Tätigkeit jedoch an sich als komplex betrachtet werden kann, scheint es schwierig zu sein, Haltepunkte zu definieren, die eine gelungene Begegnung als Antwort auf solche Schwierigkeiten oder Leiden bieten können, abgesehen von den hier vorgebrachten transzendentalkritischen Problemstellungen (vgl. Kapitel 3.1 und 3.2). Damit lässt sich ableiten, dass es wahrscheinlich wenig ergiebig ist, anhand bestimmter Kriterien vollständig festzulegen, ob die Begegnung nun erfolgreich war und/indem die Einsamkeit überwunden wurde. Eine ganz andere Denkrichtung könnte hierbei eher weiterführend sein.

Anstatt zu versuchen, die Ziele aus dem Carebegriff analytisch selbst abzuleiten, kann die Einsicht kultiviert werden, dass nicht alle Probleme gelöst oder überwunden werden können. Vielmehr wäre es möglich, die Einsichtsfähigkeit auf Seiten der Care leistenden Person dahingehend zu kultivieren, nicht die Probleme und deren Lösungen bestmöglich zu ermessen, sondern die Beziehung dahingehend zu fördern, dass Probleme überhaupt erst besprochen und thematisiert werden können.

Hier kommt die Einsichtskompetenz im gemeinsamen Austausch ins Spiel. Philosophical Care wurde anhand der axiologischen Schlüsselkompetenzen und der Bestimmung des Philosophiebegriffs bereits als jene Art der Zuwendung bestimmt, welche über rein denkerisch-kognitive Aspekte hinausführt (vgl. Kapitel 2). Die Care-Tätigkeit – und sei sie auch philosophisch – schliesst immer auch ein mitfühlendes Handeln mit ein (Mall & Peikert, 2019: 62).[43] Damit wird jedoch kein Primat dem Handeln per se zugesprochen. Dass das Handeln und Denken jedoch wiederum auf weitere Handlungen abzielen können, ist für eine Beziehungsgestaltung notwendig.

Selbstverständlich lassen sich auch Probleme thematisieren, bei welchen eine handlungsleitende Vernunft angewendet werden kann oder angewendet werden soll, dies muss jedoch nicht zwangsläufig die richtige Lösung für ein spezifisches Problem sein (Solomon, 2003: 71). Im gemeinsamen Austausch kann eruiert werden, wie Denken und Handeln für die gemeinsame Beziehung geteilt und miteinander geformt werden können. Entsprechend kann von hier auch die Brücke zur Einsichtsfähigkeit der Klientel geschlagen werden.

Die Problemlage und die Probleme werden, wenn überhaupt, von den Klientel angesprochen. Es kann nicht die Aufgabe der Care leistenden Person sein, Probleme zu finden oder diese unerlässlich zu lösen (Lindseth, 2014: 64). Krauss fasst dies so zusammen, dass das Gegenüber und nicht dessen Probleme im Fokus stehen. Die Inhalte des Austauschs werden nicht innerhalb eines systemimmanenten Rahmens einer Pathologie oder einer funktionellen Beratungssituation besprochen, sondern das Gegenüber *kann* die Problemlage auf jene Weise thematisieren, *wenn* und *wie* es von den teilnehmenden Parteien erwünscht wird (Krauss, 2022: 27).

---

43 Ob hierbei der Weg vom Denken zum Handeln führt, oder umgekehrt, hängt von unterschiedlichen Konzepten der Anthropologie ab und kann hier nicht ausschliesslich festgelegt werden. Vgl. ausführlich hierzu Mall & Peikert, 2019.

Wird eine solche Problematik hervorgebracht und angesprochen, so kann die Care leistende Person beim Denken mithelfen und dabei möglicherweise philosophische Sprachspiele initiieren. Sie kann und soll jedoch keinen Zwang des besseren Arguments oder der besseren Analyse erfordern. Philosophical Care arbeitet mäeutisch und nicht kompetitiv. Sie kann dabei dienlich sein, die Einsichtsfähigkeit zu kultivieren, indem bspw. gezeigt wird, wie Ideen, Begriffe, Gefühle etc. zusammenhängen und wie diese begriffen und begründet werden können (Brandom, 2016: 71). Weder muss jedoch für die Care leistende Person noch für das Gegenüber alles verständlich sein und bewusstwerden noch bedarf es den Zwang oder die Forderung, die thematisierten Inhalte zu überwinden oder schlicht abzuarbeiten. Einige Inhalte sind nicht überwindbar und ein striktes Abarbeiten würde die gastfreundliche Care-Situation untergraben. Vielmehr genügt es, die Komplexität und Polyvalenz der Begegnung und der besprochenen Inhalte zu erfassen und diese gemeinsam miteinander zu teilen (Emlein, 2017: 37).

Dies wird unter *Problembewusstsein* verstanden. Die Ermöglichung des Problembewusstseins kann zusammenfassend durch die Einsicht kultiviert werden. Ein solches Teilen durch gemeinsame Erkenntnistätigkeit kann dazu führen, dass Veränderungen entstehen sowohl auf der Ebene der Beziehung als auch auf jener der Inhalte. Anhand der Urteilskompetenz soll gezeigt werden, dass diese eng miteinander zusammenhängen.

Bildung

Was ist das Ziel des Urteilens bezogen auf die Praxis von Philosophical Care? Die Ziele der Urteilskraft liegen in der Möglichkeit des erbrachten Anerkennens und Festlegens von Einsichten. Man bezieht demzufolge Position und kann diese Position nicht nur erkennen, sondern sie auch für andere explizieren, dafür einstehen und damit in Dialog treten. Hierbei kann man von einem *Bildungsprozess* sprechen (Schmolke, 2011: 24). Worin jedoch ein solcher Bildungsprozess besteht und wie er gestaltet und schliesslich auch als gelungen betrachtet werden kann, stellt eine weitere Problemstellung von Philosophical Care dar.

Die kerygmatische Seite der Seelsorge geht bspw. davon aus, dass die Vermittlung religiöser Inhalte als Teil des Bildungsprozesses und der seelsorglichen Begegnung betrachtet werden können (Ziemer, 2015: 53). Seelsorger und Seelsorgerinnen sind dahingehend Lehrer oder Verkünderinnen von Weisheit und Tugenden sowie der von Gott geoffenbarten Frohen Botschaft.

Dies ist eine affirmative Form der Erziehung, weil das Bildungsziel schon auf ein vorgefertigtes Konzept ausgerichtet wird. Weitaus weniger direkt positionieren sich andere Formen der Sorge, welche einen Unterschied zwischen direkten und optativen Wertevermittlungen ziehen (Schmid, 2016: 28). Besagte Positionen gehen nicht davon aus, dass die seelsorgende Person direkt Normen und Werte unmittelbar an die Klientel vermittelt, sondern ihnen schlicht (christliche) Werte aufzeigt, welche anschliessend selbständig übernommen, verändert, oder gar abgelehnt werden können.

Dies ist eine nicht-affirmative Form der Sorge, welche das Bildungsresultat der Entscheidungsmacht den Klientel selbst überlässt. Seelsorger und Seelsorgerinnen sind daher keine unmittelbaren Wertevermittler oder Lehrerinnen, sondern viel eher Rat gebende Personen, die eine Auswahl von Werten und Normen als Möglichkeiten für die je eigene Lebensgestaltung aufzeigen. Auch die Philosophische Seelsorge von Schmid und die Philosophische Praxis orientieren sich an dieser zweiten Ausrichtung (Schiffer in Staude, 2010: 36).

Grundlegend für diese Ausrichtung ist der Umstand, dass die Philosophie sich von einer Dogmatik, also einem festgelegten und unumstösslichen Werte- und Normenkanon distanziert. Die Philosophie kann nach diesem Verständnis nicht vom Wissen und von Wissensvermittlung ausgehen, sondern nur vom Suchen nach Wissen (oder Weisheit). Sie selbst kann sich nicht für alle auf verbindliche Weise auf Normen und Werte festlegen und dadurch Bildungsziele inhaltlich strikt vorgeben (Agamben, 2017: 67, Safranski, 2015: 132).

Die Philosophie ist also darauf ausgerichtet, Bildungsprozesse einzuleiten, diese jedoch nur formal zu steuern und nicht inhaltlich (Krämer, 2018: 78). Damit wird zugleich auch ein wesentlicher Aspekt der modernen Bildungstheorie und Bildungsphilosophie angesprochen, der hier für die Ziele der Urteilskraft berücksichtigt werden soll.

In der allgemeinen erziehungswissenschaftlichen Bildungstheorie wird der Unterschied von affirmativer und nicht-affirmativer Bildung als zentrales Unterscheidungsmerkmal verschiedener Bildungskonzeptionen verstanden (Benner, 2015: 134). Während eine affirmative Bildung darauf abzielt, wie schon erwähnt wurde, Menschen nach einem bestimmten Inhalt zu formen, der im Vorab identifiziert und proklamiert wurde, so wird bei der nicht-affirmativen Bildung der Fokus auf die Form der Bildung gelegt, welche den sich Bildenden die Möglichkeit überlässt, selbst die Inhalte ihrer Bildung auszuwählen und sich ihnen gegenüber kritisch zu verhalten.

Dies liegt zum einen daran, dass es in spätmodernen globalisierten und damit komplexen Gesellschaften unwahrscheinlich scheint, sich auf ein allgemeingültiges, universelles und zeitloses Set von Werten und Normen zu einigen und diese gesellschaftlich nicht von einer Generation auf die nächste einfach umstandslos übermittelt werden kann, noch kann durch eine erzwungene Übernahme eine sinnstiftende Bildung gelingen, welche die Selbsttätigkeit der sich Bildenden anregt (Lahav, 2017: 133). Eine Bildungstheorie, die jene Umstände und Ausrichtung akzeptiert, kann daher keine Bevormundung und Einübung der sich Bildenden in ein bestimmtes Set von Werten und Normen unterstützen.

Zum anderen liegt es auch schlicht an der Unverfügbarkeit, die mit jeder einzelnen Begegnung einhergeht, dass der Mensch also durch die Beziehung nicht gesteuert oder manipuliert werden sollte. Nur eine Bevormundung oder manipulative Ausrichtung könnte eine solche Position zulassen, würde aber jede vertrauensvolle Praxis in der Beziehung negieren. Rosa schreibt hierzu: »Wenn ich dagegen die Erfahrung der Resonanz mache und mich anrufen lassen kann, dann mache ich auch die Erfahrung der Transformation [zur Bildung; O.I.]« (Rosa, 2023: 63). Und weiter: »Zur Unverfügbarkeit der Resonanz gehört daher ihre Ergebnisoffenheit« (Rosa, 2023: 65).

3.6. Die Ziele

Wenn man so den Klientel als Gegenüber begegnet, so gilt es für die hier beschriebenen Sorgeformen, dann sollte und muss die Autonomie, die unverfügbare Andersheit des Gegenübers ernstgenommen und gewahrt werden (Rüegger & Sigrist, 2011: 210). Das bedeutet, dass deren Willen, wie die Beziehung zu gestalten ist, was gemeinsam im Austausch besprochen werden wird und welche Ziele, wenn überhaupt, angestrebt werden sollen, für die ganze Begegnung prägend ist. Dies impliziert nicht, dass die Care leistende Person sich hörig der Bestimmungsgewalt der Klientel unterwirft, sondern dass sie sich in gastfreundlicher Weise zum Gegenüber und dessen Bedürfnissen verhalten kann.

Dies ist nur möglich, wenn man vom Gegenüber als ein Gegenüber und nicht als Fall selbst ansprechbar ist und sich auch dazu verhalten kann (Seel, 2002: 297). Die sorgende Person verfügt bestenfalls über die Fähigkeit (oder die Kompetenzen), aus eigenem einsichtigem, urteilendem und radikal kritischem Bedenken auf Situationen in der sorgenden Beziehung zu reagieren und die Ungewissheit der Begegnung dahingehend aushalten zu können (Hampe, 2014: 298). Diese Argumentation schreibt sich auch die Philosophische Praxis aufs Banner (bspw. Bieri, 2015: 43f).

Wie verhält es sich aber, wenn die Care leistende Person deutlich sieht, dass sich die Klientel für etwas entscheidet, das mehrheitlich vertretenen Werten und Normen widerspricht, logisch inkonsistent ist oder auf eine andere Art empörend sein kann? Auch hier wird der Bildungsprozess als offen verstanden. Die sich bildende Person muss und sollte selbst über die Bildung und ihren Verlauf urteilen können, auch wenn dies im laufenden Moment (noch) nicht möglich ist.

Eine eigennützige Manipulation zu einem vermeintlich Guten oder Richtigen hin lässt sich daher von Seiten der Philosophie nicht fordern (Jaspers, 2020: 158). Das Ziel einer nicht-affirmativen Bildung kann nur darin liegen, Orientierung bieten zu können, indem verschiedene Werte und Normen aufgezeigt werden und dass die sich Bildenden ein differenzierteres Bild davon erhalten können, welche Alternativen zu den bisherigen sonst noch für sie bereitstehen (Rogers, 2021: 140). Dadurch kann schliesslich die Autonomie der sich Bildenden gefördert werden. Ob die Autonomie vor dem Bildungsprozess schon da war oder ob sie erst durch den Bildungsprozess entwickelt wird, muss für die vorliegenden Betrachtungen nicht weiter ausgeführt werden. Wichtig ist jedoch festzuhalten, dass mit der nicht-affirmativen Bildung versucht wird, die Selbsttätigkeit der sich Bildenden zu fördern (Conradi, 2001: 82). Das Ziel ist also nicht eine bestimmte Bildung, sondern die *Ermöglichung* zu Bildung. Wie nun die Frage nach der Bildung sich auf Philosophical Care übertragen lässt, soll nun genauer erläutert werden.

Das Gegenüber soll in der Praxis von Philosophical Care immer als bildsam und als selbsttätig erachtet und anerkannt werden (Böhm, 2011. 75). Dies stellt nicht eine zwangsläufig anthropologische Setzung als Haltepunkt dar, sondern lässt sich aus der gastfreundschaftlichen Haltung bezüglich dem Gegenüber ableiten. Wenn das Gegenüber niemals vollständig analysiert, erfasst, geschweige denn manipuliert werden kann und soll, so muss stets davon ausgegangen werden, dass dieses sich verändern kann und zwar auf eigene sich bildende und selbsttätige Art und Weise. Rucker versucht in diesem Sinne zusammenzufassen, was der Grund für Veränderungen sein kann: »Der Entwurf neuer Regeln der Orientierung beruht darauf, dass die bislang massgeblichen Regeln eines Akteurs *scheitern*« (Rucker, 2014: 77; H.i.O.). Dass ein Wille oder eine Ausrichtung zur Veränderung da ist, gehört daher schon zur Bedingungsmöglichkeit einer Care Begegnung, in welcher man sich vom Gegenüber angehen lässt (vgl. Kapitel 3.1). Das Gegenüber will sich verändern, aber nicht in einer Weise, die der Care leistenden Person vollständig zugänglich ist. Wie und warum es sich verändert, kann gemeinsam besprochen werden, ist demzufolge aber nicht einer Analyse der Care leistenden Person überantwortet.

Was das Gegenüber alles weiss und wie es dieses Wissen und diese Bildung in Können umsetzen kann, ist weder vorausberechenbar noch kann oder sollte es anhand einzelner Regeln gesteuert werden (Benner, 2015: 314). Philosophical Care, ähnlich wie andere philosophische und seelsorgliche Tätigkeiten, kann hierbei vielmehr nur unterstützend tätig sein. Das bedeutet, dass optativ unterschiedliche Möglichkeiten aufgezeigt werden können, für die sich die Klientel urteilend entscheiden können (Schmid, 1998: 312). Es werden also keine Inhalte als die richtigen vermittelt, sondern man bemüht sich darum, in der kritischen Auseinandersetzung, dass das Gegenüber sich überhaupt auf Inhalte festlegen und diese anerkennen kann. So werden diverse Punkte gemeinsam und stets inbegriffen im Austausch expliziert. Indem die Inhalte expliziert werden, müssen sie sich gegenüber anderen Alternativen behaupten und sich teilweise rechtfertigen lassen, womit die Möglichkeit zur eigenen Festlegung und Anerkennung und dadurch zur Aneignung geboten wird (Prange, 2012: 86).

In diesem Sinne kann die philosophische und die Care-Tätigkeit, wenn sie in einem solchen nicht-affirmativen Rahmen agiert, als pädagogische, respektive bildende Praxis verstanden werden (Böhm, 2011: 64). Sie unterstützt Menschen dabei, transformative Bildungsprozesse zu initiieren, ohne diese auf ein vorgefertigtes Ziel hin zu steuern. Philosophie legt nach diesem Verständnis beim Bildungsprozess kein Gewicht darauf, mit Behauptungen im Diskurs zu gewinnen, indem die andere Seite überzeugt wird, sondern es wird versucht, das Gegenüber in den Diskurs zu führen, damit dieses sich selbst thematisieren und sich zu den besprochenen Inhalten eigens positionieren kann (Hampe, 2014: 13, Stuppner, 2013: 79). Philosophische Tätigkeit und damit auch Philosophical Care ermöglichen dadurch Veränderungen, ohne damit zu behaupten, dass Veränderungen nötig wären, noch wird propagiert, welche Veränderungen richtig sind (Mall & Peikert, 2019: 48).

Zusammenfassend lässt sich herausarbeiten, dass die Philosophie dabei hilft, *werden zu werden* (Schmid, 2016: 214). Was oder wer man wird, ist dabei aber nicht vorgegeben. Die Praxis des Philosophierens ist das bildende Ziel der Philosophie und nicht ein affirmativ vorgefertigtes Ziel, das den Klientel übergestülpt werden soll oder in das sie sich hineinbilden und -wachsen sollen (Trawny, 2019: 219).

Wie kann die Philosophie und folglich Philosophical Care so jedoch noch orientierend wirken? Wird sie dadurch nicht unverständlich und verwirrend, wenn keine klar definierte Richtschnur vorgegeben wird, auf welche Ziele hin sich die Klientel festlegen und bilden sollen? Es soll im nächsten Abschnitt zum Radikalen Bedenken auf diesen Einwand eingegangen werden. Dabei wird ersichtlich, dass die philosophische Tätigkeit nicht unverständlich und verwirrend ist, sondern genau im Aufzeigen von Möglichkeiten ihr nicht-affirmatives Ziel erfüllen kann (Prange, 2012: 85).

Lebensführung

Was ist das Ziel des Radikalen Bedenkens? Für die Ziele der philosophischen Schlüsselkompetenzen wurde bisher die Ermöglichung zum Problembewusstsein und jene zur Bildung als probable, nicht klar definierte Ziele gesetzt, da beide auf unterschiedlichste Weisen und in diversen Situationen zustande kommen können und grundsätzlich offen und nicht steuerbar sind. Wie sieht nun ein Ziel für das Radikale Bedenken aus? Hierfür kann nochmals ein Blick auf die Seelsorge geworfen werden.

Die Seelsorge versteht sich in einem gewissen Sinne als Lebensbegleitung (Noth & Schweizer in Noth et al., 2017: 221). In einer solchen Begleitung wird unter anderem der Sinn für existenzielle Fragen zum Inhalt des Austausches und die Begegnung kann sich anhand dieser Richtung für die gesamte Lebensführung im Allgemeinen orientieren.

Die seelsorgende Person nimmt dabei eine bestimmte Position ein, die den Klientel zur Seite steht und ihnen unterstützend durch die Beziehung und den gemeinsamen Austausch eventuell weiterhelfen kann. Entsprechend nimmt die Seelsorgerin und der Seelsorger eine spezifische Aufgabe ein, die über das medizinische Feld von Therapie und Beratung hinausgeht (Noth & Schweizer in Noth et al., 2017: 225, Noth in Noth & Faber, 2023: 67).

Daher kann die Seelsorge auch nicht mit der rein beraterischen oder therapeutischen Tätigkeit gleichgesetzt werden. Beraterische und therapeutische Elemente können zwar ein Teil der seelsorglichen Tätigkeit sein, sind es aber nicht notwendigerweise. Folglich entspricht die Seelsorge auch nicht der Beratungsgesinnung die üblicherweise der Philosophischen Praxis zugeschrieben wird. Krauss definiert den Auftrag der beraterischen Tätigkeit in der Philosophischen Praxis wie folgt: »In diesem Sinne handelt es sich bei der Beratung also um eine wissenschaftlich fundierte Hilfe, die vorbeugend, begleitend und nachsorgend mit dem Mittel der Kommunikation bei verschiedenen Anliegen erfolgen kann« (Krauss, 2022: 45). Und weiter führt er die beraterische Tätigkeit aus: »Beratung kann am Ende aber auch heissen, zusammen zu Rate zu gehen, also gemeinsam eine Beratschlagung im Hinblick auf eine Sache vorzunehmen« (Krauss, 2022: 45). Solch eine Beratungstätigkeit ist, wie schon erwähnt, keine notwendige Möglichkeitsbedingung der Seelsorge, kann aber vorkommen (vgl. Kapitel 2).

Auch die therapeutische Aufgabe der Seelsorge gehört nicht zu ihren wesentlichen Merkmalen. Eine Therapie setzt konzeptionell da an, dass eine Heilung, sprich eine Beseitigung einer Krankheit oder eines Leidens umgesetzt werden soll, während zusätzlich oft auch die Widerherstellung oder Förderung der Gesundheit angestrebt wird (Brandt, 2017: 46). Hierbei wird in einem systemimmanenten pathologischen Kontext vordefiniert, wie ein gesundes respektive gutes Leben aussieht und worauf hin die Therapie steuern sollte. Dies ist jedoch in der Alltagsrealität der Praxis keineswegs so einfach umsetzbar (Brandt, 2017: 65).

Care-Tätigkeiten wie bspw. die Philosophische Praxis gehen daher nicht von einer klar definierten Pathologie aus, sondern versuchen die Lebensqualität im Sinne und dem Verständnis der Klientel zu verbessern (Borasio in Noth et al., 2017: 85). Dabei kann die Verbesserung der Lebensqualität sowohl als Ziel, wie auch als Prozess selbst aufgefasst werden, die sich wiederum an anderen Konzepten und Ausrichtungen orientiert. Die *philosophische Tätigkeit* wird allgemein und gemeinhin als Praxis der Sinnsuche verstanden (Habermas, 2004: 357). Daraus formuliert auch Krauss die Ziele der Philosophischen Praxis entsprechend diesem Leitbild. Er nennt folgende Punkte, die als Ziele der Philosophischen Praxis angeführt werden können: »*Orientierung und Identitätsfindung, Sinnstiftung (durch Perspektivenwechsel), individuelle Glücksverfolgung, Aufklärung und Klärung moralischer Fragen, Aufklärung über die Bedingungen menschlicher Existenz, Selbstbestimmte Lebensführung und Selbstverwirklichung, Aufklärung und Klärung fachphilosophischer Fragen*« (Krauss, 2022: 54; H.i.O.). So kann eine mögliche Verbesserung der Lebensqualität auch darin liegen, ein Leiden nicht zwangsläufig zu überwinden, sondern zu lernen, wie damit umgegangen werden kann, damit es besser ertragbar wird (Brandt, 2017: 51).

Hierbei wird wie von anderen humanistischen Ausrichtungen bei der Care-Tätigkeit oft davon ausgegangen, dass die einzelne Person über eine Würde verfügt und die Klientel sich durch bessere Selbstkenntnis dazu befähigen können, für die eigenen Entscheidungen und die eigene Biografie Stellung zu beziehen und diese folglich anzueignen (Bieri, 2015: 81). So beschreibt es auch Schmolke: »Die Verbalisierung des eigenen Selbst in Form der eigenen Lebensgeschichte oder wesentlicher Auszüge von dieser fungiert als (erster) Schritt zur Selbstaufklärung« (Schmolke, 2011: 137). Die Person vermag es so, sich einen Willen zu bilden und diesen nicht nur zu erkennen, sondern ihn auch anzuerkennen und im gemeinsamen Zusammenleben Verantwortung dafür zu übernehmen (Safranski, 2015: 142, Schönherr-Mann, 2009: 150).

Es wird insofern augenscheinlich, dass die Philosophische Praxis sich ebenso mit existenziellen und sinnbehafteten Problemen auseinandersetzt. Sie hilft, um es mit Wittgenstein zu formulieren, der Fliege aus dem Fliegenglas (PU, § 309), indem sie den Menschen hilft, sich im Leben besser und eigenständiger zurechtzufinden. Die Frage wird dabei gestellt, was gerade mit dem Problem getan wird, wenn man sich mit ihm auf philosophische Weise beschäftigt (Schmid, 2016: 219). Dabei orientiert man sich nicht wie die Psychotherapie am Verhalten und am Bewusstseinsstrom der Klientel. Vielmehr geht die Philosophische Praxis davon aus, die dahinterliegenden oder zugrundeliegenden Konzepte und Ideen für jene Gefühle und Verhalten zu besprechen, wodurch zugleich auch die Episteme ergründet wird (Brandt, 2017; 180). Aber anders als die Philosophische Praxis lassen sich sowohl Seelsorge als auch Philosophical Care nicht auf besagte Sinnfragen und deren Bearbeitung reduzieren.

Wie kann sich folglich Philosophical Care positionieren? Alle diese genannten Ziele können auch für Philosophical Care anvisiert werden, *müssen* es aber nicht! Was unter den einzelnen Begriffen alles zu verstehen ist, bedarf hier nicht weiter ausgeführt zu werden. Es soll jedoch kurz verallgemeinert werden, worauf sie mehr oder weniger abzielen. Denn dass sie überhaupt abzielen, entpuppt sich als grundlegendes Merkmal. Die verschiedenen Ziele richten sich nach der Autonomie der Klientel und beziehen sich primär auf die Förderung der Befähigung der Klientel, mit eigenen Problemen in der Lebensführung umzugehen (Engemann, 2007: 60).

Die Seelsorge muss sich im Unterschied zur Philosophischen Praxis weder unweigerlich mit Problemen noch mit deren Überwindung auseinandersetzen, damit von Seelsorge als Praxis gesprochen werden kann. »Dementsprechend kommen die meisten Menschen auch nicht mit einer der klassisch vor-formulierten Fragen [...], sondern sie kommen mit sich selbst und ihren Geschichten, mit dem eher konfusen Gefühl, über sich und alles irgendwie klar werden zu wollen« (Schuchter, 2016: 216). Dies gilt analog für die Philosophical Care. Auch wenn die therapeutische Seite in einzelnen Fällen das zentrale Merkmal in der Begegnung wird, muss dies nicht in jeder seelsorglichen Begegnung als Ziel angestrebt werden. Wie schon erwähnt wurde, sind und können auch andere Ergebnisse anvisiert werden. Nicht überall ist Rationalität und Selbstreflexion gefragt, um eine gute Begegnung zu gestalten oder um ein gutes Leben zu führen, genauso wenig muss alles stets gerechtfertigt sein (Brandom, 2016: 127). Entsprechend hält auch Böhme fest: »Selbsterkenntnis ist keineswegs einfach und kann auch nicht durch blossen Entschluss herbeigeführt werden« (Böhme, 1994: 158).

Ob und wie Selbsterkenntnis angestrebt wird, lässt sich auch für Philosophical Care nicht im Voraus festlegen. Die Beziehung kann über und ausserhalb jener Ziele im Austausch liegen. Oftmals genügt es auch, dass Fehler, Inkonsistenzen, Widersprüche und Widerständigkeiten ins Leben und ins eigene Selbstverständnis integriert werden können. Einiges ist beantwortbar und behandelbar, anderes nur teilweise und einiges überhaupt nicht.[44] So schreibt bspw. Schmetkamp: »Dabei scheint es mehr auf den *Versuch*, das Bemühen um Verstehen und Verständnis anzukommen, weniger um den *Erfolg* oder die Akkuratheit der Anstrengung« (Schmetkamp, 2019: 44; H.i.O.).

Das bedeutet, dass vielleicht keine überzeugende Erklärung, keine logische Schlussfolgerung und kein rationales Weltbild nötig ist, um sich mit widerständigen Inhalten auseinanderzusetzen und sich diese anzueignen (Mall & Peikert, 2019: 259). Manchmal geht es nicht darum, die Eigenständigkeit und Autonomie zu bestärken, sondern lernen zu wählen, was gegeben ist und sich nicht verändern lässt und sich von dem Besagten betreffen zu lassen. Manchmal bedarf es auch nur eines gemeinsamen Teilens, einer Abgabe an Autonomie. Und manchmal besteht auch im Scheitern die Möglichkeit einzusehen, dass es nicht auf diese Weise weitergeht, wodurch das Scheitern selbst wertvoll sein kann (Schmid, 2022: 399). Man kann hier im Sinne Nietzsches von einer *Amor Fati* sprechen (Engemann, 2007: 73). Und schliesslich kann es auch ein Ziel sein, solche Erfahrungen schlicht mit anderen Menschen zu erleben oder die Präsenz eines gastfreundlichen Gegenübers wahrzunehmen.

Wie das Leben geführt werden soll, welche Probleme zu überwinden und welche schlicht zu ertragen sind, können nicht als klar definierte Ziele von Philosophical Care im Voraus bestimmt werden. Die Geschichte und die Biografie des Gegenübers sind der Care leistenden Person niemals vollständig zugänglich und können nur begrenzt im gemeinsamen Austausch ermittelt und besprochen werden und vieles da-

---

44 Ausschlaggebend ist hier, dass die Philosophical Care ihren Doppelcharakter aufweist, dass sie also einerseits über Alltäglichkeiten und lebensweltliche Probleme diskutieren kann, während zugleich auch der Raum eröffnet wird, aus dem Alltag auszubrechen und grundlegendere, existenziale Fragen zu besprechen (Schmolke, 2011: 109f).

von sogar erst retrospektiv (Achenbach, 2010: 136). Dynamik und Perspektivität sind daher auch für die Ziele von Philosophical Care massgeblich.

Was das Gegenüber mit seiner oder ihrer Geschichte anstellt, wie die Lebensführung angegangen werden soll, ist kein unumstösslicher, theoretischer Monolith innerhalb philosophischer Theorien, sondern ist selbst eine Frage, die sich auf die philosophische Tätigkeit zurückbiegt. Was Sinn ergibt, was erzählt und was behauptet werden kann, was überhaupt als ein Ziel aufgefasst und verfolgt werden kann, steht damit vorläufig in der Schwebe (Hampe, 2014: 248). Dass man sich jedoch gemeinsam darüber austauscht, ist schon ein erster Schritt darin, sich erst mit diesen Punkten zu beschäftigen und sich mit der Lebensführung allgemein auseinanderzusetzen, um es besser verstehen zu können (Rogers, 2021: 131). »*Verstehen* ist deshalb auch keine rein kognitive Angelegenheit, sondern, weil das Verstehen im eigenen Leben mit seinen Interessen wurzelt, eine Variation und Erprobung von eigenen Seinsmöglichkeiten« (Schuchter, 2016: 227; H.i.O.).

Damit kann als Ziel des Radikalen Bedenkens die Ermöglichung zum gemeinsamen Werden innerhalb der Care-Beziehung bestimmt werden, welches in sich selbst so offen und komplex ist wie das Problembewusstsein und die Bildung. Zusammenfassend lässt sich folgender Haltepunkt für die Ziele von Philosophical Care festhalten:

> Philosophical Care ist weder ein Mittel noch ein reiner Selbstzweck, sondern sie setzt sich selbst in ihrer Praxis als komplizierte Problemstellung. Entsprechend kann auch nicht angegeben werden, was genau die Ziele von Philosophical Care sind und wie sie sich am besten überprüfen lassen. Weitaus plausibler scheint folglich der Gedankengang, dass die Ermöglichung als ein Ziel begriffen werden kann, da die Ermöglichung selbst als offen und nicht steuerbar aufgefasst wird. Die Ermöglichung zum vertieften Problembewusstsein, die Ermöglichung zur selbsttätigen Bildung und die Ermöglichung zum gemeinsamen Werden in der Lebensführung können hierbei als mögliche Auswahl von Haltepunkten anhand der philosophischen Schlüsselkompetenzen festgehalten werden.

Um dieses Kapitel zusammenzufassen und auf die hier erarbeiteten transzendentalkritischen Problemstellungen nochmals einzugehen, lohnt es sich, nun zum Schluss den Begriff der *Begleitung* genauer einzuführen, da dieser die hier beschriebenen Haltepunkte überblickend verbinden und strukturieren kann. So wird das Vorverständnis von *Philosophical Care* (vgl. Kapitel 1) anhand der vorliegenden Beschreibungen ausgearbeitet und differenziert, sowie zugleich philosophisch begründet.

Zusammenfassung des Kapitels

Es lohnt sich hier, auf die im vorliegenden Kapitel erarbeiteten Haltepunkte erneut kurz zusammenfassend einzugehen. Zuerst soll hier aber nochmals zur Veranschaulichung das Vorverständnis der Philosophical Care (vgl. Kapitel 1) wiederholt werden.

So wird verdeutlicht, wie dieses durch die vorliegenden Untersuchungen und Gedanken ausgearbeitet und differenziert werden konnte:

> Philosophical Care begleitet Menschen in ihren unterschiedlichen Lebenssituationen durch personale Kommunikation und begründet sich selbst aus der Philosophie heraus. Philosophical Care kann durch eine Praxistheorie ausgearbeitet und verstanden werden.

Anhand der Ausarbeitung der transzendentalkritischen Problemstellungen konnte das Vorverständnis besser zugänglich und zugleich eine philosophische Begründung dessen vorgenommen werden. Für Philosophical Care wird im Gegenzug zu anderen Care-Tätigkeiten die Begleitfunktion wesentlich, die so nicht als transzendentalkritische Problemstellung aufgerufen und analysiert wurde. Der Begriff der *Begleitung* fasst im vorliegenden Verständnis jedoch die hier erarbeiteten Aspekte wesentlich zusammen (vgl. Mall & Peikert, 2019: 64).

> Philosophical Care zeichnet sich in ihrer Tätigkeit durch mehrere sich ergänzende Möglichkeitsbedingungen aus, die sowohl logisch als auch qualitativ durch die philosophischen Kompetenzen erfüllt werden sollen.

Begleitung ist daher mehr als nur Therapie oder Beratung. Mit dem Sprichwort *Care ist mehr* (vgl. Kapitel 1) wird darauf hingewiesen, dass Care-Tätigkeit sich primär in der Begegnung und erst anschliessend in den anderen Möglichkeitsbedingungen verwirklicht. Die gelungene Begegnung vermag es, den Klientel einen Halt zu geben und Sinn schon in der Care-Begegnung zu finden, womit eine gelungene Begleitfunktion zustande kommen kann (Faber & Van der Schoot, 1971: 25).

> Die Begegnung in der Praxis von Philosophical Care geschieht mit einem Gegenüber, welches sowohl in einem offenen, nicht systemimmanenten Kontext gastfreundlich empfangen wird sowie dessen Aussagen anerkannt und möglichst vorurteilsfrei bedacht werden und welches schliesslich die Möglichkeit erhalten soll, sich selbst zu thematisieren. Wenn nötig, soll das Du in der Begegnung nicht die einzige Perspektive darstellen, sondern es sollte gegebenenfalls zwischen den unterschiedlichen Parteien, jedoch stets als Du, vermittelt werden.

Eine solche Begegnung entwickelt eine andere Dynamik zwischen den teilnehmenden Parteien als bspw. eine rein beraterische oder therapeutische Begegnung – unabhängig der verschiedenen Richtungen – dies tun würde. Die Begleitfunktion führt andere Machtverhältnisse ein und kann nicht (oder zumindest weniger) als reine Dienstleistung in der Praxis instrumentalisiert werden. In der gelungenen Begegnung wird das Gegenüber dessen Zeit, Denken, Fühlen und Tun achtsam und achtungsvoll aufgenommen und es wird angestrebt, eine Beziehung im Sinne der Care-Tätigkeit zu etablieren (Seel, 2009: 219).

> Die Beziehung bildet die weitergezogene und absichtlich aufrechterhaltene Fortführung der Begegnung aller teilnehmenden Parteien. Sie ist insofern bedeutungsvoll, da eine Verbundenheit durch eine akzeptierende, achtsame und damit gastfreundliche Zuwendung entsteht. Durch diese Zuwendung erhält das Selbst die Anregung, sich in diesem Vertrauensraum zu öffnen und sich gemeinsam mit der Care leistenden Person inbegriffen auszutauschen, womit nicht nur das Selbst, sondern auch die Mit- und Umwelt bildsam reflektiert werden können.

Auch wenn nicht aus jeder Begegnung eine Beziehung als Weiterführung errichtet werden kann, so wird dennoch die Beziehung nicht auf ein einmaliges Gespräch reduziert. Die Beziehung ist eine emergente Erscheinung, die aus der Begegnung heraus resultiert, indem alle teilnehmenden Parteien Verantwortung für das Gelingen der Begegnung übernehmen (Lévinas, 2014: 360, Marinoff, 2020: 205). Die Begegnung erhält dadurch einen schützenswerten und achtenswerten Aspekt, der die Begegnung und die mögliche Beziehung auszeichnet und damit auch überschreitet. Insofern kann die Care-Begegnung sich qualitativ von anderen Formen der Begegnung unterscheiden (Poltrum, 2016: 34). Man tritt in diesem Sinne gemeinsam in einen Austausch und versucht bspw. nicht, sich gegenseitig argumentativ zu übertrumpfen, sondern strebt an, sich vom Gegenüber angehen zu lassen (Stuppner, 2013: 56).

> Der Austausch als strukturiertes Geschehen ist das gegenseitige Vermitteln, das zur Festigung der Beziehung in der Praxis von Philosophical Care beiträgt. Indem aufmerksam und achtsam zugehört wird, können die Erfahrungen und deren Inferenzen aufgenommen und anerkannt werden. Wer sich auf was und wie festlegt, wird durch die dialogische Praxis im ständigen Austausch ausgehandelt, wobei versucht wird, inbegriffen dem Gegenüber entgegenzukommen. Die Möglichkeiten dieses Unterfangens können durch das Schweigen umgrenzt werden, das ebenso einen Teil des Austausches bildet und zugleich Alternativen für Formen des Austauschs offenlässt.

Der (sprachliche) Austausch ist daher nicht als Nebenprodukt der Beziehungsgestaltung zu betrachten. Er bildet unter anderem das wichtigste Tor zum Gegenüber, in welches es mit seinen Inhalten eintreten kann und dort gastfreundlich aufgenommen wird. Erst im Rahmen dieses gastfreundlichen, herzlichen Empfangens kann das Gegenüber sich selbst thematisieren, so dass man davon angegangen wird (Leeten, 2019: 12, Lévinas, 2014: 387). Daher wird der Schwerpunkt des Austausches auch nicht auf den Methoden liegen, sondern in der Möglichkeit, auf das Gegenüber inbegriffen und achtsam einzugehen. Methoden bilden hierbei höchstens eine Unterstützung für einen professionalisierten Austausch (Mall & Peikert, 2019: 246f).

3.6. Die Ziele

> Methoden helfen dabei, den Austausch in der Praxis von Philosophical Care zu strukturieren und gleichzeitig zu begründen. Hierfür bedarf es der Einsicht, wie und weshalb Methoden angewandt werden können und sollen, welche sich darin zeigt, dass versucht wird, die Voraussetzungen des Austausches und über dessen Inhalte explizit Klarheit zu verschaffen. Das Urteilen kommt demzufolge in einer mäeutischen Situation hervor, indem erstrebt wird, sich auf Methoden und Inhalte in einem ersten Schritt festzulegen und diese gemeinsam in Form der Anerkennung auszudrücken. Dies muss jedoch als Prozess und nicht als Zustand betrachtet werden, da das Radikale Bedenken stets die Möglichkeit eröffnet, Widerständigkeiten und Widersprüche in einem dialektischen Verhältnis nochmals durch eine neue Perspektive wahrzunehmen (Hadot, 1995: 106).

Entsprechend werden auch die Inhalte zu einer transzendentalkritischen Problemstellung:

> Die Inhalte im Austausch von Philosophical Care sind nicht durch eine vorgefertigte Liste abgrenz- und identifizierbar. Vielmehr lassen sie sich in Klassen von Themen unterteilen, die sich als Inhalte anbieten. Der thematische Skopus richtet sich entsprechend nach den Gewichtungen der Klientel, welche durch Einsicht in die Wahl der Themen eingeführt und ermutigt werden. Indem eine Wahl getroffen wird, findet ebenso eine Klassifikation statt, welche festlegende und anerkennende Elemente hervorruft, die für den gemeinsamen Dialog beachtet werden müssen. Die Festlegungen werden aber nicht als endgültig betrachtet, sondern werden in ihrer Suchbewegung aufgefasst. Diese Suchbewegung bezieht sich auf die Episteme, also die Möglichkeitssituation, Erkenntnisse überhaupt erst zu erzeugen und ist daher in ihrer Kontingenz dem Radikalen Bedenken stets konstruktiv ausgeliefert.

Nicht jede Situation lässt sich so erfassen, dass sie zur Care-Tätigkeit gehören und nicht alle Inhalte können besprochen respektive angegangen und bearbeitet werden. Unterschiedliche Bedürfnisse der Klientel können demzufolge auch nicht befriedigt werden, aber deren Thematisierung ist ein wesentlicher Schritt in Hinblick auf die Begleitfunktion (Faber & Van der Schoot, 1971: 170).

Dies liegt vor allem daran, dass sich Philosophical Care keine klaren, vorgefertigten Ziele setzen kann und soll. Insofern das Gegenüber nicht vollständig zugänglich ist, sind dessen uneinholbaren Grenzen und Möglichkeiten ausschlaggebend für die Ziele der Begleitsituation (Lévinas, 2014: 374f). Care ist daher mehr als Therapie oder Beratung. Care-Tätigkeit hat einen ganz eigenen, komplizierten Zweck; nämlich geht es darum, sich vom Gegenüber angehen zu lassen und nicht zwangsläufig darum, dessen Probleme zu bearbeiten (Emlein, 2017: 304). So grenzt sich Philosophical Care auch von anderen Tätigkeiten der Sorge ab.

> Philosophical Care ist weder ein Mittel noch ein reiner Selbstzweck, sondern sie setzt sich selbst in ihrer Praxis als komplizierte Problemstellung. Entsprechend kann auch nicht angegeben werden, was genau die Ziele von Philosophical Care sind und wie sie sich am besten überprüfen lassen. Weitaus plausibler scheint folglich der Gedankengang, dass die Ermöglichung als ein Ziel begriffen werden kann, da die Ermöglichung selbst als offen und nicht steuerbar aufgefasst wird. Die Ermöglichung zum vertieften Problembewusstsein, die Ermöglichung zur selbsttätigen Bildung und die Ermöglichung zum gemeinsamen Werden in der Lebensführung können hierbei als mögliche Auswahl von Haltepunkten anhand der philosophischen Schlüsselkompetenzen festgehalten werden.

Mit diesen ersten drei Kapiteln wurde versucht, *Philosophical Care* als Phänomen zu erfassen, sie als mögliches Forschungsfeld in den unterschiedlichen Dimensionen aufzuspannen und eine erste Antwort darauf zu geben, was darunter verstanden werden kann und verstanden werden soll. Hierbei ist festzuhalten, dass die gesamten Überlegungen aufgrund philosophischer Kompetenzen durchgeführt wurden, womit sich zeigen lässt, dass sich Philosophical Care aus der Philosophie selbst heraus begründen lässt. Einsicht, Urteilen und Radikales Bedenken kommen sowohl in der philosophischen Theoriebildung als auch in der Care-Tätigkeit zum Einsatz. Der folgende Teil der vorliegenden Arbeit dient nun dazu, die vorgebrachten Überlegungen für die Standortbestimmung von Philosophical Care im Hinblick auf andere Disziplinen und die Praxis vergleichend vorzunehmen. Dies dient einer weiteren Schärfung des Verständnisses.

4. Differenztheoretische Standortbestimmung

Der dritte Teil der Untersuchung nimmt nun eine methodisch und inhaltlich nochmals andere Form an. Es wird im vorliegenden Kapitel darum gehen, mit den bisher erörterten Überlegungen eine Standortbestimmung von Philosophical Care durchzuführen.

Das bedeutet, dass die Auffassung, was *Philosophical Care* ist – und wie sie sein sollte – mit anderen für die vorliegende Untersuchung interessanten Disziplinen der Care-Tätigkeit, der professionalisierten Sorge verglichen wird, um nicht nur ihre Eigentümlichkeit hervorzuheben, sondern um sie zugleich auch inter- und transdisziplinär anschlussfähig zu machen (Lindseth, 2014: 174). Dass dabei nicht auf alle Formen der Care-Tätigkeit, Sorgeformen, Therapie- und Beratungsdisziplinen eingegangen werden kann, wird berücksichtigt. Es geht im vorliegenden Kapitel primär darum, jene wichtigen Disziplinen vorzustellen, welche für das Allgemeinverständnis von Philosophical Care als beachtungswürdig empfunden werden. Dies sind die sehr breitenwirksame Disziplin der Seelsorge und die Philosophische Praxis, die beide grosse Ähnlichkeiten und zugleich relevante Unterschiede aufweisen.

Von einer solchen Standortbestimmung können sowohl Philosophical Care als auch die anderen hier erwähnten Tätigkeiten und Formen der professionalisierten Sorge profitieren. Philosophical Care in der Praxistheorie geht also über die Selbstbegründung hinaus und positioniert sich zu anderen Disziplinen. Indem also Unterschiede und Gemeinsamkeiten herausgearbeitet und hervorgehoben werden, Vergleiche und Differenzen gezogen werden, kann die bisher selbst begründete Philosophical Care zusätzlich an Kontur gewinnen (Luhmann, 2018: 172f).

Eine Standortbestimmung kann nur durch Differenzsetzungen ermöglicht werden. Unterscheidungen und Vergleiche zu ziehen ist nicht nur möglich, es ist auch theoriebildend unumgänglich, wenn man etwas genauer verstehen will (Stimmer, 2020: 31). Hier wird ganz im Sinne Luhmanns die Differenzsetzung als methodisches Erkenntnismittel angesetzt (Luhmann, 2009: 18f, Reese-Schäfer, 2022: 46f). Dabei geht es nicht primär um mereologische Unterteilungen von Ganzem und Teilen – also ob nun Philosophical Care eine Form der Seelsorge oder der Philosophischen Praxis etc. ist, was sich zu was subsumierbar oder substituierbar verhält –, sondern um die Unterscheidung von zum System (oder zur Disziplin) dazugehörend oder nicht zur Disziplin dazugehörend (Umwelt). So formt sich eine Topografie unterschiedlicher Formen der professionalisierten Sorgetätigkeit, die sich teilweise überschneiden und voneinander abgrenzen.

Die Besonderheit in und an solchen Systemen, welche auch die Erkenntnismöglichkeiten untermauert, besteht in der Selbstreferentialität und der Selbstbegründung respektive -steuerung (Jaud in Staude, 2010: 215, Wirsching, 2008: 35). »Systeme erzeugen also ihre interne Struktur durch ihre Operationen selbst, indem ihre interagierenden Elemente sich auf sich selbst beziehen und so in selbsterzeugten Strukturen operieren« (Nassehi, 2021: 119). Dies wurde für Philosophical Care durch die axiologischen Schlüsselkompetenzen gewährleistet.

Das bedeutet für die vorliegende differenztheoretische Standortbestimmung, dass die Selbstreferenzen und -begründungen zum Abgleich von anderen Systemen (Umwelt) herangezogen werden. Indem solche Unterscheidungen von Selbstreferenzen und -begründungen methodisch gesetzt und nicht einfach aufgedeckt werden, zeigt sich in gewisser Weise auch ein konstruktivistischer Aspekt dieses Vorhabens. Ähnlichkeiten und Parallelen, genauso wie Unterschiede und Gegensätze sind daher nicht einfach vorfindbar, sondern werden durch die Linse der Differenzsetzung betrachtet und in gewisser Weise erst ins Licht der Betrachtung geholt (oder bis zu einem gewissen Grad sogar konstruiert).

Jenes Vorhaben unterliegt dabei zusätzlich dynamischen Prozessen innerhalb der Theoriebildungen und der gesellschaftlichen Praktiken jener Disziplinen und kann daher stets nur als Momentaufnahme gedeutet werden. Das bedeutet nicht, dass die vorliegende Standortbestimmung freilich konstruktivistisch aus der Fantasie heraus Differenzen setzt, sondern es wird versucht, Differenzen so zu markieren, dass sie für die Funktion der Erklärung des eigenen Standortes verdeutlichend wirken. Die Frage ob die Standortbestimmung daher als deskriptiv oder eher als stipulativ aufzufassen ist, erübrigt sich aus den konstruktivistischen und zugleich transzendentalkritischen Vorüberlegungen (vgl. Kapitel 1). Beides geht aufgrund der Selbstreferenzialität unter Berücksichtigung perspektivischer und dynamischer Prozesse stets Hand in Hand. Dabei spielt für das vorliegende Kapitel nicht mehr allein der Sachverhalt der Selbstreferentialität der Disziplin die ausschlaggebende Rolle, der ohne Differenzsetzung so nach Luhmann noch nicht beobachtbar ist, sondern die Möglichkeit, durch die Standortbestimmung pragmatische (für die Theoriebildung hilfreiche) Erkenntnisse zu erzielen (vgl. Luhmann, 2024: 57).

Für die methodische Sicherung der konstruktivistischen Anteile in der Standortbestimmung wird im vorliegenden Kapitel daher auch deutlich textnäher gearbeitet als in den anderen Kapiteln, damit die Darstellungen aus den eigenen Reihen klarer hervortreten und für sich selbst sprechen können. Die Begründungen und Begründungsfunktionen weisen so auf das je eigene System der zu vergleichenden Tätigkeit, respektive Disziplin hin.

Dabei geht es um das jeweilige Selbstverständnis und die Selbstreferentialität eines jeglichen Systems. »Jedes funktionale Teilsystem [bspw. eine Disziplin der sorgenden Tätigkeit; O.I.] [...] referiert zugleich auf sich selbst und auf Fremdes« (Kneer & Nassehi, 2000: 144). Anhand der Selbstreferentialität sind somit auch die Vergleiche zu den anderen Care-Tätigkeiten und Disziplinen der Sorge möglich. Indem also die Standortbestimmung anhand von Differenzen und deren Setzungen durchgeführt wird, können so Konturen für die je eigene Disziplin durch und mit der Abgrenzung/Ähnlichkeit gegenüber anderen Disziplinen herausgearbeitet werden.

4. Differenztheoretische Standortbestimmung

Hierbei wird der Schwerpunkt besonders auf die Unterschiede gelegt, da im vorangegangenen Kapitel die selbstbegründenden, positiven Aspekte von Philosophical Care schon ausführlich beleuchtet wurden. Es scheint daher angebracht, hauptsächlich diejenigen Aspekte hervorzuheben, die von anderen professionellen Tätigkeiten der Sorge übernommen werden, welche Philosophical Care nicht leistet oder anders angeht. Dass bei der Standortbestimmung wiederum die axiologischen philosophischen Schlüsselkompetenzen bei der Untersuchung zur Anwendung kommen, sollte offensichtlich werden und verweist ein weiteres Mal auf ihre selbstreferentielle Begründungsfähigkeit.

Zuerst wird Philosophical Care in groben Zügen mit der christlich-spirituellen Seelsorge (4.1) und anschliessend mit der Philosophischen Praxis (4.2) verglichen. Dass dabei Verkürzungen und Verallgemeinerungen auftreten, kann aufgrund der angestrebten Standortbestimmung innerhalb eines übersichtlichen Rahmens nicht vermieden werden. Wichtig wird es jedoch, dass sowohl zentrale Gemeinsamkeiten als auch Unterschiede erkennbar werden. Der Schluss des Kapitels geht nochmals auf die Kriterien ein, wie und wer zu den Klientel gehören kann, welche Philosophical Care in Anspruch nehmen können (4.3).[1] Damit sollte ersichtlich werden, wie Philosophical Care sich allgemein in Bezug auf andere Disziplinen der Care-Tätigkeit aufgrund der Sorgeproblematik und der Professionalisierungsherausforderung verorten und verstehen lässt.

Als erster Schritt kann für die allgemeine Konturgewinnung die eigene Prägung bei der Erstellung der vorliegenden Praxistheorie hervorgehoben werden. Indem die eigenen Hintergründe offengelegt werden, können nicht nur die Inferenzen und hermeneutischen, sowie praxistheoretischen Haltepunkte für künftige Diskussionen vorbereitet werden, sondern es zeichnet sich damit zugleich auch ab, wie der eigene Verständnishorizont aufgefasst, erweitert und nötigenfalls kritisiert werden kann (Mignolo, 2019: 50, Kayales in Noth & Faber, 2023: 76).[2] Im Unterschied zu der Darlegung der theoretischen Haltepunkte (vgl. Kapitel 1), welche für die Theoriebildung allgemein verwendet wurden, geht es in dieser Darstellung also nicht um formale, theoriebildende Hintergründe, sondern um dasjenige, womit sich die Untersuchung inhaltlich beschäftigt.

Natürlich sind auch die Haltepunkte der Theoriebildung selbst wiederum Ausdruck der je persönlichen Prägung und diskursiven Ordnungen, sowie dem Verständnis, wie Theoriebildungen überhaupt zustande kommen. Sie unterscheiden sich den-

---

1 Dies ist dahingehend nötig, um zu zeigen, dass die Philosophical Care überhaupt einen Nutzen für eine Menge von Menschen erbringen kann. Ansonsten würde die Gefahr bestehen, wie es Graeber, 2022 polemisch betitelt, dass sich Philosophical Care als ein unnützer *Bullshit-Job* herausstellen würde. Das etablierte Konzept von Philosophical Care bringt durch dies also den Umstand hervor, darüber nachzudenken, wer die Klientel überhaupt sein können (Stimmer, 2020: 33).
2 Wie natürlich eine Verständigung und Zusammenführung trotz und gerade wegen der Unterschiede mit anderen Verständnishorizonten gemacht werden kann, ist eine Frage, welche die vorliegende Arbeit und die behandelte Thematik bei weitem überschreitet (vgl. Chao & Wang, 2019, Clifford & Marcus, 1986, Yousefi, 2008).

noch kategorial von den Hintergründen der spezifischen Inhalte der Care-Tätigkeit, welche bei der Theoriebildung verwendet werden. Dass auch hier weiterhin blinde Flecke existieren und Unbeachtetes unbeachtet bleibt, kann trotz aller Reflexionsarbeit leider nie vollständig eingeholt oder vermieden werden.

Was besonders auffällt, ist in der vorliegenden Arbeit die Bevorzugung europäischer und anglo-amerikanischer Literatur. Dies ist keine vollständig absichtliche Entscheidung, sondern hängt zu einem grossen Teil mit der *Ordnung des Diskurses* (Foucault, 2014) zusammen.

Viele philosophische Werke und Bezüge und auch jene für die sorgenden Disziplinen stammen aus europäischen und/oder anglo-amerikanischen Gebieten. Diese sind nicht einfach überzeugender, sondern wurden mit Vehemenz verbreitet und als die universell massgebenden Theorien betrachtet und strukturieren auch noch heute akademische Curricula und Diskurse in der Philosophie und anderen Disziplinen. So konzediert bspw. Kerner: Dass »Europa im Zuge des Kolonialismus ausserhalb seiner geografischen Grenzen beträchtliche kulturelle, politische, ökonomische und soziale« Spuren hinterlassen hat, ist im Umfeld der postkolonialen Studien Grundkonsens« (Kerner, 2021: 80). Dies gilt auch für Theorien und Praxistheorien der Sorgetätigkeit.

Dem zustimmend halten Varela und Dhawan fest: »Quer durch das koloniale Spektrum hindurch wurden [und werden weiterhin; O.I.] europäische Technologien und Wissensbestände als Symbole eines wünschenswerten Fortschritts verstanden« (Varela & Dhawan, 2020: 46) und auch hegemonial vertreten. Daher bilden die Quellen und Werke aus diesen Regionen einen grossen und zugleich nicht zu vernachlässigenden Fundus an Material, welcher für eine Praxistheoriebildung herangezogen werden kann und zugleich auch beachtet werden soll.

Es entsteht dabei aber ein gewisser hegemonialer, normativer Druck für die Theoriebildung. In diesem Sinne wird nun nämlich die europäische und anglo-amerikanische Philosophie oft als die massgebende Philosophie betrachtet und wird in ihrer hegemonialen Wirkmächtigkeit auch in andere Gebiete der Welt exportiert und dort durchgesetzt (Kerner, 2021: 70). Dies gilt nicht nur für die Philosophie, sondern besonders auch für Theorien und praxistheoretische Überlegungen zur Care-Tätigkeit und für die Seelsorge (Lartey, 2013: 29, Noth, 2010: 284). Europäische und anglo-amerikanische Ideen zur Care-Tätigkeit bspw. im seelsorglichen Bereich werden weltweit vom globalen Norden aus verbreitet, kanonisiert und überall angewandt.

Mehr interkulturelle sowie intersektionale Ansätze können für die Theoriebildung als auch für die Perspektivität innerhalb der Care-Tätigkeit von grossem Nutzen sein. Dies kann, anders formuliert, einerseits zu mehr Anschlussfähigkeiten innerhalb der Theoriebildung als auch andererseits zu mehr Einsicht und Verständnis im Bezug zu den Klientel innerhalb einer globalisierten Gesellschaft (vgl. Kapitel 1) führen.

Der Verständnishorizont auf beiden Ebenen wird erweitert und problematische, diskursiv hegemoniale Strukturen werden kritisch reflektiert. Dabei geht es auch darum, mögliche Dissidenzen und Widersprüche zulassen und aushalten zu können (Lartey, 2013: 12).

Daraus folgt nun nicht, dass man die europäischen und anglo-amerikanischen Theorien grundsätzlich zu verwerfen hätte. Ein zusätzlicher Einbezug anderer, aussereuropäischer Philosophieströmungen und Care-Theorien richtet sich nicht kritisch gegen die Philosophien, die in Europa und Amerika entwickelt wurden, sondern auf die daraus entstandene Diskursordnung, welche alternative, subalterne Philosophiekonzeptionen und Care-Tätigkeiten strukturell vernachlässigt (Kerner, 2021: 35). Diese diskursiv unterdrückten Stimmen und Strömungen bedürfen jedoch der Aufmerksamkeit. Damit wird schliesslich ein multiperspektivischer und polyphoner Diskurs angeregt. Der verstärkte Einbezug jener eher vernachlässigten Strömungen würde zudem auch die drei philosophischen Schlüsselkompetenzen – Einsicht, Urteilen und Radikales Bedenken – in der eigenen Theoriebildung nochmals vertieft anregen.

Wieso sind hier also kaum Bezüge zu dekolonialen, postkolonialen und aussereuropäischen Philosophien und ebenfalls zu Care-Tätigkeiten zu finden? Dies hat hauptsächlich mit der persönlichen Sozialisation und den Möglichkeiten und Grenzen der Praxistheoriebildung für Philosophical Care zu tun. In und durch die Bezüge auf etablierte Traditionen wird eine Form der Identifikation gewährt, die Anerkennung aber auch Verständnis sowie Anschlussfähigkeit im vorherrschenden Diskurs ermöglicht, was selbstverständlich und zugleich problematischerweise die vorherrschende Diskursordnung reproduziert und festigt (Bhabha, 2011: 3). Ohne Anerkennung und Anschlussmöglichkeit ist ein Entwurf für eine Praxistheorie aber kaum fruchtbar.

Ein Praxisentwurf, welcher nur vorherrschende Ordnungen wiederholt und nichts Neues evoziert, ist jedoch auch keine besonders beachtenswerte Leistung. Skylla und Charybdis werden daher so umschifft, dass versucht wird, einen selbstkritischen Weg zu finden, der das Bewusstsein dafür offenhält, dass die Anschlussfähigkeit unterschiedlicher Positionen in der Theoriebildung gewährleistet werden soll und dass das Bewusstsein im Prozess des Entwurfs explizit wird, wie die eigene Position gefärbt und sozialisiert ist. Obwohl also viele europäische und anglo-amerikanische und damit christliche, jüdische sowie säkulare Quellen verwendet werden, wird in der vorliegenden Arbeit versucht, die Weichen so zu stellen, dass bestenfalls auch andere Philosophieströmungen und Care-Tätigkeiten miteinbezogen werden können. Dies kann hier jedoch höchstens ansatzweise geschehen.

Der problematische Punkt der reproduzierenden Diskursordnung kann und sollte jedoch dahingehend relativiert werden, dass es so etwas wie eine reine, autochthone Philosophie Europas und Amerikas unter anderem überhaupt nicht gibt (Bhabha, 2011: 57, Sen, 2015: 27). Die Philosophie lebte und lebt in ihrer Geschichte nur vom Austausch von anderen Quellen, Bezügen und Transformationen, die weit über die kontinentalen, sprachlichen und kulturellen Grenzen hinausgehen und ist weiterhin ständig im Werden begriffen. Zudem sind die Übergänge der unterschiedlichen Strömungen meist fliessend und laufen in der Philosophiegeschichte zum Teil auch parallel ab (Varela & Dhawan, 2020: 40). Die einzelnen Strömungen durchdringen einander und bilden deshalb vielmehr hybride Formen und nicht völlig unabhängige, isolierte Positionen. Daher lassen sich auch für die vorliegende Arbeit unterschiedlichste Anknüpfungspunkte finden, die in die Praxistheoriebildung direkt eingebaut werden können.

Dasselbe gilt auch für die Care-Tätigkeiten und deren Theorien. Care-Tätigkeiten und deren theoretischen Betrachtungen sind stets von sozialen, historischen, ökonomischen und kulturellen Gepflogenheiten geprägt (Lartey, 2013: 42). Sie sind immer in diesen multidimensionalen Kontext verwoben und können weder umfassend, also universell erfasst werden, noch zeitübergreifend festgelegt werden. Eine europäische Care-Tätigkeit existiert in diesem Sinne auch nicht. Wie und wodurch Wissen und Care-Formen verteilt und angewendet werden, verzweigt sich in unterschiedlichste Sphären gesellschaftlichen Handelns und Miteinanderumgehens und ist damit als komplex zu betrachten (Hannerz, 1992: 7).

So könnten für die vorliegende praxistheoretische Etablierung von Philosophical Care bspw. die philosophischen Kompetenzen auch teilweise durch konfuzianistische Tugenden erklärt und begründet werden, da besagte Tugendethik auch in Europa durchaus einschlägig ist und in zeitgenössische Konzepte eingebunden werden kann (bspw. Fung, 1976: 42, Paul, 2010: 32, Van Ess, 2023: 114). *Menschlichkeit*, *Rechtschaffenheit* und *sprachliches Bewusstsein* sind alles Aspekte, die für die Care-Tätigkeit wichtig sein können. Konfuzianische Ideen wurden schon früh auch in medizinische und andere sorgende Tätigkeiten implementiert (Unschuld, 2013: 35).

Ebenso liesse sich unter anderem die Gastfreundschaft (*omotenashi*) anhand der japanischen Philosophie und den darin enthaltenen Prinzipien Harmonie (*Wa*), Respekt (*Kei*), Ungetrübtheit (*Sei*) und Gelassenheit (*Jyaku*) erklären und strukturieren (Chiba, 2023: 17ff, Okakura, 2016: 40f, Sen, 1990: 3f). Eine Übersetzung dieser Prinzipien mit den Schlüsselkompetenzen scheint durchaus machbar zu sein.

Ostasiatische Philosophie hat indes viele Überlegungen zur Begegnung und Beziehung zwischen Menschen, Mit- und Umwelt hervorgebracht, die für eine Praxistheorie von Care-Tätigkeit verwendet und herbeigezogen werden können. Aber auch die Idee des autonomen, leistungsorientierten und rationalen Subjekts wird grundlegend hinterfragt, welches hier schon in den transzendentalkritischen Problemstellungen bezweifelt wird und eröffnet dadurch auch systemische Perspektiven (vgl. Kerner, 2021: 34).[3]

Ebenso kann für die Thematik der Sorge das Konzept *ahimsa* (Nicht-Gewalt) aus der indischen Philosophie[4] tragend werden und wichtige Impulse zur Theoriebildung von Philosophical Care beisteuern (Malinar, 2009: 181, Von Stietencron, 2017: 71).

Nebst den hier eher dominanten säkularen, christlichen und jüdischen Werken zur Sorge können ebenso auch Texte bspw. aus dem philosophischen Islam oder dem Yoga herangezogen werden (vgl. Gunturu, 2020, Rudolph, 2018, Yousefi, 2016). Dasselbe gilt selbstverständlich auch für die Philosophie Afrikas südlich der Sahara und andere Gebiete auf der Welt (vgl. Graness, 2023, Sarr, 2022). Die Anschlussmöglichkei-

---

3   «Die abendländische Vorstellung von der Person als einem fest umrissenen, einzigartigen, mehr oder weniger integrierten motivationalen und kognitiven Universum, einem dynamischen Zentrum des Bewusstseins, Fühlens, Urteilens und Handelns, das als unterscheidbares Ganzes organisiert ist und sich sowohl von anderen solchen Ganzheiten als auch von einem sozialen und natürlichen Hintergrund abhebt, erweist sich, wie richtig sie uns auch scheinen mag, im Kontext der anderen Weltkulturen als eine recht sonderbare Idee« (Geertz, 2015: 294). Vgl. hierzu auch Böhme, 2017.

4   Eine solche interkulturelle Perspektive beleuchtet auch, dass die indische Philosophie kein reiner Denkweg darstellt, sondern immer schon in die Praxis als Lebensweg überführt wird (vgl. Mall, 2015).

ten scheinen beinahe unzählig zu sein und können die Perspektive und die Dynamik der Praxistheoriebildung in unterschiedlichen Bereichen befeuern.

Viele dieser hier angedeuteten Begriffe, Konzepte, Tugenden etc. würden hier für den Entwurf einer Praxistheorie jedoch eine Herauslösung aus einem systemimmanenten Kontext bedürfen (bspw. eine klar definierte Anthropologie o. ä.) und durch dies wesentlich mehr Raum einnehmen für deren Explikation, als es die vorliegende Arbeit zulassen kann. Dies schliesst jedoch keine künftigen Untersuchungen in diese Richtung aus, sondern solche Ansatzpunkte können durchaus begrüsst und sogar erwartet werden.

Ähnlich verhält es sich mit intersektionalen und (queer-)feministischen Studien (bspw. Butler, 2023, Conradi, 2001, Wendel, 2003). Die feministische Theorie weist darauf hin, dass, wenn von Männern und Frauen oder anderen Geschlechtern die Rede ist, nicht bloss über den Körper gesprochen wird (Appiah, 2019: 38, Lartey, 2013: 35f). Vielmehr bilden Aspekte wie Körper, kulturelle Performanzen, Gesundheit, Ausbildung, Hautfarbe, sexuelle Orientierung etc. gemeinsam eine Emergenz, die nicht auf ihre einzelnen Elemente reduziert werden kann, welche die jeweilige Identität in der Selbst- und Fremdzuschreibung von Menschen beeinflussen (Intersektionalität).

Dies ist auch für die Sorgetätigkeit wichtig, da die Begegnung und die daraus resultierende Care-Beziehung mit dem Gegenüber auf genau jene Selbstdarstellungen und den dazugehörigen Bedürfnissen und Möglichkeiten eingehen soll. »Im Fokus feministischer Seelsorge stehen Frauen, die in irgendeiner Weise Unterdrückung erfuhren, unter Benachteiligung und Herabsetzung zu leiden hatten, oder Opfer körperlicher oder seelischer Gewalt wurden« (Ziemer, 2015: 132). Durch die intersektionale Verästelung können diese Probleme von Ausschluss, Gewalt und Unterdrückung nochmals potenziert werden, wofür oft noch Begrifflichkeiten fehlen oder in der Praxis kaum berücksichtig sind (Fricker, 2023: 217, Mütel in Noth et al., 2023: 66). Diesen gilt es nachzuspüren und für das Bewusstsein der Care-Tätigkeit zu schärfen.

Die moderne feministische Theorie weist zusätzlich auf die problematische Diskursordnung hin, in welcher hauptsächlich weisse, vermögende, heterosexuelle, ältere Männer[5] für die Theoriebildung hinzugezogen und dadurch Machtstrukturen reproduziert und gefestigt werden (Butler, 2023: 367f).

Was *Philosophie* und was *Sorge* oder *Care-Tätigkeit* ist, wird daher mehrheitlich von Männern des besagten Schlags definiert. Damit geht oft eine bestimmte Färbung innerhalb der Theoriebildung einher, was zu unterschiedlichsten Vernachlässigungen und Problemen führt. Diese erfolgreichen Machtstrukturen bemessen sich daran, dass sie bspw. die Geschlechterverhältnisse in der sorgenden Tätigkeit, in der Theoriebildung etc. in eine für selbstverständlich und natürlich gehaltene Ontologie, Natursubstanz und Wesenseigenschaft verwandeln (Bennent-Vahle, 2022: 233f, Bublitz, 2021: 9).

Dem versucht die moderne feministische Theorie kritisch entgegenzuhalten. »Kritisches Denken beharrt vielmehr darauf, die zeitgenössische Form von Ungerechtigkeit zu erfassen und zu benennen« (Butler, 2019: 17). Jenes kritische Denken

---

5 Vgl. hierzu kritisch Bourdieu, 2021, Di Blasi, 2013 und Haslanger, 2021.

ermöglicht es daher auch Leib, Natur sowie andere vernachlässigte Aspekte in der sorgenden Tätigkeit sowie in der Theoriebildung zu berücksichtigen, welche sonst in der gängigen Diskursordnung oftmals und zugleich strukturell übergangen werden (Butler, 2019: 62, Pelluchon, 2019: 69).

Eine solche Berücksichtigung intersektionaler Theorien muss hier vernachlässigt werden. Hier liegt die Problematik nämlich darin, dass dieser erste Entwurf einer Praxistheorie im vorgegebenen Rahmen noch zu wenig differenziert dargestellt werden kann, um auch auf unterschiedlichste geschlechtsbezogene und intersektionale Themen einzugehen, die auf den transzendentalkritischen Problemstellungen aufbauen, welche grundlegend auf alle Menschen zutreffen. Sie bilden jedoch durchaus ernst zu nehmende Anknüpfungspunkte für die Momente innerhalb der Theoriebildung als auch in der sorgenden Tätigkeit und müssen daher unbedingt vertieft betrachtet und ernstgenommen werden.

Interkulturelle, postkoloniale sowie intersektionale und queer-feministische Konzepte können also durchaus wesentliche und ergebnisreiche Beiträge für das Selbstverständnis und die Standortbestimmung von Philosophical Care beitragen, auch wenn hier nicht weiter darauf eingegangen werden kann. Ebenfalls sind sie für die Praxis selbst anregende Zugänge, die auf bisher Unbeachtetes hinweisen.

Entsprechend werden die hier vorgestellten Überlegungen ausreichen müssen, um eine Standortbestimmung für eine Praxistheorie von Philosophical Care durchzuführen. Diese soll mit dem Vergleich der Philosophical Care zur christlich-spirituellen Seelsorge starten, da nach dem Vorverständnis von *Philosophical Care* (vgl. Kapitel 1) dies besonders naheliegt.

4.1. Philosophical Care und Seelsorge

Über den historischen Zusammenhang und der Entwicklung von Philosophie, Seelsorge und (christlicher) Religion wurde in Kapitel (2) schon berichtet. Um nun Philosophical Care zu verorten, kann dieses Verhältnis auch untersucht werden, indem sowohl Gemeinsamkeiten als auch Unterschiede zwischen der christlichen, religiös-spirituellen Seelsorge und der primär philosophischen Sorge als Philosophical Care hervorgehoben werden.

Dies ist jedoch nur möglich, sofern erst einmal eine Differenz zwischen *Philosophie* und der Sorge der (christlichen) *Religion* überhaupt reflektiert wird. Eine mögliche zusammenfassende Definition der christlichen Seelsorge hierzu liefert bspw. Ziemer: »Die schlichteste Antwort auf die Frage nach dem unterscheidend Christlichen der Seelsorge scheint mir zugleich auch die sachgemässeste zu sein: Es ist der Glaube« (Ziemer, 2015: 176). Durchaus differenzierter bringt Noth die Seelsorge auf eine Definition: »*Christliche Seelsorge bezeichnet als niedrigschwelliges kirchliches Angebot eine vom Evangelium motivierte und praktisch-theologisch reflektierte Haltung der Zuwendung zum ganzen Mitmenschen*« (Noth, 2023: 14; H.i.O.). Wie ist also das Verhältnis von Philosophie und (christlicher) Religion und damit auch zum Glauben zu verstehen? Und wie hängt dies zusätzlich, wie Noth erklärt, mit der Kirche und der Praktischen Theologie zusammen?

Wie schon in Kapitel (2) erläutert wurde, lässt sich die *Philosophie* nicht genau bestimmen. Sie kann als Lebensform, Geisteshaltung oder Wissenschaft etc. verstanden werden oder sich durch praktische Tätigkeiten, Inhalte usw. auszeichnen. Jedoch stossen alle diese Definitionsversuche auf unterschiedliche, aber nicht zu vernachlässigende Schwierigkeiten. Daher bleibt der Philosophiebegriff allgemein bisweilen unterbestimmt.

Dasselbe gilt nun ebenfalls für den Religionsbegriff. Der Versuch, eine möglichst einheitliche, reidentifizierbare Bestimmung des synchronen und diachronen Phänomens *Religion* überhaupt festzulegen, scheint geradezu unmöglich, wie es analog auch beim Philosophiebegriff der Fall ist (Stemberger, 2015: 7, Wendel, 2010: 22).[6] In Parenthese: Diese Problematik gilt auch und ganz besonders für die empirische Religionsforschung (vgl. Pickel & Sammet, 2014). So geht bspw. auch Grethlein nicht davon aus, von der christlichen *Religion*, sondern vielmehr von der christlichen *Lebensform* zu sprechen. Die Lebensform zeigt sich aber immer im Plural als Lebensformen. Eine christliche Lebensform selbst erweist sich anhand der historischen und kulturellen Komplexität daher als äusserst vages, dynamisches und vielseitiges Phänomen: »*Die Vielgestaltigkeit der Lebensform Christsein ist erstaunlich und faszinierend zugleich. Sie kann als ein stetes Ringen um die Kontextualisierung der Impulse verstanden werden, die vom Auftreten, Wirken und Geschick Jesu ausgingen*« (Grethlein, 2022: 245; H.i.O.). Ähnlich formuliert es auch Roser in Bezug auf die Aufgabe der Theologie: »Die Wirklichkeit [der christlichen Lebensform; O.I.], die die Theologie beschreibt, ist eine geschichtlich gewordene« (Roser, 2017: 103).

Eine Verhältnisbestimmung dieser zwei Begriffe – *Philosophie* und *Religion* – erweist sich daher als eine komplexe Herausforderung. Eine solche Differenzierungsleistung für die vorliegende Standortbestimmung mit zwei unbekannten Variablen durchzuführen, scheint schon von Beginn an zum Scheitern verurteilt zu sein.

Dennoch wurden und werden stets Versuche unternommen, *Religion* von *Philosophie* zu verbinden, in Einklang zu bringen oder zu trennen und sie als abgrenzbare Phänomene zu betrachten. Buchheim erwähnt bspw. eine sehr geläufige Form der Unterscheidung: »Philosophie ist nur möglich mit Bezug auf Angelegenheiten und Fragen, deren Durchdringung und Präsenz in unserem Leben durch rationale Argumentation befördert wird. Auf den ersten Blick könnte man denken, dass dies mit Bezug auf Gott, Gottesverehrung und Gottesdienst – also im Zusammenhang mit religiösen Angelegenheiten – keinen Sinn mache« (Buchheim in Dietzsch & Frigo, 2006: 3). Somit wären auf den ersten Blick zwei unterschiedliche Systeme – Religion und Philosophie – festzustellen, welche unabhängig voneinander bestehen können und nur durch Übersetzungsleistungen vermischt werden können. Solche Ansätze sind schon in der frühen Patristik und Scholastik zu finden (Haas, 2007: 50f). Dieses Zitat von

---

6   *Religion* ist ein lateinischer Begriff und sowohl dessen lateinischen Wurzeln als auch der Anspruch auf Universalität sind keineswegs gerechtfertigte, noch unproblematische Aspekte, will man *Religion* in einem umfassenden Sinne verstehen (Derrida & Vattimo, 2017: 50f).

Buchheim wird jedoch auf den zweiten Blick relativiert, denn Religion bezieht sich nicht nur auf Praktiken wie Gottesdienst und -verehrung, sondern weist ebenfalls das Prinzip des Glaubens auf (Geertz, 2015: 77).

Religion und Glaube hängen eng miteinander zusammen. Glauben wird dabei nicht als eine schlichte, propositionale Einstellung (t glaubt, »dass x«) betrachtet, sondern als eine Form des In-der-Welt-Seins (vgl. Heidegger, 2006), welche das Denken, die Affekte, die Handlungen sowie auch die Gemeinschaft mitumfasst und auch in dessen Deutungshorizont über die eigene Existenz hinausreicht.

Crane hält hierzu fest: »Religiöser Glaube erschöpft sich weder in Kosmologie noch in Moral, und er ist auch keine Kosmologie-plus-Moral« (Crane, 2021: 15). In dieselbe Kerbe schlagen auch Vattimo und Rorty, wenn sie die Heilige Schrift als Anker für das Verständnis von Religion verstehen wollen: »Genauso wie die Bibel kein Buch über Kosmologie ist, ist sie kein anthropologisches oder theologisches Handbuch« (Rorty & Vattimo, 2009: 61).

Christlicher Glaube übernimmt, so verstanden, unterschiedlichste Aspekte in der Lebensform des einzelnen Menschen innerhalb der Gesellschaft. Ist also mit dem Glaubensbegriff mehr gedient für die Standortbestimmung? Was ist demzufolge der christliche Glaube, welcher die christliche Lebensform/Religion strukturiert und ihr zugleich Orientierung bietet?

Knauer bietet hierzu eine kurze aber präzise Antwort auf diese Frage: »Glauben heisst, sich von Gott geliebt wissen« (Knauer, 2014: 17). Wie dies mit der Philosophie in Einklang gebracht werden kann, scheint erstmal fraglich zu sein. Potenziert wird die Herausforderung, wenn man dem Umstand Rechnung trägt, dass Gott selbst nicht vollständig erfasst werden kann, dessen Liebe anscheinend für den Glauben massgebend ist. So führt Knauer weiter aus: »Von Gott sprechen heisst eigentlich, die Grenzen der Sprache und des gewöhnlichen Denkens zu sprengen« (Knauer, 2014: 35).

Der Glauben bildet damit etwas, das der Philosophie (vielleicht) nicht vollständig zugänglich ist. Weiter erschwert sich dieser Sachverhalt darin, dass durch die zunehmende Pluralisierung in Glaubens- und Religionsbereichen in den vergangenen Jahrzehnten noch weitaus mehr Verständnis- und Übersetzungsleistungen angestrebt werden müssen, um den Glauben, die Lebensform und die Religion jeder einzelnen Person in ihrer Unterschiedlichkeit erfassen zu können. Die religiöse Pluralität der Einzelnen innerhalb der spätmodernen Gesellschaft und der Rückzug des Religiösen und dessen Lebensformen ins Private verlangen häufig danach, erst eine gemeinsame für alle Parteien verständliche Sprache zu finden, um über Glauben und Religiosität reden zu können (Wild, 2021: 43).

Nun ist aber auch Sokrates' Philosophie eine Art Gottesdienst an Apollon (Zehnpfennig, 2017: 66).[7] Hat Philosophie wirklich nur mit rationaler Argumentation zu tun? Hängen Philosophie und Glauben vielleicht nicht doch enger miteinander zusammen?

---

7   Allegorische Weltdeutungen, Mythen und andere ähnliche Bezüge sind eng verwoben mit der griechischen Philosophie, welche weit über ihren Wirkungsradius auch auf zeitlicher Ebene bis in die Renaissance stattgefunden hat (vgl. Brisson, 2004).

So schreibt bspw. Coreth: »Christliche Philosophie, vom Glauben motiviert und inspiriert, aber streng philosophisch begründet und ausgearbeitet, ist als Philosophie möglich und berechtigt, sie ist auch eine geistesgeschichtliche Wirklichkeit von weitereichender Bedeutung bis zur Gegenwart« (Coreth, 2001: 244).[8] So gab und gibt es viele (christlich) religiöse Denker und Denkerinnen, welche die Philosophie durchgängig mit ihrem Glauben verbinden. Und diese Verbindung scheint sogar strukturmässig systemrelevant für die Theologie zu sein.

Religion und Philosophie haben mit dem Welt- und Selbstverständnis des Menschen zu tun, das in sich auch praktisch wird. Glaube als Teil der Religion und Philosophie weisen weitere Prallelen auf: Sie streben beide nicht zwangsläufig danach, den Anteil des Mysteriösen im Menschen und in der Welt zu reduzieren, sondern versuchen, dieses durch einen bestimmten Zugang zu deuten. Geheimnisse und Unverständliches werden somit als eine Konsequenz dessen, was die Welt aus jener Sicht zu einer Bedeutungsvollen macht, bis zu einem gewissen Grad akzeptiert (Marinoff, 2020: 146).

Und weiter impliziert Crane: »Nicht Hypothesen sind also zentral für den religiösen Glauben, sondern das Bekenntnis zur Sinnhaftigkeit der Welt« (Crane, 2021: 76). Und um es zu vervollständigen, müsste man noch die *Sinnhaftigkeit der Transzendenz* postulieren, also alles, was die Welt und das menschliche irdische Leben übersteigen oder über dieses hinausreicht. Religion und Philosophie sind daher unter anderem beides Sinnzugänge zum Selbst-, Existenz- und Weltbezug. Einige dieser Ansichten werden auch in der vorliegenden Arbeit als wichtige Quellen herangezogen. Aber die vorliegende Arbeit lässt sich trotzdem nicht auf deren Welt- und Glaubensverständnis für das Verhältnis von *Religion* und *Philosophie* reduzieren. Wie ist also das Verhältnis für die vorliegende Arbeit also am besten zu deuten?

Unabhängig davon, wie letztlich *Philosophie* und *Religion* oder *Glaube* definiert werden, lohnt es sich, für die Erkenntnismöglichkeit beide in einem ersten Schritt als eigenständige Phänomene zu betrachten (Lesch in Valentin & Wendel, 2005: 21, Von Balthasar, 2019: 33). Beide können für sich selbst stehen, sind autonom und kein Phänomen ist dem anderen unter- oder übergeordnet.

Und dennoch, so hier die These, schliessen sie sich gegenseitig auch nicht notwendigerweise aus. Vielmehr können sie sich ergänzen, perspektivische Erweiterungen evozieren und durch den Dialog sich gegenseitig weiterentwickeln. Das Verhältnis von Philosophie und Religion, respektive Glaube bleibt dahingehend ambivalent und in gewisser Weise notwendig unterbestimmt (Lesch in Valentin & Wendel, 2005: 12).

Das bedeutet, dass bspw. die Vernunft oder deren Fehlen, eine Form der Praxis etc. weder dem einen Phänomen noch dem anderen zugeschrieben werden können und ebenso können beide geistige sowie geistliche Übungen, verschiedene Sprachspiele, diverse Weltzugänge, Leibesübungen und Verständnishorizonte einschliessen (Habermas, 2018: 27). Sie bilden beide Lebensformen, die Menschen mit sich, miteinan-

---

8   Gerade in entgegengesetzter Richtung argumentiert bspw. der Humanist Erasmus, wenn er sagt, dass soviel Nachgrübeln über die Religion unnütz und ihr abträglich sei (Von Rotterdam, 2009: 76f).

der und ihrer Umwelt in Verbindung bringen können. Diese Formen der Begegnung sind dabei stets von den historischen und kulturellen und neu auch mehrheitlich individuellen Kontexten geprägt, in denen sie stattfinden. Dabei kann dies sowohl durch Adaption an den jeweiligen soziohistorischen und kulturellen Kontext, aber auch durch Kontrast zu ihm geschehen (Grethlein, 2022: 238).

Es scheint daher angebracht, die Differenzsetzung in einem funktionalen Sinne durchzuführen, womit impliziert wird, dass die beiden Phänomene nicht endgültig definiert und bestimmt werden sollen, sondern dass allein durch ein *tertium comparationis* versucht wird, mögliche Gemeinsamkeiten und Unterschiede hervorzuheben und zu verdeutlichen. *Philosophie* und *Religion* können dabei unterbestimmt bleiben, solange man sie durch die Linse dessen betrachtet, auf welche sie verglichen werden sollen. Dieses tertium comparationis soll in der vorliegenden Arbeit offensichtlich die *Sorge*, respektive die Care-Tätigkeit sein. Ein solches tertium comparationis ist nicht an den Haaren herbeigezogen, sondern ergibt sich aus den schon erwähnten historischen und systematischen Bezügen (vgl. Kapitel 2). Hierzu schreibt Schuchter: »Während in der christlichen Tradition und in der Care-Ethik tatsächlich die Fürsorge [um andere; O.I.] im Zentrum steht, hat in der Philosophie vor allem der Begriff der *Selbst*-Sorge Karriere gemacht« (Schuchter, 2016: 78; H.i.O.). Dass dieses Verhältnis nach Schuchters Deutung jedoch nicht das abschliessende Resultat sein soll, wird durch die vorliegende Untersuchung bestenfalls aufgezeigt.

Ob nun die Sorge um sich oder andere – institutionalisiert oder nicht –, philosophisch und/oder religiös begründet wird, es zeigt sich auf jeden Fall (vgl. Kapitel 3), dass die Sorge zunächst einmal Begegnung ist (Honegger in Noth & Faber, 2023: 95). Betrachtet man die obenstehende Kurzdefinition von Ziemer, wird auch klar, wie diese Begegnung in der Seelsorge gefärbt ist. Dies gilt auch für die Definition von Noth: Begegnung ist aus dem Evangelium motiviert und praktisch-theologisch reflektiert. Man sorgt sich, so der Titel der Tätigkeit, um den Menschen als Seele (Wild, 2021: 25). Von hier aus können Ziemers und Noths Definitionen im Hinblick auf die Sorgefunktion weiter ausgearbeitet werden: »So dient Seelsorge der Grundorientierung des Daseins« (Winkler, 2000: 166). Und weiter: »Es geht um einen kommunikativen Vorgang zwischenmenschlicher Hilfe mit dem Ziel einer konkreten Stärkung und Hilfe für Glauben und Leben« (Ziemer, 2015: 54). Winkler relativiert dies entsprechend: »Wie allerdings dieses Gespräch zu strukturieren und zu führen ist, welche Einzelelemente in seinem Rahmen für unverzichtbar gelten, vor allem aber auf welches Ziel es ausgerichtet wird, ist eine Frage der jeweiligen poimenischen Position« (Winkler, 2000: 282). Das bedeutet, dass die religiöse Strömung und die verschiedenen Kirchen als Institutionen einen Einfluss darauf haben, was unter Seelsorge verstanden wird und wie sie schliesslich auch zu gestalten sei. Hier kommt nochmals Noths Ausführung ins Spiel. Diese Einflüsse werden sowohl durch die verschiedenen Kirchen als auch durch die dazugehörigen praktisch-theologischen Begründungen fundiert. Was mit dem *niederschwelligen Angebot* und die *Zuwendung zum ganzen Menschen* in Noths Definition angedeutet wird sowie der Ausdruck, dass Seelsorge ein *kirchliches Angebot* ist, benötigt für die Standortbestimmung weitere erläuternde Überlegungen.

Von der Begegnung als grundlegendes Moment der Sorge aus lassen sich in einem ersten Schritt auch die weiteren transzendentalkritischen Problemstellungen in paralleler Form mehr oder weniger ableiten. Von hier aus werden auch systematisch weitere Gemeinsamkeiten feststellbar sein, auf welche nun in groben Zügen eingegangen werden soll.

Mögliche Gemeinsamkeiten

Für die grundlegenden Gemeinsamkeiten zwischen der religiös-spirituellen Seelsorge und Philosophical Care sei hier nochmals auf das Kapitel (3) verwiesen, in welchem sich Philosophical Care zwar selbst begründet, dies jedoch stets auch im Hinblick auf Theorien und Praxiskonzepte der Seelsorge unternimmt. Dennoch sollen hier nochmals einige Punkte erneut in kurzer Form aufgelistet und besprochen werden.

Wie schon erwähnt wurde, existiert nicht einfach eine einzelne, historisch sowie kulturell oder konfessionsübergreifend unbedingte Form der Seelsorge (Nauer, 2001, 2014). Ganz besonders durch die konfessionellen Abgrenzungen untereinander und die Professionalisierungsbemühungen haben sich unterschiedliche Konzepte und Verständnisse von Seelsorge entwickelt. Morgenthaler hält also fest: »Es ist ein Zeichen der Zeit, dass auch seelsorgliche Identität nicht mehr in einem kompakten, ganzheitlichen Wurf bestimmt werden kann« (Morgenthaler, 2019: 24). Religiös-spirituelle Seelsorge erweist sich in ihrer Begründungs- als auch in ihrer Handlungsstruktur als mehrdimensionales Phänomen. Daher sind die hier besprochenen Aspekte auch nur *mögliche* Gemeinsamkeiten sowie später die Unterschiede und sie werden nicht notwendigerweise von allen Seelsorgeformen und -strömungen geteilt.

Es scheint jedoch angebracht zu behaupten, dass die hier angeführten Aspekte zumindest in vielen zeitgenössischen Seelsorgeformen vorkommen oder sogar identitätsstiftend sind. So betrachtet ist Seelsorge ein Phänomen der Care-Tätigkeit und eine Disziplin, die in einem ganz allgemeinen Sinne trotz aller Differenzen als einheitlich beschrieben werden kann. »Obgleich christliche Seelsorgende im Auftrag ihrer jeweiligen Kirche (katholisch, altkatholisch, evangelisch, anglikanisch, orthodox etc.) unterwegs sind, verrichten sie ihre Tätigkeit primär in der Nachfolge Jesu Christi« (Nauer in Noth et al., 2023: 12) und damit in ihrem Glauben.

Neben der Begegnung als tragendes Merkmal aller weiteren Aspekte der sorgenden Tätigkeit befassen sich Seelsorge und Philosophical Care beide mit dem Menschen in seinem gesamten Leben (Faber in Noth & Faber, 2023: 125). Damit wird impliziert, dass die Inhalte und die möglichen Situationen, in welchen eine solche Begegnung stattfinden kann, unterschiedlich geformt und strukturiert werden können. Weder geht es notwendigerweise um Problemlagen, die in spezifisch institutionellen Orten gelöst werden müssen, um die Ermöglichung der besagten Begegnung zu gewährleisten noch sollen ganz bestimmte Themen sowie Lebensabschnitte angesprochen und behandelt werden. Seelsorge ist nach Noth daher die *Zuwendung zum ganzen Menschen*.

Damit ist zusätzlich auch ein weiterer gemeinsamer Aspekt angesprochen und zwar, dass sowohl Religion (Seelsorge) als auch Philosophie (Philosophical Care) beide durch die sorgende Tätigkeit auf das Wohl, die Autonomie, die Entwicklung oder das Heil der Menschen abzielen. Beide Disziplinen versuchen, dies mit seelsorglichen, diakonischen oder schlicht philosophischen Mitteln der gemeinsamen zwischenmenschlichen Kommunikation und dem Austausch zu bewerkstelligen und sich so um das Leben von Menschen, ihrer Mit- und Umwelt zu sorgen (Morgenthaler, 2019: 140).

Die Sorge um die Seele bezieht sich daher, ganz besonders in neueren Strömungen, nicht nur auf kognitive und emotionale Inhalte. Sie greifen deutlich weiter mit ihrem Konzept, wenn die menschliche Seele als Adressatin der Sorge wahrgenommen wird. »In systemischer Seelsorge hingegen rücken vielschichtige und sich wandelnde Beziehungssysteme in den Mittelpunkt des Verstehens und Bemühens« (Morgenthaler, 2019: 15).

Die Seele wird somit nicht nur als Substanz im Inneren des Menschen betrachtet, sondern in ihrer weltlichen und ebenfalls leiblichen Verwobenheit. Auch leibliche Seelsorge ist nötig, genauso wie Seelsorge in und an Institutionen Anklang findet. »Christliche Seelsorge, die auch weiterhin den einzelnen Menschen im Blick hat, wird gerade deshalb zu einer Seelsorge im und am System, was auch das komplexe System Christliche Gemeinde/Pfarrei/Seelsorgeraum mit einschliesst« (Nauer in Noth et al., 2023: 23). Selbes gilt auch für Philosophical Care.

Damit wird die Zielgruppe derjenigen, die Seelsorge empfangen, deutlich ausgeweitet. Es können systemische Ansätze verfolgt und praktiziert werden. Eine der wichtigsten philosophisch-anthropologischen Prämissen für Seelsorgebeschreibungen mit soziologischer und systemischer Perspektivendominanz besteht in der Annahme, dass der Mensch als Einzelwesen nur in seinem Umfeld gedacht und erfasst werden kann (Morgenthaler, 2019: 15f). Unter das *Umfeld* fallen nicht nur nähere Bezugspersonen, sondern auch andere Gruppen sowie das soziale Milieu und spezifische, weitere Einflussfaktoren, welche das soziale System bilden (Emlein, 2017: 39, Nauer, 2015: 181f). Hierzu noch einmal Morgenthaler: »Soziale Systeme sind also dynamische Grössen, sind in Bewegung und bewahren dabei doch auch eine bestimmte Form« (Morgenthaler, 2019: 70). Diese Systeme üben immer auch einen Einfluss auf die Probleme und Ressourcen der jeweiligen Elemente des Systems aus und müssen daher in ihrer einzigartigen Kontextualität für die Care-Tätigkeit betrachtet werden (vgl. Christakis & Fowler, 2011). Daraus folgen auch unterschiedliche Interventionsmedien und Gesprächsmethoden.

Diese Bedeutung, dass man den Menschen in und mit seinem gesamten Leben und Umfeld begegnen kann und auch sollte, lässt sich in der Seelsorge praktisch-theologisch begründen. »Das Christentum ist im Erleben der Menschen, in ihrem Nachdenken, Wollen und Fühlen wirksam« (Lauster, 2022: 62). Und weiter notiert Lauster: »Das Christentum wirkt im Nachdenken der Einzelnen, in dem, was sie in ihrer [Selbst- und; O.I.] Welterfahrung berührt und was sie in die alltägliche Lebensführung umsetzen« (Lauster, 2022: 64).

Genau hier beginnt die sorgende Tätigkeit, wenn sich Menschen anderen Menschen und deren Mit- und Umwelt zuwenden. Die Sorge um die Seele ist dabei nicht einfach als affektive Zuwendung zu verstehen, sondern versucht genau an jenem alltäglichen sowie krisenbefrachteten Welt- und Selbstverständnis anzudocken. Hier kommen Philosophie und religiöse Care-Tätigkeit eng zusammen: »Weil es ums Denken geht, muss sie von den Werkzeugen (Konzepten, Kategorien) Gebrauch machen, die ihr die Philosophie bietet« (Winkler, 2000: 202). Lauster ergänzt: »Selbsterkenntnis, Läuterung und Reinigung sind darum essentielle Bestandteile« (Lauster, 2022: 99).

Im seelsorglichen Austausch können also eine gewisse Bildung und Kultivierung der Beteiligten sowie eine besondere Form der zwischenmenschlichen Beziehung auf diesem Gebiet der denkerisch-philosophischen Bewältigung für die Lebensführung der Menschen zur wichtigen Komponente einer für sie passenden Aufgabenstellung und Zielsetzung werden (Winkler, 2000: 280).

Was die Ziele sind und wie sie verfolgt oder gestaltet werden sollen, ist dabei für viele seelsorgliche Positionen und die Praxis von Philosophical Care noch nicht vorgeschrieben. Es bedarf daher nicht notwendigerweise eine Überweisung an andere Disziplinen, sobald Probleme besprochen werden oder wenn man sich um die Sorge um sich und andere bemüht. Und ebenfalls muss in der Begegnung und der Beziehung kein spezifisches Soll an Austausch abgearbeitet werden (vgl. Kapitel 3).

Philosophical Care und Seelsorge sind in dieser Hinsicht deutlich *niederschwelliger* als bspw. die Psychotherapie oder die Philosophische Praxis. Seelsorge und Philosophical Care können in ihrem Auftragsverständnis aufsuchend sein. Man geht auf die Klientel zu, ohne deren Grenzen zu vernachlässigen. Sie befassen sich deshalb unter anderem auch mit Menschen die auch von anderen Berufen und oder gar der gesamten Gesellschaft als untherapierbar, unheilbar oder nicht mehr integrierbar aufgefasst werden.[9] Beide Disziplinen können zusätzlich mitten im Alltag stattfinden, frei von Zielsetzungen sein etc. Hierzu schreibt bspw. Honegger: »Seelsorge ereignet sich deshalb nicht nur im Aussergewöhnlichen, sondern in besonderer Weise im Alltäglichen. Kurze, aufmerksame Gespräche und Begegnungen zeigen: Ich sehe dich« (Honegger in Noth & Faber, 2023: 94). Daher sind auch einmalige Begegnungen wichtig zu nehmen und zeigen kein notwendigerweise gescheitertes Care- oder Therapieverhältnis an.

Aber die Seelsorge und Philosophical Care gehen auch weit über den Alltag hinaus. So können sich Theologie (Seelsorge) als auch Philosophie (Philosophical Care) über das *Transzendente* mit den Klientel austauschen, also über dasjenige, was den Menschen und seine gelebte Welt übertrifft und dies auch praxeologisch begründen (Nauer, 2015: 144). Hier findet sich ein wesentliches Merkmal, das sie von anderen Formen der Therapie und Care-Tätigkeiten unterscheidet. »Das Transzendente ist etwas, das nicht von dieser Welt ist – das jenseits des Gewöhnlichen und Alltäglichen liegt, jenseits der Welt der Erfahrungen und auch der Wissenschaft« (Crane, 2021: 20).

Religiös-spirituelle Seelsorge und Philosophical Care sind beide in der Lage, das Sein des Menschen in einem möglichen Sinnganzen und das mögliche Unverfügbare und Unbedingte dahinter bis zu einem gewissen Grad zu thematisieren. Damit unterscheiden sie sich unter anderem deutlich von der Psychotherapie und der Sozialen Arbeit. Coreth hält dazu fest: »Es geht der Religion [und deren theologische Reflexion; O.I.] wie der Philosophie in gleicher Weise um den Menschen in seiner Welt und im Ganzen des Seins, der Religion im unmittelbaren Vollzug, der Philosophie in der Vermittlung des Denkens« (Coreth, 2001: 288). Auch wenn hier Coreth eine allzu strenge Trennung zwischen praxisferner Philosophie und lebensnaher Religion zieht, wird

---

9 Dank gebührt hier Isabelle Noth für diesen Hinweis, den sie in einem noch unveröffentlichten Thesenpapier zur reformierten Krankenhaus-, Klinik- und Heimseelsorge entfaltet.

innerhalb seiner Gedankengänge klar, dass dies nicht sein abschliessendes Anliegen ist. So schreibt er an einer anderen Stelle: »Weisheit [der Philosophie: O.I.] ist mehr als Wissenschaft, und wahre Weisheit ist Liebe« (Coreth, 2001: 112).

Theologie als reflektierte Religion und Philosophie sind daher für ihn in einer eng umschlungenen Gemeinschaft, wenn es um das Leben des Menschen und die Thematisierung des Transzendenten geht. Dies sollte auch für die Praxis von Philosophical Care möglich sein.

Wenn religiöse Elemente auf Wunsch der Klientel Einzug in die Praxis finden sollen, so darf aus philosophischer Sicht kein voreiliger Riegel vorgeschoben werden. Dies würde nicht nur den philosophischen Kompetenzen, sondern zugleich auch dem Sorgeauftrag in der Begegnung zuwiderlaufen. Eine Sorge, die den Menschen in seinem Glauben absichtlich nicht ernst nimmt, verfehlt unmittelbar ihr selbst gesetztes Ziel (Huber in Staude, 2010: 114). Die Seelsorge und Philosophical Care sind nicht nur für den Alltag und für transzendente Problemstellungen zuständig, sondern versuchen, zusammengefasst, den Menschen in und an seinem ganzen Leben zu erfassen, ohne dabei religiöse Voraussetzungen oder Grundlagen zu fordern (Wild, 2021: 136).

Dabei, so schreiben Rüegger und Sigrist, müsse die religiöse Form der Sorge nicht einmal zwangsläufig von säkularen, humanistischen Formen oder eben philosophischer Sorgetätigkeit abgegrenzt werden. Sie proklamieren: »*Eigentlich wäre es überhaupt am besten, ganz auf den Begriff Diakonie für christlich motiviertes soziales Handeln zu verzichten*, weil seine Verwendung – ohne tragfähige biblische Begründung – implizit immer schon davon ausgeht, dass christliches soziales Handeln etwas anderes sei als ebensolches Handeln ohne christlichen Hintergrund« (Rüegger & Sigrist, 2011: 31; H.i.O.). Die Sorge verfügt daher über viele Gesichter, ist in ihrer Weise und Wirksamkeit nach Rüegger und Sigrist jedoch oft dieselbe. Es ist demzufolge durchaus möglich, dass auch jemand, der noch nie von der christlichen Botschaft gehört hat, religiöse Werte vertreten, Seelsorge leisten oder diese mit in seine Betrachtungen einfliessen lassen kann (Knauer, 2014: 103).

Selbstverständlich gibt es nach Rüegger und Sigrist aber auch jene christlich begründeten Hintergründe für solche Handlungen, was auch in der Systemimmanenz der Seelsorge (Vgl. Kapitel 3), in Noths Definition von Seelsorge und im folgenden Abschnitt zu den Unterschieden noch weiter besprochen wird. Sie differenzieren das Helfen aus religiöser Perspektive zu anderen Formen der Sorge. So halten sie entsprechend weiter fest: »Theologisch geht es dabei darum, Diakonie bzw. helfendes Handeln nicht, wie es meist geschieht, christologisch zu deuten, also als Ausdruck eines spezifischen Christus-Glaubens, sondern *schöpfungstheologisch*, das heisst als Ausdruck einer Fähigkeit zu solidarisch-helfendem Handeln, die Gott allen Menschen immer schon mitgegeben hat« (Rüegger & Sigrist, 2011: 35; H.i.O.).

Dass Menschen also helfen und Sorge tragen ist weder eine Eigentümlichkeit christlicher Nächstenliebe, noch lässt sie sich nur dadurch begründen, geschweige denn darauf reduzieren. Vielmehr können sorgende Handlungen sich in wesentlichen Punkten strukturell überschneiden, ohne vollständig durch das Vorhandensein einer begründenden Systemimmanenz geprägt zu sein.

Zentraler ist vielmehr die Möglichkeit, am Leben der anderen Menschen teilnehmen zu können, sie erzählen zu lassen, sich von ihnen angehen zu lassen und dabei

4.1. Philosophical Care und Seelsorge

eine sorgende Verantwortung für die Begegnung zu übernehmen (Nauer, 2015: 147). Welche Begründung dahintersteckt, ist für viele Begegnungen und Sorgeformen zweitrangig oder wird anhand der Professionalisierungsherausforderung offenbar. Hier wird aber das *kirchliche Angebot* und die *praktisch-theologisch reflektierte Haltung* nach Noths Definition zentral. Noth will nämlich festgehalten wissen: »Aus psychologischer Sicht gibt es nämlich kein Handeln unabhängig von einem Motiv und einer Motivation« (Noth in Noth et al., 2023: 87). Auch wenn von der Aussenperspektive her zwei Handlungen nicht unterschieden werden können, so unterscheiden sie sich dennoch in Motivations- und Begründungsmöglichkeiten.

Denn so unterscheidet sich die religiös-spirituelle Seelsorge von verschiedenen Praxisformen, die sich für Formen der sorgenden Tätigkeit instrumentalisieren lassen, bei welchen versucht wird, eine bestmögliche Therapie in Bezug auf eine Diagnose oder das Assessment anbieten zu können. Anhand der Zugehörigkeit zur Kirche und der praktisch-theologischen Reflexion als weitere Mandate darf und soll sich die christliche Seelsorge nicht instrumentalisieren lassen (Staub-Bernasconi, 2018: 111f). Die Kirche geht bspw. nicht im System einer anderen Institution auf. Und ebenfalls können Handlungsabläufe, institutionalisierte Strukturen etc. praktisch-theologisch reflektiert und gegebenenfalls kritisiert werden. Ein Beispiel soll dies verdeutlichen:

Die Fokussierung auf Therapie in der sorgenden Tätigkeit wird in der Ausrichtung der modernen seelsorglichen Praxis kritisch unterlaufen. Denn mit der Therapierung gehen unterschiedliche Problemfelder einher, derer sich jede Care-Tätigkeit Ausübende bewusst sein sollte. Wenn bspw. die sorgende Tätigkeit allein darin besteht, der anderen Person an ihrer Stelle die Probleme zu lösen, entsteht unter anderem ein Machtgefälle, das zu ethisch fragwürdigen und kritisierbaren Konsequenzen führen kann. Klientel kommen in die Versuchung, die Hilfe als reine Dienstleistung zu betrachten und diese passiv aufzunehmen. Sie verlieren durch dies an Handlungspotenzial und eigenen, autonomen Entwicklungsmöglichkeiten (Stimmer, 2020: 200). So werden Machtgefälle geformt oder weiter aufrechterhalten. Zudem kann die Konzentration auf eine Krankheit oder sonstige Stigmata dazu führen, dass das Gegenüber nicht als Gegenüber wahrgenommen und zu einem Fall degradiert wird, der schlicht abgehandelt werden muss (Faber in Noth & Faber, 2023: 126). Dadurch findet auch keine Begegnung im philosophischen Sinne (vgl. Kapitel 3) statt, was auch für das Verständnis von Philosophical Care zentral ist.

Damit legen sich die religiös-spirituelle Seelsorge und Philosophical Care mehrheitlich auch nicht auf klare hierarchische Muster fest, sondern versuchen die soziale Rolle (Care-Tätige) mit der teilnehmenden Person (Selbst) beidseitig zu verbinden (vgl. Kapitel 3). Sie bemühen sich daher um einen Verzicht auf ein stark hierarchisches Gefälle einer Hilfebeziehung und orientieren sich vielmehr an einer beziehungsorientierten Gemeinschaft, in welcher die Pfarrperson etc. oder die Care leistende Person als eigene Persönlichkeit mitinvolviert ist. Die Pfarrperson oder die Care leistende Person sind daher zwar stets aufgeladen mit Erwartungen und Ansprüchen ihrer Rolle, in der Seelsorgebegegnung und entsprechend auch für die Praxis von Philosophical Care wird jedoch versucht, sich darum zu bemühen, dass die Rolle nicht das alleinstehende Merkmal der Begegnung ist (Noth, 2010: 263).

Man begegnet also nicht nur einer sozialen Rolle, die eine Care-Tätigkeit erfüllt. Der Mensch als individuelle Person selbst bringt sich zusätzlich zur Rolle mit in die Beziehung ein. Dasselbe gilt ebenso für die Klientel. Dazu halten Wirth und Noth fest: »In verschiedenen Domänen des Christentums gibt es klare Rollenbilder und damit verbundene Erwartungen, die den Raum für Individualität zum Teil erheblich schmälern. Das seelsorgliche Gespräch ist nur dann in einem konstruktiven Sinne reziprok und Ausdruck einer Position der Sorge, wo solche Verhältnisse, auch die sublimen, unterbrochen werden« (Wirth & Noth in Knoll et al., 2022: 135).

Die Menschen dürfen und sollen, trotz professionalisierter Tätigkeit, in gewissem Sinne auch sich selbst sein und sich als eigene Persönlichkeit mit in die Begegnung hineinnehmen und hineinbringen, da nur so sich der Mensch wirklich vom anderen angehen lassen kann und eine gelungene Beziehung im Sinne der Care-Tätigkeit möglich wird. Wild hält hier passend fest: »Seelsorge ist in erster Linie eine praktische Begleitfunktion und den Leidenden, Suchenden und Sorgenden verpflichtet« (Wild, 2021: 12). Und weiter: »Der Seelsorger bemüht sich um Öffnung und um Erweiterung des Blickfeldes, der Verstehens- sowie der Verhaltensmöglichkeiten. Sein Verständnis kultureller Verfasstheiten und Geschichten zeichnet sich durch fundamentale Offenheit aus« (Wild, 2021: 129).

Eine solche Haltung und eine solche Form der Praxis verändert dadurch auch die Art und Weise wie und mit welchen Anliegen, Vorstellungen, Gefühlen etc. sich die Menschen begegnen (Noth, 2010: 238). »So ist in seelsorglichen Begegnungen keineswegs immer eindeutig ausgemacht, wer empfängt oder gibt« (Hoffmann in Noth et al., 2023: 46). Deshalb halten auch unterschiedliche Theoretiker und Theoretikerinnen fest, dass bspw. der Glaube weitaus weniger Bedeutung für die Care-Tätigkeit besitzt als die Beziehungsgestaltung selbst (Faber in Noth & Faber, 2023: 136, Mall & Peikert, 2019: 71). Dennoch – und dies leitet direkt zu den Unterschieden über – ist der *Glaube* ein notwendiges Element innerhalb der Seelsorge, womit sie sich unter anderem von Philosophical Care unterscheidet (Nauer, 2015: 145).

Mögliche Unterschiede

Rüegger und Sigrist kommen entsprechend ihrer schöpfungstheologischen Position zu folgender Konklusion: »Helfen ist ein ebenso zentraler wie schlichter Akt allgemeiner, irdischer Mitmenschlichkeit, ein Grundvollzug elementarer Humanität« (Rüegger & Sigrist, 2011: 146). Religion oder Glaube sind daher für viele seelsorgliche Begegnungen in Anbetracht heutiger säkularisierter Gesellschaften und Institutionen kein prägendes Merkmal in einer Care-Situation mehr. Ein solcher Bedarf wird von den Klientel oft auch gar nicht (mehr) gefordert. Für viele Menschen sind ganz weltliche, wenn teilweise auch existenziale Probleme massgebend. Diese Erfahrungen haben oft wenig mit religiösen Aspekten zu tun. So kommt Engel bspw. zum Schluss: »Eine solche säkulare Pastoral interessiert sich für den Alltag der Menschen und setzt bei ihren [weltlichen; O.I.] Erfahrungen an« (Engel in Knoll et al., 2022: 78).

4.1. Philosophical Care und Seelsorge

Warum sollte also Seelsorge, auch im Hinblick auf ihre historischen Wurzeln, religiös gefärbt sein? Wäre es nicht möglich, Seelsorge in eben jener säkularer Weise durchzuführen? Worin liegt der Gewinn einer religiösen Seelsorge?

Eine solche Position zur Säkularisierung der Seelsorge wird von unterschiedlichen theologischen Seiten kritisiert. Ziemer hält bspw. am religiösen Element der Seelsorge fest: »*Seelsorge ist zwischenmenschliche Hilfe durch personale Kommunikation in religiösen Kontexten*« (Ziemer, 2015: 21; H.i.O.). Sie weisen darauf hin, dass die Seelsorge nicht *horizontalisiert* werden kann und soll, so dass man die Tätigkeit also ohne Gott und den entsprechenden Glauben durchführt. Immer wieder wird demgemäss darauf hingewiesen, dass das Religiöse eben doch ein wesentliches Element der Seelsorge darstellt, das nicht vernachlässigt werden kann und soll, wenn man bei der sorgenden Tätigkeit überhaupt von *Seelsorge* sprechen kann.

Dies gilt auch und besonders für ethische Belange innerhalb der seelsorglichen Tätigkeit. Die Seelsorgerinnen und Seelsorger sind daher in ihrer Tätigkeit an die christlich fundierte und reflektierte Ethik gebunden, die sie jedoch nicht direktiv und dogmatisch im Austausch vermitteln sollten (Achenbach, 2023: 170, Roser, 2017: 230). Die Seelsorge fusst entsprechend notwendigerweise auf einer christlich-theologischen Begründungsstruktur und auch die Praxis selbst orientiert sich daran, gewisse religiöse Aspekte in die Begegnung einfliessen zu lassen (Knoll et al., 2022: 7). Hierin liegen drei der zentralen Unterschiede zu Philosophical Care.

Erstens: Die religiöse Färbung der Seelsorge dient nicht nur zugunsten ihrer eigenen Professionalisierung, indem sie ihren Begründungsgehalt praktisch-theologisch reflektiert und dadurch erklärt werden kann. Innerhalb der Seelsorge werden auch religiöse Inhalte und Aspekte, Praxisformen und soziale Rollen wirksam, wodurch eine gewisse religiöse Bildung und Fertigkeiten auf Seiten der Care-Tätigen bereitstehen müssen. Für Philosophical Care gilt dies hingegen nicht. Das bedeutet nicht, dass Philosophical Care keinen Platz für Religion und glaubensspezifische Angelegenheiten hat oder dass religiöse Menschen keine Philosophical Care ausüben können. Das Gegenteil ist der Fall.

Es soll jedoch hervorgehoben werden, dass das Religiöse innerhalb von Philosophical Care keinen notwendigen Aspekt sowohl in der Begründungsstruktur als auch in der Praxis einnimmt. Sie ist aber nicht als atheistische Form der Sorge aufzufassen, die sich gegen religiöse Inhalte versperrt.[10] Diese religiösen Inhalte sind jedoch nicht Teil ihrer selbstbegründeten Praxistheorie. Damit unterscheidet sie sich zwangsläufig von der Seelsorge, die sich genau diesen Anspruch setzt. Diese religiöse Färbung der Seelsorge kann im Hinblick auf säkularisierte, globalisierte Gesellschaften unter anderem auch Probleme mit sich bringen (vgl. Kapitel 1).

Der religiöse Kontext oder die religiöse Struktur der seelsorglichen Begegnung knüpft sich an das Überlieferungsgeschehen der Religion als Offenbarung an. Für den je persönlichen Glauben ist eine geschichtliche Überlieferung einer Gemeinschaft be-

---

10 Diese sogenannte *Humanistische Sorge* versteht sich ex negativo zur religiösen Seelsorgeform, indem sie versucht, eigene Menschenbilder, Ethikkonzepte und Gemeinschaften zu bilden (Crane, 2021: 39ff). Sie kann hier nicht weiter beachtet werden.

stimmend, die der eigenen Initiative der Seelsorgenden und den Klientel vorausgeht (Mütel in Noth et al., 2023: 58f). Er bildet den systemimmanenten Rahmen, in welchem sich die unterschiedlichen Parteien treffen.

Durch den religiösen Rahmen wird auch der Auftrag der Seelsorgenden verständlich. Sie engagieren sich nicht nur, wie Rüegger und Sigrist ebenso wie Nauer und andere erklären, weil sie Menschen sind, sondern weil sie sich als Teil der christlichen Kirche und Gemeinschaft verstehen und aus diesem Grund Menschen helfen wollen (Morgenthaler, 2019: 287). Sie sind, um es nochmals mit Noth zu wiederholen, vom Evangelium motiviert und immer ein Angebot der Kirche (als Glaubensgemeinschaft). *Zu einer religiösen Gemeinschaft gehören* – und sei sie auch noch so klein und exklusiv – gehört notwendigerweise zur Religion dazu. »Ein Christsein ohne Kirche gibt es nicht – so wie es keine Kirchen ohne Christinnen und Christen gibt« (Lauster, 2022: 64). Welche Kirche dies jeweils ist, hat wiederum Einfluss darauf, wie, wann, wo und warum Seelsorge oder andere Care-Tätigkeiten geleistet werden. Entsprechend nimmt die religiös-spirituelle Seelsorge ein Trippelmandat ein (vgl. Staub-Bernasconi, 2018), welches sich sowohl auf die Kirche als Instanz, die praktisch-theologische Reflexion ethischer und poimenischer Inhalte als auch auf die Adressatinnen und Adressaten bezieht. Die professionelle Seelsorge als Care-Tätigkeit ist daher stets in diesem Kontext aufzufassen, da sie ihren Auftrag aus der Gemeinschaft und dem theologisch reflektierten Glauben heraus versteht. Winkler fasst dies passend zusammen: »Seelsorge ist gezielte Gelegenheit zur Gemeindepflege durch dafür zugerüstete Amtsträger« (Winkler, 2000: 149).

Die Pfarrperson, Vikar, Pastor etc. als Mitglied einer religiösen Gemeinschaft nimmt demgemäss zweitens eine bestimmte soziale Rolle in Begegnungen ein. Damit gehen bei allen teilnehmenden Parteien Erwartungen, Gefühle, Vorstellungen und Vorurteile einher. Auch wenn die Absicht zur sorgenden Tätigkeit vorhanden ist, kann besagtes Identitäts- und Zugehörigkeitsmerkmal bspw. Widerstände auf Seiten der Klientel auslösen. Eine sorgende Pfarrperson kann allein aufgrund ihrer sozialen Rolle und Stigmata daher auch kontraproduktiv für eine sorgende Begegnung sein.[11] »Es geht um den Zusammenhang von Autorität, Charisma und Religion, der durch die inhärente und scharfe Kontrastbildung Furcht sowie Scham auslösen kann« (Wirth & Noth in Knoll et al., 2022: 131). Dies gilt nicht nur für Menschen, die sich aus verschiedenen Gründen keiner Religion zugehörig fühlen und kein Kontakt mit Pfarrpersonen erwünschen, sondern kann ebenso dadurch entstehen, dass Personen das Gefühl haben, religiös genügen zu müssen, um mit einer Pfarrperson in Begegnung zu treten oder sich von konfessionell anders positionierten Personen im Voraus schon unverstanden fühlen, oder von besagter Institution irgendein Unrecht erlitten haben (Grethlein, 2022: 249).

---

11 Dies kann durch bestimmte Altlasten problematischer Aspekte geschehen, die so tatsächlich stattgefunden haben und leider heutzutage immer noch vorkommen können: bspw. Missionierung, Moralisierung, Gewalt, sexuelle Übergriffe, Diesseitsverweigerung etc. (vgl. Morgenthaler, 2019, Nauer, 2014).

4.1. Philosophical Care und Seelsorge

So muss genau hingeschaut werden, welchen Einfluss die Stigmata sublim in der sorgenden Tätigkeit ausüben, wie man dies bspw. im Phänomen der *Übertragung* und der *Gegenübertragung* findet (Angehrn in Hindrichs, 2017: 167, Noth, 2010: 376).

Ganz besonders in säkularisierten Institutionen und Gemeinschaften kann dies für die Care-Beziehung ausschlaggebend sein: »Das Vertrauen in die Glaubwürdigkeit von Institutionen sinkt mehr und mehr. Faktisch sind diese immer weniger in der Lage, Menschen auf überzeugende Weise Orientierung zu bieten. Je intimer und persönlicher die Fragen sind, umso weniger wird Institutionen zugetraut, brauchbare und lebbare Antworten geben zu können« (Ziemer, 2015: 44). Eine christliche Pfarrperson kann aufgrund ihrer Zugehörigkeit und ihrem Glauben nicht jeden Menschen erreichen, auch wenn das ihr mögliches und angestrebtes Ziel wäre.

Philosophical Care und die philosophisch sorgenden Personen, so hier die Annahme, werden dagegen anders wahrgenommen in der Begegnung. Damit wird jedoch nicht impliziert, dass ihre soziale Rolle weniger problematisch aussehen würde oder widerstandslos von verschiedensten Personen akzeptiert werden könnte. Der Philosophie haftet gemeinhin ein Stigma der Lebensferne an, ein intellektueller Elitismus etc. (Bennent-Vahle, 2022: 17). Die Philosophie beschäftigt sich oft damit, Fragen zu stellen, wo Antworten gesucht werden, mit kniffligen, komplizierten Begriffen sowie mit der Sprache allgemein zu arbeiten und mit spitzfindigen Unterscheidungen oder überwältigenden Theoriegebäuden zu hantieren (Stölzel, 2015: 125). »Die Verantwortung der Praktikerin liegt aber weniger darin, wie eine Institution zu wirken, denn damit verbindet sich der Eindruck autoritativer Abgeschlossenheit. Vielmehr liegt diese immens hohe Verantwortung in einer vorbildhaften Reflexion des eigenen Menschseins« (Bennent-Vahle, 2022: 17).

Wie in der vorliegenden Arbeit schon mehrmals versucht wurde zu zeigen, lässt sich jedoch die Philosophie, ebenso wie die religiös-spirituelle Seelsorge, nicht auf ein solches Stigma reduzieren. Philosophical Care müsste entsprechend diesen negativen Zuschreibungen der Klientel entgegenarbeiten und ihre niederschwellige Zugänglichkeit unter Beweis stellen können.

Mit diesem Stigma geht noch eine weitere – jedoch nur vermeintliche – Unterscheidung einher, die zwischen Philosophical Care und der Seelsorge hervorgehoben werden kann. Von der religiös-spirituellen Seelsorge wird gemeinhin erwartet, dass sie Trost und Hoffnung spenden kann (Safranski, 2015: 307). Dies liegt an der theologisch fundierten Verbundenheit von Glauben und Sorge. »Grundlegend für ein theologisches Verständnis von Seelsorge ist, dass das Zeugnis des Alten und Neuen Testaments im Ganzen als Urkunde von der Seelsorge Gottes an den Menschen verstanden wird« (Ziemer, 2015: 52). Sorge im christlich-religiösen Sinne hat mit der Botschaft als Offenbarung des Glaubens zu tun. Daher will Ziemer versichert wissen: »Seelsorge ist Nachfolgepraxis im Wirkungsbereich des Evangeliums« (Ziemer, 2015: 220).

Die Philosophie kann mit ihren Fragen und Zweifeln, so die geläufige Annahme, hingegen oft nur Melancholie und Unsicherheit erzeugen. Dort wo die Religion Antworten liefert, bietet die Philosophie nur grosse Fragezeichen. Dem ist jedoch nicht so. Philosophie kann, wenn Einsicht und Urteilen kultiviert werden, ebenso hilfreich dabei sein, Trost in und für Situationen zu finden (Lévinas, 2003: 90). Dies ist möglich, indem bspw. problematische oder bedrängende Gedanken gemeinsam im Austausch überprüft und reflektiert (und gegebenenfalls sogar korrigiert[12]) werden. Und ebenso kann die Philosophie durch das Radikale Bedenken – das ständig Neu-Denken-Können – auch Mut zum Sein und Hoffnung vermitteln (Emlein, 2017: 244). Entsprechend ist es auch eine Aufgabe von Philosophical Care, die nötigen philosophischen Mittel und Werkzeuge in ihrer Praxis bereitzustellen, um genau dies gewährleisten zu können.

Mit der Praxis selbst wird hier noch auf die letzte, dritte Unterscheidung zwischen der religiös-spirituellen Seelsorge und Philosophical Care aufmerksam gemacht. Es existieren einige religiöse Praktiken, die nur marginal etwas mit den philosophischen Kompetenzen von Einsicht, Urteilen und Radikalem Bedenken zu tun haben. So fasst Coreth den Unterschied zusammen: »Philosophisches Denken ist nicht [zwingend; O.I.] ein religiöser Akt, Gebet und Gottesdienst sind nicht der Ort philosophischen Denkens« (Coreth, 2001: 287).

So existieren anscheinend Bereiche, wo die Philosophie und die Religion sich nicht überlappen. Das wird schon allein dadurch ersichtlich, dass die Religion als System anders gesellschaftlich strukturiert ist und oft andere Funktionen übernimmt. Rüegger und Sigrist halten hierzu fest: Die »Kirche lebt dadurch, dass sie den in der Bibel bezeugten Gott, der sich dem Verletzlichen besonders zuwendet, bezeugt (Aspekt der Verkündigung oder der *martyria*), feiert (Aspekt des Gottesdienstes oder der *leiturgia*), gemeinschaftlich zum Ausdruck bringt (Aspekt der Gemeinschaft *koinonia*) und in tätiger Nächstenliebe praktisch werden lässt (Aspekt des solidarischen Helfens oder der *diakonia*)« (Rüegger & Sigrist, 2011: 178; H.i.O.).

Weder *Martyria*, *Leiturgia*, noch *Koinonia* sind notwendige Elemente der Philosophie und damit auch von Philosophical Care. Eine Überschneidung in der hier vorgebrachten Manier lässt sich nur im helfenden Handeln, respektive in der sorgenden Tätigkeit, für beide Systeme finden. Dass Philosophical Care absichtlich keine Systemimmanenz aufweist, keine festen Botschaften und Werte zu vermitteln hat, wurde mehrfach erwähnt. Dass die Philosophinnen und Philosophen zudem keine gesellschaftlich anerkannte und institutionalisierte Gemeinschaft bilden, ist ebenfalls offensichtlich. Aber wie sieht die Tätigkeit der Philosophie aus? Wie kann sie gestaltet werden?

Für den Schluss dieses Unterkapitels soll daher auf die Praxis und die Liturgie eingegangen werden, wo sich die religiöse Seelsorge und Philosophical Care wesentlich unterscheiden.

Die religiöse Praxis die ihren Niederschlag auch in der Seelsorge findet, enthält Elemente, die so nicht in der Praxis von Philosophical Care vorkommen und auch nicht unmittelbar den Kompetenzen einer philosophisch sorgenden Person zugesprochen werden können. Darunter fallen Aspekte wie das Gebet, die Beichte, die Salbung, die Absolution etc. (Nauer, 2015: 147). »Gemeint sind damit die festen, in einer Tradition verankerten und sich wiederholenden Formen religiöser Praxis« (Lauster, 2022: 69).

---

12 Jedoch sollen Scheitern, Krisen, Einsamkeit und aporetische Erfahrungen nicht zwanghaft zu einem Sprungbrett für neue Optimierungschancen umcodiert werden, sondern sie sollen in ihrer schmerzlichen Tragweite erfasst und anerkannt werden können, um damit auch Existenzbedingungen besser verstehen zu können (Bennent-Vahle, 2022: 57).

Es geht also um klar erkennbare, institutionalisierte Riten. Sie sind klar in das Gedächtnis und das Bewusstsein der Religionsmitglieder eingeprägt. »Die Identifikation mit einer Gruppe verbindet die beiden Merkmale religiöser Praxis, nämlich ihre Wiederholungshaftigkeit und ihren sozialen Charakter« (Crane, 2021: 88). Philosophical Care kann zwar Trost spendende und Hoffnung säende Praktiken entwickeln und diese auch anwenden, sie sind jedoch nicht mit den institutionalisierten, ritualisierten und symbolisch sowie historisch aufgeladenen Praktiken der religiös-spirituellen Seelsorge identisch.[13] Ebenso können Rituale und Formen der professionellen Berührungen und Körperarbeit Teil von Philosophical Care werden, sie entsprechen jedoch nicht den lang etablierten, theologisch begründeten Äquivalenten (Feulner in Knoll et al., 2022: 17ff).

Diesem Anspruch kann und muss Philosophical Care aber nicht gerecht werden. Dies ist daher nicht notwendigerweise als Problem zu betrachten, da Philosophical Care auch nicht in einem direkten Konkurrenzverhältnis zur religiös-spirituellen Seelsorge steht und versucht, diese abzulösen, sondern einen eigenen, selbstbegründeten und dadurch anderen Zugang zur sorgenden Tätigkeit aufweist.[14] Was und von wem sich die Klientel Zuwendung wünschen, ist daher massgebend dafür, welche Zugänge, welche Praktiken etc. sinnvoll und gewinnbringend sind (vgl. Kapitel 4.3). Folglich zeigt sich hier ein nächster Haltepunkt für die Standortbestimmung:

> Christlich geprägte Seelsorge und Philosophical Care unterscheiden sich primär dadurch, dass die Seelsorge theologisch begründet ist sowie eine religiöse Gemeinschaft repräsentiert und unter anderem religiöse Praxisformen in die Seelsorge miteinfliessen lässt. Philosophical Care schliesst das Religiöse nicht aus (im Sinne einer atheistischen, agnostischen Sorgeform), kann und soll jedoch diese Elemente nicht als ihre Eigentümlichkeit bezeichnen.

Philosophical Care nimmt daher eine geschwisterliche Nebenposition zur religiös-spirituellen Seelsorge ein. In einer ähnlichen Position steht auch die Philosophische Praxis, von welcher sich demzufolge Philosophical Care differenzieren lassen soll.

---

13 Folglich wäre es auch sinnwidrig, zu versuchen, die Praktiken ohne den dazugehörigen Glauben zu kopieren. Die Übernahme von Praktiken wie Geburtsfeiern, Trauungen und Bestattungen bspw. finden sich in sogenannten humanistischen und spirituellen Gemeinschaften (Crane, 2021: 34).
14 Selbstverständlich werden in der Praxis und ebenfalls in der Praxistheorie unterschiedliche Strömungen um Anerkennung ringen, dies ist jedoch nicht das Ziel der Praxistheorie selbst, sondern das Ergebnis wissenschafts- und berufssoziologischer Gegebenheiten (vgl. Mieg, 2018).

4.2. Philosophical Care und Philosophische Praxis

Auch die Philosophische Praxis lässt sich wie Philosophical Care aus der Philosophie selbst heraus begründen – einen Anspruch, den sie für sich selbst auch hervorhebt – und bezeichnet ebenfalls eine Form der zwischenmenschlichen Sorge. Wie schon in Kapitel (2) und in der Einleitung des vorliegenden Kapitels ausführlich besprochen wurde, war die Sorgetätigkeit trotz Veränderungen und Verschiebungen stets ein Element der Philosophie, das sich über die Geschichte und über den gesamten Globus hinweg immer wieder finden lässt. »Die Philosophische Praxis hat eine lange Tradition – und ist doch ohne Vorbild«, konstatiert Achenbach (Achenbach, 2023: 21). Durch die Philosophie konnte immer wieder Trost gespendet, Hoffnung geschöpft, Bildung initiiert und zum eigenen oder fremden Seelenheil geschaut und gesorgt werden. Die Philosophie ist dennoch kein universales Allheilmittel und kann auch nicht jeden Menschen therapeutisch oder sorgend begleiten. Aber die *Sorge* als zuwendende Tätigkeit oder zumindest als praktisch philosophische Thematik war trotz Gegenstimmen stets ein Teil der Philosophie (Gahlings, 2023: 66).

Entsprechend wurde im Hinblick auf die zunehmende Akademisierung und der Verwissenschaftlichung der Philosophie die Philosophische Praxis von Achenbach gegen Ende des 20. Jahrhunderts in Deutschland gegründet. Diese neue Art von Beratungskultur durch Philosophie wurde ins Leben gerufen, in Abgrenzung zur dominant gewordenen Wissenschaftsphilosophie, zur Psychotherapie und auch zur Lebenskunst anhand von Coaching- und Managementangeboten (Gahlings, 2023: 30). Von da aus wuchs die Zunft der Philosophischen Praxis mehr oder weniger rasant an und verteilte sich international über die ganze Welt. Unterdessen ist aber eine gewisse Stagnation in der Entwicklung und Ausübung eingetreten. Dies liegt an mehreren Gründen.

Was genau *Philosophische Praxis* aber ist und wie sie sich bestimmen lässt, ist nämlich wiederum eine komplexe Angelegenheit (vgl. Bennent-Vahle, 2022: 11). Selbst Achenbach war dagegen, eine grundlegende Praxistheorie zu entwerfen (Achenbach, 2023: 7), die sich federführend für alle Praktiker und Praktikerinnen in ihrer Praxis verbindlich etablieren sollte. Er selbst entwickelt in seinen Werken unterschiedliche Ansätze, sieht sie aber keineswegs als verbindlich für das praxistheoretische Selbstverständnis an. Demzufolge verfügen Philosophische Praktikerinnen und Praktiker oft über ein sehr individuelles Verständnis davon, was unter Philosophischer Praxis zu verstehen ist. Dies bezieht sich sowohl auf Themen, Methoden, Ansätze als auch auf die einzelnen Philosophien, die sie für die eigene Praxis heranziehen. Was sie alle aber zusammenhält, bleibt unterdessen unklar.[15]

So entstehen mitunter ganz triviale Definitionen von Philosophischer Praxis: »Ein Philosophischer Praktiker wäre demzufolge jemand, der philosophisch handeln bzw.

---

15 Dies muss nicht zwangsläufig als Kritikpunkt zu verstehen sein. Einerseits findet sich die fehlende Übereinstimmung auch in den Seelsorgeströmungen und andererseits ist es eventuell auch weder Ziel noch Tugend der Philosophie, eine solche Einigung anzustreben (vgl. Hofmann in Staude, 2010: 191).

4.2. Philosophical Care und Philosophische Praxis

Wirkungen hervorbringen kann, indem er Philosophie ausübt und auf diese Weise etwas tut, eben praktiziert« (Stölzel, 2012: 68). Ähnlich trivial wird Philosophische Praxis auf den ersten Blick auch bei Lindseth gedeutet: »Das Philosophieren in Gesprächen mit ratsuchenden Menschen kommt dadurch zustande, dass sich das Gespräch *philosophisch* auf das Gesagte einlässt« (Lindseth, 2014: 177). Was dieses *Philosophische* nach Lindseth sein könnte, beschreibt er zwar für sich, lässt es aber wiederum für die anderen Praktiker und Praktikerinnen offen.

So lässt sich die *Philosophische Praxis* tautologisch als *Praxis der Philosophie* definieren und sagt damit noch nicht besonders viel aus. Es ist die Philosophie die auf eine mehr oder minder bestimmte Weise ihre Anwendung findet. Weitere Bestimmungsversuche erweisen sich als wesentlich differenzierter, sind einander jedoch gelegentlich inkonsistent gegenübergestellt, oder erfolgen zumindest ohne systematischen Bezug aufeinander. Ein dezidierter Entwurf einer Praxistheorie ist nicht zu finden.

Die schier unüberschaubare Komplexität von diversen Ansätzen wird auch einsehbar, wenn man unterschiedliche Werke der Philosophischen Praxis für eine Bestimmung hinzuzieht. Viel hängt davon ab, welche Inhalte und Methoden die Praktizierenden in ihrer eigenen Ausbildung erlernt haben oder mit denen sie privat sonst sympathisieren. Und je nach philosophischer, psychotherapeutischer, beraterischer Vorbildung der einzelnen Personen, wird eine ganz spezifische Akzentuierung in Bezug auf Inhalte, Methoden und Ziele für die eigene Praxistheorie vorgenommen. Wie sehr die eigene Praxis noch als philosophisch verstanden werden kann, wird damit oft im eigenen Selbstverständnis übergangen.

Über die Jahre hinweg und durch die Zunahme an Praktikern und Praktikerinnen wurden jedoch aufgrund angestrebter Vereinheitlichung immer wieder Versuche gestartet, die Philosophische Praxis in ihrer Eigentümlichkeit herauszuschälen. Dies diente zur Institutionalisierung von Berufsverbänden und der Absicherung von Qualitätsstandards und des gemeinschaftlichen Austauschs. Gahlings bspw. definiert die Philosophische Praxis dementsprechend etwas spezifischer wie folgt: »*Philosophische Praxis ist ein institutionell verankertes philosophisches Angebot zur solidarischen Partizipation mit verschiedenen Begegnungsformen im Hinblick auf Bildung und Persönlichkeitsentfaltung, politisches und gesellschaftliches Engagement sowie Lebensorientierung und Trost*« (Gahlings, 2023: 65; H.i.O.).

Folgendes kann dabei noch zum Verständnis dieser Definition ergänzt werden: Die Philosophische Praxis geht, wie erwähnt, ernsthaft von der eigenen philosophischen Begründung aus. Ihr ist keine andere Wissenschaft vorgeordnet und sie orientiert sich auch nicht an festgesetzten Welt- und Selbstbildern, die sie ungefragt oder unkritisch von anderen Disziplinen übernimmt.

Vielmehr geht sie unter anderem vom Nicht-Wissen und dem Staunen aus, aus welcher sich die Philosophie aus anthropologischer Perspektive zu begründen versucht (bspw. Bennent-Vahle, 2022: 13). Die Philosophische Praxis wird somit als genuine Form des Philosophierens verstanden, wie sie aus philosophisch-anthropologischer Perspektive gedacht wird. Menschen treffen sich, um sich gemeinsam, strukturiert und argumentativ übers Leben auszutauschen. Eine solche Idee der gemeinsamen Nachdenklichkeit im Austausch gehört entsprechend zentral zur Philosophischen Praxis oder bildet folglich das wesentliche Strukturmerkmal (Krauss, 2022: 28).

Daher kann die Philosophie in ihrer Beratungsfunktion auch keine definitiven Antworten liefern und Patentrezepte verteilen, sondern sie ist in ihrer solidarischen Partizipation als ein ergebnisoffenes Bemühen um Weisheit zu verstehen (Gahlings, 2023: 33). »Besonders in der *Philosophischen* Beratung sollen *Probleme* überhaupt als solche allererst in ihrem Kontext erkannt, *eröffnet, artikuliert*, und *neue, unerschlossene Horizonte aufgezeigt* werden« (Schiffer in Staude, 2010: 40; H.i.O.). Es werden also nicht einfach philosophische Positionen und Termini in der Philosophischen Praxis vermittelt, sondern die Bildungsabsicht und die Persönlichkeitsentfaltung werden als offener Prozess gemeinsam mit dem Gegenüber betrachtet und angestrebt.

Dieses ist zur Selbsttätigkeit angehalten und wird dabei in der Bewusstwerdung eigener Meinungen, Gefühle etc. unterstützt (Achenbach, 2010: 135). Die Philosophische Praktikerin und der Philosophische Praktiker gehen dabei nicht einfach in ihrer Rolle als Philosophin und Philosoph auf, ähnlich wie es auch in der Seelsorge proklamiert wird, sondern sind persönlich in die Situation involviert und versuchen, das Bemühen um Weisheit durch solidarische Partizipation zu fördern (Gahlings, 2023: 69). So proklamiert bspw. Huber: »*Vielmehr noch als eine professionelle Beziehung, ist die Begegnung in der Philosophischen Einzelberatung eine von Mensch zu Mensch*« (Huber in Staude, 2010: 108; H.i.O.).

Daher ist auch nicht die Thematik oder der Inhalt ausschlaggebend für das gemeinsame Streben nach Weisheit. Nicht der Philosophie ist der Austausch untergeordnet. »Sondern das Gespräch muss umgekehrt der Grund des Philosophierens sein« (Lindseth, 2014: 178). Die Philosophische Praxis betrifft daher alle teilnehmenden Parteien. Sie führt bestenfalls zu Transformationen und Veränderungen auf allen beteiligten Ebenen und für alle Parteien.

Festzuhalten ist bei alldem: »Menschen kommen nicht in Philosophische Praxen, um theoretische Positionen zu diskutieren, sondern sie sind durch (grössere oder kleinere) Krisenerfahrungen motiviert. Es sind ja gerade diese Erfahrungen, die es fruchtbar machen, über den Lebensweg nachzudenken« (Lindseth in Staude, 2010: 74). Philosophische Praxis ist daher auch kein zufälliges, sondern mehr oder minder strukturiertes und begründbares Geschehen. Es gibt also einen gewissen Grund, weshalb Menschen die Philosophische Praxis in Anspruch nehmen, worauf in den Unterschieden noch weiter eingegangen wird.

Entsprechend zu diesen Gründen ist in der Philosophischen Praxis jedoch der Raum zu schaffen, dass jene Menschen sich gemeinsam austauschen können, und, so wie es Gahlings in ihrer Definition formuliert, Lebensorientierung und Trost finden können. Lindseth führt daher weiter zur Gastfreundschaft der Philosophischen Praxis aus: »Es ist, als ob die Rede in diesem Raum eingeladen wird, damit das Gesagte eine klarere Gestalt und klarere Konturen bekommt. Dann kann sich der Gast auch auf eine mehr bewusste Weise selbst hören. Das bringt mit sich, dass es ihm möglich wird, eine neue *Orientierung* in dem zu finden, was er selbst sagt« (Lindseth in Staude, 2010: 88; H.i.O.).

Was ist bei der Definition von Gahlings weiter mit *bildungspolitischem Anliegen* und *unterschiedlichen Begegnungsformen* gemeint? Weitaus stärker als viele religiös-spirituelle Seelsorgeströmungen weist die Philosophische Praxis explizit auf eine pädagogische, bildungspolitische Seite hin. Bildung lässt sich zusammengefasst nach Ru-

4.2. Philosophical Care und Philosophische Praxis

cker wie folgt verstehen: »Indem ein Mensch Regeln für sich selbst als massgeblich bestimmt und sich an diesen Regeln orientiert, positioniert er sich im Verhältnis zu sich selbst und zur Welt« (Rucker, 2014: 69). Phänomenologische, hermeneutische und mäeutische Ansätze versuchen in der Philosophischen Praxis jene Bildung zu fördern.

Besagtes Unterfangen kann als philosophisch betrachtet werden, wenn es anhand bestimmter Methoden, Argumenten oder handlungsleitenden Konzepten (bspw. Skepsis) durchgeführt wird. Den Philosophiebegriff so zu verstehen bedeutet also nicht, dass man ihn durch Texte oder Behauptungen von unterschiedlichen Themen begreift, sondern als eine Art des methodischen Fragens und der kritischen Auseinandersetzung mit anderen Meinungen (Habermas, 2009: 80).

Ein solcher Umgang mit und Entwurf von Regeln und Werten werden jedoch nicht solipsistisch aufgefasst. Der sich bildende Mensch ist nämlich je schon verstrickt in ein Netzwerk von Abhängigkeiten und Gegebenheiten auf die er kaum oder keinen Einfluss nehmen kann, die aber für das gelingende Leben *und* Zusammenleben beachtet werden müssen. Daher schliesst Rucker: »In bildungstheoretischer Perspektive wird die *gute Lebensführung* als die Form der Lebensführung begriffen, in der ein Mensch sich an dem Prinzip von der Achtung der Würde des Menschen orientiert« (Rucker, 2014: 97; H.i.O.). Ob nun der Würdebegriff für die Philosophische Praxis relevant wird, scheint den individuellen Praktiker oder Praktikerinnen überlassen zu sein.

Es geht jedoch darum, sich darüber Gedanken zu machen und sich darüber auszutauschen, was für das gelingende Leben und Zusammenleben förderlich ist. Eine solche bildungspolitische Absicht wird unter anderem nicht nur in Einzelsitzungen, sondern ebenso in Philosophischen Cafés, philosophischen Wanderungen und Workshops angeboten, die ebenfalls zur Philosophischen Praxis hinzugerechnet werden können (vgl. Krauss, 2022, Staude, 2010). Dabei können für die bildungspolitische Seite auch ganz besondere Akzente in diesen Begegnungsformen gesetzt werden, die sich so bspw. weder in der Psychotherapie noch in der Sozialen Arbeit wiederfinden. »Während der Fokus in der psychologischen und psychotherapeutischen Praxis bei Zukunftsentwürfen mehr auf der realitätsorientierten Perspektive liegt, gehört es seit den Anfängen der Philosophie zu ihrem Geschäft, gesellschaftliche Utopien zu entwickeln« (Huber in Staude, 2010: 115). Die Philosophie arbeitet daher anders mit der Fantasie, mit Gedankenexperimenten und Techniken, die sich mit der Imaginationskraft des Menschen beschäftigen.

Anhand dieser kurzen und prägnanten Definition der Philosophischen Praxis, die aber sicherlich nicht überall auf Zustimmung treffen wird, können nun die Überschneidungspunkte zwischen ihr und Philosophical Care hervorgehoben werden, wobei auch hier nur eine Auswahl von verschiedenen Auffassungen der Philosophischen Praxis betrachtet werden kann.

Mögliche Gemeinsamkeiten

Mit der Etablierung der Philosophischen Praxis wurde eine Fokusverschiebung innerhalb der Philosophie und ihrem Selbstverständnis eingeläutet. »Philosophie in dieser Hinsicht und in dieser Weise ist nicht Wissenschaft, sie ist nicht auf Wissensproduktion gerichtet, sie ist nicht an der Idee eines Wissensfortschritts orientiert, es geht ihr vielmehr um Bildung, um Gutsein und Erfüllung des Daseins« (Böhme, 1994. 74). Sie wendet sich damit direkt an das Leben unterschiedlichster Menschen.

Beide, sowohl die Philosophische Praxis als auch Philosophical Care, sind zwar auf die Wissenschaft – respektive die Philosophie als wissenschaftlich orientierte Disziplin – bei der Professionalisierung ihrer Tätigkeit angewiesen, ihr Ziel liegt jedoch nicht (nur) im Wissenschaftsbetrieb selbst, sondern in der praktisch werdenden Sorge um sich selbst, das Gegenüber, die Mitmenschen und die Umwelt. In ihrem Anspruch auf Selbstbegründung durch die Philosophie kann eine erste Gemeinsamkeit markiert werden.

Bei beiden Formen der philosophischen Sorge liegt zusätzlich auf den ersten Blick eine mögliche Orientierung in der Zunahme von Selbsterkenntnis, -kultivierung und der Initiierung von Bildung, womit sie sich unter anderem von anderen Sorgeformen unterscheiden (Gahlings, 2023: 69). Ein solches Streben nach Weisheit wird – so gehen viele Positionen aus – oft argumentativ untermauert. Philosophie kann in diesem Sinne als *Kulturtechnik* (vgl. Meyer, 2016) verstanden werden, die pädagogisch vermittelt und angeregt werden kann, indem Menschen lernen, kritischer und besonnener zu denken.

Dies muss jedoch zwingend relativiert werden. Lahav wendet hierzu ein: »Kritisches Denken scheint kein Alleinstellungsmerkmal der Philosophie zu sein« (Lahav, 2017: 25). Auch in juristischer Beratung oder in Planungsgesprächen systemischer Ansätze oder in der Sozialen Arbeit werden klare argumentative Richtlinien gesetzt und verfolgt. Bildung, Selbsterkenntnis etc. können in diesem Sinne auch in anderen sorgenden Tätigkeiten und ebenso in therapeutischen Settings gefördert und kultiviert werden (vgl. Staub-Bernasconi, 2018).

Die philosophierenden Personen übernehmen jedoch mit ihren philosophischen Werkzeugen und Methoden ganz bestimmte Rollen innerhalb der Begegnung und der Beziehung, womit sie sich auch von der religiös-spirituellen Seelsorge differenzieren. Dabei lassen sich hermeneutische (verstehende) und kritische (überprüfende) Ansätze, sowie personenzentrierte und sachbezogene Fokussierungen unterscheiden.

So kann man bspw. ganz im Sinne Sokrates' kritische Fragen an das Gegenüber richten und sich gemeinsam elenktisch um Einsichten bemühen, die so bisher noch nicht formuliert wurden (vgl. Kapitel 3) oder man kann sich in phänomenologischer, diskursanalytischer, hermeneutischer Manier solidarisch um mehr Klarheit von allgemeinen Aussagen und Meinungen bemühen, indem hegemoniale und alltägliche Meinungen und Erfahrungen überprüft werden (Mall & Peikert, 2019: 87). Es geht also weder nur um das psychische Selbst, den Menschen als Seele noch um dessen spirituelle Befindlichkeit, sondern ebenso um gesellschaftliche Zustände, hegemoniale Diskurse und Gedankenexperimente. Diese können sich auf abstrakte Themen und

4.2. Philosophical Care und Philosophische Praxis

Begriffe aber ebenso auch konkrete alltägliche Erfahrungen beziehen (vgl. Kapitel 3). Diese Zugänge und Techniken stellen mögliche Spezifika dar, welche in anderen sorgenden Tätigkeiten weniger oder gar nicht angewendet werden. Damit ist aber weder die Rolle der Philosophischen Praktikerin oder des Praktikers, noch jene von Philosophical Care Tätigen ausgeschöpft.

Beide Tätigkeiten – die Philosophische Praxis und Philosophical Care – können so verstanden werden, dass sie in ihrer Rolle in der Suchbewegung aufgefasst werden und nicht primär in der Beratungs- und Therapiemöglichkeit aufgehen (Schmolke, 2011: 22).[16] Entsprechend formuliert es auch Lindseth: »Philosophische Praxis ist keine Behandlung und deshalb auch keine Therapie« (Lindseth, 2014: 19).

Sie können therapeutische oder beraterische Elemente enthalten, jene sind jedoch keine notwendigen Bestandteile. Dies zeigt sich an der Ordnung der transzendentalkritischen Problemstellungen und deren Hinführung zum Begleitungsbegriff. Wichtig ist dabei hervorzuheben, dass der Mensch nicht auf seine Philosophie und die Begegnung nicht auf die philosophischen Komponenten reduziert werden kann und auch nicht reduziert werden soll. Die Philosophische Praxis, so schreibt Gahlings, ist entsprechend »dafür prädestiniert, auch ergänzend zu anderen Begegnungs-, Beratungs- und Therapieformen aufgesucht zu werden« (Gahlings, 2023: 31). Und weiter schreibt sie: »Der Philosoph ist mitfühlend und reflektierend dabei behilflich, dass die Besucherin durch Vereinzelung und Vernetzung einzelner Aspekte Orientierung in ihren Situationen findet« (Gahlings, 2023: 141). Dass damit auch die Grenzen von philosophischen Ansätzen mitreflektiert wird, gehört unabdingbar dazu.

Es geht Gahlings folglich um die gemeinschaftliche Bemühung und nicht primär um die Ergebnisse, die angestrebt werden. Die Begegnung und die daraus resultierende Beziehung stehen somit klar im Vordergrund. Und diese Begegnung geht über die Beratung als Informationsvermittlung hinaus, womit nochmals auf *Care ist mehr!* verwiesen werden soll. »Eine gute Beratung, bereichert – wie ein sinnvolles Gespräch – immer beide Teilnehmer« (Huber in Staude, 2010: 108). Hierzu ebenfalls nochmals Lindseth: »Damit wird die Philosophische Praxis als therapeutische Kunst gesehen, vergleichbar mit Psychotherapien, auch wenn sie auf anderen Wegen als diese ihre heilvolle Wirkung hervorbringt« (Lindseth, 2014: 131). Philosophische Praxis unterscheidet sich dahingehend von der Psychotherapie, weil die Therapie ihr Ziel klar auf die heilvolle Wirkung ausrichtet. Philosophische Praxis ist jedoch, wie schon erwähnt, eher als ein Bemühen aufzufassen, das in sich heilende Aspekte tragen kann, sich aber nicht darin erschöpft.

Der Mensch als Gegenüber bildet daher in der Philosophischen Praxis und in der Praxis von Philosophical Care keinen Fall, der abgearbeitet werden muss. Selbstverständlich können Probleme in der Care-Tätigkeit besprochen und teilweise auch gelöst werden. Wichtig sind jedoch nicht primär das Lösen der Probleme, sondern die

---

16 Dies gilt verständlicherweise auch für einige Seelsorgeströmungen, wenn darauf verwiesen wird, dass Seelsorgende nicht Überbringer und Überbringerinnen von Wahrheiten sind, sondern sich ebenfalls um das Geheimnis des christlichen Gottes bemühen (Nauer, 2014: 137).

Begegnung, welche die gemeinsame Tätigkeit des Hörens und Gehört-Werdens innerhalb solcher Situationen miteinschliesst (Lindseth, 2014: 51).

Dabei richtet sich das Hören auf eine philosophische Auseinandersetzung der jeweiligen zu Wort gebrachten Sachlage. Die Philosophische Praxis und ähnlich auch Philosophical Care, wie sie hier gedacht wird, sind insofern motiviert von einer Sorge um das Gegenüber und dessen Mit- und Umwelt. Es gilt dabei folglich, die notwendigen Möglichkeiten zum Austausch zu schaffen, die eine Kultur des gastfreundlichen Zuhörens und des Zuwendens fördern (Fintz in Staude, 2010: 258). So bringt die philosophische Form der Sorge bisweilen verschiedenste Menschen gemeinsam in den Austausch und fördert ein anderes (philosophisches) Miteinander-Sprechen, eine spezifische Form von Begegnung, Austausch und auch Vermittlung (Achenbach, 2023: 85). In jener Form der spezifischen Zuwendung werden die philosophischen Schlüsselkompetenzen kultiviert.

Folglich ist die philosophische Form der Sorge primär an der Beziehungsgestaltung orientiert, während sich die auszutauschenden Inhalte und die Ziele transzendentalkritisch an die Beziehung in einem weiteren Schritt anschliessen können. Dieser Grundsatz wird oft auch in der Seelsorge, respektive in einigen dieser Strömungen hervorgehoben (bspw. Nauer, 2014, Ziemer, 2015). Philosophical Care und die Philosophische Praxis gehen daher, ähnlich auch wie die Seelsorge, nicht in Technik, Methoden und Beratung auf (Gahlings, 2023: 76). Alle diese Disziplinen wehren sich explizit gegen einen starken Instruktionalismus innerhalb der eigenen Tätigkeit. Gahlings geht sogar so weit, dass sie die Parallelen zwischen Seelsorge und Philosophischer Praxis hervorhebt: »So [im praxistheoretischen Sinn; O.I.] kann ihrem Selbstverständnis nach Philosophische Praxis eng an *religiöse Seelsorge* angeschlossen sein« (Gahlings, 2023: 73).

Viele Philosophische Praktiker und Praktikerinnen würden einer solchen Engführung zwischen Philosophischer Praxis und Seelsorge jedoch vehement widersprechen (vgl. Achenbach, 2010, Brandt, 2017, Marinoff, 2000). Vielmehr findet eine klare Orientierung an der Psychotherapie und ähnlichen Beratungsformen statt (bspw. Stölzel, 2012: 66).

Unabhängig davon zeigen sich auch bei Gahlings Verständnis von Philosophischer Praxis und Seelsorge wesentliche Unterschiede, bei welchen Philosophical Care anscheinend, aber offensichtlich zwischen die Stühle fällt. Philosophical Care ist daher, so die vorliegende Hypothese, der Seelsorge wesentlich näher angesiedelt als die Philosophische Praxis. Folglich sollten die Unterschiede zwischen der Philosophischen Praxis und Philosophical Care herausgearbeitet werden, um dieses Verhältnis zu verdeutlichen.

Mögliche Unterschiede

Auch wenn nicht zwangsläufig Problemlösungen, sondern die Beziehungsgestaltung im Zentrum der Philosophischen Praxis steht, so sind die Unterschiede zur Seelsorge dennoch auffällig und nicht zu vernachlässigen. Die Art und Weise wie die Philosophische Praxis zumindest im Einzelsetting ausgeübt wird, orientiert sich klar und deutlich an der Psychotherapie.

Brandt geht sogar so weit, die Philosophische Praxis als die eigentliche Form der Psychotherapie, wenn sie sich in ihrer Tätigkeit ernst nehmen würde, auszuweisen. »*Die Philosophische Praxis ist die Wahrheit der Psychotherapie*« (Brandt, 2017: 184; H.i.O.). Dies scheint infolge der unterschiedlichen Entwicklungen und Strömungen innerhalb der Psychotherapie eine übertriebene und kaum haltbare Position zu sein. Und auch viele Philosophische Praktikerinnen und Praktiker kommen nicht zu einer solchen Schlussfolgerung. Dennoch weist die Aussage auf die Tendenz hin, die Philosophische Praxis weitaus näher an der Psychotherapie anzugliedern als an der Seelsorge, und zwar nicht nur thematisch-inhaltlich, teleologisch, sondern auch formal. Auch wenn Gahlings hierzu eine interessante Gegenstimme bildet, scheint sich die Mehrheit der Philosophischen Praktikerinnen und Praktiker anders in ihrer Care-Tätigkeit zu verstehen.

Zuerst fällt auf, dass momentan die meisten Philosophischen Praktikerinnen und Praktiker in sogenannter freier Trägerschaft ihr Handwerk praktizieren und daher ihre Praxis in Sprechstunden innerhalb eines klar etablierten Sitzungszimmers anbieten (Gahlings, 2023: 61). Es existiert also eine Praxis als Ortschaft, wo Klientel die Praktikerin oder den Praktiker aufsuchen können und für ein Treffen auch aufsuchen müssen.[17] Es existiert folglich keine aufsuchende Philosophische Praxis, welche auf Klientel zugeht. Vielmehr etabliert sich die Philosophische Praktikerin oder Praktiker in der eigenen Praxis und wirbt von da aus um Kundschaft.

Die zwei Parteien kommen daraufhin regelmässig zusammen und erörtern die Zwangslagen, Dilemmas und das Leben der Ratsuchenden, womit systemische Ansätze mit mehr Parteien schon im Voraus vernachlässigt werden.[18] »Sie suchen die Praxis des Philosophen auf, weil sie verstehen und verstanden werden wollen« (Achenbach, 2023: 15). Weiter will Achenbach festgehalten wissen, weshalb diese Leute sich auf den Weg in die Philosophische Praxis machen: »Gewöhnlich sind es Enttäuschungen, unvorhergesehene oder jedenfalls so nicht erwartete Erfahrungen, Kollisionen mit anderen Menschen, Schicksalsschläge, Erlebnisse des Scheiterns, aufdringlich schlechte oder bloss fade Lebensbilanzen« (Achenbach, 2023: 16). Üblicherweise, so hält bspw. Lahav fest, dauern diese aufgesuchten und formalisierten Beratungsgespräche zu jenen Themen zu zweit meistens ungefähr eine Stunde und finden in wöchentlichen Abständen über eine gewissen Zeitspanne statt (Lahav, 2017: 22). Entsprechend werden die Sitzungen auch einzeln verrechnet.

---

17 Dass dabei der Raum, zwar nicht notwendigerweise als Thema, jedoch als konstitutives Element einer Begegnung vernachlässigt wird, scheint in den wenigsten Theorien, Praxistheorien und Praktiken der zwischenmenschlichen Sorge Beachtung zu finden (Moreno, 2001: 34).

18 Natürlich existieren auch Formen der Paarberatung in der Philosophischen Praxis (vgl. bspw. Marinoff, 2020, oder Staude, 2010) und ebenso Gruppengespräche (vgl. bspw. Lahav, 2017, oder Schmid, 2016), diese bilden jedoch eher eine Seltenheit.

Ähnlich wie bei der Psychotherapie wird die Begegnung also so inszeniert, dass die Klientel sich zuerst im Vorfeld über die Philosophische Praxis mehr oder minder informieren und eine Praxis oder ein Sitzungszimmer schliesslich in der Realität aufsuchen und die Begegnung genau in diesem Rahmen zu einem festgelegten Zeitpunkt stattfindet, welcher den Austausch formal strukturiert. So wird die Beziehung auf die Art und Weise dieser Interaktion gestaltet. Die philosophischen Praktikerinnen und Praktiker können Klientel ablehnen und sich das Setting nach eigenen Wünschen und Gutdünken gestalten, ohne grosse Mitbestimmung der Klientel. Es wird überlegt, wie lange und wie oft jemand den Weg ins Sitzungs- oder Sprechzimmer auf sich nimmt, um sich dort philosophisch auszutauschen. Ähnliches gilt auch für Philosophische Cafés und äquivalente öffentliche Veranstaltungen, die an bestimmten Terminen stattfinden, an welchen hauptsächlich jene Menschen teilnehmen können, die finanziell und zeitlich dazu in der Lage sind, dieses private Interesse an philosophischem Austausch verfolgen zu können.

Ganz anders versteht sich die religiös-spirituelle Seelsorge in ihrer Praxis, die weitaus niederschwelliger auftreten will und die gerade keinen Klientelvertrag oder direkt zu verbuchende Kosten für jede Sitzung anstrebt (Emlein, 2017: 309). Seelsorge kann überall, zu jeder Zeit mit unterschiedlichsten Menschen stattfinden und fordert auch keine direkte monetäre Gegenleistung. Auch in Krankenhäusern, Altersheimen, Asylunterkünften, Gefängnissen oder weiteren Institutionen kann Seelsorge angeboten werden und Menschen sind nicht dazu verpflichtet, sich auf den Weg in ein Sitzungszimmer zu begeben, sondern die seelsorgende Person kann direkt bei den Klientel erscheinen (Nauer, 2014: 15). Die Seelsorge ist durch dies weitaus flexibler, kann sich dem Alltag und den je individuellen Situationen der Klientel auch besser anpassen. Die Zeitformate für die Begegnungen sind ebenfalls weniger starr und die Bedingungen, dass jemand Seelsorge in Anspruch nehmen will, wird durch weniger Hürden beschränkt (Gahlings, 2023: 66). Entsprechend haben die Klientel weitaus mehr Bestimmungsmöglichkeiten, wie die Begegnung und die Beziehung gestaltet werden sollen und die Care-Tätigen sind dazu aufgefordert, sich in Situationen und Institutionen hineinzubegeben, die sie nicht vollumfänglich kontrollieren können.

Philosophical Care nimmt sich hier im Unterschied zur Philosophischen Praxis nicht die Psychotherapie, sondern die Seelsorge zum Vorbild. Ihr Verständnis der sorgenden Tätigkeit besteht in der Unmittelbarkeit und Flexibilität sowie die Möglichkeit zur Selbstbestimmung, welche die Klientel und ihre Lebenswelt mit in die Begegnung bringen und sie versucht damit, die Hürden für eine Begegnung so tief wie möglich anzusetzen. Es bedarf daher im Vorab auch kein Interesse für Philosophie bei den Klientel vorauszusetzen, noch müssen diese sich zwangsläufig im Voraus Informationen über die Leistungen von Philosophical Care eigens erarbeiten. Sie setzt bei den Klientel und deren Bedürfnissen selbst an, anstatt einen Ort zu schaffen, an dem nur bestimmte Klientel hinkommen können (vgl. Kapitel 4.3).

Ein weiterer grundlegender Unterschied zwischen der Philosophischen Praxis und Philosophical Care besteht in der oft sehr verengten Auffassung, was als *Philosophie* zu verstehen ist. Lindseth kommentiert dies klar: »Das Praxisgespräch muss ein Prozess werden, in dem eine Lebensthematik hervortreten kann« (Lindseth in Staude,

2010: 94). Mit dieser normativen Forderung wird darauf hingestrebt, dass in der philosophischen Sprechstunde schliesslich auch tatsächlich philosophiert wird.

Das Philosophieren als ein Handwerk bedingt daher die Qualität der einzelnen Begegnungen. Weiter schreibt also Lindseth: »Eine Erfahrungsbewegung wird vollzogen werden können, so dass der Gast auf der Reise durch sein Leben besser seinen Platz findet« (Lindseth in Staude, 2010: 94). Wie ist aber eine solche Qualität des Philosophierens zu verzeichnen?

Eine mögliche Antwort lautet: »Kenntnisse der Humanwissenschaften, soweit sie Lebensorientierung geben, sind *a priori*. Und die Evidenz, die das Wissen begründet, ist kein empirischer Beleg, sondern die Konsistenz und Überzeugungskraft einer beweglichen und erhellenden Einsicht, die in gelebter Erfahrung verankert ist« (Lindseth in Staude, 2010: 97; H.i.O.). Die meisten Formen der Philosophischen Praxis bestehen daher in rein kognitiven Diskursen, wo es um Begriffsdefinitionen, Argumente, Sprachspiele und Situationsanalysen etc. geht. Dazu sekundiert Stölzel: »So wie ich sie verstehe und handhabe, verfügt Philosophische Praxis als Methode über ein erhöhtes und durch die Sprachphilosophie geschärftes kritisch-analytisches Bewusstsein für Worte und Begriffe sowie ein entwickeltes Gespür für die Implikationen von Metaphern und Vergleichen und deren häufig suggestiven und hypnotischen Angeboten« (Stölzel, 2012: 70). In dieselbe Kerbe schlägt unter anderem auch Lahav: »Die philosophische Reflexion kann uns helfen, die Bedeutung unseres Verlangens zu verstehen, sie kann uns helfen, unser Leben zu begutachten und seine Enge zu sehen, sie kann uns ermuntern, uns eine tiefer gehende Art von Leben auszumalen, sie kann uns zeigen, was ein solches Leben fordern würde, und uns ein paar Hilfsmittel zur Selbsttransformation geben« (Lahav, 2017: 12).

Diese Hilfsmittel sind bei Lahav und anderen hauptsächlich begriffsanalytische und argumentative Werkzeuge zur Erkundung von Selbst- und Weltverständnissen. Weiter schreibt er: »Da diese Grundverständnisse grundlegende Lebensfragen betreffen, sind sie *philosophisch*. Das liegt daran, dass sie nicht nur ein spezifisches Detail meiner Welt behandeln, sondern Grundprinzipien und Grundbegriffe, die die Bausteine meiner Welt sind« (Lahav, 2017: 44; H.i.O.).

Auch wenn die Philosophische Praxis im Selbstverständnis der Philosophie einen Paradigmenwechsel (Kuhn, 2020) einführen will, dass nämlich die Philosophie weitaus mehr als nur theoretische Beschäftigung mit Texten ist – so wird innerhalb der Praxis dennoch der Bezug zu dieser theoretischen Beschäftigung durch meistens rein argumentative, sprachanalytische Dialoge und Texte aufrechterhalten. »Die Form, in welcher die Methoden Philosophischer Praxis sich am besten entfalten können, ist das philosophische Gespräch«, will Schiffer festhalten (Schiffer in Staude, 2010: 37). Ähnlich geht auch Fintz mit dem Philosophieverständnis um: »*Die ureigenste Tätigkeit und Aufgabe jedes Philosophen und jeder Philosophin ist das Denken*« (Fintz in Staude, 2010: 151; H.i.O.). Sie geht sogar so weit, diesem Denken unmittelbare normative Kraft für die Praxis zuzusprechen: »Das Denken respektiert die Autorität des vernünftigen Arguments, egal von wem es stammt, und ist dennoch absolut personal« (Fintz in Staude, 2010: 151).

Obwohl also der Anspruch auf Selbstbegründung durch die Philosophie erhoben wird, herrscht wenig bis kaum Verständnis für einen Philosophiebegriff, welcher der

Care-Tätigkeit entsprechend passender sein würde. Nur wenige Ansätze führen andere, bspw. körperliche und künstlerische Aktivitäten auch als philosophische Tätigkeiten durch (Gahlings, 2023, Stölzel, 2014, 2015). Nicht alle Menschen bringen zudem genügend kognitive und sprachliche Kompetenzen mit in die Begegnung. Es kann daher nicht mit allen philosophiert werden. Philosophische Praxis stösst hier unweigerlich an ihre Grenzen und wird anhand des eigenen Begriffsverständnisses von *Philosophie* künstlich begrenzt. Daher werden viele als mögliches Klientel schon im Voraus von der Philosophischen Praxis und damit auch von der Care-Tätigkeit ausgeschlossen.

Die religiös-spirituelle Seelsorge kann hingegen – wie oben schon erwähnt wurde – auch noch auf andere Formen der Praxis zugreifen, als nur über den kognitiven und sprachlichen Austausch. Kontrollierte und professionelle Berührungen, das Erschaffen von Atmosphären, Ritualen und Durchführen von Körperübungen können schon seit langem ebenso Teil der Seelsorge sein und werden auch aktiv genutzt (Nauer, 2014: 227). Auch hier versucht Philosophical Care im Gegensatz zur Philosophischen Praxis ein möglichst breites Verständnis der Philosophie anzuwenden. Auch sie kann Elemente enthalten oder aufnehmen, die über die kognitive Arbeit und theoretische sowie sprachliche Beschäftigung hinausgehen. Durch die funktionale Setzung des Philosophiebegriffs als die Kultivierung philosophischer Schlüsselkompetenzen (vgl. Kapitel 2) ist ein solcher Ansatz auch begründungsfähig und vertretbar.

Selbstverständlich kann hierbei kritisiert werden, dass Philosophical Care sich dadurch übernimmt und ihre eigenen Grenzen missachtet, wenn sie zu viele unterschiedliche Aspekte in ihre Praxis aufnehmen will. Was überhaupt noch *Philosophie* ist und was nicht, kann dabei unklar und ambivalent werden. Es zeigt sich aber, dass der Begriff auch ohne dies komplex und problematisch zu definieren ist. Da sich Philosophical Care jedoch nicht aus dem philosophischen Kanon und ebenso nicht aus den praktischen Überlegungen zur Philosophie (vgl. Kapitel 2) ableitet, sondern axiologisch aus den philosophischen Schlüsselkompetenzen, ist es möglich, anhand der Kompetenzen stets mit der gegebenen Situation sich für die Verwendung einzelner Praxisformen zu entscheiden und diese auch professionell verantworten zu können. Durch Einsicht, (Be-)Urteilen und Radikales Bedenken kann die Praxis oder die Tätigkeit der Philosophie neu eruiert werden (vgl. Kapitel 5).

Eine weitere Frage, die hier noch angestossen werden kann, besteht darin, ob Philosophical Care durch diese Begründungsform nicht einfach als eine neue Strömung der Philosophischen Praxis beschrieben werden kann. Unabhängig davon, was Achenbach mit der Philosophischen Praxis ursprünglich intendiert hat, kann sie sich über die Zeit hinweg verändern und auch auf gesellschaftliche Umwälzungen und Ansprüche reagieren. Es war ja schon von Beginn an nicht sein Ziel, die Philosophische Praxis zu kanonisieren.

Philosophical Care könnte unter diesem Blickwinkel betrachtet und aufgefasst werden. Wäre Philosophical Care daher nicht einfach eine Form einer neueren, zeitgemässen Philosophischen Praxis? Dies scheint keineswegs eine abwegige Frage zu sein. Im Hinblick darauf, wie die Philosophische Praxis gestaltet und konzipiert wird, zeigen sich hier jedoch nicht zu vernachlässigende Unterschiede auf, worunter Philosophical Care als eigenständige Form der Sorge verstanden werden kann. Philosophical Care reagiert anders auf die Sorgeproblematik und entwickelt folglich auch andere Ansätze für die Professionalisierungsherausforderung. Daher lässt sich festhalten:

> Die Philosophische Praxis und Philosophical Care lassen sich beide aus der Philosophie heraus ableiten und können als philosophische Form der Sorge verstanden werden. Während sich die Philosophische Praxis weitestgehend an der Psychotherapie im Hinblick auf Form und Möglichkeiten der Begegnung orientiert, ist Philosophical Care weitaus näher an der christlichen Seelsorge angesiedelt, welche niederschwelliger, sowie freier und flexibler die Begegnungen strukturieren und verantworten kann.

Diese Unterscheidung schliesst jedoch die enge Verbindung zwischen Philosophischer Praxis und Philosophical Care nicht aus. Ein weiterer Austausch ist hier für die Zukunft durchaus erstrebenswert.

4.3. Kriterien der Klientel

In Kapitel (2) wurde besprochen, dass historische, kanonische, anthropologische etc. Bestimmungs- und Begründungsversuche von Philosophical Care zwar anregend und inspirierend sein können, dass diese alle jedoch auf teils unterschiedliche Weise nicht zufriedenstellend zu einer Selbstbegründungsfunktion von Philosophical Care beitragen können. Würde man die Philosophie und die daraus resultierende Form der sorgenden Tätigkeit durch ihre Geschichte oder durch ein klar umrissenes Menschen- und Weltbild definieren, wäre das Feld der Philosophie schon wieder verlassen (Problem der Systemimmanenz).

Entsprechend wurde der Versuch unternommen, Philosophical Care funktional zu bestimmen und zwar in dem Sinne, das untersucht wurde, welche Gegebenheiten vorhanden sein müssen, damit sich das System als Form der sorgenden Tätigkeit selbst erhält und sich selbstreferentiell zugleich auch eigens begründen kann. Hierfür wurden die philosophischen Schlüsselkompetenzen eingeführt und erläutert, welche sowohl bei der philosophischen Theoriebildung als auch in den transzendentalkritischen Momenten der sorgenden Tätigkeit (Kapitel 3) ihre Anwendung finden. So kann Philosophical Care sich selbst als philosophische Tätigkeit verstehen und begründen.

Hieran lässt sich nun eine weitere Frage anschliessen, die für die Praxistheorie von Philosophical Care relevant wird und zwar, welche Kriterien für die Klientel massgebend sind, oder sein sollten. Was unter *Klientel* zu verstehen ist, wurde schon geklärt (vgl. Kapitel 2), wie aber Praxis und Klientel zusammenhängen, scheint bisher noch nicht einsichtig zu sein. Das bedeutet, es lässt sich fragen, ob die Funktion von Philosophical Care ausserhalb ihrer selbst liegt, bspw. indem sie versucht, das Wohlbefinden der Gesellschaft oder spezifischen Individuen zu fördern oder ob die Funktion allein dem System der Philosophie selbst zugerechnet werden kann.

Anders formuliert kann man fragen, ob die Praxis die Klientel bestimmt, um damit bestimmte (bspw. gesellschaftliche, individuelle, ethische etc.) Ziele zu erreichen oder ob die Klientel dafür ausschlaggebend sind, wie die Praxis gestaltet wird und wie dies am besten umgesetzt werden kann. Für die Standortbestimmung muss diese Frage hier zumindest abrisshaft untersucht werden, wodurch sich Philosophical Care nochmals gegenüber den anderen Formen der sorgenden Tätigkeit konturiert. Dies soll hier nun untersucht werden.

Mit der *Indikation* als technischer Term wird allgemein entschieden, ob gewisse Personen, Systeme oder Organisationen dazu geeignet sind, bestimmte Formen der sorgenden Tätigkeit in Anspruch nehmen zu können. Bspw. können pathologische Störungen – wie im Falle der klinischen Psychotherapie – massgebend dafür sein, ob jemand psychiatrische oder psychotherapeutische Behandlung erhält oder nicht. Entsprechend sind gewisse Interventionen nicht bei allen nutzbringend (Pick, 2022: 25). Damit wird nicht impliziert, dass bspw. religiös-spirituelle Seelsorge in psychiatrischen Institutionen keinen Platz oder keine Berechtigung hätte (vgl. Mundhenk, 2010). Es muss jedoch ein klares Rollenverständnis der jeweiligen Tätigkeiten und Angebote geben.

Demzufolge gibt es Kriterien, die dafür ausschlaggebend sind, ob Klientel überhaupt *als Klientel* in Frage kommen oder nicht. Dies ist jedoch nicht für alle Formen der sorgenden Tätigkeit relevant (Schmolke, 2011: 79). Menschen können auch ohne klar definier- und diagnostizierbare Probleme sich bspw. Seelsorgenden etc. zuwenden. Mit der Indikation wird zusätzlich auch die andere Seite des Klientelkriteriums beleuchtet. Nicht nur die Tätigkeit bestimmt die Klientel, sondern die Klientel können gegebenenfalls auch darüber entscheiden, ob sie sich mit jener Form der sorgenden Tätigkeit befassen wollen oder nicht. So können sie sich anhand der Stigmata, die den einzelnen sorgenden Tätigkeiten anhaften, diesen zu- als auch abwenden. Oft werden die sorgenden Tätigkeiten selbst oder die dahinterstehenden Institutionen mit bestimmten normativen Bildern aufgeladen, die mehr oder weniger akkurat sein können (vgl. Goffman, 2020). So sind die Psychotherapie und die Psychoanalyse, die religiös-spirituelle Seelsorge, aber auch die Soziale Arbeit mit mehr oder weniger stereotypen und stigmatisierten Bildern aufgeladen und Menschen, welche jene Form der sorgenden Tätigkeit beanspruchen fallen schliesslich unter jene gesellschaftlichen Stigmata als *Menschenarten* (nach Hacking, 2012).

Dies ist unter anderem auch bei der religiösen Gemeinschaft der Fall. Viele Gründe führten und führen zu vermehrten Kirchenaustritten. »Durch ihren Austritt wollen sie sich von einer Institution, die sie als zutiefst unheilvoll erfahren, distanzieren und ein Zeichen setzen« (Zaborowski in Knoll et al., 2022: 62). Dasselbe gilt selbstverständlich auch für die Philosophie. Nicht alle wollen sich – und müssen sich auch nicht – mit der Philosophie und ihrer sorgenden Tätigkeit auseinandersetzen.

Die Philosophie bildet aber, so hier die vertretene Meinung, im Prinzip keine geschlossene Gesellschaft, welche Personen, Systeme oder Organisationen von Beginn an ausschliesst oder darauf abzielen würde, dies für sich in Anspruch zu nehmen (Achenbach, 2010: 57). Alle können für Philosophical Care grundsätzlich in Frage kommen. Dennoch muss beachtet werden, dass Philosophical Care hierbei nicht ihre Kompetenzen überschreitet und eine notwendige Weitervermittlung an andere Fachpersonen und Institutionen in ihrer Tätigkeit stets mitbedenken muss, um ihrem professionellen Sorgeauftrag gerecht zu werden (Nauer, 2014: 302). Philosophical Care ist daher weder für alle noch für alles zuständig und dies muss in ihrer Tätigkeit selbst kritisch immer wieder vergegenwärtigt werden.

Es geht also nicht darum, dass Philosophical Care andere Formen der Sorge ersetzt, sondern dass sie ergänzend zu den anderen, bestehenden Formen hinzutreten kann (Schmid, 2022: 68). Erst so kann eine inter- und transdisziplinäre Gemeinschaft innerhalb der sorgenden Tätigkeit konstruktiv etabliert werden. Anstelle von einer intrinsischen Konkurrenzsituation auszugehen, lohnt es sich vielmehr, von einer *Verschwisterung* der unterschiedlichen Disziplinen zu sprechen, die in gleichberechtigter Solidarität zueinanderstehen und sich inter- und transdisziplinär anregen. Damit sind die einzelnen Sorgeformen nicht als Ergänzungen oder als Komplementärwissenschaften einer einzelnen Sorgeform zu begreifen, da diese sonst den anderen vorgeordnet wäre, sondern man kann eine übergreifende, gegenseitig anregende Zusammenarbeit anstreben, in welcher Philosophical Care unter den anderen Disziplinen ihren gleichberechtigten Platz einnimmt (Mall & Peikert, 2019: 269).

So entstehen und vergehen, wachsen und verändern sich die unterschiedlichen Formen der Sorge auch je nach Ansprüchen der Gesellschaft (vgl. Kapitel 1), was von den verschiedenen Disziplinen aufmerksam verfolgt werden muss. Die gesellschaftlichen, psychosozialen, religiösen, politischen, historischen, klimatischen Entwicklungen etc. tragen dazu bei, die Ansprüche der Sorge zu definieren, lassen dabei einzelne Aspekte anschwellen und andere wiederum verebben (Mieg, 2018: 24). Die möglichen, unterschiedlichen Formen der Sorge bieten dabei jeweils eine Antwort auf jene Entwicklungen.

Durch unterschiedliche Entwicklungen hat die Nachfrage an Sorge und die Differenzierung der dabei vorgebrachten Bedürfnisse in der heutigen Zeit zugenommen. »Der einzelne kann sich nicht mehr einfach auf die Bräuche und Traditionen seiner Gesellschaft verlassen, sondern entdeckt viele der grundlegenden Probleme und Konflikte des Lebens in sich selbst« (Rogers, 2021: 21). Diese Herauslösung aus unterschiedlichen Traditionen und Bindungen kann auch dazu führen, dass Sorgeformen in unterschiedlicher Weise gesucht und in Anspruch genommen werden wollen. Die komplexer werdenden Ansprüche zur Sorge in der heutigen Zeit bedürfen auch komplexere Angebote zur Sorge selbst (Erler, 2012: 45). Und hierzu kann Philosophical Care einen möglichen Beitrag leisten (Sorgeproblematik). Ob sie sich dabei auf einzelne Personen, auf Systeme oder gar Organisationen bezieht, ist weder im Vorab zu bestimmen, noch schliessen sie sich gegenseitig notwendigerweise aus (Deller & Brake, 2014: 163).

Worauf antwortet nun aber Philosophical Care? Höchstwahrscheinlich bedarf es kein vorgängiges Interesse der Klientel an der wissenschaftlichen oder akademischen Philosophie, damit Philosophical Care von ihnen in Anspruch genommen werden kann. Damit unterscheidet sie sich so auch schon von der Philosophischen Praxis (vgl. Kapitel 4.2).

Ebenfalls müssen sie sich auch nicht um Definitionsversuche bemühen oder versuchen, Bedürfnisse möglichst auf philosophische Weise zu befriedigen. Wie in den transzendentalkritischen Momenten der philosophischen Sorge gezeigt wurde, reicht es aus, dass Menschen in Begegnung treten wollen, in eine Geschichte verstrickt sein wollen, möglicherweise von ihrem Leid erzählen wollen oder andere Ansprüche an eine Beziehung stellen (Conradi, 2001: 41). Dabei geht es nicht primär um ein Weiterkommen oder Problemlösen als festgelegtes Ziel, aber zumindest um das Eingeständnis, dass man in Begegnung treten will. Vielleicht nehmen die Klientel dabei ein exaktes, klar erkennbares Bedürfnis in die Begegnung mit, vielleicht wird es sich aber auch erst innerhalb des Austausches herausschälen. Oder es kann auch ganz ausbleiben. Thiersch ergänzt einsichtig: »Ansprüche unterscheiden sich natürlich auch danach, ob sie auf materielle oder beratend-kommunikative Hilfen zielen, auf Geld und Räume oder auf Beziehungen« (Thiersch, 2014: 166).

Vielleicht liegt das Bedürfnis schon in der Anerkennung von Würde, Respekt in der zwischenmenschlichen Zuwendung, möglicherweise aber auch in der Entscheidungsfindung, bei der Bewältigung von Gefühlen, beim gemeinsamen Zeitverbringen, Ressourcen freilegen, bei der Sinnfindung, Bildung oder der zwischenmenschlichen Vernetzung (Morgenthaler, 2019: 295). Ein solches Bedürfnis oder solche Bedürfnisse sollten »allerdings weniger eine starre [praxistheoretische; O.I.] Weltanschauung sein, sondern vielmehr eine Haltung, die den Menschen befähigt, mit dem stetigen Wandel, mit der Fülle des Lebens angemessen zurecht zu kommen« (Schmolke, 2011: 322). Damit wird impliziert, dass Philosophical Care nicht einfach als eine Dienstleistung aufzufassen ist, die ein klares, vordefiniertes Produkt an die Menschen als mögliche Klientel auszuliefern hat, sondern, dass die philosophische Care-Tätigkeit stets prozesshaft gedacht werden muss. Die Care-Tätigkeit unterliegt der Perspektivität und der Dynamik jener Ansprüche und Bedürfnisse.

Ein wichtiger Punkt muss hier noch erwähnt werden: Auch wenn die philosophischen Schlüsselkompetenzen sehr basal und niederschwellig angesetzt sind, eignen sich vielleicht nicht alle Personen, Systeme und Organisationen vollständig zur philosophischen Reflexion und damit zu Philosophical Care als mögliches Klientel (Schmid, 2016: 142). Dies kann an den schon erwähnten Interessen gegenüber der Philosophie, aber auch an kognitiven Fähigkeiten, physischen Einschränkungen in der Kommunikation etc. liegen. Auch wenn Philosophical Care versucht, sich offen und niederschwellig in die Gesellschaft zu integrieren, muss sie auf den Anspruch verzichten, alle Menschen begleiten zu können, geschweige denn, erwarten, dass sie die passende Form der Sorge für alle darstellt.

Bestimmt nun – um auf die Frage zurückzukehren – die Praxis die Klientel, oder verhält es sich andersrum, dass die Klientel über die Praxis von Philosophical Care entscheiden und bestimmen können? Beide Ansätze scheinen nach den bisherigen Erörterungen möglich und zutreffend zu sein. Daher sollen beide auch beleuchtet werden. Es wird sich zeigen, dass es für Philosophical Care sich jedoch so verhält, dass die Klientel die Praxis bestimmen und nicht umgekehrt.

Die Praxis bestimmt die Klientel

Eine Möglichkeit die Zielgruppe der Klientel zu bestimmen, wer also überhaupt als Klientel für Philosophical Care in Frage kommt, besteht darin, dass dabei von der Praxis der sorgenden Tätigkeit ausgegangen wird.

Das bedeutet, dass die Philosophie und damit auch Philosophical Care einen Auftrag dadurch erhalten, dass sie sich funktional der sorgenden Tätigkeit verschreiben und dadurch spezifische Aufgaben zu erfüllen haben. Die besagten Aufgaben ihrer sorgenden Tätigkeit bilden schliesslich den Zuschnitt, welcher darüber entscheidet, wer zum Klientel gehören kann oder gehören sollte und wer nicht. Jener Zuschnitt wird durch praxistheoretische Haltepunkte festgelegt.

Eine solche Position wird ganz besonders in der Philosophischen Praxis weitgehend angenommen und vertreten. Ein ernstzunehmender Ansatz bietet hierzu unter anderem bspw. Schuchter in seiner Philosophie der Sorgeethik. Schuchter schreibt über die philosophisch sorgende Tätigkeit, dass sie aufgrund ihrer Zielsetzung entscheidet, wie sie sich selbst zu gestalten habe. »Das Ziel des Sorgens kann nicht positiv definiert werden, sondern nur *negativ*, nämlich als die *Abwesenheit von Leiden*« (Schuchter, 2016: 318; H.i.O.).

Leiden ist dabei als die mehr oder minder bewusst erlebte Negation in der menschlichen Lebensrealität – also Versagen, Hemmung, Trennung, Verzicht, Mangel, Störung etc. (Brandt, 2017: 54). So geht Schuchter also davon aus, dass die philosophische Sorge und möglicherweise auch Philosophical Care – insofern sie sich aus der Philosophie heraus begründen – darin bestehen, das Leiden der Menschen zu verhindern oder dieses zumindest im Nachhinein lindern zu können. Leiden zu mindern und möglicherweise auch vorgängig zu verhindern ist damit und war auch nie eine ausschliesslich medizinische Aufgabe, sondern kann auf unterschiedliche Weise und durch unterschiedliche Disziplinen geschehen (Peng-Keller, 2021: 11).[19] Dies nimmt sich daher auch die Philosophische Praxis vor.

Die Sorge kann unterschiedlichste Formen annehmen, folglich auch philosophische Aspekte. Weiter hält Schuchter für seine Begründung fest: »Die Sorge entzündet sich an der Wirklichkeit oder der Möglichkeit von Leid. Und das wiederum verweist stets auf die jeweilige Situation. Wir wissen nicht immer und ein für alle Mal, was Menschen brauchen und wünschen, aber wir erkennen jeweils (leichter), wann und woran sie leiden (oder leiden würden). Und darauf richtet sich die Sorge« (Schuchter, 2016: 319).

Im Leid-Erkennen und der darauffolgende Schritt als Bewältigung jenes Leids können als der Sorgeauftrag der philosophischen Care-Tätigkeit verstanden werden. Dass eine solche Meinung in der Philosophischen Praxis und der Philosophie der Sorge weitverbreitet ist, zeigt sich unter anderem daran, dass viele Positionen zur philosophischen Form der Sorge genau auf dieser Prämisse zumindest implizit aufbauen.

---

19 Es findet sich auch historisch in der europäisch philosophischen Tradition verankert, wo die Philosophie mit der medizinischen Disziplin in Verbindung gebracht wird (bspw. Leeten, 2019: 206).

Es gibt, so die Idee, ganz spezifische Formen des Leids, nämlich unter anderem philosophisches Leid und jenes soll und kann durch die philosophische Sorge angegangen werden.

Ein erwähnenswertes Beispiel für ein solches philosophisches Leiden bildet die sogenannte philosophische *Sehnsucht*, sich in der Welt und in der eigenen Existenz zuhause zu fühlen (Bennent-Vahle, 2022: 30, Safranski, 2015: 152). Die Sehnsucht entsteht durch eine Form der Entfremdung oder Unkenntnis, die auf unterschiedliche Arten und Weisen zustande kommen kann. Es kann sein, dass Menschen in ihrer eigenen Lebensführung und mit ihren (existenziellen und existenzialen) Erfahrungen überfordert sind und dadurch Beistand und Begleitung bedürfen, um eine gewisse Form der Lebenskönnerschaft oder Lebenskunst zu kultivieren (Brandt, 2017: 55).

Die philosophische Form der Sorge, folgt man dieser Argumentation, hat folglich die Aufgabe, genau dieses Leiden an philosophischen Herausforderungen zu erkennen und schliesslich zu lösen und die Menschen dabei zu unterstützten, die eigene Lebensführung wieder (besser) meistern zu können.

Dies kann bspw. in der Förderung von kritischem Denken, dem Hinterfragen eigener Urteile und Meinungen, oder der Stärkung der Autonomie bestehen. Ins selbe Horn stösst bspw. Hartmann: »Wenn Autonomie heisst, Dinge zu tun, die uns wirklich wichtig sind, mit denen wir uns wirklich identifizieren können, dann brauchen wir andere, die uns dabei helfen, in Erfahrung zu bringen, was wir wirklich wollen« (Hartmann, 2022: 136). Dies kann bspw. durch die sokratische Gesprächsführung und die Mäeutik geschehen, oder andere Methoden, welche in der Philosophie immer wieder verwendet und gebraucht werden. Hierfür kann die Philosophische Praxis oder möglicherweise auch Philosophical Care begleitend und unterstützend sein, indem Philosophinnen und Philosophen genau jene Funktion übernehmen, dieses Leid zu erkennen und bei der Bewältigung unterstützend mitzuwirken.

Um es noch einmal zu verdeutlichen: Die Funktion der philosophischen Form der Sorge liegt nach dieser Auffassung entsprechend ausserhalb ihrer selbst, indem sie versucht, das Leiden der Menschen zu lindern oder zu verhindern, welches die Menschen aufgrund ihrer anthropologischen oder gesellschaftlichen Verfasstheit erleiden (vgl. bspw. Bennent-Vahle, 2022, Wirth in Noth et al., 2023). Das Leid geht der Sorge voraus, wodurch die Sorge ihren Auftrag erhält, welche sie mit philosophischen Mitteln zu erkennen und zu lösen versucht.

Eine solche Auffassung bestimmt damit nicht nur bis zu einem bestimmten Grad die Ziele und die dazugehörigen Schritte einer philosophischen Form der Sorge, sondern umreisst auch das Feld, wer die Möglichkeit erhalten soll, in die Gunst jener Sorge zu gelangen. Die Klientel zeichnen sich nach besagter Meinung dadurch aus, dass sie an philosophischen Aspekten ihrer Lebensführung leiden, woran sich die philosophische Sorge entzündet.

Für die Bestimmung der Klientel ist es daher wichtig, wird das Ziel der Sorge wie bei Schuchter ernstgenommen, dass sie einen Veränderungswillen an den Tag legen und sich mit einer konstruktiven Produktivität gegenüber der Philosophie in die Begegnung einbringen, so dass die philosophische Sorge an den philosophischen Problemen ihre Wirkung tun kann (Stumm in Slunecko, 2017: 43). Auf eine andere Weise kann die philosophische Form der Sorge sonst nicht greifen. Dass es sich hierbei um Meinungen, Gedanken, Hoffnungen, Gefühle, psychosomatische Beschwerden etc. handelt, die als philosophische Probleme betrachtet werden, ist dabei sekundär (Schrage in Knoll et al., 2022: 216, Yalom, 2010: 20). Ausschlaggebend ist jedoch der Umstand, dass die philosophischen Probleme als solche erkannt werden und man sich gemeinsam im Arbeitsbündnis der Sorge darauf einigt, diese in einer bestimmten (philosophischen) Form anzugehen.

Offensichtlich sind hier in der vorliegenden Argumentation klare, jedoch meist implizite anthropologische Annahmen enthalten, welche die Natur des Menschen und dessen Existenz, als Trägerin oder Ort der philosophischen Probleme, festlegen, worauf sich die philosophische Form der Sorge beziehen kann und soll.

Die Klientel werden anhand besagter Indikation selektiert, dass jene sich für die Form der philosophischen Sorge eignen, welche jene philosophischen Probleme aufweisen, erkennen und entsprechend auch gemeinsam bearbeiten wollen. Dass zugleich und beinahe selbstverständlich impliziert wird, die philosophischen Probleme seien mehr oder weniger universal und grundlegend menschlich, ist ein Anspruch, der sich die philosophische Form der Sorge für sich selbst herausnimmt. Dass sich hier die philosophische Form der Sorge möglicherweise überschätzt, oder auf die Gefahr hinausläuft, durch diese festgelegte Anthropologie in eine systemimmanente und daher philosophiefremde Form zu mutieren,[20] kann hier kritisch hervorgehoben werden.

Es überrascht daher auch nicht, dass jene Begründungsformen der Sorge sich dahingehend zu relativieren zu versuchen, indem proklamiert wird, die Praxis wirke sich wiederum auf die Theoriebildung aus und dass die anthropologischen Grundannahmen sich dennoch weiterhin bis zu einem gewissen Grad verändern können (Schmolke, 2011: 345). Die Ordnung der Dinge (als anthropologische Prämissen) befinden sich daher ständig in einer Zirkelbewegung. Wichtig ist für die philosophische Form der Sorge entsprechend, dass die Anschlussfähigkeit zwischen den teilnehmenden Parteien aber auch zwischen Theorie und Praxis gewährleistet wird (Poltrum, 2016: 38). Eine solche Argumentation muss keineswegs für die Praxis von Philosophical Care verworfen werden. Es lohnt sich jedoch, eine andere Perspektive einzunehmen und sich zu fragen, was geschieht, wenn die Frage zum Verhältnis von Praxis und Klientel umgedreht wird.

Die Klientel bestimmen die Praxis

Wie lässt sich also bestimmen wer die Klientel sein können und sein sollen, wenn nicht von der Praxis ausgegangen wird? Es könnte sein, dass dies so im Vorab noch nicht vollständig und umfänglich festgelegt werden muss, sondern dass Philosophi-

---

20 Pelluchon hebt – ganz im Sinne Lévinas – hervor, dass der einzelne Mensch als Gegenüber nicht naturalisiert werden kann und naturalisiert werden sollte. Er stellt kein schlichtes Exemplar der menschlichen Spezies dar, welches hinlänglich seiner oder ihrer philosophischen Probleme diagnostiziert werden kann, sondern transzendiert in der unverfügbaren Alterität jeder anthropologischen Festlegung (Pelluchon, 2019: 65f).

cal Care sich dafür bereit- und offenhält, auf die Bedürfnisse der zukünftigen und somit möglichen Klientel zu reagieren.

Wenn die drei philosophischen Schlüsselkompetenzen axiologisch ausschlaggebend sind für die Tätigkeit der Philosophie, ebenso wie für Philosophical Care und wenn letztere sich diesen entsprechend anhand der transzendentalkritischen Momente und Problemstellungen orientiert und strukturiert, kann ein Erklärungsversuch entworfen werden, wie Philosophical Care auf die Bedürfnisse der künftigen und möglichen Klientel eingehen kann, ohne sich im Vorab auf eine Praxis zu versteifen.

Ein erster Schritt hierzu besteht in der *Epoché* (vgl. Kapitel 3) der Begegnung (Schuchter, 2016: 354). Indem sich philosophisch Tätige nicht darauf konzentrieren, ein bestimmtes Set an (philosophischen) Problemen zu erkennen und folglich zu lösen, sondern sich darauf konzentrieren, sich vorbereitet aber dennoch offen vom Gegenüber angehen zu lassen, können unterschiedlichste Themen und Probleme – wenn überhaupt – besprochen und angegangen werden (Birnbacher, 2017: 64f).

Das bedeutet, nicht die Philosophie bestimmt die Themen, die sie behandelt, begleitet, beraten kann etc., sondern Menschen können unterschiedlichste Themen und Bedürfnisse an die Sorgenden in der Philosophical Care herantragen. Es müssen also nicht grundlegend philosophische Probleme sein. Die Themen, Probleme und Fragen werden, wenn überhaupt nötig, erst in einem zweiten Schritt in die Philosophie und ihre Zugänge und Methoden eingespeist (Achenbach, 2010: 77). Achenbach fasst dies wie folgt zusammen: »Also nicht die Philosophie macht den Anfang, sondern zuerst kommen die Fragen zum Zuge, die der Philosophie vorgelegt werden« (Achenbach, 2023: 63).

Die Tätigen von Philosophical Care sind nicht gastfreundliche, empathische Personen, weil sie unterschiedlichste Themen in philosophische Diskussionsrunden übersetzen und verwandeln können. »Vielmehr ist eine empathische Person eine solche, die mit hoher Sensitivität und Sensibilität auf ihre Umwelt reagieren kann, indem sie sich die Situationen des Anderen gut vergegenwärtigt und versucht, die Welt aus dessen Perspektive zu betrachten« (Schmetkamp, 2019: 193f). Diese besagte Empathie kommt unter anderem von den philosophischen Schlüsselkompetenzen her.

Die Klientel entscheiden daher wesentlich, wie sich der Austausch gestalten soll. Sie sind auch ausschlaggebend dafür, dass dasjenige was besprochen wird, von ihnen gewertet (gut/wahr/schön/sinnvoll etc.) und reflektiert werden kann (Achenbach, 2010: 570). Die Philosophie stellt also nicht der Allzweckschlüssel für jegliche Themen und Herausforderungen im Menschenleben dar, sondern die philosophisch Sorgenden bemühen sich, anhand ihrer philosophischen Kompetenzen sich auf das Gegenüber bestmöglich einzulassen. So halten Rüegger und Sigrist allgemein fürs sorgende und helfende Handeln fest: »Im Blick auf helfendes Handeln, bedeutet dies, dass die Goldene Regel dafür steht, dass die Empfängerin von Hilfe darüber bestimmt, was sie wie und von wem als Hilfe erhalten möchte, nicht die noch so wohlmeinende helfende Person« (Rüegger & Sigrist, 2011: 73).

Das Ziel der Sorge innerhalb von Philosophical Care, soll sie nicht instruktionalisitisch begriffen werden, besteht also funktional nicht einfach extern begründet im Lindern und Verhindern vom Leid anhand vorgegebener philosophischer Probleme und Herausforderungen, sondern es geht in der Sorgesituation im ersten Schritt darum, dem Gegenüber aufmerksam und offen zu begegnen und eine philosophische Care-Beziehung aufzubauen. Die sorgende Person muss dabei im Sinne der Schlüsselkompetenzen mit dem Unverfügbaren, Fremden des Gegenübers zurechtkommen, ihm mit Gastfreundschaft begegnen, sich dessen bewusstwerden und gegenüber dem eigenen Denken, Fühlen etc. und jenem des Gegenübers Verantwortung übernehmen (Achenbach, 2010: 131). Ob sich daraufhin Leid lindern lässt, ist dabei nicht vorauszuberechnen.

In einer ähnlichen Weise formuliert es auch Schuchter, auch wenn er selbst eine andere Position in seiner Theorie bekräftigen will. Er schreibt: »Die Anteilnahme am Anderen über die gemeinsame Sache verweist die Sorge gewissermassen noch einmal über sich hinaus – nämlich in die gemeinsame *Teilnahme* an den existenziellen Grunderfahrungen und die Teilnahme an der allgemeinen Lebenskultur angesichts der Grenzen des menschlichen Lebens« (Schuchter, 2016: 250; H.i.O.). Die Sorge geht nicht, wie Schuchter meint, über sich hinaus, indem sie nach vorne auf die gesellschaftliche Funktion der Leidbeseitigung zustrebt und die Philosophie demzufolge nur als Kulturtechnik und mögliches Instrument hierfür betrachtet. Vielmehr weist die Sorge auf die grundlegenden Ursprünge zurück, weshalb überhaupt Sorge möglich wird und zwar genau deshalb, weil Menschen an einander und deren Leben teilnehmen und sich von ihnen angehen lassen (wollen) (Bennent-Vahle, 2022: 15).

Dies ist keine anthropologische Konstante die hier proklamiert wird, sondern dies lässt sich aus den philosophischen Schlüsselkompetenzen ableiten. Dass ein Mensch einen anderen verstehen will, dass er sich von ihm oder ihr angehen lassen will, ist keine hier notwendig zu verfolgende These über eine mögliche Natur des Menschen.

Entschliesst sich aber jemand, Philosophical Care zu betreiben – nicht, weil die Schlüsselkompetenzen an und für sich gut, oder intrinsisch wertvoll wären – sondern, frei um der Tätigkeit willen, wird diese philosophisch-hermeneutische, empathisch sorgende Tätigkeit sich mindestens bis zu einem gewissen Grad einstellen *müssen*. Man wird sich auf das Gegenüber einlassen, wenn man Philosophical Care betreiben will. Ansonsten kann nicht von einer Tätigkeit im Namen von *Philosophical Care* gesprochen werden. Dazu nochmals Schuchter: »Die hermeneutische Arbeit ist nicht selbst die Motivation, aber sie ist imstande, eine Pimärmotivation *weiterzutragen*. Das ist auch viel entscheidender« (Schuchter, 2016: 307; H.i.O.). Wie also die motivationalen und ethischen Wege von Care leistenden Personen in das System der philosophischen Care-Tätigkeit zu verorten sind, ist für die vorliegende Untersuchung erst einmal nebensächlich. Sobald man sich jedoch als philosophisch Care-Tätige Person versteht und diese Form der Sorge auch erfolgreich praktiziert, greifen die systemeigenen, jedoch funktionalen axiologischen Werte auf, die den Erhalt des Systems garantieren und zugleich kontrollieren (Kriterienproblematik).

Drei Fragen drängen sich hierzu auf: Die erste Unklarheit betrifft die Frage, wie nun aber gemessen werden kann, ob Philosophical Care auf die Ansprüche und Bedürfnisse der Klientel reagieren kann und wie sie erkennt, ob dies nicht nur möglich, sondern auch positiv gelungen ist. Wie sind also eine Garantie und eine Kontrolle innerhalb eines Systems möglich? Die erste mögliche Antwort darauf könnte darin bestehen, wie oben zu behaupten, die Schlüsselkompetenzen hätten eine anthropologische Konstante, oder weisen einen intrinsischen, oder konsequenzialistischen ethischen Wert auf. Dies wäre eine nicht-funktionalistische, sondern eine ethisch-anthropologische Begründung. Würde man diese Meinung vertreten, befände man sich in der Care-Ethik, welche über genau jene Zusammenhänge nachdenkt (vgl. Kapitel 1).

Für Philosophical Care als selbstbegründendes und damit auch selbstreferentielles System ohne eigene Systemimmanenz ist eine solche Begründung jedoch nicht nötig, wenn nicht sogar hinderlich. Sie bedarf keiner notwendigen intrinsischen Werte. Es reicht aus, dass sie sich selbst anhand der eigenen Funktion beschreiben und zugleich kontrollieren kann, ohne dabei auf fremde, äussere Werte referieren zu müssen. Leeten erklärt, warum das Gegenteil nicht überzeugen würde: »Gäbe es keine *praxisinternen* Massstäbe, so gäbe es auch kein kulturelles Wissen und keine Praktiken der Kultivierung, durch die dieses Wissen weiter verfeinert wird« (Leeten, 2019: 112).

Somit könnte und kann sich Philosophical Care nicht nur selbst begründen, sondern auch selbständig kontrollieren, genau deshalb, weil sie als philosophische Praxistheorie ein selbstreferentielles und zugleich auch professionalisiertes System bildet (Mieg, 2018: 78f). Sie ist aber nicht systemimmanent, da die Massstäbe funktional gesetzt werden. Und weil die Massstäbe zugleich transzendentalkritisch festgelegt werden können, braucht es auch nicht notwendigerweise eine empirische Überprüfung (Inversionsprinzip), sondern sie ergeben sich aus dem Sachverhalt der (professionalisierten) sorgenden Tätigkeit selbst. Selbstverständlich können empirische Untersuchungen zur Qualitätssicherung beitragen, sie sind jedoch für eine transzendentalkritisch begründete Form der Sorge nicht ausschlaggebend. Hierfür sind selbstverständlich weitere Überlegungen notwendig, was sich ebenfalls auf die Professionalisierung der Tätigkeit auswirkt (vgl. Kapitel 5).

Muss sich zweitens Philosophical Care aber den Ansprüchen und Bedürfnissen der Gesellschaft und der künftigen Klientel völlig ausliefern? Verkauft sich die Philosophie an irgendwelche Bittsteller und Bittstellerinnen? Kann sie durch dies korrumpiert werden und ihre Eigenständigkeit verlieren (vgl. Kapitel 1)?

Eine solche Schlussfolgerung wäre übereilt und übersieht die grundlegende Bedingung, dass die philosophischen Schlüsselkompetenzen den zentralen und funktionalen Prüfstein dafür bilden, wie mit Bedürfnissen und Ansprüchen umgegangen werden kann. Wenn es also möglich ist, auf ein Anliegen, ein Problem etc. anhand der drei philosophischen Schlüsselkompetenzen professionell zu reagieren und wenn diese Reaktion sich so strukturieren lässt, dass daraus die transzendentalkritischen Möglichkeitsbedingungen der Care-Tätigkeit hervorgehen, können sich die Tätigen der Philosophical Care dem Gegenüber annehmen.

Sie können dahingehend eine Antwort bieten, anhand dessen, was die drei Schlüsselkompetenzen – Einsicht, Urteilen und Radikales Bedenken – im hier erläuterten Sinn ausmachen. Erst dadurch werden die Klientel zu Klientel. Und damit wird ebenfalls auch das Klientel als Gegenüber, dessen Mit- und Umwelt in Betracht gezogen. Damit lässt sich Philosophical Care nicht für alles instrumentalisieren. Ohne Rücksicht auf Gegenüber, Mit- und Umwelt werden auch die philosophischen Schlüsselkompetenzen nicht kultiviert. Nicht die Praxis bestimmt die Form der Sorge, sondern die Art und Weise (Funktion) wie die Ansprüche mit den philosophischen Schlüsselkompetenzen in die Care-Tätigkeit überführt und übersetzt werden können.

Schliesslich ist drittens noch unklar, was also gegeben sein muss, damit überhaupt eine solche Möglichkeit zur Reaktion durch die Schlüsselkompetenzen und eine professionelle Überführung in die Care-Tätigkeit offensteht? Hierzu soll eine knappe Antwort reichen. Philosophical Care muss erstens grundlegend und allgemein zur Gesellschaft und möglichen Institutionen passen und entsprechend niederschwellig sein; zweitens muss sie offen und einsehbar Orientierung über ihre Möglichkeiten und Grenzen bieten können; drittens muss sie vernetzt sein mit anderen (institutionalisierten) Stellen und Personen, damit sie eine mögliche Weiterleitung und Zusammenarbeit einfordern und ermöglichen kann; und viertens muss sie über ihre eigene Theorie, Praxistheorie und Praxis nachdenken und diese kritisch im Hinblick auf ihr professionelles Selbstverständnis reflektieren können (Krauss, 2022: 182). Wie dies aussieht, oder aussehen könnte, übersteigt den Rahmen einer praxistheoretischen Grundlegung.

Diese hier dargestellte Position stellt keineswegs ein einfacher Weg dar, wenn es um die Etablierung einer Praxistheorie geht und ebenfalls erschwert sich dadurch eventuell auch die Praxis von Philosophical Care selbst. Dass Philosophical Care die Klientel jedoch nicht aufgrund der antizipierten und festgelegten Praxis bestimmt, muss für jede philosophische Form der Sorge gelten, will sie sich nicht als systemimmanente Form der Sorge (und damit als unphilosophisch) verstehen. Folgendes lässt sich für die vorliegenden Überlegungen zum Verhältnis von Klientel und Praxis als Haltepunkt markieren:

> Philosophical Care legt sich nicht im Voraus auf eine klar spezifizierte Praxis fest, nach welcher die möglichen Klientel vorselektioniert werden. Es sollte das Anliegen sein, dass Tätige der Philosophical Care darauf bedacht sind, in ihrem Rahmen und ihren Fähigkeiten auf die Ansprüche der möglichen, künftigen Klientel so zu reagieren, dass diese anhand der drei Schlüsselkompetenzen angegangen und in die transzendentalkritischen Care-Momente überführt und kultiviert werden können. Philosophical Care muss demzufolge niederschwellig und zugleich offen, vernetzt und ebenso reflektiert und selbstkritisch sein.

Mit diesen vier Kapiteln schliesst sich vorerst der Kreis, der für den Entwurf einer Praxistheorie als notwendig erscheint. Im folgenden Kapitel sollen jedoch noch einige wichtige Anknüpfungspunkte betrachtet und besprochen werden. Zuerst soll dieses Kapitel jedoch nochmals grob in seinen Haltepunkten zusammengefasst werden.

Zusammenfassung des Kapitels

Im vorliegenden Kapitel wurde in groben Umrissen eine Standortbestimmung von Philosophical Care durchgeführt. Sie wurde einerseits mit anderen Formen der professionalisierten, sorgenden Tätigkeit verglichen und andererseits wurde die Frage beleuchtet, wie die Praxis und die Klientel zusammenhängen. Folgendes ist für die Standortbestimmung allgemein festzuhalten:

Da Philosophical Care selbst nicht vollständig ausgearbeitet ist und aufgrund ihres Anspruches als Praxistheorie auch nie zu einem Abschluss kommen soll und kommen wird, kann für eine Standortbestimmung immer nur eine Momentaufnahme der jeweiligen sorgenden Tätigkeit genügen. Es ist ebenfalls nicht möglich alle Formen der zwischenmenschlichen Sorge in ihren unterschiedlichen Strömungen abzubilden und diese innerhalb der zeitlichen Veränderungen mitzuberücksichtigen. Das bedeutet, dass Anknüpfungspunkte und weitere Forschungen und Entwicklungen gefördert werden sollen. Zudem ergab sich aus Kapitel (2) und den Überlegungen der darauffolgenden Teile, dass es keine disziplinäre Primatstelle für die Sorge geben kann, oder geben soll (Borasio in Noth et al., 2017: 93). Alle Formen der Sorge decken unterschiedliche Ansprüche und Bedürfnisse ab, die auf sie zukommen und auf welche sie antworten. Die Formen der professionalisierten Sorge stehen daher nicht in einem Hierarchieverhältnis und ebenso wenig in einer absichtlichen Konkurrenzbeziehung zueinander, sondern sie ergänzen und befeuern sich bestenfalls gegenseitig.

Die bisher vorgestellten Disziplinen, so wird hier eine Metapher von Wittgenstein vorgeschlagen, verhalten sich viel mehr wie eine Familie zueinander (PU: § 66).[21] Man kann daher von einer *Familienähnlichkeit* sprechen. Sie verhalten sich nicht wie Kinder, Eltern oder sonstige hierarchische Bezugsdisziplinen zueinander, sondern verstehen sich untereinander als *Schwesterdisziplinen*. Als Schwestern haben sie einzelne unterscheidende, klar voneinander differenzierbare Merkmale, gleichen sich jedoch wiederum in anderen Hinsichten (Lindseth, 2014: 174).

Eine Disziplin vermag es folglich auch nicht, die ganze Familie der sorgenden, respektive therapeutischen Tätigkeiten zu repräsentieren, geschweige denn die anderen orientierend zu leiten. Philosophical Care und damit die Philosophie kann und soll sich auch mit Psychologie, Psychotherapie, Theologie, Seelsorge etc. beschäftigen, sie besitzt jedoch ein eigenes grosses Repertoire an Theorien und Zugriffen auf grosse Fragen wie, was der Mensch wissen kann, was er tun soll und worauf er zu hoffen vermag (Schmitz, 2014: 10f). Sie stützt sich somit nicht notwendigerweise auf andere Disziplinen, um diese Fragen und Aspekte zu untersuchen und jenes Wissen und die daraus resultierende Form der Zuwendung transferierbar zu gestalten.

Ein inter- und transdisziplinärer Austausch ist aber wünschenswert und sogar gefordert, wenn man die Erkenntnisse der besagten anderen Disziplinen betrachtet. Hierzu hält Erler fest: »Sobald die Entwicklung bestimmter Vorgehensweisen [Methoden und Techniken; O.I.] nicht mehr ausschliesslich in einem praktisch definierten Berufsfeld erfolgt, sondern vermehrt wissenschaftlicher Analyse zugänglich wird, wird deutlich, dass sich viele soziale Techniken und Interventionen als weniger spezifisch erweisen, als dies bisher angenommen wird« (Erler, 2012: 91). Und weiter: »Daher ist jede Disziplin immer gut beraten, die Ergebnisse der anderen Disziplinen mit zu berücksichtigen« (Schmolke, 2011: 65). Ähnlich formuliert es auch Gahlings: »Ein fortschreitendes, erfahrungsgeleitetes Zusammenwachsen in dialogischen Prozessen trägt letztlich zur Professionalisierung des Berufsfeldes ebenso bei wie zur Stabilisierung der individuellen Arbeit« (Gahlings, 2023: 171). Dies soll auch für Phi-

---

21 Vgl. ausführlich zur *Familienähnlichkeit* Wennerberg in Von Savigny, 2011.

losophical Care gelten. Auch sie ist mit den anderen Sorgeformen verschwistert. Die vorliegende Standortbestimmung soll ein möglicher Baustein zu dieser Zusammenarbeit beitragen.

Religiös-spirituelle Seelsorge entpuppt sich als komplexe Form der Sorge. Auch dort wird von vielen Positionen nicht die ergebnisorientierte Auffassung tragend für die Tätigkeit angesehen. Dennoch lässt sich weder Philosophical Care auf die Seelsorge, noch die Seelsorge auf Philosophical Care reduzieren.

> Christlich geprägte Seelsorge und Philosophical Care unterscheiden sich primär dadurch, dass die Seelsorge theologisch begründet ist sowie eine religiöse Gemeinschaft repräsentiert und unter anderem religiöse Praxisformen in die Seelsorge miteinfliessen lässt. Philosophical Care schliesst das Religiöse nicht aus (im Sinne einer atheistischen, agnostischen Sorgeform), kann und soll jedoch diese Elemente nicht als ihre Eigentümlichkeit bezeichnen.

Durch die gesellschaftlichen Veränderungen über die Stellung, welche die Religion im Allgemeinen und das Christentum im Spezifischen einnehmen, muss sich auch die Seelsorge in gewissen Punkten ihrer Theorie, Praxistheorie und Praxis verändern. Für viele ist die religiöse Gemeinschaft hinter die individuellen, spirituellen Erfahrungen zurückgetreten, was auch für Seelsorgerinnen und Seelsorger in der Praxis berücksichtigt werden muss. »Damit ist der Lebensglauben nicht (mehr) an bestimmte, als kirchlich oder sakral definierte Orte und Räume gebunden – wohl aber an glaubwürdige Worte und Taten« (Engel in Knoll et al., 2022: 79).

Wenn es um die Begründung der philosophischen Sorge aus der Philosophie selbst heraus geht, muss verständlicherweise auch die Philosophische Praxis in der Standortbestimmung berücksichtigt werden. Philosophical Care und die Philosophische Praxis sind trotz diesem gemeinsamen Ursprung zwei unterschiedliche Formen der Sorge.

> Die Philosophische Praxis und Philosophical Care lassen sich beide aus der Philosophie heraus ableiten und können als philosophische Form der Sorge verstanden werden. Während sich die Philosophische Praxis weitestgehend an der Psychotherapie im Hinblick auf Form und Möglichkeiten der Begegnung orientiert, ist Philosophical Care weitaus näher an der christlichen Seelsorge angesiedelt, welche niederschwelliger sowie freier und flexibler die Begegnungen strukturieren und verantworten kann.

Da Philosophical Care kein Doppelmandat innehat – weder von einer religiösen noch einer philosophischen Gemeinschaft – muss zusätzlich für die Standortbestimmung die Frage beantwortet werden, wer sich überhaupt als Klientel für die Philosophical Care eignet. Hierauf kann und sollte mit philosophischen Perspektiven geantwortet werden.

> Philosophical Care legt sich nicht im Voraus auf eine klar spezifizierte Praxis fest, nach welcher die möglichen, künftigen Klientel vorselektioniert werden. Es sollte das Anliegen sein, dass Tätige der Philosophical Care darauf bedacht sind, in ihrem Rahmen und ihren Fähigkeiten auf die Ansprüche der Klientel so zu reagieren, dass diese anhand der drei Schlüsselkompetenzen angegangen und in die transzendentalkritischen Care-Momente überführt und kultiviert werden können. Philosophical Care muss demzufolge niederschwellig und zugleich offen, vernetzt und ebenso reflektiert und selbstkritisch sein.

Es wurden unterschiedliche Haltepunkte in den bisherigen Kapiteln zu Philosophical Care herauskristallisiert. Sie alle tragen wesentliche Einsichten und Orientierungshilfen für einen Entwurf einer Praxistheorie bei. Mit dem Entwurf einer Praxistheorie wird damit nicht der Anspruch gesetzt, Haltepunkte für die Theorie (Philosophie als Wissenschaftsdisziplin), noch Haltepunkte für die Praxis selbst (Care-Tätigkeit) zu liefern.

Das letzte, folgende Kapitel versucht, die hier besprochenen Punkte der Arbeit zusammenzuführen und dementsprechend mögliche weitere Anknüpfungspunkte und relevant scheinende Aspekte noch zu beleuchten. Dadurch wird versucht, den vorliegenden Entwurf einer Praxistheorie der Philosophical Care abzuschliessen und zugleich Anreize zu weiteren Untersuchungen zu bieten.

5. Schlussbemerkungen

Nach den konzentrischen Kreisen der einzelnen Kapitel kehrt die Arbeit nun ein erneutes Mal zu ihrer Anfangssituation zurück. *Philosophical Care* versteht sich als eine zwischenmenschliche Form von sorgender Begleitung, die sich durch die Philosophie begründen lässt (vgl. Kapitel 1). Die Philosophie kann und darf für solch ein Vorhaben verwendet werden (Hofmann in Staude, 2010: 194). Dies wurde anhand von Haltepunkten und der Herausarbeitung der philosophischen Schlüsselkompetenzen angestrebt und aufgezeigt. Damit findet die Untersuchung in diesem Rahmen ein vorläufiges Ende.

Es bleiben jedoch noch einige wichtige Punkte ungeklärt, die hier noch zur Geltung kommen sollen. Die Theorie, die vorliegende Praxistheorie und ebenso die Praxis von Philosophical Care werden durch die philosophischen Schlüsselkompetenzen axiologisch gerechtfertigt. Sie dienen ebenfalls als Kontrollmechanismen, um zu sehen, wie und ob Philosophical Care als selbstreferentielles System den eigenen Ansprüchen gerecht werden kann, indem die Kriterien auch als Gelingensbedingungen fungieren.

Dabei ist aber die Strukturqualität von der Prozessqualität und der Ergebnisqualität auf allen drei Ebenen (Theorie, Praxistheorie, Praxis) zu unterscheiden (Roser, 2017: 425). Die Strukturqualität wurde im Entwurf der Praxistheorie dadurch erstrebt, dass Philosophical Care sich tatsächlich aus der Philosophie heraus begründen lassen kann, indem die philosophischen Schlüsselkompetenzen auf allen drei Ebenen kultiviert werden und massgebliche Momente jeglicher philosophischen Bemühung sind. Die Struktur ergibt daher ein kohärentes System, das sich selbst erklären, fundieren und zugleich kontrollieren kann. Die Überprüfung der Prozessqualität kann damit ebenfalls gewährleistet werden, da diese mit der Strukturqualität zusammenfällt, insofern die Schlüsselkompetenzen auch tatsächlich in Theorie, Praxistheorie und Praxis angewendet und reflektiert werden. Stimmer erklärt: »Die genannten Qualitätstypen sind nicht nebeneinander angeordnet, sondern beeinflussen sich gegenseitig« (Stimmer, 2020: 224). Letztlich bleibt noch die Ergebnisqualität offen. Wie ist nun die Praxistheorie und später auch die Praxis zu bewerten?[22] Diese Frage stellt das Vorhaben des letzten Kapitels der vorliegenden Arbeit dar.

Zuerst soll die Untersuchung nochmals in ihren wichtigsten Zügen zusammengefasst werden (vgl. Kapitel 5.1). Es geht dabei um die Beantwortung der zu Beginn auf-

---

22 Dass sich die Philosophie als Theorie selbst zum Thema macht, ist praktisch immer schon gegeben und kann daher für die vorliegende Untersuchung vernachlässigt werden (vgl. bspw. Achenbach, 2023, Hampe, 2014, Jaspers, 2019).

geworfenen Leitfrage (vgl. Kapitel 1). Hierbei werden die gewonnenen Haltepunkte erneut gemeinsam unter dem Blickwinkel der erarbeiteten Überlegungen zusammengefügt. Anschliessend bedarf es Gedanken dazu, wie die Philosophie auf Philosophical Care reagieren kann und soll, um genau jene noch offenstehende Ergebnisqualität kontrollieren zu können (5.2). Dies bezieht sich sowohl auf die Professionalisierungsbemühung von Philosophical Care als auch auf praxisbezogene Haltepunkte, die für anschliessende Forschungen berücksichtigt werden können. Die Arbeit wird mit einigen Abschlussgedanken abgerundet (5.3).

Zwei Bemerkungen sind zur Überprüfung der Ergebnissicherung von Philosophical Care noch im Voraus anzumerken. Eine bezieht sich auf die Praxistheorie und die andere auf die Praxis der Care-Tätigkeit.

Wie in Kapitel (1) und (4) schon dargestellt wurde, stellt sich die Frage, wieso die Philosophie sich überhaupt mit der sorgenden Tätigkeit befassen sollte. Wird damit die Philosophie nicht unweigerlich für sie von aussen herangebrachter, fremder Zwecke instrumentalisiert? Ist Philosophie einfach so in die sorgende Tätigkeit zu überführen?

Mit der Strukturqualität und der Prozessqualität konnte gezeigt werden, dass sich in der Praxis der sorgenden Tätigkeit dieselben Schlüsselkompetenzen wie in der akademischen Philosophie kultivieren lassen, ohne dass damit das Feld der Philosophie verlassen wird (Achenbach, 2023: 175f). Eine Überführung scheint dahingehend aus struktureller Parallelität gerechtfertigt sein zu können. Folgt aber daraus, dass Philosophinnen und Philosophen sich der sorgenden Tätigkeit zuwenden sollten, oder dass Philosophie notwendigerweise in der sorgenden Tätigkeit aufgeht? Ist die Ergebnisqualität also darin zu finden, wie viele und welche Philosophinnen und Philosophen sich künftig der sorgenden Tätigkeit verschreiben werden?

Dem ist nicht so. Da Philosophical Care ein selbstreferentielles System bildet und in der vorliegenden Arbeit funktionalistisch begründet wurde, folgt keine Pflicht aus der Tatsache, dass Philosophie zur Sorgetätigkeit führen müsse. Die Entscheidung sich als Philosophin oder als Philosoph der Praxis von Philosophical Care zu widmen, ist keinen Zwängen oder normativen Ansprüchen aus der Begründung von Philosophical Care oder der Philosophie allgemein untergeordnet. Es liegt allein in ihrem Interesse, ihrer Motivation und ihrer Entscheidung, ob diejenigen Personen Philosophical Care praktizieren wollen, wodurch die Ergebnisqualität nicht dadurch bemessen wird, wie viele und welche Personen sich der Praxis von Philosophical Care verschreiben.

Philosophical Care und ihre sorgende Tätigkeit rufen selbst nicht zu einem motivationalen *Müssen* auf, solange man sich nicht innerhalb ihres Systems befindet. Schuchter bietet folglich eine klare Antwort: »Weder *folgen* aus der *Tatsache* eines sorgenden Mitgefühls – im Sinne eines klassischen Sein-Sollen-Fehlschlusses – normative Ansprüche, noch lässt sich Care zu einer Norm machen: einerseits, weil es schlicht und einfach jeweils gegeben ist oder nicht und nicht hergestellt oder verordnet werden kann; andererseits, weil frau nicht sagen kann, wir *sollen* oder *müssen* sorgen, da ein solcher normativer Satz mit seinem universellen Anspruch von woanders her begründet werden müsste« (Schuchter, 2016: 272; H.i.O.). Ein solcher universeller Anspruch ist jedoch eine Frage der Care Ethik und der Metaethik (vgl. Bayertz, 2014) und verlässt damit das Forschungsgebiet von Philosophical Care.

Man kann jedoch die Frage auch von der Seite der Klientel stellen. Wie und ob sich die Ergebnisqualität der Praxistheorie hingegen in der Zufriedenheit der Klientel erfassen lässt, scheint eine andere Perspektive zu eröffnen, die jedoch aufgrund der bisher entworfenen Überlegungen noch nicht beantwortet werden kann. Es wird aber durch die Schlüsselkompetenzen versucht, jene Offenheit sowie vertrauensvolle und verantwortungsbewusste Zuwendung in der Care-Tätigkeit als Gelingensbedingung zu erreichen, welche eine erfolgreiche Care-Tätigkeit an sich ermöglichen (vgl. Kapitel 3 und 4).

Daraus folgt auch die zweite Bemerkung und zwar jene Kontrollfrage über die Ergebnisqualität der Praxis selbst. Es wurden transzendentalkritische Anhaltspunkte geliefert, wie eine Begegnung, eine Beziehung, ein Austausch etc. in der Praxis von Philosophical Care grundsätzlich aussehen können und gestaltet werden.

Mit den Haltepunkten wurde einerseits eine Grenze gesetzt – was ist gelungene Care-Tätigkeit und was nicht mehr – und andererseits bieten die Haltepunkte Orientierung für das Handeln und das kontrollierende Reflektieren der Care Tätigen. Sie sind jedoch nicht so rigoros instruktionalistisch verfasst, dass Philosophical Care keinen Raum mehr für Experimente und autonome Entscheidungen der Care Tätigen etc. zulässt. Gahlings schreibt hierzu: »Philosophie lässt sich betreiben, ohne philosophische Sprechstunden, Salons oder Reisen anzubieten, ohne Arbeit für das Gemeinwohl oder in gemeinnützigen Vereinen, auch ohne sich politisch einzumischen. Engagiert und investiert man sich aber in solchen Aktivitäten, ist damit ein erweitertes Interesse verbunden, womöglich durch eine Aufmerksamkeit für jene mitmenschlichen und öffentlichen Belange, die tief in der menschlichen Existenz verankert sind« (Gahlings, 2023: 245).

Die Care tätige Person bringt sich also neben der Rolle auch als Person mit in die Tätigkeit, wodurch hieraus ganz besondere Ansprüche für die Praxis entstehen. Die Ergebnisqualität der Praxis selbst ist daher durch die Professionalisierungsbemühung zu beschreiben und zu begründen, welche genau auf jene Punkte eingeht (vgl. Kapitel 5.2). In der Professionalisierungsbemühung werden sowohl die Selbstreflexion der Care Tätigen als auch die Ansprüche der Klientel aufmerksam aufgenommen und beobachtet. Bevor auf diese Punkte eingegangen wird, sollen nochmals die wichtigsten Aspekte im Rückblick auf die erarbeiteten Gedanken zum Entwurf einer Praxistheorie von Philosophical Care dargestellt werden. Sie dienen dazu, die bisherigen Erörterungen für die Professionalisierungsherausforderung zu strukturieren.

5.1. Beantwortung der Leitfrage

Ziel der vorliegenden Untersuchung ist der Entwurf einer praxistheoretischen Grundlegung von Philosophical Care. Im Kapitel (1) wurden hierfür die dazu erforderlichen Eingrenzungen und Bestimmungen vorgenommen. Das Vorverständnis von Philosophical Care, also dasjenige, das überhaupt untersucht werden soll, lässt sich wie folgt definieren:

> Philosophical Care begleitet Menschen in ihren unterschiedlichen Lebenssituationen durch personale Kommunikation und begründet sich selbst aus der Philosophie heraus. Philosophical Care kann durch eine Praxistheorie ausgearbeitet und verstanden werden.

Indem bei diesem Vorverständnis von der *Begleitung* und nicht von der *Therapie* oder *Beratung* ausgegangen wird, zeichnet sich schon ein Bild ab, wie sich Philosophical Care verstehen lässt in Abgrenzung bspw. zur Philosophischen Praxis (Mall & Peikert, 2019: 79). Philosophical Care ist daher weitaus näher an der religiös-spirituellen Seelsorge zu verorten.

Zusätzlich wird der Frage nachgegangen, was unter *Praxistheorie* zu verstehen ist und wie diese methodisch kontrolliert entworfen werden kann. Sie bildet den Brückenschlag zwischen Theorie (Philosophie) und Praxis (Care-Tätigkeit). Dabei ist davon auszugehen, dass der Gegenstand, von dem die Untersuchung handelt, und die Form, in der das geschieht, miteinander korrespondieren sollten (Schiffer in Staude, 2010: 22), wodurch wesentliche Haltepunkte für die Praxistheorie gesucht und analysiert werden sollen. Dabei werden diese, wie der Titel es bereits erwähnt, in ihrem Entwurfscharakter aufgefasst. Sie spannen dadurch ein bisher unbearbeitetes Forschungsfeld auf. Besagte Überlegungen führen schliesslich zur Leitfrage, welche die gesamte Arbeit strukturiert:

> Welche theoretischen Haltepunkte für Philosophical Care können herauskristallisiert werden, um damit dem Anspruch der Entwicklung und zugleich der Begründung einer eigenständigen Praxistheorie gerecht zu werden?

Um auf diese Leitfrage bestmöglich zu antworten, wird die Untersuchung in drei Teile sequenziert, die sich in konzentrischen Kreisen um das dargelegte Forschungsdesiderat drehen und die Leitfrage auf eine jeweils bestimmte Perspektive hin beleuchten.

Kapitel (2) befasst sich entsprechend mit der begriffsanalytischen und historischen Verortung der axiologischen Aspekte von Philosophical Care. Besagte Aspekte bilden die Grundlagen für alle folgenden Kapitel. Die Begriffe *Philosophie*, *Seelsorge*, *Care* und *Klientel* werden hierzu untersucht.

Viele Definitionskonzepte der Philosophie funktionieren nicht, insofern man sie als Antwort auf die Care-Problematik verstehen will. Dies gelingt bspw. der religiös-spirituellen Seelsorge in ihrer theologischen Begründung deutlich besser.

Es zeigt sich mit der Erarbeitung einer neuen These, dass die philosophischen Schlüsselkompetenzen *Einsicht*, *Urteilen* und *Radikales Bedenken* sowohl für die Theoriebildung in der Philosophie als auch für die Care-Tätigkeit angewendet werden und somit eine Begründung von Philosophical Care aus der Philosophie heraus möglich

5.1. Beantwortung der Leitfrage

ist. Sie bilden daher die axiologische Fundierung von Philosophical Care, sind jedoch keiner starren Dogmatik oder spezifischen philosophischen Lehre verhaftet. Sie bilden notwendige jedoch gemeinsam nicht zwangsläufig hinreichende Bedingungen für die Praxis von Philosophical Care und lassen sich auch in anderen Disziplinen verorten und feststellen.

Anschliessend wird in Kapitel (3) diese These der Selbstbegründung weiter überprüft, indem die philosophischen Schlüsselkompetenzen anhand der transzendentalkritischen Momente und den damit einhergehenden Problemstellungen innerhalb der Care-Tätigkeit thematisiert werden. Es zeigt sich, dass in der *Begegnung*, der *Beziehung*, im *Austausch*, mit der *Methodik*, den *Inhalten* und den *Zielen* die drei philosophischen Schlüsselkompetenzen ihre jeweilige Anwendung finden und dort für eine gelungene Care-Tätigkeit kultiviert werden sollen. Die philosophischen Schlüsselkompetenzen liefern nicht nur die Möglichkeits- sondern zugleich auch die Gelingensbedingung einer erfolgreichen Care-Tätigkeit. Parallel findet bei dieser Strukturierung auch auf der praxistheoretischen Ebene die Anwendung besagter Schlüsselkompetenzen statt.

Mit dieser ersten Grundlegung von Philosophical Care drängt sich schliesslich auch die Frage auf, wie sie sich nun aber zu anderen Formen der sorgenden Tätigkeiten verhält. Im Kapitel (4) wird daher Philosophical Care nicht mehr weiter aus sich selbst heraus begründet, sondern durch eine Standortbestimmung mit der *Seelsorge* und der *Philosophischen Praxis* verglichen. Hierbei können sowohl wichtige Gemeinsamkeiten als auch zentrale Unterschiede festgestellt werden, wodurch Philosophical Care weiter an Kontur gewinnt. Das Kapitel endet mit der dringenden Frage, auf welches Klientel sich Philosophical Care überhaupt beziehen kann und soll und wie sich dies zu ihrem eigenen Praxisverständnis verhält.

Das letzte Kapitel (5) versucht, die hier dargestellten Überlegungen abzurunden und einige lose Enden noch aufzugreifen und genauer zu strukturieren. Dabei geht es hauptsächlich um die Professionalisierungsbemühung der Praxis selbst sowie deren noch zu entwickelnden Haltepunkte.

Die Leitfrage kann schliesslich mit einer systematisierten Anzahl an Haltepunkten als Antwort aufwarten, die für einen *Entwurf* einer praxistheoretischen Grundlegung von Philosophical Care genügen, mit der Behauptung, dass damit (zumindest) die zentralen Aspekte erfasst werden, welche für die Praxistheorie wesentlich sind (vgl. Kapitel 1), ohne damit den Ansatz und ebenso den Ansporn für künftige Forschungen zu unterbinden.

Es werden hier alle Haltepunkte nochmals aufgeführt, die sich in den jeweiligen Kapitelzusammenfassungen schon geordnet und kommentiert wiederfinden lassen. Für den Überblick der Arbeit und damit auch zur Beantwortung der Leitfrage sind sie hier nochmals in ihrer Gesamtheit aufzuführen.

> In der vorliegenden Arbeit soll davon ausgegangen werden, dass es keine einzelne einheitliche Definition des Philosophiebegriffes gibt (Achenbach, 2010: 214, Rorty, 2000: 9).

> Die formalen Bestimmungen des Philosophiebegriffs als funktionale Setzungen reichen nicht aus, auf die Problemstellung der theoretischen Grundlegung einer Praxistheorie von Philosophical Care in zufriedenstellender Weise zu reagieren, können jedoch für die praktischen Bestimmungsversuche von Bedeutung sein.
> Die praktischen Bestimmungsversuche bieten fruchtbare Ansatzpunkte für ein Philosophieverständnis, an welchem sich Philosophical Care orientieren kann. Sie dürfen jedoch weder affirmativ noch instruktionalistisch sein, womit die Kultivierung von Kompetenzen letztlich massgebend wird.

Daher, so die These, lohnt es sich, den Philosophiebegriff funktional zu bestimmen und zwar in Bezug auf die Sorgeproblematik. Damit wird nicht behauptet, dass es nur eine mögliche funktionale Definition der *Philosophie* geben kann auf die Sorgeproblematik, sondern dies unterliegt selbst wiederum der Perspektivität der vorliegenden Theoriebildung. Die funktionale Bestimmung kann wie folgt geschehen:

> Der Philosophiebegriff für Philosophical Care kann als ein Set von gleichursprünglichen philosophischen Schlüsselkompetenzen verstanden werden.

Die drei philosophischen Schlüsselkompetenzen lauten *Einsicht*, *Urteilen* und *Radikales Bedenken*. Mit dem Kompetenzbegriff wird sowohl eine Fähigkeit als auch eine Verantwortung des eigenen Könnens impliziert, wodurch eine strukturgebende Verbindung zwischen Theorie und Praxistheorie gewährleistet wird.
Diese drei philosophischen Schlüsselkompetenzen sind nicht eindimensional aufzufassen und beziehen sich auf unterschiedliche Bereiche in der philosophischen Tätigkeit. Zugleich wird damit der axiologische Grund für die Praxistheorie gelegt.

> Es wird sich zeigen, dass die hier vorgestellten philosophischen Kompetenzen sowohl in der Begleitung von Menschen als auch bei der Entwicklung einer Praxistheorie selbst angewendet werden.

Damit erfüllt Philosophical Care auch ihren Anspruch auf Selbstbegründung, da alle drei philosophischen Schlüsselkompetenzen sowohl in der Theorie(-bildung) als auch in der Care-Tätigkeit ihre Anwendung finden und das Rüstzeug bieten, den eigenen Prozess zu kontrollieren und zu reflektieren. Die philosophischen Schlüsselkompetenzen sind daher nicht ausserhalb der Philosophie und auch nicht ausserhalb der Care-Tätigkeit anzusiedeln, sondern sind unmittelbar mit beiden Bereichen verwoben. Das bedeutet:

5.1. Beantwortung der Leitfrage

> Die Philosophie und die sorgende Tätigkeit können in einem eng verwobenen Verhältnis zusammengedacht werden. Dies zeigt sich anhand transzendentalkritischer Möglichkeitsbedingungen beider Seiten.

Diese These wird dadurch untermauert, dass genauer gezeigt wird, wie die Schlüsselkompetenzen innerhalb der Care-Tätigkeit ihre Anwendung finden. (Es wird dabei davon ausgegangen, dass es offensichtlich ist, wie sie in der Theoriebildung kultiviert werden und auch in der vorliegenden Arbeit zum Tragen kommen).

> Philosophical Care zeichnet sich in ihrer Tätigkeit durch mehrere sich ergänzende Möglichkeitsbedingungen aus, die sowohl logisch als auch qualitativ durch die philosophischen Kompetenzen erfüllt werden sollen.
>
> Die Begegnung in der Praxis von Philosophical Care geschieht mit einem Gegenüber, welches sowohl in einem offenen, nicht systemimmanenten Kontext gastfreundlich empfangen wird sowie dessen Aussagen anerkannt und möglichst vorurteilsfrei bedacht werden und welches schliesslich die Möglichkeit erhalten soll, sich selbst zu thematisieren. Wenn nötig, soll das Du in der Begegnung nicht die einzige Perspektive darstellen, sondern es sollte gegebenenfalls zwischen den unterschiedlichen Parteien, jedoch stets als Du, vermittelt werden.
>
> Die Beziehung bildet die weitergezogene und absichtlich aufrechterhaltene Fortführung der Begegnung aller teilnehmenden Parteien. Sie ist insofern bedeutungsvoll, da eine Verbundenheit durch eine akzeptierende, achtsame und damit gastfreundliche Zuwendung entsteht. Durch diese Zuwendung erhält das Selbst die Anregung, sich in diesem Vertrauensraum zu öffnen und sich gemeinsam mit der Care leistenden Person inbegriffen auszutauschen, womit nicht nur das Selbst, sondern auch die Mit- und Umwelt bildsam reflektiert werden können.
>
> Der Austausch als strukturiertes Geschehen ist das gegenseitige Vermitteln, das zur Festigung der Beziehung in der Praxis von Philosophical Care beiträgt. Indem aufmerksam und achtsam zugehört wird, können die Erfahrungen und deren Inferenzen aufgenommen und anerkannt werden. Wer sich auf was und wie festlegt, wird durch die dialogische Praxis im ständigen Austausch ausgehandelt, wobei versucht wird, inbegriffen dem Gegenüber entgegenzukommen. Die Möglichkeiten dieses Unterfangens können durch das Schweigen umgrenzt werden, das ebenso einen Teil des Austausches bildet und zugleich Alternativen für Formen des Austauschs offenlässt.
>
> Methoden helfen dabei, den Austausch in der Praxis von Philosophical Care zu strukturieren und gleichzeitig zu begründen. Hierfür bedarf es der Einsicht, wie und weshalb Methoden angewandt werden können und sollen, welche sich darin zeigt, dass versucht wird, die Voraussetzungen des Austausches und über dessen Inhalte explizit Klarheit zu verschaffen. Das Urteilen kommt demzufolge in einer mäeutischen Situation hervor, indem erstrebt wird, sich auf Methoden und Inhalte in einem ersten Schritt festzulegen und diese gemeinsam in Form der

Anerkennung auszudrücken. Dies muss jedoch als Prozess und nicht als Zustand betrachtet werden, da das Radikale Bedenken stets die Möglichkeit eröffnet, Widerständigkeiten und Widersprüche in einem dialektischen Verhältnis nochmals durch eine neue Perspektive wahrzunehmen (Hadot, 1995: 106).

Die Inhalte im Austausch von Philosophical Care sind nicht durch eine vorgefertigte Liste abgrenz- und identifizierbar. Vielmehr lassen sie sich in Klassen von Themen unterteilen, die sich als Inhalte anbieten. Der thematische Skopus richtet sich entsprechend nach den Gewichtungen der Klientel, welche durch Einsicht in die Wahl der Themen eingeführt und ermutigt werden. Indem eine Wahl getroffen wird, findet ebenso eine Klassifikation statt, welche festlegende und anerkennende Elemente hervorruft, die für den gemeinsamen Dialog beachtet werden müssen. Die Festlegungen werden aber nicht als endgültig betrachtet, sondern werden in ihrer Suchbewegung aufgefasst. Diese Suchbewegung bezieht sich auf die Episteme, also die Möglichkeitssituation, Erkenntnisse überhaupt erst zu erzeugen und ist daher in ihrer Kontingenz dem Radikalen Bedenken stets konstruktiv ausgeliefert.

Philosophical Care ist weder ein Mittel, noch ein reiner Selbstzweck, sondern sie setzt sich selbst in ihrer Praxis als komplizierte Problemstellung. Entsprechend kann auch nicht angegeben werden, was genau die Ziele von Philosophical Care sind und wie sie sich am besten überprüfen lassen. Weitaus plausibler scheint folglich der Gedankengang, dass die Ermöglichung als ein Ziel begriffen werden kann, da die Ermöglichung selbst als offen und nicht steuerbar aufgefasst wird. Die Ermöglichung zum vertieften Problembewusstsein, die Ermöglichung zur selbsttätigen Bildung und die Ermöglichung zum gemeinsamen Werden in der Lebensführung können hierbei als mögliche Auswahl von Haltepunkten anhand der philosophischen Schlüsselkompetenzen festgehalten werden.

Die unterschiedlichen transzendentalkritischen Problemstellungen der Care-Tätigkeit enthalten grundlegend alle drei philosophischen Schlüsselkompetenzen und eine Kultivierung dieser weist zugleich stets auch auf eine erfolgreiche Care-Tätigkeit hin.

Die Gewichtung und die Begründung der einzelnen Kompetenzen, die sich aber auch in anderen sorgenden und therapeutischen Disziplinen finden lässt, führt jedoch zu einer notwendig anzustrebenden Unterscheidung von Philosophical Care gegenüber anderen besagten Disziplinen. Weder orientiert sich Philosophical Care an einem systemimmanenten Kontext, noch ist sie dem empirischen Inversionsprinzip (Brandt, 2017: 41), oder spezifischen Komplementärwissenschaften verpflichtet. Sie hat einen ganz eigenen Zugang und gesellt sich als Schwesterdisziplin zu den anderen Formen der Sorge.

Christlich geprägte Seelsorge und Philosophical Care unterscheiden sich primär dadurch, dass die Seelsorge theologisch begründet ist sowie eine religiöse Gemeinschaft repräsentiert und unter anderem religiöse Praxisformen in die Seelsorge miteinfliessen lässt. Philosophical Care schliesst das Religiöse nicht aus (im Sinne einer atheistischen, agnostischen Sorgeform), kann und soll jedoch diese Elemente nicht als ihre Eigentümlichkeit bezeichnen.

Die Philosophische Praxis und Philosophical Care lassen sich beide aus der Philosophie heraus ableiten und können als philosophische Form der Sorge verstanden werden. Während sich die Philosophische Praxis weitestgehend an der Psychotherapie im Hinblick auf Form und Möglichkeiten der Begegnung orientiert, ist Philosophical Care weitaus näher an der christlichen Seelsorge angesiedelt, welche niederschwelliger sowie freier und flexibler die Begegnungen strukturieren und verantworten kann.

Entsprechend gestaltet sich auch der Zuschnitt für die Klientel.

Philosophical Care legt sich nicht im Voraus auf eine klar spezifizierte Praxis fest, nach welcher die möglichen, künftigen Klientel vorselektioniert werden. Es sollte das Anliegen sein, dass Tätige der Philosophical Care darauf bedacht sind, in ihrem Rahmen und ihren Fähigkeiten auf die Ansprüche der Klientel so zu reagieren, dass diese anhand der drei Schlüsselkompetenzen angegangen und in die transzendentalkritischen Care-Momente überführt und kultiviert werden können. Philosophical Care muss demzufolge niederschwellig und zugleich offen, vernetzt und ebenso reflektiert und selbstkritisch sein.

Da die philosophischen Schlüsselkompetenzen im System selbstreferentiell sind und zugleich den eigenen Prozess kontrollieren und kritisieren können, ist eine Instrumentalisierung von Philosophical Care ohne zusätzliche Ansprüche nicht möglich. Indem Philosophical Care so umrissen und auch begründet werden kann, wird ein neuer Schwerpunkt oder Zugang zur Philosophie erarbeitet, welcher so in dieser Hinsicht noch nicht bestanden hat. Dabei hat sowohl dieser neue Schwerpunkt noch offene Enden, die bearbeitet werden müssen und zudem bedarf es einer Einordnung von Philosophical Care in die Philosophie allgemein.

5.2. Zum (neuen) Selbstverständnis der Philosophie

Philosophical Care stellt eine Chance aber auch eine Herausforderung für die Philosophie in ihrem Selbstverständnis dar. Die Philosophie war und ist seit jeher schon mehr als akademische Wissenschaft (Habermas, 2004: 352). Diesen Anspruch für sich kann sie nicht nur aus historischen Gründen ihrer eigenen Tradition ableiten, sondern kann sie auch, wie in der vorliegenden Arbeit gezeigt wurde, transzendentalkritisch aus sich selbst heraus begründen. Philosophie ist nicht einfach eine akademische Wissenschaft, sondern ebenso Interpretin und Beobachterin der Wissenschaften

(Habermas, 2009: 59) und kann und soll nebenbei auch mit der Gesellschaft zu tun haben (Habermas, 2004: 359).

Die Philosophie befindet sich jedoch nicht nur in der Position der betrachtenden und deutenden Vogelperspektive, welche das Allgemeine von einem abstrakten Raum von weit oben her beobachtet und reflektiert, sondern befindet sich auch mitten im persönlichen Leben verschiedenster Menschen. Sie ist nicht in einem selbsterrichteten Elfenbeinturm eingesperrt, der sich nur mit Argumentationsanalysen, Wahrheitstabellen und möglichen Welten auseinandersetzt, aus dem sie realiter nicht aussteigen kann (Brandt, 2017: 115). Sie kann und soll den Menschen auch in seinem Lebensvollzug betreffen. Bennent-Vahle konsterniert: »Rationales Sezieren, Analysieren und Objektvieren vermag das Eigentliche unseres Seelenlebens nicht zu berühren« (Bennent-Vahle, 2022: 127). Wie kann dieser Anspruch der Anwendung im Lebensvollzug für die alltägliche Verortung der Philosophie in der Care-Tätigkeit gesetzt werden?

Die Antwort lautet: Indem die Philosophie diese Wandelbarkeit aus sich selbst heraus begründen kann. Die Philosophie mit ihrer achtsamen Einsicht, ihrem kritischen Urteilen und ihrem Radikalen Bedenken ist genügend flexibel und wandelbar, dass sie sich selbst nicht in Formen verfestigen und Universitäten verschanzen muss. Sie kann aus sich heraus und mit ihr etwas Neues erschaffen (Achenbach, 2023: 30f).

Was könnte dieses Neue jedoch sein? Kann sich die Philosophie selbst neu erfinden? Welche Möglichkeiten können dabei überhaupt als neu betrachtet werden (Poltrum, 2016: 19)?

Im Rückblick auf ihre eigene Geschichte zeigt sich, dass die Philosophie Lebenskunst, Weltweisheit, Wissenschaft etc. war (Böhme, 1994). In der griechisch-römischen Antike war sie zudem eine Lebensform, welche unterschiedliche Aspekte des gesamten menschlichen Lebens strukturierte (Hadot, 1995: 271). Man könnte sich auf eines jener Verständnisse rückbesinnen und sich darauf für künftige philosophische Ansätze und Tätigkeiten berufen. Viel eher scheint es jedoch sinnvoll zu sein, die grundlegende Flexibilität, Weitschweifigkeit und Unterbestimmtheit der Philosophie und ihre Wandelbarkeit selbst als Anlass dafür zu nehmen, ihre Geschichte und ihre unterschiedlichen Ansätze neu zu betrachten und aus dieser Einsicht heraus etwas Neuartiges zu gestalten und die Philosophie dadurch auch in ihrem Selbstverständnis zu verändern (Böhme, 1994: 221). Die Philosophie ist insofern als frei zu betrachten. *Frei* ist sie in dem Sinne, dass ihr keine Pflichten von aussen obliegen, aber dass sie aus ihrer eigenen kreativen Schöpfungskraft Angebote entwickeln kann, die für die Menschen und die Gemeinschaft, die Mit- und Umwelt verwendet werden können und dafür Verantwortung zu übernehmen hat (Derrida & Vattimo, 2017: 18).

Ein solches Angebot stellt Philosophical Care dar. Sie kann die Philosophie praktisch werden lassen, indem sie Menschen dazu bringt, sich um andere Menschen, deren Mit- und Umwelt zu sorgen (Conradi, 2001: 19). Schuchter hält hierzu fest: »Eine wirkliche Praktische Philosophie ist eine, die nicht nur als Titel für eine theoretische Bereichsphilosophie herhalten muss, also für eine Ethik oder die Angewandte Ethik, die eben keine Praktische Philosophie ist, sondern jener Bereich der Ethik-Theorie, in der Fragen aus der Praxis *theoretisch* bearbeitet werden« (Schuchter, 2016: 326; H.i.O.). Dies wäre insofern weiterhin eine angewandte Ethik, solange die theoretische Ebene nicht verlassen wird, aber die Philosophie kann noch weiter gehen als nur die theoretische Bearbeitung.

Sie selbst kann sich dafür einsetzen, die Fragen und Probleme aus der Praxis selbst handelnd anzugehen. So fährt Schuchter fort: »Im Endeffekt gehört es eben einfach zur Ethik, ihre Verwirklichungsbedingungen in die Reflexion einzubeziehen und diese angemessen in der Praxis [handelnd; O.I.] zu situieren« (Schuchter, 2016: 326). Der Mensch der philosophiert und sich mit der Sorge beschäftigt, so der Vorschlag von Philosophical Care, bleibt nicht einfach bei der theoretischen Bearbeitung stecken und übermittelt seine Ergebnisse den anderen, tatsächlich handelnden Menschen. Er selbst kann durch und mit seiner Philosophie tatkräftig und direkt an und in der Sorge beteiligt sein (Schmid, 2016: 11).

Damit wird der akademischen Philosophie keineswegs ihre Existenzberechtigung abgesprochen. Die akademische Philosophie setzt sich autonom andere Ziele und kann zugleich auch für die Praxis von Philosophical Care orientierend sein. Im Zentrum der akademischen Philosophie stehen nicht primär Bildungspraktiken, Sorgeformen etc. die auf ein Miteinanderumgehen der Menschen zielen, sondern Erkenntnisregeln, Methoden etc., denen gefolgt werden kann, um sich um Erkenntnis zu bemühen, auch wenn dieses Wissen nie völlig als allgemein gesichertes, vollständiges Wissen bezeichnet werden kann (Saar in Hindrichs, 2017: 158). Sie kann damit ihr eigenes Interesse und ihre eigenen Ziele verfolgen und zugleich Aspekte für die Praxistheorie und Praxis von Philosophical Care bereitstellen.

Die Philosophie vermag es, wie es auch die Geschichte selbst zeigt, unterschiedliche Aspekte gleichzeitig zu verfolgen und verschiedene Entwicklungen und sich selbst dabei im Auge zu behalten (Bauman, 2022: 59, Horkheimer, 1974: 284). Dies gilt nicht nur für die Philosophie im Allgemeinen, sondern kann auch für die einzelnen Philosophinnen und Philosophen vorgebracht werden. »So obliegt es ihm, das Philosophische der Philosophie im stetigen Philosophieren – als unermüdliches Fragen und In-Bewegung-Bringen – aufrechtzuhalten, ungeachtet der damit einhergehenden (temporären) Verunsicherungen und Risiken« (Bennent-Vahle, 2022: 16).

Aus der eigenen Flexibilität und Schöpfungskraft der Philosophie stellt Philosophical Care daher eine Möglichkeit dar, die Philosophie in gewisser Weise neu zu verstehen, indem ein neuer Aspekt zu ihr in Erscheinung tritt, der zwar eine Geschichte in der Tradition hat, jedoch kein historisches Vorbild besitzt. Ohne ein solches Vorbild ist es daher auch nötig, sich genauer mit der Professionalisierungsherausforderung zu beschäftigen (vgl. Kapitel 1), um die Ergebnisse ihrer eigenen Tätigkeit zu überprüfen und zu sichern. Was darunter zu verstehen ist, soll nun kurz angesprochen und in einem ersten Ansatz umrissen werden.

Professionalisierungsherausforderung

Die Professionalisierungsherausforderung betrifft die Verteilung von Wissensformen (vgl. Kapitel 1). Dabei geht es sowohl um die vertikale Ebene von Theorie und Praxis als auch um die horizontale Ebene zwischen Akademie, Wissenschaft und Gesellschaft.

Es wird von Ebenen und nicht von Richtungen gesprochen, um damit anzudeuten, dass die Wissensformen sich bestenfalls in jeweils beide Direktionen bewegen.

Bevor nun die Herausforderung überhaupt beleuchtet werden kann, muss zuerst geklärt werden, was unter *Professionalisierung* innerhalb dieser Wissenstransfers genauer verstanden werden kann. Diese Überlegungen erweisen sich nun nach der praxistheoretischen Grundlegung als wichtig, weil sie sich damit beschäftigen, wie die Ergebnisse der vorliegenden Untersuchung auf der vertikalen und der horizontalen Achse der Wissensverteilung ermöglicht, kontrolliert und zugleich sichergestellt werden können. *Professionalisierung* nach Mieg lässt sich entsprechend wie folgt definieren: »Professionalisierung im engen Sinn bedeutet *den Prozess der Entwicklung einer Berufsgruppe in Richtung einer Profession*, d. h. einer Berufsgruppe mit einer gewissen Autonomie in der Leistungsdefinition und -kontrolle« (Mieg, 2018: 11; H.i.O.).

Eine Praxis, wie bspw. Philosophical Care, kann dahingehend eine Profession werden, wenn Kompetenzen dahingehend kultiviert werden können, so dass die Tätigen von Philosophical Care aufgrund genau jener Kompetenzen sich als gemeinsame Gruppe von Berufstätigen verstehen und immer auch evaluieren können. Darin findet sich ihre Leistungsdefinition und -kontrolle.

Professionelle in diesem Sinne gewinnen ihre berufliche Legitimität daraus, dass sie für ihre spezifischen Aufgaben in der Praxis besonders ausgewiesen sind, also über Wissen, Können und Erfahrung verfügen, welche für die Praxis notwendig sind (Staub-Bernasconi, 2018: 114). Dies betrifft folglich die vertikale Ebene zwischen Theorie und Praxis. Der Wissenstransfer von Theorie und Praxis, der sich in beide Richtungen erstreckt, hängt, wie schon gezeigt wurde (vgl. Kapitel 1), damit zusammen, dass Theorie ohne Praxis und Praxis ohne Theorie nicht auskommen können. Die Theorie leistet damit nicht einfach ein Handbuch für einen Instruktionalismus, sondern befindet sich in einer unaufhörlichen Zirkelbewegung des ständigen Austauschs mit der Praxis (Schmolke, 2011: 37).

Dies erlaubt ebenfalls nicht den gegenteiligen Schluss, dass theoretische Studien für die Praxis überflüssig wären. Im Gegenteil, die philosophische Tradition und die Themen der akademischen Philosophie (sowie die kritische Auseinandersetzung mit ihr) bieten eine breite Basis von Gedanken und Anregungen, um die involvierten Personen (Care Tätigen und Klientel) in der Praxis von Philosophical Care zu erhellen und Orientierung zu bieten (Bennent-Vahle, 2022: 279).

Man klärt sich somit über die Praxis auf und zwar auf deskriptive als auch auf normative Weise. Mieg erklärt zum vertikalen Wissenstransfer: »Aus dieser Nutzung eines spezifischen formalen Apparates aus Verfahren, Ansätzen, Methoden etc. ergeben sich die Leistungsstandards, an denen professionelle Arbeit sich potenziell messen lassen können muss« (Mieg, 2018: 12). Und weiter hält er fest: »Standards können auf allen Abstraktionsstufen formuliert werden, und gerade dort, wo komplexe oder diverse Fälle vorliegen, dienen Standards zur Orientierung« (Mieg, 2018: 22).

Die Frage drängt sich nun auf, ob die Überlegungen von Mieg so tatsächlich auch auf Care-Tätigkeiten angewendet werden können. Bisher wurden für die Care-Tätigkeit Aspekte beleuchtet die komplex sind, Begegnungen die in gewisser Weise unverfügbar sind und Beziehungsgestaltungen die sowohl ergebnisoffen als auch nicht steuerbar sein sollen. In gewissen bspw. rein technischen Berufsfeldern ist eine besagte Standardisierung nach Mieg durchaus denkbar. Ob eine solche Standardisierung jedoch für Care-Tätigkeiten angestrebt werden sollte, scheint hingegen eher problematisch zu sein (Rüegger & Sigrist, 2011: 167).

Der Unterschied der hierbei eingeführt werden kann, um diese Problematik zu beheben, besteht darin, dass nicht die Prozesse (transzendentalkritischen Problemstellungen) der Care-Tätigkeit standardisiert werden sollen, sondern allein die Art der Überführung von Wissen in der vertikalen Ebene. Hierin lässt sich nämlich die Professionalisierung für eine komplexe Tätigkeit wie die Care-Tätigkeit verorten. »Der Unterschied zwischen der wissenschaftlichen [oder technischen] Expertise und dem professionalisierten Wissen [für die Care-Tätigkeit; O.I.] besteht jedoch weniger in dem, *was* gewusst wird, als vielmehr im *Wie*, also in der logischen Struktur des Wissens [und der Anwendung dessen; O.I.]« (Bohnsack, 2020: 20; H.i.O.).

Standardisiert wird also auch nicht der Wissenstransfer in seinen Inhalten, sondern besteht darin, wie dieser Transfer begründet werden kann. Care Tätige als Professionelle können ihr Handeln begründen (bottom up) und ebenfalls erklären, weshalb diverse Theorien oder Ansätze handlungsleitend werden sollen (top down) (vgl. Bonss et al. 2020). »Dahinter steht der Gedanke, dass in jedem Einzelfall Allgemeines und Besonderes vermittelt sind, d. h. dass ein Fall sich nur in Auseinandersetzung mit Allgemeinen individuiert und strukturiert« (Pickel & Sammet, 2014: 45). Standardisiert wird also bspw. nicht die Care-Beziehung, sondern die Bedingung, dass Care Tätige diese immer in ihrer Praxis (und möglichen Supervisionen) begründen können.

Damit geht offensichtlich eine gewisse Freiheit in der Verbindung von Theorie und Praxis einher. Gemeinsam ist allen jenen professionalisierten Formen solcher Tätigkeiten, dass für die Professionellen ein eigenverantwortlicher Handlungsspielraum besteht, insbesondere in der Anwendung von Methoden, Prinzipien und der Ableitung von möglichen Handlungen (Mieg, 2018: 163). Dieser eigenverantwortliche Handlungsspielraum kann selbst nicht instruktionalisiert oder standardisiert werden. Die Art und Weise, um es zusammenzufassen, wie dieser Handlungsspielraum *in concreto* gestaltet wird, unterliegt jedoch der Anforderung der je eigenen Möglichkeiten zur Begründung für sich und gegen aussen.

Welche Theorien aus der Philosophie, welche methodischen Ansätze etc. tatsächlich in der Praxis ihre Anwendung finden, sagen weniger über die Professionalität aus, als die Möglichkeit, diese eigenständig und elaboriert zu begründen. Und genau dort können qualitative Standards festgelegt werden. So formuliert es bspw. auch Peng-Keller für die Seelsorge: »Seelsorgende haben Rechenschaft darüber abzulegen, was sie mit welchen Zielsetzungen tun, woran sich ein gutes seelsorgliches Handeln bemessen lässt und wie eine verbindliche Qualitätssicherung durchgeführt wird« (Peng-Keller, 2021: 189).

Wie ist nun die Professionalisierung auf der horizontalen Ebene zu verstehen? Der Wissenstransfer und das Kompetenzmodell, so scheint es, suggeriert vorerst ein kybernetisches Modell, in welchem Wissen von einer Partei auf die andere übermittelt wird. Es scheint auf den ersten Blick so, als würden Professionelle ihre Kompetenzen an die Klientel vermitteln. Es wird von einem Ungleichgewicht der Kompetenzen ausgegangen, das durch die Situation angepasst und bestenfalls angeglichen wird.

Eine solche Professionalisierung in der Tätigkeit von Philosophical Care aufzufassen wäre fehlleitend und die Praxistheorie soll sich von einer solchen Überheblichkeit abwenden (Thiersch, 2014: 92). Philosophical Care arbeitet *mit* den Klientel und nicht *für* sie. Sie bringt auch kein esoterisches Wissen der Philosophie gemäss einer Expertise unter die Bevölkerung, sondern arbeitet direkt mit den Anliegen derjenigen, welche die Care-Tätigkeit in Anspruch nehmen (Fintz in Staude, 2010: 257). Es existiert also kein Geheimwissen, das zu übermitteln wäre, welches die Klientel lernen und aneignen sollten. Die Zielsetzung wäre dahingehend nicht offen und würde die Care-Tätigkeit in ihrer Eigenlogik unterlaufen.

Auch wenn Texte, Überlegungen und philosophische Ansätze in der Care-Tätigkeit unter anderem vermittelt werden können, so stellt dies nicht das primäre Ziel der Care-Tätigkeit dar. Daher sind auch die Schlüsselkompetenzen nicht einfach nur an die Care Tätigen zu delegieren, auch wenn sie über geschulte und kultivierte Fähigkeiten und Wissensformen verfügen (vgl. Kapitel 2). Die philosophischen Schlüsselkompetenzen sind bei den meisten Menschen, ihrer Mit- und Umwelt anzutreffen und finden sich auch in anderen, unterschiedlichen Tätigkeiten wieder. In der Praxis von Philosophical Care als Profession auf der horizontalen Ebene geht es daher in der Professionalisierung darum, diese Kompetenzen zu kultivieren und dies eben, wie schon erwähnt, auf professionelle Art und Weise (vertikale Ebene). Man soll dies also nicht im kybernetischen Sinne einer direktiven Kompetenzvermittlung verstehen, sondern die philosophischen Schlüsselkompetenzen werden eher im Sinne eines systemischen Interaktionsmodells[1] gemeinsam kultiviert.

Dass dabei die Care leistende Person eine wichtige Figur ist, wird damit nicht bestritten. Keine einzelne Partei ist jedoch für die Kompetenzen alleine zuständig, oder übt eine Deutungshoheit über diese aus. Es scheint daher in Bezug auf die drei Schlüsselkompetenzen angebrachter von einem *professionalisierten Milieu* zu sprechen, welches die gesamte Begegnung und Beziehung aller teilnehmenden Parteien mit umfasst (Bohnsack, 2020: 11). Aus dem systemischen Interaktionsmodell folgt auch, dass die Kompetenzen nicht auf eine Institution reduziert werden können, so als wäre die Care-Tätigkeit und die Kultivierung der Kompetenzen an eine Institution, ein Krankenhaus etc. gebunden, sondern befindet sich in der freien Möglichkeit unterschiedlicher Zusammenkünfte und Interaktionen (Faber in Noth & Faber, 2023: 126).

Wenn die Care Tätigen von Philosophical Care nicht die alleinigen Instanzen von philosophischen Schlüsselkompetenzen sind, so folgt daraus auch für die Professionalisierung auf horizontaler Ebene ein Anspruch auf Selbstreflexion und Intra-, Inter- sowie Supervision. Obwohl den Care Tätigen von Philosophical Care qua ihrer Profession eine gewisse Autonomie zusteht, müssen sie sich dennoch unweigerlich und stetig um die Qualität ihrer Arbeit bemühen. Die eigenen Ansichten, Fähigkeiten, Hintergründe sowie Probleme im Blick zu behalten und sich in jener Hinsicht um Entwicklung zu bemühen, stellt eine unhintergehbare Anforderung an Care Tätige dar (Schmid, 2016: 81).

---

1 Vgl. hierzu ansatzweise bspw. Luhmann, 2018, Moreno, 2001 und Morgenthaler, 2019.

Dies ist für die Professionalisierung der Tätigen und für die Entwicklung einer Profession unabdingbar. Festgelegt werden müssen dabei auch Anforderungen an die Ausbildung. Ganz bestimmt ist ein Studium der Philosophie, der Theologie oder ähnlichem notwendig (Krauss, 2022: 61). Ein Philosophiestudium reicht jedoch nicht aus für die Praxis in der Care-Tätigkeit. Es gilt zu lernen, wie die Schlüsselkompetenzen auf die Praxis der Care-Tätigkeit angewendet werden können. Daher existieren auch unterschiedliche Grade der Ausbildung (Rogers, 2021: 384f). Durch das Grundstudium der Philosophie werden den zukünftigen Care Tätigen unterschiedliche Philosophische Inhalte und Methoden vermittelt (Achenbach, 2023: 98). Weiter bedarf es jedoch zusätzlich interdisziplinärer Auseinandersetzungen und ebenso die Einübung in Gesprächs- und Caretechniken sowie die intraspektive persönliche Entwicklung der Care Tätigen (Schmolke, 2011: 339).

Das ständige Üben und Praktizieren werden dabei mit der eigenen Erfahrung und den eigenen Hintergründen in Zusammenhang gebracht. Care Tätige nehmen daher immer wieder Abstand zu ihrer eigenen Praxis und hinterfragen oder reflektieren das bisher Geschehene und das noch Kommende (Stimmer 2020: 288). Dafür ist die Selbstreflexion aber auch der Dialog mit äusseren Perspektiven notwendig (Krauss, 2022: 221). Es geht also auch darum, sich mit anderen Care Tätigen zu vernetzen und sich gemeinsam über Erfahrungen und Haltungen auszutauschen, sich Rat und Kritik einzuholen und sich gemeinsam zu besprechen (Roser, 2017: 234). Dies kann bspw. durch Inter- und Supervisionen angestrebt werden und sollte auch als Anspruch für eine professionelle Praxis von Philosophical Care wahrgenommen werden (Nauer, 2014: 307).

Beide Dimensionen der Professionalisierung – vertikal und horizontal – können also für Philosophical Care beleuchtet und ausgearbeitet werden, wodurch die Möglichkeit einer Professionsentwicklung durchaus gegeben ist. Aus diesen Überlegungen zur Professionalisierungsherausforderung ergeben sich nun auch Haltepunkte, welche nicht die Praxistheorie betreffen, sondern die Praxis selbst. »Nach Massgabe der genannten Bedingungen von Professionalisierung ist ein hoher Grad an Verbandsorganisation und Ausbildungsdefinition nötig« (Mieg, 2018: 56). Darauf soll in aller Kürze eingegangen werden.

Praxisbezogene Haltepunkte

Philosophical Care als Praxis ist nicht einfach eine Technik, die erlernt und umgesetzt werden kann. Dies sollte aus den bisherigen Überlegungen klar geworden sein. Vielmehr beschreibt sie eine Art und Weise, wie auf Menschen, ihre Mit- und Umwelt eingegangen werden kann (Krauss, 2022: 239). Sie ist eine Form der sorgenden Zuwendung.

Insofern diese Art der Care-Tätigkeit professionalisiert werden soll, bedarf es berufsethische und praxisbezogene Überlegungen, wie die Praxis gestaltet werden kann und soll, wobei es für eine solche Profession unter anderem einen Bezug zu Möglichkeits- und Gelingensbedingungen der Care-Tätigkeit geben muss (Stimmer, 2020: 55). An beiden Formen von Kriterien der Zuwendung muss sich die Care-Tätigkeit transzendentalkritisch orientieren und diese auch verantworten können (vgl. Kapitel 3). Das bedeutet nicht, dass sich Philosophical Care gedankenlos in gesellschaftliche oder institutionelle Anforderungen zwängen sollte, oder schlicht dafür instrumentalisiert wird (vgl. Kapitel 4).

Philosophical Care darf in ihrer Gestalt und ihrer Praxis herausfordernd, neu und kreativ sein, jedoch ein unpassendes, widerrechtliches oder gar übergriffiges Verhältnis ist bei der Care-Tätigkeit hingegen notwendigerweise zu verhindern (Krauss, 2022: 237f). Eine solche Orientierung auf Möglichkeits- und Gelingensbedingungen der Care-Tätigkeit zerteilt sich wiederum auf die theoretische Ebene der Care-Ethik (vgl. Kapitel 1) und differenziert sich ebenfalls in der Praxis anhand bestimmter Arbeitsprinzipien und Haltungen aus. Folgende Überlegungen zu Haltepunkten einer berufsethischen und praxisbezogenen Orientierung können hier nur stichwortartig angefügt werden und bedürfen weiterer Ausarbeitung zukünftiger Forschungen:

- Die Care-Tätigkeit muss sich dringend mit der Machtfrage und den damit einhergehenden Problematiken auseinandersetzen (Wild, 2021: 88). Mit Macht gehen immer Möglichkeiten und Beschränkungen einher. Die Care-Beziehung führt unweigerlich Asymmetrien ein, nicht nur zwischen Care Tätigen und den Klientel, sondern möglicherweise auch innerhalb der unterschiedlichen Parteien der Klientel. Diese Asymmetrie kann allein schon durch den Beizug einer Care tätigen Person geschehen, oder aus dem Grund, weshalb eine Person sich bspw. in einer bestimmten Institution wie Gefängnis, Krankenhaus etc. befindet (Wild, 2021: 151). Die Relationalität von Macht und die damit einhergehende Verantwortung bezüglich Möglichkeiten und Begrenzungen, die sich durch die Care-Beziehung ergeben, müssen kritisch reflektiert und gewissenhaft behandelt werden.
- Ein Aspekt dieser Machtfrage stellt unter anderem die Proxemik dar (Pick, 2022: 120). Care Tätige bringen sich in der Begegnung zwar auch als Personen ein und lassen ihre Persönlichkeit in der Beziehung unmittelbar mitwirken. Dennoch müssen hier die Grenzen der Professionalität gewahrt und gewährt werden. Übergriffe, Manipulationen und andere unerwünschte Verhaltensweisen innerhalb einer professionalisierten Tätigkeit müssen strengstens unterbunden werden. Dies gilt auf unterschiedlichsten Ebenen und ganz besonders bei körperlich und emotional berührender Zusammenarbeit.
- Es geht bei der Proxemik aber nicht nur darum, Grenzen wahrnehmen und respektieren zu können, sondern auch eigenständig Grenzen setzen zu müssen (Nauer, 2014: 303). Hierbei geht es folglich auch darum, die eigene Integrität und Privatsphäre, sowie das Befinden der Care Tätigen zu schützen. Auch Care Tätige müssen sich von Übergriffen, Manipulation etc. hüten. Bezüglich der Grenzen in der Care-Tätigkeit wird nun auch die Beachtung von Rechten – ganz besonders im Hinblick auf Datenschutz – relevant (Gahlings, 2023: 85). Die berufsethische Schweigepflicht und die Anzeigepflicht müssen hier kritisch jedoch gesetzeskonform eruiert werden und so transparent an die Klientel weitervermittelt werden können. Dies gilt auch für die Falldarstellungen in Inter- und Supervisionen sowie in öffentlichen Publikationen (Pick, 2022: 211f).

- Ein weiterer Aspekt der Machtfrage besteht im Zusammenhang von Institutionen und den darin teilnehmenden Menschen (Faber in Noth & Faber, 2023: 127). »Jede, auch die beste Einrichtung bewirkt zwangsläufig unerwünschte Neben- oder Nachwirkungen« (Staub-Bernasconi, 2018: 36). Care Tätige, andere Mitarbeitende, Klientel und Aussenstehende sind durch Institutionen an unterschiedliche Aspekte gebunden, müssen Grenzen wahrnehmen und respektieren (vgl. Graeber, 2017). Es muss jedoch auch die Möglichkeit bestehen, selbst Grenzen setzen zu können und sich möglicherweise auch advokatorisch für die Rechte und Möglichkeiten der Klientel sowie Um- und Mitwelt einsetzen zu können. Philosophical Care kann dabei eine besondere Stellung innerhalb des Systems einnehmen, da sie sich nicht vollständig in die Institution integrieren lassen soll.
- Hinzu kommen ganz praktische Überlegungen wie bspw. die räumlichen, zeitlichen, gesprächsmethodischen und inhaltlichen Aspekte der Care-Tätigkeit gestaltet werden können (Achenbach, 2010: 282). Dies hängt unter anderem mit den Interventionsmedien zusammen (Einzel- und Gruppengespräche etc.). Hierfür bedarf es noch deutliche Ausführungen in künftigen Forschungen. Nicht alles ist mit jedem und jeder sowie überall und jederzeit durchführbar. Orientierungspunkte wie die Care-Tätigkeit konkret aussehen kann, ist damit das Ziel von praxisorientierten Haltepunkten. Sie legen Arbeitsprinzipien und Interventionsmedien fest.
- Schliesslich geht es auch darum, den Care Tätigen Raum und Zeit zur Verfügung zu stellen, damit sich diese ebenfalls um sich selbst sorgen können (Rüegger & Sigrist, 2011: 228f). Nur wer genügend für sich schaut, ist auch in der Lage, sich um andere zu sorgen. Hierfür müssen ihnen auch Rechte und Möglichkeiten zustehen, die sie als Care Tätige wahrnehmen und durchsetzen können, um mögliche Überbelastungen, Burnouts etc. zu vermeiden.

5.3. Abschlussgedanken

Bei der Professionalisierungsherausforderung sind zwei weitere Punkte zu beachten, wenn von einer Überführung von Wissen innerhalb der beiden Dimensionen ausgegangen wird. Zuallererst muss festgehalten werden, dass *Akademie, Wissenschaft* und *Gesellschaft* keine festen Kategorien darstellen. Sie selbst sind der Perspektivität von verschiedenen Interessensgruppen und epistemischen Zugängen als auch ihren struktureigenen Dynamiken unterworfen. Einige Herausforderungen der modernen, respektive spätmodernen Gesellschaft wurden schon ansatzweise in Kapitel (1) beleuchtet.

Gesellschaften stehen heute vor unterschiedlichsten Problemstellungen und müssen sich mit diesen tiefgreifend auseinandersetzen, ohne sich dabei selbst aus dem Blick zu verlieren (bspw. Geertz, 2014, Han, 2021, Nassehi, 2021). Vieles ist heute zur Überforderung, Desorientierung und Paradoxie prädisponiert. »Insofern Individualisierung zur Pluralisierung von Gütern, Werthaltungen und Lebenskonzepten führt, ist in ihr auch Widersprüchlichkeit als Disposition angelegt« (Huber in Staude, 2010: 105). Damit müssen Menschen und Gesellschaften einen Umgang lehren und auch lernen können. Eine einfache sowie allgemeine Lösung kann hier nicht antizipiert werden. In spätmodernen demokratischen Gesellschaften sind Menschen sowohl auf der individuellen als auch der kollektiven Suche nach diversen Regeln der Orientierung des individuellen und gemeinsamen Lebens (Rucker, 2014: 83). Philosophical Care kann, wie in der vorliegenden Untersuchung gezeigt werden sollte, einen möglichen Beitrag in sorgender Form der Tätigkeit hierzu leisten.

Damit muss sie sich in ihrer Rolle in der Gesellschaft wie in der Akademie vergewissern und diese auch verantwortend behaupten. Dies leitet zur zweiten Überlegung weiter. Wird der Standort von Philosophical Care innerhalb der Akademie und der Wissenschaft kritisch reflektiert, so ist auch die Überführung von Wissen zwischen Theorie und Praxis nicht als statisch aufzufassen. Mit der Entwicklung und Etablierung von Philosophical Care ist auch die akademische Philosophie dazu aufgefordert sich zu verändern und neu Position zu beziehen (vgl. Kapitel 5.2).

Die Philosophie besitzt jedoch das Vermögen, stets wieder neu zu beginnen und dies nicht nur im einzelnen Menschen, sondern auch als Disziplin insgesamt, ohne dabei ihre Hintergründe und Traditionen zu vernachlässigen (Marinoff, 2020: 53). Man könnte sogar so weit gehen, dass sich die Philosophie verändern sollte, insofern sie sich auch mit den gesellschaftlichen, historischen, politischen, ökologischen etc. Veränderungen beschäftigt und mit ihnen in Verbindung bleiben will. Ohne stetige Veränderung würde die Philosophie in sich zusammenfallen oder ihr eigenes Gebiet als Disziplin verlassen (vgl. Balke & Rölli, 2011, Cappelen, 2014).

Mit der Etablierung von Philosophical Care würden sich entsprechend auch Anforderungen an die akademische Philosophie stellen, die sich an der Aufgabe von qualifizierenden Ausbildungsgängen orientieren. Ebenfalls wären rechtliche Überlegungen bezüglich der Profession anzustellen. Und schliesslich würde auch die Forderung laut werden, dass zur Tätigkeit der Philosophie in der Praxis von Philosophical Care auch Praxiselemente (bspw. in Form von Praktika, Berufsfelder und Einsatzorte) nötig werden würden (Schmolke, 2011: 339). Wie dies alles auszusehen hätte, übersteigt den Radius eines praxistheoretischen Grundentwurfs und lässt Raum für weitere Überlegungen und Forschungen.

Es zeigt sich, dass mit dem hier vorliegenden Entwurf einer Praxistheorie von Philosophical Care erst ein einzelner Stein angestossen wurde, welcher noch ganz viele andere Aspekte ins Rollen bringen muss. Philosophical Care sollte jedoch mit dem vorliegenden Fundament die nötigen Werkzeuge erhalten haben, um sich dieser Aufgabe achtsam, inbegriffen und bildend im Sinne der drei philosophischen Schlüsselkompetenzen zu widmen.

Literaturverzeichnis

Achenbach, Gerd B.: Philosophie der Philosophischen Praxis, Einführung, 2023, Nomos Verlagsgesellschaft, Baden-Baden.
Achenbach, Gerd B.: Zur Einführung der Philosophischen Praxis, Vorträge, Aufsätze, Gespräche und Essays, mit denen sich die Philosophische Praxis in den Jahren 1981 bis 2009 vorstellte, Eine Dokumentation, 2010, Verlag Jürgen Dinter, Köln.
Adorno, Theodor W.: Jargon der Eigentlichkeit, Zur deutschen Ideologie, 2015, Suhrkamp Verlag, Frankfurt.
Adorno, Theodor W.: Philosophische Frühschriften, Gesammelte Schriften Band 1, 1997, Suhrkamp Verlag, Frankfurt.
Agamben, Giorgio: Die Erzählung und das Feuer, 2017, S. Fischer Verlag, Frankfurt.
Agamben, Giorgio: Opus Dei, Archäologie des Amts, 2012, S. Fischer Verlag, Frankfurt.
Agamben, Giorgio: What is an Apparatus?, And Other Essays, 2009, Stanford University Press, Stanford.
Ahmed, Sara: Feministisch leben!, Manifest für Spassverderberinnen, 2018, UNRAST-Verlag, Münster.
Anhalt, Elmar: Komplexität der Erziehung, Geisteswissenschaft – Modelltheorie – Differenztheorie, 2012, Julius Klinkhardt Verlag, Bad Heilbrunn.
Appadurai, Arjun: Modernity at Large, Cultural Dimensions of Globalization, 2010, University of Minnesota Press, Minneapolis.
Appiah, Kwame A.: Identitäten, Die Fiktionen der Zugehörigkeit, 2019, Carl Hanser Verlag, München.
Arendt, Hannah: Das Urteilen, Texte zu Kants politischer Philosophie, 1985, Piper Verlag, München.
Arendt, Hannah: Denken ohne Geländer, Texte und Briefe, 2023, Piper Verlag, München.
Aristoteles: Nikomachische Ethik, 2013, Rowohlt Verlag, Reinbek.
Assmann, Aleida: Zeit und Tradition, Kulturelle Strategien der Dauer, 2022, Wissenschaftliche Buchgesellschaft, Darmstadt.
Assmann, J. & Kucharek, A. (Hrsg.): Ägyptische Religion, Totenliteratur, 2008, Insel Verlag, Frankfurt.
Augustinus: Bekenntnisse, 2008, Philipp Reclam, Stuttgart.
Aurel, Marc: Wege zu sich selbst, 2018, Verlag C. H. Beck, München.
Austin, John L.: Zur Theorie der Sprechakte (How to do things with Words), 2014, Philipp Reclam, Stuttgart.

Balke, F., & Rölli, Marc (Hrsg.): Philosophie und Nicht-Philosophie, Gilles Deleuze – Aktuelle Diskussionen, 2011, transcript Verlag, Bielefeld.
Barfuss, T., & Jehle, P.: Antonio Gramsci, Zur Einführung, 2021, Junius Verlag, Hamburg.
Barthes, Roland: Fragmente einer Sprache der Liebe, 2019, Suhrkamp Verlag, Frankfurt.
Bauman, Zygmunt: Flüchtige Moderne, 2022, Suhrkamp Verlag, Frankfurt.
Bauman, Zygmunt: Moderne und Ambivalenz, Das Ende der Eindeutigkeit, 2017, Hamburger Edition HIS, Hamburg.

Bayertz, Kurt: Warum überhaupt moralisch sein?, 2014, Verlag C. H. Beck, München.
Beck, Ulrich: Der eigene Gott, Von der Friedensfähigkeit und dem Gewaltpotential der Religionen, 2008, Insel Verlag, Frankfurt.
Beisbart, Claus: Handeln begründen, Motivation, Rationalität, Normativität, 2007, LIT Verlag Dr. W. Hopf, Berlin.
Belsey, Catherine: Poststrukturalismus, 2013, Philipp Reclam, Stuttgart.
Benjamin, Walter: Illuminationen, Ausgewählte Schriften 1, 2021, Suhrkamp Verlag, Frankfurt.
Bennent-Vahle, Heidemarie: Weltverflochtenheit, Verletzlichkeit und Humor, Ethisch-anthropologische Überlegungen zur Philosophischen Praxis mit Helmuth Plessner, 2022, Verlag Karl Alber, Baden-Baden.
Benner, Dietrich: Allgemeine Pädagogik, Eine systematisch-problemgeschichtliche Einführung in die Grundstruktur pädagogischen Denkens und Handelns, 2015, Beltz Juventa, Weinheim.
Bhabha, Homi K.: Die Verortung der Kultur, 2011, Stauffenberg Verlag Brigitte Narr, Tübingen.
Bieri, Peter: Das Handwerk der Freiheit, Über die Entdeckung des eigenen Willens, 2006, Carl Hanser Verlag, München.
Bieri, Peter: Eine Art zu leben, Über die Vielfalt der menschlichen Würde, 2015, Carl Hanser Verlag, München.
Bieri, Peter: Wie wäre es, gebildet zu sein?, 2017, Verlag Komplett-Media, München.
Birnbacher, Dieter: Tod, 2017, Walter de Gruyter, Berlin.
Bloch, Ernst: Das Prinzip Hoffnung, 2022, Suhrkamp Verlag, Frankfurt.
Bloch, Ernst: Geist der Utopie, 1977, Suhrkamp Verlag, Frankfurt.
Blumenberg, Hans: Paradigmen zu einer Metaphorologie, 2019, Suhrkamp Verlag, Frankfurt.
Böhm, Winfried: Theorie und Praxis, Eine Einführung in das pädagogische Grundproblem, 2011, Verlag Königshausen & Neumann, Würzburg.
Böhme, Gernot: Bewusstseinsformen, 2017, Wilhelm Fink, Paderborn.
Böhme, Gernot: Einführung in die Philosophie, Weltweisheit – Lebensform – Wissenschaft, 1994, Suhrkamp Verlag, Frankfurt.
Boethius: Trost der Philosophie, 2017, Deutscher Taschenbuch Verlag, München.
Bohnsack, Ralf: Professionalisierung in praxeologischer Perspektive, Zur Eigenlogik in Lehramt, Sozialer Arbeit und Frühpädagogik, 2020, Verlag Barbara Budrich, Opladen.
Bonhoeffer, Thomas: "Seelsorge" in Platos Apologie, Eine Richtigstellung, 1989, In Pastoraltheologie, Nr. 78, Vol.6, P. 285–286, Vandenhoeck & Ruprecht Verlage, Göttingen.
Bonss, W., & Dimbath, O., & Maurer, A., Nieder, L., Pelizhäus-Hoffmeister, H., & Schmid, M.: Handlungstheorie, Eine Einführung, 2020, transcript Verlag, Bielefeld.
Bourdieu, Pierre: Die männliche Herrschaft, 2021, Suhrkamp Verlag, Frankfurt.
Bourdieu, Pierre: Entwurf einer Theorie der Praxis, Auf der ethnologischen Grundlage der kabylischen Gesellschaft, 2015, Suhrkamp Verlag, Frankfurt.
Brandom, Robert B.: Begründen und Begreifen, Eine Einführung in den Inferentialismus, 2016, Suhrkamp Taschenbuch Verlag, Frankfurt.
Brandom, Robert B.: Expressive Vernunft, Begründung, Präsentation und diskursive Festlegung, 2022, Suhrkamp Verlag, Frankfurt.
Brandom, Robert B.: Tales of the Mighty Dead, Historical Essays in the Metaphysics of Intentionality, 2002, Harvard University Press, Cambridge.
Brandt, Daniel: Philosophische Praxis, Ihr Begriff und ihre Stellung zu den Psychotherapien, 2017, Herder Verlag, Freiburg.
Brecht, Bertolt: Geschichten vom Herrn Keuner, 2020, Suhrkamp Verlag, Berlin.
Brisson, Luc: How Philosophers Saved Myths, Allegorical Interpretation and Classical Mythology, 2004, University of Chicago Press, Chicago.
Buber, Martin: Ich und Du, 2021, Philipp Reclam, Stuttgart.
Buber, Martin: Reden über Erziehung, Rede über das Erzieherische, Bildung und Weltanschauung, Über Charaktererziehung, 2005, Gütersloher Verlagshaus, München.

Bublitz, Hannelore: Judith Butler, Zur Einführung, 2021, Junius Verlag, Hamburg.
Butler, Judith: Die Macht der Geschlechternormen und die Grenzen des Menschlichen, 2023, Suhrkamp Verlag, Berlin.
Butler, Judith: Psyche der Macht, Das Subjekt der Unterwerfung, 2021, Suhrkamp Verlag, Frankfurt.
Butler, Judith: Rücksichtslose Kritik, Körper, Rede, Aufstand, 2019, Konstanz University Press, Konstanz.

Camus, Albert: Der Mythos des Sisyphos, 2013, Rowohlt Verlag, Reinbek.
Cappelen, Herman: Philosophy Without Intuitions, 2014, Oxford University Press, Oxford.
Casper, Bernhard: Das Dialogische Denken, Franz Rosenzweig, Ferdinand Ebner und Martin Buber, Um einen Exkurs zu Emmanuel Lévinas erweiterte Neuausgabe, 2017, Verlag Karl Alber, Freiburg.
Cavell, Stanley: Der Anspruch der Vernunft, Wittgenstein, Skeptizismus, Moral und Tragödie, 2016, Suhrkamp Verlag, Frankfurt.
Chao, L. M., & Wang, C. (Hrsg.): Communicating Across Differences, Negotiating Identity, Privilege, & Marginalization in the 21st Century, 2022, Cognella, San Diego.
Chiba, Kaeko: The Japanese Tea Ceremony, An Introduction, 2023, Routledge, Milton Park.
Christakis, N. A., & Fowler, J. H.: Die Macht sozialer Netzwerke, Wer uns wirklich beeinflusst und warum Glück ansteckend ist, 2011, S. Fischer Verlag, Frankfurt.
Clifford, J., & Marcus, G.: Writing Culture, The Poetics and Politics of Ethnography, 1986, University of California Press, Berkley.
Comte-Sponville, André: Woran glaubt ein Atheist?, Spiritualität ohne Gott, 2009, Diogenes Verlag, Zürich.
Conradi, Elisabeth: Take Care, Grundlagen einer Ethik der Achtsamkeit, 2001, Campus Verlag, Frankfurt.
Cooper-White, Pamela: Gender, Violence and Justice, Collected Essays on Violence against Women, 2019, Cascade Books, Eugene.
Coreth, Emerich: Gott im philosophischen Denken, 2001, W. Kohlhammer, Stuttgart.
Crane, Tim: Die Bedeutung des Glaubens, Religion aus der Sicht eines Atheisten, 2021, Suhrkamp Verlag, Berlin.

Danner, Helmut: Methoden geisteswissenschaftlicher Pädagogik, 2006, Ernst Reinhardt Verlag, München.
De Certeau, Michel: Mystische Fabel, 16. bis 17. Jahrhundert, 2010, Suhrkamp Verlag, Berlin.
De Montaigne, Michel: Essais, Mit einer Einführung und begleitenden Texten, 2016, S. Fischer Verlag, Frankfurt.
Deguchi, Y., & Garfield, J., & Priest, G., & Sharf, R.: What Can't be Said, Paradox and Contradictions in East Asian Thought, 2021, Oxford University Press, New York.
Deleuze, G., & Guattari, F.: Was ist Philosophie?, 2018, Suhrkamp Verlag, Frankfurt.
Deller, U., & Brake, R.: Soziale Arbeit, Grundlagen für Theorie und Praxis, 2014, Verlag Barbara Budrich, Opladen.
Depner, Michael: Seele und Gesundheit, Existenzielle Grundlagen, Band 3, 2020, Books on Demand, Norderstedt.
Derrida, Jacques: Die Stimme und das Phänomen, 2015, Suhrkamp Verlag, Frankfurt.
Derrida, Jacques: Von der Gastfreundschaft, 2018, Passagen Verlag, Wien.
Derrida, J., & Vattimo, G.: Die Religion, 2017, Suhrkamp Verlag, Frankfurt.
Deuser, H., & Kleinert, M. (Hrsg.): Sören Kierkegaard, Entweder – Oder, 2017, Walter de Gruyter, Berlin.
Di Blasi, Luca: Der weisse Mann, Ein Anti-Manifest, 2013, transcript Verlag, Bielefeld.

Dietzsch, S., & Frigo, G. F. (Hrsg.): Vernunft und Glauben, Ein philosophischer Dialog der Moderne mit dem Christentum, 2006, Akademie Verlag, Berlin.

Dogen, Eihei: Shobogenzo, Die Schatzkammer des wahren Dharma-Auges, Band 2, 2013, Werner Kristkeitz Verlag, Heidelberg.

Ekman, Paul: Gefühle lesen, Wie Sie Emotionen erkennen und richtig interpretieren, 2011, Spektrum Akademischer Verlag, Heidelberg.

Eliade, Mircea: Yoga, Unsterblichkeit und Freiheit, 2016, Insel Verlag, Frankfurt.

Emlein, Günther: Das Sinnsystem Seelsorge, Eine Studie zur Frage: Wer tut was, wenn man sagt, dass man sich um die Seele sorgt?, 2017, Vandenhoeck & Ruprecht Verlag, Göttingen.

Engemann, Wilfried: Aneignung der Freiheit, Essays zur christlichen Lebenskunst, 2007, Verlag Kreuz, Stuttgart.

Erler, Michael: Platon, 2006, Verlag C. H. Beck, München.

Erler, Michael: Soziale Arbeit, Ein Lehr- und Arbeitsbuch zu Geschichte, Aufgaben und Theorien, 2012, Beltz Juventa, Weinheim.

Faber, H., & Van der Schoot, E.: Praktikum des seelsorgerlichen Gesprächs, 1971, Vandenhoeck & Ruprecht Verlag, Göttingen.

Fassin, Didier: Das Leben, Eine kritische Gebrauchsanweisung, 2017, Suhrkamp Verlag, Berlin.

Feil, N., & De Klerk-Rubin, V.: Validation in Anwendung und Beispielen, Der Umgang mit verwirrten alten Menschen, 2020, Ernst Reinhardt, München.

Fellmann, Ferdinand: Das Paar, Eine erotische Rechtfertigung des Menschen, 2013, Verlag Karl Alber, Freiburg.

Fellmann, Ferdinand: Phänomenologie, zur Einführung, 2015, Junius Verlag, Hamburg.

Fellmann, Ferdinand: Philosophie der Lebenskunst, zur Einführung, 2009, Junius Verlag Hamburg.

Feyerabend, Paul: Wider den Methodenzwang, 2022, Suhrkamp Verlag, Frankfurt.

Figal, Günter: Sokrates, 2006, Verlag C. H. Beck, München.

Fischer, Alexander: Manipulation, Zur Theorie und Ethik einer Form der Beeinflussung, 2017, Suhrkamp Verlag, Berlin.

Flusser, Vilém: Kommunikologie, 2007, S. Fischer Taschenbuchverlag, Frankfurt.

Flynn, Thomas R.: Existenzialismus, Eine kurze Einführung, 2017, Verlag Turia + Kant, Wien

Foot, Philippa: Die Natur des Guten, 2014, Suhrkamp Verlag, Frankfurt.

Foucault, Michel: Archäologie des Wissens, 2020, Suhrkamp Verlag, Frankfurt.

Foucault, Michel: Die Anormalen, Vorlesung am Collège de France (1974–1975), 2013, Suhrkamp Verlag, München.

Foucault, Michel: Die Geburt der Klinik, Eine Archäologie des ärztlichen Blicks, 2016, Carl Hanser Verlag, München.

Foucault, Michel: Die Ordnung des Diskurses, Mit einem Essay von Ralf Konersmann, 2014, S. Fischer Verlag, Frankfurt.

Foucault, Michel: Die Sorge um sich, Sexualität und Wahrheit 3, 2019, Suhrkamp Verlag, Frankfurt.

Foucault, Michel: Was ist Kritik?, 1992, Merve Verlag, Berlin.

Frances, Allen: Normal, Gegen die Inflation psychiatrischer Diagnosen, 2014, DuMont Verlag, Köln.

Frankfurt, Harry G.: Gründe der Liebe, 2021, Suhrkamp Verlag, Frankfurt.

Frankl, Viktor E.: …Trotzdem Ja zum Leben sagen, Ein Psychologe erlebt das Konzentrationslager, 2020a, Kösel-Verlag, München.

Frankl, Viktor E.: Ärztliche Seelsorge, Grundlagen der Logotherapie und Existenzanalyse, 2020b, dtv Verlagsgesellschaft, München.

Freud, Anna: Das Ich und die Abwehrmechanismen, 2016, S. Fischer Verlag, Frankfurt.

Freud, Sigmund: Abriss der Psychoanalyse, Einführende Darstellungen, 2014, S. Fischer Verlag, Frankfurt.
Fricker, Miranda: Epistemische Ungerechtigkeit, Macht und die Ethik des Wissens, 2023, Verlag C. H. Beck, München.
Friedrich, Markus: Die Jesuiten, Aufstieg, Niedergang, Neubeginn, 2020, Piper Verlag, München.
Fromm, Erich: Die Furcht vor der Freiheit, 2016, Deutscher Taschenbuch Verlag, München.
Fromm, Erich: Die Kunst des Lebens, Zwischen Haben und Sein, 2012a, Verlag Herder, Freiburg.
Fromm, Erich: Die Kunst des Liebens, 2012b, Deutscher Taschenbuch Verlag, München.
Fromm, Erich: Die Seele des Menschen, Ihre Fähigkeit zum Guten und zum Bösen, 2022, Deutscher Taschenbuch Verlag, München.
Fung, Yu-Lan: A Short History of Chinese Philosophy, A Systematic Account of Chinese Thought from its Origins to the Present Day, 1976, The Free Press, New York.

Gahlings, Ute: Philosophische Praxis, Grundlagen – Situationen – Ethik, 2023, Verlag Karl Alber, Baden-Baden.
Gadamer, Hans-Georg: Über die Verborgenheit der Gesundheit, Aufsätze und Vorträge, 2018, Suhrkamp Verlag, Frankfurt.
Gadamer, Hans-Georg: Wahrheit und Methode, Grundzüge einer philosophischen Hermeneutik, 2010, Mohr Siebeck, Tübingen.
Geertz, Clifford: Dichte Beschreibung, Beiträge zum Verstehen kultureller Systeme, 2015, Suhrkamp Verlag, Frankfurt.
Geertz, Clifford: Welt in Stücken, Kultur und Politik am Ende des 20. Jahrhunderts, 2014, Passagen Verlag, Wien.
Gehlen, Arnold: Die Seele im technischen Zeitalter, Sozialpsychologische Probleme in der industriellen Gesellschaft, 2007, Vittorio Klostermann, Frankfurt.
Gilligan, Carol: In a Different Voice, Psychological Theory and Women's Development, 2003, Harvard University Press, Cambridge.
Görtz, Philipp: Ignatianische Schulpastoral, Anregungen für eine spirituelle Praxis an konfessionellen Schulen, 2014, Echter Verlag, Würzburg.
Goffman, Erving: Stigma, Über Techniken der Bewältigung beschädigter Identität, 2020, Suhrkamp Verlag, Frankfurt.
Graeber, David: Bürokratie, Die Utopie der Regeln, 2017, Wilhelm Goldmann Verlag, München.
Graeber, David: Bullshit Jobs, Vom wahren Sinn der Arbeit, 2022, J. G. Cotta'sche Buchhandlung, Stuttgart.
Graeber, David: Kampf dem Kamikaze-Kapitalismus, Es gibt Alternativen zum herrschenden System, 2012, Pantheon Verlag, München.
Graness, Anke: Philosophie in Afrika, Herausforderungen einer globalen Philosophiegeschichte, 2023, Suhrkamp Verlag, Berlin.
Grethlein, Christian: Christliche Lebensform, Eine Geschichte christlicher Liturgie, Bildung und Spiritualität, 2022, Walter de Gruyter, Berlin.
Grondin, Jean: Einführung in die philosophische Hermeneutik, 2012, Wissenschaftliche Buchgesellschaft, Darmstadt.
Groys, Boris: Philosophie der Sorge, 2022, Claudius Verlag, München.
Guanzini, Isabella: Zärtlichkeit, Eine Philosophie der sanften Macht, 2019, Verlag C. H. Beck, München.
Gunturu, Vanamali: Yoga, Geschichte, Philosophie, Praxis, 2020, Verlag C. H. Beck, München.

Haas, Alois M.: Mystik als Aussage, Erfahrungs-, Denk- und Redeformen christlicher Mystik, 2007, Suhrkamp Verlag, Frankfurt.
Habermas, Jürgen: Glauben und Wissen, Friedenspreis des Deutschen Buchhandels 2001, Laudatio; Jan Philipp Reemtsma, 2018, Sonderdruck Suhrkamp Verlag, Frankfurt.

Habermas, Jürgen: Kritik der Vernunft, Philosophische Texte, Band 5, 2009, Suhrkamp Verlag, Frankfurt.
Habermas, Jürgen: Wahrheit und Rechtfertigung, Philosophische Aufsätze, 2004, Suhrkamp Verlag, Frankfurt.
Hacking, Ian: Menschenarten, The Looping Effects of Human Kinds, 2012, Verlag Sphères, Zürich.
Hadot, Pierre: Philosophy as a Way of Life, Spiritual Exercises from Socrates to Foucault, 1995, Blackwell Publishing, Malden.
Hampe, Michael: Die Lehren der Philosophie, Eine Kritik, 2014, Suhrkamp Verlag, Berlin.
Hampe, Michael: Die Wildnis, Die Seele, Das Nichts, Über das wirkliche Leben, 2020, Carl Hanser Verlag, München.
Han, Byung-Chul: Agonie des Eros, Mit einem Vorwort von Alain Badiou, 2017, Matthes & Seitz, Berlin.
Han, Byung-Chul: Infokratie, Digitalisierung und die Krise der Demokratie, 2021, Matthes & Seitz, Berlin.
Han, Byung-Chul: Vom Verschwinden der Rituale, Eine Topologie der Gegenwart, 2019, Ullstein Buchverlage, Berlin.
Hannerz, Ulf: Cultural Complexity, Studies in the Social Organization of Meaning, 1992, Columbia University Press, New York.
Hartmann, Martin: Die Praxis des Vertrauens, 2022, Suhrkamp Verlag, Berlin.
Haslanger, Sally: Der Wirklichkeit widerstehen, Soziale Konstruktion und Sozialkritik, 2021, Suhrkamp Verlag, Frankfurt.
Hegel, Georg W.F.: Phänomenologie des Geistes, 2019, Felix Meiner Verlag, Hamburg.
Heidegger, Martin: Die Grundbegriffe der Metaphysik – Welt – Endlichkeit – Einsamkeit, 2010, Vittorio Klostermann, Frankfurt.
Heidegger, Martin: Sein und Zeit, 2006, Max Niemeyer Verlag, Tübingen.
Heinze, Eva-Maria: Einführung in das dialogische Denken, 2011, Verlag Karl Alber, Freiburg.
Held, Klaus: Heideggers These vom Ende der Philosophie, 1980, Zeitschrift für philosophische Forschung, Band 34, Nr. 4., S. 535–560, Vittorio Klostermann, Frankfurt.
Held, Virginia: The Ethics of Care, Personal, Political and Global, 2006, Oxford University Press, New York.
Heller, A., & Schuchter, P.: Sorgekunst, Mutbüchlein für das Lebensende, 2018, Der Hospiz Verlag, Esslingen.
Helmig, Jens: Vom Körper über den Leib zu Seele und Geist, Purzelbäume durch die Philosophische Praxis, 2014, epubli, Berlin.
Henry, Michel: Können des Lebens, Schlüssel zur radikalen Phänomenologie, 2017, Verlag Karl Alber, Freiburg.
Hindrichs, Gunnar (Hrsg.): Max Horkheimer/Theodor W. Adorno: Dialektik der Aufklärung, 2017, Walter de Gruyter, Berlin.
Höffe, Otfried: Aristoteles, 2014, Verlag C. H. Beck, München.
Höffe, Otfried: Ethik, Eine Einführung, 2018, Verlag C. H. Beck, München.
Holzinger, Günther: Handbüchlein zur Philosophie der Stoa, Theorie und Praxis einer philosophischen Lebensform, 2019, Books on Demand, Norderstedt.
Horkheimer, Max: Die gesellschaftliche Funktion der Philosophie, Ausgewählte Schriften, 1974, Suhrkamp Verlag, Frankfurt.
Horn, Christoph: Augustinus, 2014, Verlag C. H. Beck, München.
Husserl, Edmund: Cartesianische Meditationen, 2012, Felix Meiner Verlag, Hamburg.

Ibrahim, Omar: Philosophical Care, Philosophie als eine mögliche Form der Seelsorge?, 2023, in Wege zum Menschen, Jg. 75, Heft 1, S. 64–71, Vandenhoeck & Ruprecht, Göttingen.
Ikäheimo, Heikki: Anerkennung, 2014, Walter de Gruyter, Berlin.
Illouz, Eva: Warum Liebe weh tut, Eine soziologische Erklärung, 2019, Suhrkamp Verlag, Berlin.

Jackson, Michael D., & Piette, Albert (Eds.): What is Existential Anthropology?, 2017, Berghahn Books, New York.
Jaeggi, Rahel: Entfremdung, Zur Aktualität eines sozialphilosophischen Problems, 2019, Suhrkamp Verlag, Frankfurt.
Jaeggi, Rahel: Kritik von Lebensformen, 2020, Suhrkamp Verlag, Frankfurt.
Jantzen, Wolfang: Seele, Sinn und Emotionen, Essays zu Grundfragen der Humanwissenschaften, 2020, Psychosozial-Verlag, Giessen.
Jaspers, Karl: Allgemeine Psychopathologie, 1923, Springer Verlag, Berlin.
Jaspers, Karl: Einführung in die Philosophie, 2019, Piper Verlag, München.
Jaspers, Karl: Kleine Schule des philosophischen Denkens, 2020, Piper Verlag, München.
Jaspers, Karl: Wesen und Kritik der Psychotherapie, 1958, R. Piper & Co. Verlag, München.
Jung, Matthias: Hermeneutik, Zur Einführung, 2012, Junius Verlag, Hamburg.
Jüttemann, G., & Sonntag, M., & Wulf, C. (Hrsg.): Die Seele, Ihre Geschichte im Abendland, 2000, Psychologie Verlags Union, Weinheim.

Kabat-Zinn, Jon: Achtsamkeit für alle, Weisheit zur Transformation der Welt, 2020a, Arbor Verlag, Freiburg.
Kabat-Zinn, Jon: Jeder Augenblick kann dein Lehrer sein, Achtsamkeit für den Alltag, 2020b, Droemer Knaur, München.
Kant, Immanuel: Kritik der praktischen Vernunft, Grundlegung zur Metaphysik der Sitten, 2017, Suhrkamp Verlag, Frankfurt.
Kerner, Ina: Postkoloniale Theorien, Zur Einführung, 2021, Junius Verlag, Hamburg.
Kierkegaard, Sören: Die Krankheit zum Tode, Furcht und Zittern, Die Wiederholung, Der Begriff der Angst, 2017, Deutscher Taschenbuchverlag, München.
Kierkegaard, Sören: Entweder – Oder, 2014, Deutscher Taschenbuchverlag, München.
Kietzmann, Christian: Handeln aus Gründen als praktisches Schliessen, 2019, Verlag Karl Alber, Freiburg.
Knauer, Peter: Unseren Glauben verstehen, 2014, Echter Verlag, Würzburg.
Kneer, G., & Nassehi, A.: Niklas Luhmanns Theorie sozialer Systeme, Eine Einführung, 2000, Wilhelm Fink Verlag, Paderborn.
Knoll, F., & Heil, H., & Engel, U. (Hrsg.): Bewährtes bewahren – Neues wagen, Innovative Aufbrüche in der Seelsorge und darüber hinaus!, 2022, W. Kohlhammer, Stuttgart
Krämer, Hans: Integrative Ethik, 2018, Suhrkamp Verlag, Frankfurt.
Krauss, Jirko: Perspektiven Philosophischer Praxis, Eine Profession zwischen Tradition und Aufbruch, 2022, Verlag Karl Alber, Baden-Baden.
Krebs, Angelika: Zwischen Ich und Du, Eine dialogische Philosophie der Liebe, 2015, Suhrkamp Verlag, Frankfurt.
Kristeva, Julia: Die Revolution der poetischen Sprache, 1978, Suhrkamp Verlag, Frankfurt.
Kristeva, Julia: Fremde sind wir uns selbst, 2018, Suhrkamp Verlag, Frankfurt.
Kuhn, Thomas S.: Die Struktur wissenschaftlicher Revolutionen, 2020, Suhrkamp Verlag, Frankfurt.
Kühn, Rolf: Leben, Eine Besinnung, 2023, Verlag Karl Alber, Freiburg.

Lacan, Jacques: Meine Lehre, 2017, Verlag Turia + Kant, Wien.
Lahav, Ran: Der Schritt aus Platons Höhle, Philosophische Praxis, Philosophische Beratung und Selbsttransformation, 2017, Loyev Books, Hardwick.
Lakoff, George, & Johnson, Mark: Leben in Metaphern, Konstruktion und Gebrauch von Sprachbildern, 2018, Carl-Auer-Systeme Verlag, Heidelberg.
Lartey, Emmanuel Y.: Pastoral Theology in an Intercultural World, 2013, Wipf and Stock Publishers, Eugene.
Lauster, Jörg: Das Christentum, Geschichte, Lebensformen, Kultur, 2022, C. H. Beck, München.

Lauth, B., & Sareiter, J.: Wissenschaftliche Erkenntnis, Eine ideengeschichtliche Einführung in die Wissenschaftstheorie, 2005, Mentis Verlag, Paderborn.
Leeten, Lars: Redepraxis als Lebenspraxis, Die diskursive Kultur der antiken Ethik, 2019, Verlag Karl Alber, Freiburg.
Leiter-Rummerstorfer, Manfred E.: Sokratische Selbstsorge, Ein Beitrag zum guten Leben heute, 2017, Verlag Karl Alber, Freiburg.
Lévinas, Emmanuel: Die Spur des Anderen, Untersuchungen zur Phänomenologie und Sozialphilosophie, 2017, Verlag Karl Alber, Freiburg.
Lévinas, Emmanuel: Die Zeit und der Andere, 2003, Felix Meiner Verlag, Hamburg.
Lévinas, Emmanuel: Totalität und Unendlichkeit, Versuch über die Exteriorität, 2014, Verlag Karl Alber, Freiburg.
Lindseth, Anders: Zur Sache der Philosophischen Praxis, Philosophieren in Gesprächen mit ratsuchenden Menschen, 2014, Verlag Karl Alber, Freiburg.
Löwith, Karl: Das Individuum in der Rolle des Mitmenschen, Ein Beitrag zur anthropologischen Grundlegung der ethischen Probleme, 2016, Verlag Karl Alber, Freiburg.
Ludwig, Ralf: Kant für Anfänger, Die Kritik der reinen Vernunft, 2021, dtv Verlagsgesellschaft, München.
Luhmann, Niklas: Einführung in die Systemtheorie, 2024, Carl-Auer-Systeme Verlag, Heidelberg.
Luhmann, Niklas: Einführung in die Theorie der Gesellschaft, 2009, Carl-Auer-Systeme Verlag, Heidelberg.
Luhmann, Niklas: Liebe als Passion, Zur Codierung von Intimität, 2017, Suhrkamp Verlag, Frankfurt.
Luhmann, Niklas: Soziale Systeme, Grundriss einer allgemeinen Theorie, 1987, Suhrkamp Verlag, Frankfurt.
Luhmann, Niklas: Systemtheorie der Gesellschaft, 2018, Suhrkamp Verlag, Berlin.
Lyotard, Jean-François: Das postmoderne Wissen, Ein Bericht, 2019, Passagen Verlag, Wien.
Lyotard, Jean-François: Wozu philosophieren?, 2013, diaphanes, Zürich.

Malinar, Angelika: Hinduismus, Studium Religionen, 2009, Vandenhoeck & Ruprecht, Göttingen.
Mall, R.A.: Indische Philosophie – Vom Denkweg zum Lebensweg, Eine interkulturelle Perspektive, 2015, Verlag Karl Alber, Freiburg.
Mall, R. A., & Peikert, D.: Philosophie als Therapie, Eine interkulturelle Perspektive, 2019, Verlag Karl Alber, Freiburg.
Mamin, Cyrill: Intuition und Erkenntnis, 2020, mentis Verlag, Paderborn.
Marinoff, Lou: Plato not Prozac!, Applying Eternal Wisdom to Everyday Problems, 2000, HarperCollins, New York.
Marinoff, Lou: Therapy for the Sane, How Philosophy Can Change Your Life, 2020, Waterside Productions, Cardiff.
Mayring, Philipp: Qualitative Inhaltsanalyse, Grundlagen und Techniken, 2022, Verlagsgruppe Beltz, Weinheim.
Mead, George H.: Geist, Identität und Gesellschaft, 2013, Suhrkamp Verlag, Frankfurt.
Mertes, Klaus: Verantwortung lernen, Schule im Geist der Exerzitien, 2009, Echter Verlag, Würzburg.
Meyer, Kirsten (Hrsg.): Texte zur Didaktik der Philosophie, 2016, Philipp Reclam, Stuttgart.
Mieg, Harald A.: Professionalisierung, Essays zu Expertentum, Verberuflichung und professionellem Handeln, 2018, Fachhochschule Potsdam, Potsdam.
Mignolo, Walter D.: Epistemischer Ungehorsam, Rhetorik der Moderne, Logik der Kolonialität und Grammatik der Dekolonialität, 2019, Verlag Turia + Kant, Wien.
Mittelstrass, Jürgen: Die Möglichkeit von Wissenschaft, 1974, Suhrkamp Verlag, Frankfurt.
Mittelstrass, Jürgen: Philosophie in der Psychiatrie, Zur therapeutischen Beziehung in der Psychotherapie, 2007, Universitätsverlag Konstanz, Konstanz.

Mittelstrass, Jürgen: Transdisziplinarität, Wissenschaftliche Zukunft und institutionelle Wirklichkeit, 2003, Universitätsverlag Konstanz, Konstanz.
Mollenhauer, Klaus: Vergessene Zusammenhänge, Über Kultur und Erziehung, 2008, Juventa Verlag, Weinheim.
Moreno, Jacob L.: Psychodrama und Soziometrie, Essentielle Schriften, 2001, Edition Humanistische Psychologie, Bergisch Gladbach.
Morgenthaler, Christoph: Systemische Seelsorge, Impulse der Familien- und Systemtherapie für die kirchliche Praxis, 2019, W. Kohlhammer, Stuttgart.
Müller, Jörn (Hrsg.): Platon, Phaidon, 2011, Akademie Verlag, Berlin.
Münker, S., & Roesler, A.: Poststrukturalismus, 2012, J. B. Metzler'sche Verlagsbuchhandlung, Stuttgart.
Mugerauer, Roland: Klartext »Sein und Zeit«, Heideggers Hauptwerk dechiffriert, 2015, Tectum Verlag, Marburg.
Mundhenk, Ronald: Lebt Gott in der Psychiatrie?, Erkundungen und Begegnungen, 2010, Paranus Verlag, Neumünster.

Nassehi, Armin: Unbehagen, Theorie der überforderten Gesellschaft, 2021, Verlag C. H. Beck, München.
Nauer, Doris: Seelsorge, Sorge um die Seele, 2014, W. Kohlhammer, Stuttgart.
Nauer, Doris: Seelsorgekonzepte im Widerstreit, Ein Kompendium, 2001, W. Kohlhammer, Stuttgart.
Nauer, Doris: Spiritual Care statt Seelsorge?, 2015, W. Kohlhammer, Stuttgart.
Niehaus, Michael: Erzähltheorie und Erzähltechniken, Zur Einführung, 2021, Junius Verlag, Hamburg.
Nietzsche, Friedrich: Jenseits von Gut und Böse, Zur Genealogie der Moral, 2014, Deutscher Taschenbuch Verlag, München.
Niquet, Marcel: Transzendentale Argumente, Kant, Strawson und die sinnkritische Aporetik der Detranszendentalisierung, 1991, Suhrkamp Verlag, Frankfurt.
Noth, Isabelle: Freuds bleibende Aktualität, Psychoanalyserezeption in der Pastoral- und Religionspsychologie im deutschen Sprachraum und in den USA, 2010, W. Kohlhammer, Stuttgart.
Noth, Isabelle: Was ist (christliche) Seelsorge?! Ein Definitionsüberblick, 2023, in Wege zum Menschen, Jg. 75, Heft 1, S. 5–14, Vandenhoeck & Ruprecht, Göttingen.
Noth, I., Faber, E. M. (Hrsg.): Seelsorgebegegnungen, Praxisbeispiele theologisch reflektiert, 2023, Vandenhoeck & Ruprecht, Göttingen.
Noth, I., & Knoll, F., & Mütel, M., & Wirth, M. (Hrsg.): Seelsorge und Diakonie, Ethische und praktisch-theologische Perspektiven, 2023, W. Kohlhammer, Stuttgart.
Noth, I., & Kohli Reichenbach, C. (Hrsg.): Pastoral and Spiritual Care Across Religions and Cultures II, Spiritual Care and Migration, 2019, Vandenhoeck & Ruprecht, Göttingen.
Noth, I., & Wagner, A.: Alttestamentliche Perspektiven auf das Seelenverständnis in der Seelsorge, 2023, in Wege zum Menschen, Jg. 75, Heft 1, S. 72–84, Vandenhoeck & Ruprecht, Göttingen.
Noth, I., & Wenz, G., & Schweizer, E. (Hrsg.): Pastoral and Spiritual Care Across Religions and Cultures, Seelsorge und Spiritual Care in interkultureller Perspektive, 2017, Vandenhoeck & Ruprecht, Göttingen.
Nowotny, H., & Scott, P., & Gibbons, M.: Wissenschaft neu denken, Wissen und Öffentlichkeit in einem Zeitalter der Ungewissheit, 2014, Velbrück Wissenschaft, Weilerswist.

Oevermann, Ulrich: Strukturprobleme supervisorischer Praxis, Eine objektiv hermeneutische Sequenzanalyse zur Überprüfung der Professionalisierungstheorie, 2010, Humanities Online, Frankfurt.
Okakura, Kakuzo: Das Buch vom Tee, 2016, Insel Verlag, Berlin.

Omer, H., & Von Schlippe, A.: Autorität durch Beziehung, Die Praxis des gewaltlosen Widerstands in der Erziehung, 2014, Vandenhoeck & Ruprecht, Göttingen.
Ortega y Gasset, José: Was ist Philosophie?, 1962, Deutsche Verlags-Anstalt, Stuttgart.

Pagel, Gerda: Jacques Lacan, Zur Einführung, 2012, Junius Verlag, Hamburg.
Pauen, Michael: Die Natur des Geistes, 2016, S. Fischer Verlag, Frankfurt.
Paul, Gregor: Konfuzius und Konfuzianismus, Eine Einführung, 2010, Wissenschaftliche Buchgesellschaft, Darmstadt.
Pelluchon, Corine: Ethik der Wertschätzung, Tugenden für eine ungewisse Welt, 2019, Wissenschaftliche Buchgesellschaft, Darmstadt.
Pépin, Charles: Kleine Philosophie der Begegnung, 2022, Carl Hanser Verlag, München.
Peng-Keller, Simon: Klinikseelsorge als spezialisierte Spiritual Care, Der christliche Heilungsauftrag im Horizont globaler Gesundheit, 2021, Vandenhoeck & Ruprecht, Göttingen.
Pesch, Otto H.: Das Zweite Vatikanische Konzil, Vorgeschichte – Verlauf – Ergebnisse – Wirkungsgeschichte, 2012, Verlag Echter, Würzburg.
Peters, Uwe H.: Übertragung – Gegenübertragung, Geschichte und Formen der Beziehungen zwischen Psychotherapeut und Patient, 2016, S. Fischer Verlag, Frankfurt.
Phillipp, Thomas: Gott in mir, Geist, der Leben weckt, 2013, Echter Verlag, Würzburg.
Pick, Daniel: Psychoanalyse, Eine sehr kurze Einführung, 2022, Verlag Turia + Kant, Wien.
Pickel, G. & Sammet, K.: Einführung in die Methoden der sozialwissenschaftlichen Religionsforschung, 2014, Springer Fachmedien, Wiesbaden.
Pieper, Josef: Thomas von Aquin, Leben und Werk, 2014, Kösel-Verlag, München.
Plotin: Seele – Geist – Eins, Enneade IV 8, V 4, V 1, V6 und V 3, 1990, Felix Meiner Verlag, Hamburg.
Poltrum, Martin: Philosophische Psychotherapie, Das Schöne als Therapeutikum, 2016, Parodos Verlag, Berlin.
Popp, Judith-Frederike: Irrationalität als Wagnis, Philosophische Theorie und psychoanalytische Praxis, 2019, Velbrück Wissenschaft, Weilerswist.
Povinelli, Elizabeth A.: The Empire of Love, Toward a Theory of Intimacy, Genealogy, and Carnality, 2006, Duke University Press, Durham.
Prange, Klaus: Die Zeigestruktur der Erziehung, Grundriss der Operativen Pädagogik, 2012, Ferdinand Schöningh, Paderborn.
Prechtl, Peter: Edmund Husserl, Zur Einführung, 2012, Junius Verlag, Hamburg.
Priest, Graham: In Contradiction, 2006, Oxford University Press, New York.
Priest, Graham: The Fifth Corner of Four, An Essay on Buddhist Metaphysics and the Catuskoti, 2018, Oxford University Press, Oxford.
Prinz, Jesse J: Beyond Human Nature, How Culture and Experience Shape Our Lives, 2012, Penguin Books, London.

Quante, Michael: Philosophische Handlungstheorie, 2020, Wilhelm Fink Verlag, Paderborn.

Rapp, Christof: Metaphysik, Eine Einführung, 2016, Verlag C. H. Beck, München.
Rapp, Friedrich: Die Dynamik der modernen Welt, Eine Einführung in die Technikphilosophie, 1994, Junius Verlag, Hamburg.
Rawls, John: Gerechtigkeit als Fairness, Ein Neuentwurf, 2014, Suhrkamp Verlag, Frankfurt.
Reese-Schäfer, Walter: Niklas Luhmann, Zur Einführung, 2022, Junius Verlag, Hamburg.
Ricoeur, Paul: Hermeneutics and the Human Sciences, Essays on language, action and interpretation, 2016, Cambridge University Press, Cambridge.
Riceour, Paul: Wege der Anerkennung, 2022, Suhrkamp Verlag, Frankfurt.
Rieger-Ladich, Markus: Bildungstheorien, Zur Einführung, 2020, Junius Verlag, Hamburg.

Rogers, Carl R.: Die klientenzentrierte Gesprächspsychotherapie, Client-Centred Therapy, 2021, Fischer Taschenbuch, Frankfurt.
Rohbeck, Johannes (Hrsg.): Ethisch-philosophische Basiskompetenz, 2004, Eckhard Richter & Co., Dresden.
Rorty, Richard: Die Schönheit, die Erhabenheit und die Gemeinschaft der Philosophen, 2000, Suhrkamp Verlag, Frankfurt.
Rorty, Richard: Philosophie als Kulturpolitik, 2008, Suhrkamp Verlag, Frankfurt.
Rorty, Richard: Wahrheit und Fortschritt, 2012, Suhrkamp Verlag, Frankfurt.
Rorty, R., & Vattimo, G.: Die Zukunft der Religion, 2009, Suhrkamp Verlag, Frankfurt.
Rosa, Hartmut: Demokratie braucht Religion, Über ein eigentümliches Resonanzverhältnis, 2023, Kösel-Verlag, München.
Rosa, Hartmut: Resonanz, Eine Soziologie der Weltbeziehung, 2018, Suhrkamp Verlag, Berlin.
Rosenberg, Jay F.: Philosophieren, Ein Handbuch für Anfänger, 2009, Vittorio Klostermann, Frankfurt.
Roser, Traugott: Spiritual Care, Der Beitrag von Seelsorge zum Gesundheitswesen, 2017, W. Kohlhammer, Stuttgart.
Rucker, Thomas: Komplexität der Bildung, Beobachtungen zur Grundstruktur bildungstheoretischen Denkens in der (Spät-) Moderne, 2014, Julius Klinkhardt Verlag, Bad Heilbrunn.
Rucker, Thomas: Unterricht als Praxis des Gründe-Gebens und Nach-Gründen-Verlangens, Über die methodische Grundstruktur eines Unterrichts mit Bildungsanspruch, 2018, Nr. 4, S. 465–484, Pädagogische Rundschau, Peter Lang, Berlin.
Rucker, T., & Anhalt, E.: Perspektivität und Dynamik, Studien zur erziehungswissenschaftlichen Komplexitätsforschung, 2017, Velbrück Wissenschaft, Weilerswist.
Rudolph, Ulrich: Islamische Philosophie, Von den Anfängen bis zur Gegenwart, 2018, Verlag C. H. Beck, München.
Rüegger, H., & Sigrist, C.: Diakonie – eine Einführung, Zur theologischen Begründung helfenden Handelns, 2011, Theologischer Verlag Zürich, Zürich.
Rüther, Markus: Sinn im Leben, Eine ethische Theorie, 2023, Suhrkamp Verlag, Frankfurt.
Rumi, Dschalaluddin: Gedichte aus dem Diwan, 2015, Verlag C. H. Beck, München.
Russell, Bertrand: Probleme der Philosophie, 2020, Suhrkamp Verlag, Frankfurt.

Safranski, Rüdiger: Nietzsche, Biografie seines Denkens, 2015, Carl Hanser Verlag, München.
Safranski, Rüdiger: Zeit, Was sie mit uns macht und was wir aus ihr machen, 2017, S. Fischer Verlag, Frankfurt.
Sarr, Felwine: Afrotopia, 2022, Matthes & Seitz, Berlin.
Scheler, Max: Philosophische Weltanschauung, 2019, Verlag von Friedrich Cohen, Bonn.
Schlette, M., & Jung, M. (Hrsg.): Anthropologie der Artikulation, Begriffliche Grundlagen und transdisziplinäre Perspektiven, 2005, Verlag Königshausen & Neumann, Würzburg.
Schmetkamp, Susanne: Theorien der Empathie, Zur Einführung, 2019, Junius Verlag, Hamburg.
Schmid, Wilhelm: Das Leben verstehen, Von den Erfahrungen eines philosophischen Seelsorgers, 2016, Suhrkamp Verlag, Berlin.
Schmid, Wilhelm: Dem Leben Sinn geben, Von der Lebenskunst im Umgang mit Anderen und der Welt, 2014, Suhrkamp Verlag, Berlin.
Schmid, Wilhelm: Glück, Alles, was Sie darüber wissen müssen, und warum es nicht das Wichtigste im Leben ist, 2015, Insel Verlag, Frankfurt.
Schmid, Wilhelm: Heimat finden, Vom Leben in einer ungewissen Welt, 2022, Suhrkamp Verlag, Berlin
Schmid, Wilhelm: Philosophie der Lebenskunst, Eine Grundlegung, 1998, Suhrkamp Verlag, Frankfurt.
Schmid, Wilhelm: Schönes Leben?, Einführung in die Lebenskunst, 2017, Suhrkamp Verlag, Frankfurt.

Schmidbauer, Wolfgang: Helfen als Beruf, Die Ware Nächstenliebe, 1983, Rowohlt Verlag, Reinbek.
Schmitz, Hermann: Kurze Einführung in die Neue Phänomenologie, 2014, Verlag Karl Alber, Freiburg.
Schmolke, Matthias: Bildung und Selbsterkenntnis, Im Kontext Philosophischer Beratung, 2011, Fachbereich Erziehungswissenschaft der Johann Wolfgang Goethe-Universität, Frankfurt.
Schneider, Peter: Normal, gestört, verrückt, Über die Besonderheiten psychiatrischer Diagnosen, 2020, J. G. Cotta'sche Buchhandlung, Stuttgart.
Schönberger, Rolf: Thomas von Aquin, Zur Einführung, 1998, Junius Verlag, Hamburg.
Schönherr-Mann, Hans-Martin: Der Übermensch als Lebenskünstlerin, Nietzsche, Foucault und die Ethik, 2009, Matthes & Seitz, Berlin.
Schönwälder-Kuntze, Tatjana: Philosophische Methoden, Zur Einführung, 2020, Junius Verlag, Hamburg.
Schopenhauer, Arthur: Aphorismen zur Lebensweisheit, 2008, S. Fischer Verlag, Frankfurt.
Schuchter, Patrick: Sich einen Begriff vom Leiden Anderer machen, Eine Praktischen Philosophie der Sorge, 2016, Transcript Verlag, Bielefeld.
Schwingel, Markus: Pierre Bourdieu, Zur Einführung, 2018, Junius Verlag, Hamburg.
Seel, Martin: Sich bestimmen lassen, Studien zur theoretischen und praktischen Philosophie, 2002, Suhrkamp Verlag, Frankfurt.
Seel, Martin: Theorien, 2009, S. Fischer Verlag, Frankfurt.
Sen, Amartya: Die Identitätsfalle, Warum es keinen Krieg der Kulturen gibt, 2015, Deutscher Taschenbuch Verlag, München.
Sen, Soshitsu: Chado, The Japanese Way of Tea, 1990, Waterhill, New York.
Sintobin, Nikolaas: Lernen zu unterscheiden, Herz, Geist und Wille, 2023, Echter Verlag, Würzburg.
Slunecko, Thomas (Hrsg.): Psychotherapie, Eine Einführung, 2017, facultas Universitätsverlag, Wien.
Solomon, Robert C.: The Joy of Philosophy, Thinking Thin versus the Passionate Life, 2003, Oxford University Press, New York.
Sommer, Andreas U.: Die Kunst des Zweifelns, Anleitung zum skeptischen Denken, 2005, Verlag C. H. Beck, München.
Spermann, J., & Gentner, U., & Zimmermann, T. (Hrsg.): Am Anderen wachsen, Wie Ignatianische Pädagogik junge Menschen stark macht, 2015, Verlag Herder, Freiburg.
Spermann, J., & Gentner, U., & Zimmermann, T. (Hrsg.): Der Spur der Sehnsucht folgen, Wie ignatianische Spiritualität und Schulseelsorge gelingen, 2017, Verlag Herder, Freiburg.
Staub-Bernasconi, Silvia: Soziale Arbeit als Handlungswissenschaft, Systemtheoretische Grundlagen und professionelle Praxis – Ein Lehrbuch, 2018, Haupt Verlag, Bern.
Staude, Detlef (Hrsg.): Methoden Philosophischer Praxis, Ein Handbuch, 2010, transcript Verlag, Bielefeld.
Stavemann, Harlich H.: Sokratische Gesprächsführung, In Therapie und Beratung, 2015, Beltz Verlag, Weinheim.
Stegmaier, Werner: Philosophie der Orientierung, 2008, Walter de Gruyter, Berlin.
Stemberger, Günter: Jüdische Religion, 2015, Verlag C. H. Beck, München.
Stimmer, Franz: Grundlagen des Methodischen Handelns in der Sozialen Arbeit, 2020, W. Kohlhammer, Stuttgart.
Stölzel, Thomas: Die Welt erkunden, Sprache und Wahrnehmung in Therapie, Beratung und Coaching, 2015, Vandenhoeck & Ruprecht, Göttingen.
Stölzel, Thomas: Fragen – Lösen – Fragen, Philosophische Potenziale für Therapie, Beratung und Organisationsentwicklung, 2014, Vandenhoeck & Ruprecht, Göttingen.
Stölzel, Thomas: Staunen, Humor, Mut und Skepsis, Philosophische Kompetenzen für Therapie, Beratung und Organisationsentwicklung, 2012, Vandenhoeck & Ruprecht, Göttingen.

Stuppner, Ivan: Die Metamorphose der Einsamkeit zum Dialog, Ein möglicher Denkweg zwischen Martin Buber und Emmanuel Lévinas, 2013, Tectum Verlag, Marburg.

Taylor, Charles: A Secular Age, 2018, Harvard University Press, Cambridge.
Theunissen, Michael: Der Begriff Verzweiflung, Korrekturen an Kierkegaard, 1993, Suhrkamp Verlag, Frankfurt.
Thiersch, Hans: Lebensweltorientierte Soziale Arbeit, Aufgaben der Praxis im sozialen Wandel, 2014, Beltz Juventa, Weinheim.
Thomä, Dieter: Erzähle dich selbst, Lebensgeschichte als philosophisches Problem, 2015, Suhrkamp Verlag, Frankfurt.
Thurneysen, Eduard: Die Lehre von der Seelsorge, 1980, Theologischer Verlag, Zürich.
Trawny, Peter: Philosophie der Liebe, 2019, S. Fischer Verlag, Frankfurt.
Triki, Fatih: Demokratische Ethik und Politik im Islam, Arabische Studien zur transkulturellen Philosophie des Zusammenlebens, 2011, Velbrück Wissenschaft, Weilerswist.
Turner, Victor: Das Ritual, Struktur und Anti-Struktur, 2005, Campus Verlag, Frankfurt.

Unschuld, Paul U.: Traditionelle chinesische Medizin, 2013, Verlag C.H. Beck, München.
Ucar, B., & Blasberg-Kuhnke, M. (Hrsg.): Islamische Seelsorge zwischen Herkunft und Zukunft, Von der theologischen Grundlegung zur Praxis in Deutschland, 2013, Peter Lang, Lausanne.

Valentin, J., & Wendel, S. (Hrsg.): Jüdische Traditionen in der Philosophie des 20. Jahrhunderts, 2005, Wissenschaftliche Buchgesellschaft, Darmstadt.
Van der Kolk, Bessel: Verkörperter Schrecken, Traumaspuren in Gehirn, Geist und Körper und wie man sie heilen kann, 2021, G. P. Probst Verlag, Lichtenau.
Van Ess, Hans: Der Konfuzianismus, 2023, Verlag C. H. Beck, München.
Varela, M. C., & Dhawan, N.: Postkoloniale Theorie, Eine kritische Einführung, 2020, transcript Verlag, Bielefeld.
Vattimo, Gianni: Jenseits vom Subjekt, Nietzsche, Heidegger und die Hermeneutik, 2018, Passagen Verlag, Wien.
Von Balthasar, Hans U.: Glaubhaft ist nur Liebe, 2019, Johannes Verlag Einsiedeln, Freiburg.
Von Loyola, Ignatius: Die Exerzitien, Übertragen von Hans Urs von Balthasar, 2016, Johannes Verlag Einsiedeln, Freiburg.
Von Rotterdam, Erasmus: Lob der Torheit, 2009, S. Fischer Verlag, Frankfurt.
Von Savigny, Eike (Hrsg.): Ludwig Wittgenstein, Philosophische Untersuchungen, 2011, Akademie Verlag, Berlin.
Von Schlippe, A., & Schweitzer, J.: Systemische Interventionen, 2019, Vandenhoeck & Ruprecht, Göttingen.
Von Stietencron, Heinrich: Der Hinduismus, 2017, Verlag C. H. Beck, München.

Wagner, Andreas: Menschenverständnis und Gottesverständnis im Alten Testament, Gesammelte Aufsätze 2, 2017, Vandenhoeck & Ruprecht, Göttingen.
Waldenfels, Bernhard: Antwortregister, 2016, Suhrkamp Verlag, Frankfurt.
Wendel, Saskia: Feministische Ethik, Zur Einführung, 2003, Junius Verlag, Hamburg.
Wendel, Saskia: Religionsphilosophie, 2010, Philipp Reclam, Stuttgart.
Weniger, Erich: Die Eigenständigkeit der Erziehung in Theorie und Praxis, Probleme der akademischen Lehrerbildung, 1964, Verlag Julius Beltz, Weinheim.
Wesche, Tilo: Kierkegaard, Eine philosophische Einführung, 2013, Philipp Reclam, Stuttgart.
Whitehead, Alfred N.: Prozess und Realität, Entwurf einer Kosmologie, 2018, Suhrkamp Verlag, Frankfurt.
Wild, Thomas: Krankenhausseelsorge und Spiritual Care – Mehr als eine Begriffswahl, 2023, in Wege zum Menschen, Jg. 75, Heft 1, S. 15–28, Vandenhoeck & Ruprecht, Göttingen.

Wild, Thomas: Mit dem Tod tändeln, Literarische Spuren einer Spiritualität des Sterbens, 2016, RADIUS-Verlag, Stuttgart.
Wild, Thomas: Seelsorge in Krisen, Zur Eigentümlichkeit pastoralpsychologischer Praxis, 2021, Vandenhoeck & Ruprecht, Göttingen.
Wimmer, Franz M.: Globalität und Philosophie, Studien zur Interkulturalität, 2003, Verlag Turia + Kant, Wien.
Winkler, Klaus: Seelsorge, 2000, Walter de Gruyter & Co., Berlin.
Wirsching, Michael: Psychotherapie, Grundlagen und Methoden, 2008, Verlag C. H. Beck, München.
Wittgenstein, Ludwig: Tractatus-logico-philosophicus, Werkausgabe Band 1: Tractatus-logico-philosophicus, Tagebücher 1914–1916, Philosophische Untersuchungen, 2014, Suhrkamp Verlag, Frankfurt.

Yalom, Irvin D.: Existenzielle Psychotherapie, 2010, EHP – Verlag Andreas Kohlhage, Bergisch Gladbach.
Yousefi, Hamid R.: Angewandte Toleranz, 2008, Verlag Traugott Bautz, Nordhausen.
Yousefi, Hamid R.: Einführung in die islamische Philosophie, Eine Geschichte des Denkens von den Anfängen bis zur Gegenwart, 2016, Wilhelm Fink, Paderborn.

Zaiser, Richard: Der Siegeszug der Kompetenzen, Schulreformen, Wirtschaft und Gesellschaft, 2018, Verlag für Kultur und Wissenschaft, Bonn.
Zehnpfennig, Barbara: Platon, Zur Einführung, 2017, Junius Verlag, Hamburg.
Ziemer, Jürgen: Seelsorgelehre, 2015, Vandenhoeck & Ruprecht, Göttingen.
Zima, Peter V.: Die Dekonstruktion, 2016, Narr Francke Attempto Verlag, Tübingen.
Zima, Peter V.: Was ist Theorie?, Theoriebegriff und Dialogische Theorie in den Kultur- und Sozialwissenschaften, 2017, Narr Francke Attempto Verlag, Tübingen.
Žižek, Slavoj: Psychoanalyse und die Philosophie des deutschen Idealismus, Bände I und II, 2015, Verlag Turia + Kant, Wien.